"十四五"国家重点出版物出版规划项目

中国水电移民安置实践与管理创新丛书

综合卷

主　编　郭万侦
副主编　李湘峰　尹忠武　黄　谨　朱兆才
　　　　辛乾龙　刘　昊　杨　洲

·北京·

内 容 提 要

本书为《中国水电移民安置实践与管理创新丛书》分卷之一，回顾了我国水电移民安置规划与实施、安置政策、管理模式等发展历程，从尊重历史的角度，总结和提炼了全国和主要流域各阶段水电移民安置实践、管理经验和创新成果，展现了水电移民安置取得的良好实施效果，并对新形势下移民安置工作前景进行了展望，具有较强的理论性和技术指导性。

本书可为从事水电工程建设征地移民安置工作相关人员提供借鉴，也可作为大专院校相关专业师生的参考书。

图书在版编目（CIP）数据

中国水电移民安置实践与管理创新丛书. 综合卷 / 郭万侦主编. -- 北京：中国水利水电出版社, 2025. 1.
ISBN 978-7-5226-3106-6

Ⅰ. D632.4

中国国家版本馆CIP数据核字第2025GJ5021号

书　　名	中国水电移民安置实践与管理创新丛书 **综合卷** ZONGHE JUAN
作　　者	主　编　郭万侦 副主编　李湘峰　尹忠武　黄　谨　朱兆才　辛乾龙 　　　　刘　昊　杨　洲
出版发行	中国水利水电出版社 （北京市海淀区玉渊潭南路1号D座　100038） 网址：www.waterpub.com.cn E-mail：sales@mwr.gov.cn 电话：（010）68545888（营销中心）
经　　售	北京科水图书销售有限公司 电话：（010）68545874、63202643 全国各地新华书店和相关出版物销售网点
排　　版	中国水利水电出版社微机排版中心
印　　刷	北京印匠彩色印刷有限公司
规　　格	184mm×260mm　16开本　22.5印张　548千字
版　　次	2025年1月第1版　2025年1月第1次印刷
印　　数	0001—1000册
定　　价	**188.00元**

凡购买我社图书，如有缺页、倒页、脱页的，本社营销中心负责调换

版权所有·侵权必究

《中国水电移民安置实践与管理创新丛书》
编 委 会

主　　编　郭万侦

副 主 编　李湘峰　尹忠武　黄　谨　朱兆才　辛乾龙　刘　昊　杨　洲

顾　　问　龚和平　潘尚兴　王春云　钟广宇　向伟益　王祝安　李红远

编写人员

水电水利规划设计总院：
吴立恒　刘文胜

中国电建集团西北勘测设计研究院有限公司：
王雪双　杨丽洁　邓俊峰　丁世杰

中国电建集团中南勘测设计研究院有限公司：
魏　鹏　段小芳　何治德　孙向宇　刘　慧

中国电建集团成都勘测设计研究院有限公司：
何生兵　邹　正　徐开寿　余　波

中国电建集团昆明勘测设计研究院有限公司：
唐良霁　杨海青　韩江江

中国电建集团贵阳勘测设计研究院有限公司：
倪　剑　周现富　吴旭鹏

长江设计集团有限公司：
李文军　杨荣华　冯秋生

中国长江三峡集团公司移民工作局：
姚英平　张国平

黄河上游水电开发有限责任公司：
李建青

五凌电力有限公司：
赵迪华　徐恒建

国能大渡河流域水电开发有限公司：
熊　强

华能澜沧江水电股份有限公司：
鲜恩伟　张国栋

贵州乌江水电开发有限责任公司：
吉智勇

《综合卷》编委会

主　　编　郭万侦

副 主 编　李湘峰　尹忠武　黄　谨　朱兆才　辛乾龙
　　　　　刘　昊　杨　洲

编写人员　水电水利规划设计总院：
　　　　　刘文胜　吴立恒
　　　　　中国电建集团西北勘测设计研究院有限公司：
　　　　　王雪双　杨丽洁　马营达　张　逍　邓俊峰
　　　　　中国电建集团中南勘测设计研究院有限公司：
　　　　　魏　鹏　何治德　刘　慧　孙向宇
　　　　　中国电建集团成都勘测设计研究院有限公司：
　　　　　何生兵　余　波　邹　正
　　　　　中国电建集团昆明勘测设计研究院有限公司：
　　　　　唐良霁　杨海青　韩江江　何兆科
　　　　　中国电建集团贵阳勘测设计研究院有限公司：
　　　　　倪　剑　周现富
　　　　　长江设计集团有限公司：
　　　　　李文军　杨荣华

丛书序一

水电不仅可以生产大量绿色低碳电量，而且具有灵活的调节作用和储能能力。目前我国电力系统大规模高比例的新能源发展，对水电提出了新的发展要求，也为水电提供了新的发展机遇，水电将为电力系统安全稳定运行和新能源电力消纳贡献不可替代的力量，未来可发展空间仍然巨大。移民安置是水电开发的重要组成部分。自中华人民共和国成立以来，我国水电开发取得了举世瞩目的成就，同时也产生了大规模的移民。为了妥善安置水电移民，党和国家制定了一系列方针政策，保障了移民群众的合法权益，有力推动了我国水电事业发展。伴随着我国经济社会和水电事业的发展，移民安置也经历了从无到有，从摸索中起步，在实践中发展，到如今政策成体系、规划成系列、管理有规章。水电移民在实践中创新，在创新中发展。这些实践创新和管理的经验是我国水电事业的宝贵财富，值得认真研究总结。

水电水利规划设计总院组织全国主要水电设计单位、流域开发业主单位联合编撰的《中国水电移民安置实践与管理创新丛书》，通过大量的数据收集、案例整理、分析总结等工作，全面分析回顾了我国水电移民安置总体情况和演进历程，梳理解析了国家和水电大省的移民安置政策，总结了我国水电移民安置实践经验、移民安置各阶段工作管理和创新情况及安置效果，并结合新时期党中央、国务院的新政策、新精神，对未来水电工程移民安置管理与创新的前景进行了展望。书中包含的大量中国水电移民数据资料、典型案例、大事记和主要人物是我国水电移民安置领域第一手的宝贵资料，具有非常重要的历史价值和借鉴意义。未来，随着我国水电开发的进一步深化，以及步入国际市场，需要业界不断总结、实践、创新，做好移民安置工作，分享移民安置工作新思路和新经验，努力传播我国水电移民工作理念，促进中国水电管理技术和管理经验走向世界。

中国工程院院士

2024 年 6 月

丛书序二

水电是国民经济的重要能源基础设施，也是主要的电力品种。水电开发在我国能源发展战略中具有极其重要的地位。水电事业自中华人民共和国成立后特别是改革开放以来，取得了长足发展，规划设计、开发建设、设备制造、技术创新和运行管理等成就举世瞩目，水电装机容量 2004 年突破 1 亿 kW 大关，跃居世界第一并持续增长。截至 2021 年年底，水电总装机容量已达 3.9 亿 kW，年发电量 1.34 万亿 kW·h，水电成为推进能源绿色低碳转型、实施可再生能源替代行动的重要力量。中国水电改革创新发展的伟大实践，铸造了雄厚的科技和管理综合实力。中国水电已成为名副其实的中国创造和国之重器，并成为"一带一路"建设的亮丽名片。

水电工程拦河筑坝、蓄水发电不可避免要征（占）用土地，产生移民。移民安置是水电建设必须面对并需要妥善解决的问题，也是推进水电有序开发的关键内容。经统计全国 180 座大型水电工程、506 座中型水电工程的移民人数，总计约 732 万人。老水电工程的水库移民遗留问题，经多年扶持并结合扶贫攻坚，已基本解决；新建水电工程执行当期政策移民也已得到妥善安置。中国水电移民安置工作经历了政策法规从无到有、管理机构职能不断加强、配套政策不断完善、监管机制不断健全、移民安置不断规范、后期扶持不断强化的发展历程，为促进地方社会经济发展和移民脱贫致富，乃至加快全面建成小康社会进程作出了重要贡献。可以说，中国已经较好地解决了水电工程的移民问题，并积累了丰富经验。总结我国水电建设的先进技术、原创成果和管理经验，移民安置工作一马当先。

自 2016 年起，水电水利规划设计总院组织中国电建集团西北、中南、成都、昆明、贵阳等勘测设计研究院有限公司，长江设计集团有限公司，以及黄河上游水电开发有限责任公司、五凌电力有限公司、国能大渡河流域水电开发有限公司、华能澜沧江水电股份有限公司、贵州乌江水电开发有限责任公司、中国长江三峡集团公司移民工作局等单位，组建编写委员会，多次组织召开集中办公会，全力推进《中国水电移民安置实践与管理创新丛书》编纂工作。在编纂过程中，水电水利规划设计总院组织对全国水电工程移民数据、大事件、主要任务进行了收集整理和复核，对移民安置总体情况进行了梳理；以重要标志性文件和重大政策时间节点为划分依据，将移民安置演进历程分为移民安置滥觞期、移民安置探索期、移民安置发展期、移民安置完善期四个时期，对各个时期的移民规划设计、移民安置政策、移民工作管理模式进行了回顾，结合典型案例详细阐述了移民安置实施效果，总结了不同时期的移民安置实践经验和理论创新，并对移民行业发展的可持续、走出去及最新技术的应用等进行了展望。该丛书可以说是当前中国水电移民安置领域的扛鼎之作，包含了很多第一手的珍贵历史资料和移民大事件经历者、见证者的口述整理资料，对水电移民领域相关的政府部门和企事业单位人员、相关专业大专院校师生以及所有关注水电移民的读者来说，都会是一套值得借鉴参考的好书。

水电水利规划设计总院原院长

2024 年 6 月

丛书前言

能源是经济社会发展的基础和动力源泉。实现碳达峰碳中和战略目标，能源电力领域绿色低碳发展是关键核心，大力发展可再生能源是重要举措。水电在可再生能源发展中具有不可或缺的重要地位，是能源转型发展的重要支撑。随着我国能源转型、低碳高质量发展进程的逐步推进，水电除了其自身具有的可再生能源发电的传统意义之外，其优秀的调节能力将与新能源形成有效的整体，通过电网给用户带来真正低碳、经济、可靠的电能。

我国是世界上水能资源丰富的国家，我国的水电发展经历了由小到大、由弱到强的历程。中华人民共和国成立后特别是改革开放以来，随着经济社会发展的需要，国家加快了水电工程建设的步伐，一些重大工程相继建成，水电建设迅猛发展，技术日新月异。从2004年起，我国水电装机容量已居世界第一，我国已从水电弱国发展成为世界水电大国和水电强国，未来还将继续进一步重视和加快水电工程的投入和建设。水电在我国实现碳达峰碳中和战略目标、构建新型电力系统的实施路径上占据重要地位，能够为大力发展新能源保驾护航。《国务院关于印发2030年前碳达峰行动方案的通知》（国发〔2021〕23号）指出"因地制宜开发水电。积极推进水电基地建设，推动金沙江上游、澜沧江上游、雅砻江中游、黄河上游等已纳入规划、符合生态环保要求的水电项目开工建设，推进雅鲁藏布江下游水电开发""'十四五'、'十五五'期间分别新增水电装机容量4000万千瓦左右，西南地区以水电为主的可再生能源体系基本建立。"水电作为优质清洁的可再生能源，将在国家能源安全战略中占据重要的地位。

和其他基础设施建设一样，水电工程的建设不可避免地会涉及征收土地、复建基础设施和搬迁移民。为了蓄洪补枯、蓄水蓄能，需要在河流上修筑大坝，抬高坝上游的水位，形成水库。通常，坝越高、库容越大，淹没面积越大，征地移民数量越多。由于农村移民失去了赖以生存的耕地等生产资料，需要进行安置，并对失去的土地等资源进行合理补偿，使被征地农民得以恢复其生活水平。征地移民安置是水电工程建设的重要组成部分，安置效果直接关系到工程建设的顺利推进、效益发挥乃至社会稳定。协调好水电工程建设规模，妥善安置因水电开发而产生的移民，是我国水电开发中的关键问题之一。伴随着中国水电开发建设历程，移民安置工作与时俱进、日新月异，总结我国水电建设的先进技术、原创成果和管理经验，水库移民安置工作一马当先。

当前，党中央提出的"一带一路"倡议是我国在新的历史条件下实行全方位对外开放的重大举措，是推行互利共赢的重要平台，推进"一带一路"建设将开创我国对外开放的新格局。中国水电在扩大国内市场的同时，也在积极走向国际市场。据统计，目前我国已与80多个国家建立了水电规划、建设和投资的长期合作关系，占有国际水电市场50%以上的份额，我国已逐步成为引领和推动世界水电发展的主要力量。中国水电正在完成从"融入"到"引领"的历史性转变，并将在落实"一带一路"倡议中发挥积极的、不可替代的作用。"引领"世界水电发展，亟须加强我国水电技术和管理的国际化研究，助力中国水电走出去。

基于上述契机及形势要求，总结我国水电移民安置实践与管理工作的先进经验及成果，打造立足水电移民安置科技前沿、传播水电移民安置高端知识、反映水电移民安置科技实力和管理理念的精品力作，为开发建设和谐水电提供技术支撑和保障。自2016年起，水电水利规划设计总院组织全国主要水电设计单位、流域水电开发业主单位启动开展《中国水电移民安置实践与管理创新丛书》编纂工作；2017—2019年，完成调研、资料收集和初稿编纂工作；2020—2022年，虽受疫情影响，但通过视频会议、编写组内部整理、人物访谈等方式完善初稿内容，对案例、大事件、政策文件等清单内容做了进一步的修改和完善；2023年，完成最终稿。

《中国水电移民安置实践与管理创新丛书》（简称《移民丛书》）包括综合卷，以及我国目前水电建设开发程度较高的黄河流域、乌江流域、沅江流域、大渡河流域、澜沧江流域、长江干流及金沙江下游流域等6个流域分卷。《移民丛书》总结了我国及典型流域水电资源概况和水电开发、建设及规划情况，收集了截至2022年7月30日全国已投产发电的686座大中型水电站移民安置相关资料，归纳了自中华人民共和国成立以来的移民安置工作总体情况和演进历程；梳理了不同时期移民补偿政策、安置政策、管理政策，总结了不同时期开发建设管理、实施管理、设计咨询管理、监督评估管理制度及其特点；评价了社会效益、经济效益、移民利益保障、生活水平恢复等移民安置实施效果；概括了规划设计、安置实施、管理模式等实践创新经验；从研究探索新形势下的水电移民工作管理机制、开展移民安置政策深化研究、完善全生命周期技术标准体系、推动移民专业信息平台建设与运用工作、加强行业和国际交流合作、拓展未来市场等方面进行了展望。《移民丛书》还从主要政策、主要大事件、主要人物、主要案例方面全面梳理了自中华人民共和国成立以来对水电移民安置工作有重大影响和具有史料价值的事件并列出清单。《移民丛书》对于总结我国水电移民安置实践经验、移民安置各阶段工作管理及创新情况，传播我国水电移民工作理念，促进中国水电移民管理技术走向世界，具有重要意义。

《移民丛书》主编单位为水电水利规划设计总院，参编单位包括中国电建集团西北、中南、成都、昆明、贵阳等勘测设计研究院有限公司，以及长江设计集团有限公司、中国长江三峡集团公司移民工作局、黄河上游水电开发有限责任公司、五凌电力有限公司、国能大渡河流域水电开发有限公司、华能澜沧江水电股份有限公司、贵州乌江水电开发有限责任公司等单位，各单位均安排了熟悉移民工作、经验丰富的技术带头人和专业技术骨干力量组成编写组。

《移民丛书》是对中国水电工程建设征地移民安置工作的总结和思考，具有原创性、科学性、权威性、指导性和实用性，可作为从事水电工程建设征地移民安置规划设计、综合监理、独立评估工作的工程技术人员和科研技术人员，地方政府工作人员、项目业主、从事移民安置工作的管理人员，相关专业大专院校师生以及社会热心人士的工作指导用书和科普丛书。在丛书编纂过程中，编写组各成员单位大力支持，齐心协力，高质量、高要求、高水平地完成了丛书编纂工作，在此谨向上述各相关单位表示诚挚的敬意和由衷的感谢！

丛书编委会

2024 年 6 月

前　言

我国是世界上水能资源丰富的国家，在一代代中国水电人努力拼搏、接续传承之下，我国已从水电弱国发展为世界水电大国和水电强国。中国水电在扩大国内市场的同时，也在积极地走向国际市场，借助党中央提出的"一带一路"倡议，我国已逐步成为引领和推动世界水电发展的主要力量。中国水电工程的规划、设计、设备制造、建造和管理技术也逐步从"跟随"发展为"引领"。建设征地移民安置是水电工程建设的重要组成部分，妥善安置因水电开发而产生的移民，是我国水电开发先进技术、丰富实践和管理创新的重要体现。基于此契机，《中国水电移民安置实践与管理创新丛书》应运而生。

本书是《中国水电移民安置实践与管理创新丛书》的综合卷，是在收集全国已投产大中型水电工程移民安置相关资料，归纳自中华人民共和国成立以来移民安置工作演进历程的基础上，高度提炼了全国水电移民安置总体情况、法规体系、技术迭代、实践成果和管理经验。本书也是这套丛书的首卷和核心卷，不同于其他分卷是从各流域开发的角度总结，本卷从空间上着眼全国，时间上贯穿中华人民共和国成立后的水电开发各个时期，且将各时期、各地域的法规政策、规划设计和管理实施进行有机联系，总结提炼的内容力求更全、更系统。本书不仅从总体上对中国水电移民安置进行总结，更重要的是从各时期、各流域展开细化分析，从而通过阅读本卷能更好地理解各时期、各流域移民安置的特点。

本书经梳理、分析，以重要标志性文件和重大政策实施时间节点作为划分依据，将我国水电工程建设征地移民安置工作演进划分为4个时期：①移民安置滥觞期（1949—1981年）；②移民安置探索期（1982—1990年）；③移民安置发展期（1991—2005年）；④移民安置完善期（2006—2024年）。本书首次按照滥觞期、探索期、发展期、完善期总结不同时期移民安置的政策体系、技术力量、管理模式、实施效果、实践创新及其特点。特别值得一提的是，附录中提供的主要政策清单、主要大事件清单、突出贡献和重要影响人物清单、中青年骨干力量人物清单和主要案例清单等5个清单，是中国水电工程行业第一次全面梳理自中华人民共和国成立以来对水电移民安置工作有重大影响的和具有史料价值的政策、事件、人物和案例。总的来说，本书具有科学性、原创性、先进性、指导性和实用性，是从事水电工程建设征地移民安置规划设计、综合监理、独立评估工作的工程技术人员、科研技术人员，地方政府和项目法人实施移民安置管理工作人员的必备工作指导和科普书籍，也是相关专业大专院校师生以及社会热心人士的技术指导专业读本。

本书共有7章，并附有5个重要清单，第1章是水电资源概况，综合分析了我国水电资源概况、分布及开发建设情况；第2章是移民安置规划与实施，综述了我国移民安置总体情况，并总结不同时期的技术力量和移民安置工作特点；第3章是移民安置政策，剖析了移民安置政策的发展历程和不同时期的政策特点，以及我国移民安置的法律法规体系；第4章是移民工作管理模式，按照不同时期分析了各流域水电工程的开发管理、设计管理、设计咨询管理和监督评估管理；第5章是移民安置实施效果，综合分析了移民安置实施总体效果，梳理了各流域实施效果的典型案例；第6章是移民安置实践创新，按照不同时期归纳分析了我国水电移民安置在安置政策、规划设计、实施管理3个方面的创新；第7章是未来展望，从新形势下的水电移民工作管理机制、移民安置相关政策、全生命周期技术标准体系、移民专业信息平台建设与运用、国际交流合作拓展未来市场等方面对后续水电开发移民安置工作提出展望。需要特别说明的是，本书资料收集完成时间为2022年12月，本书提到的"至今"指的是截至2022年12月，提到的"当前""目前"等指的是2022年。

水电水利规划设计总院为本书主编单位，中国电建集团西北、中南、成都、昆明、贵阳等勘测设计研究院有限公司，长江设计集团有限公司为本书参编单位。各单位安排了熟悉移民工作、经验丰富的技术带头人和专业技术骨干力量组成编写组。在开展丛书编纂工作过程中，编写组各成员大力支持、齐心协力，历时近6年高质量、高要求、高水平地完成了编纂工作。在此，对各相关单位和编委会成员致以衷心感谢！

为展现水利水电工程建设成就及移民安置效果，本书部分照片或来源于网络或由热心群众提供，在此一并致谢，如有疑义，请联系编委会。

限于作者的知识和水平，书中难免存在不足之处，敬请读者批评指正。

作者

2024年6月

目 录

丛书序一
丛书序二
丛书前言
前言

第 1 章	水电资源概况	1
1.1	常规水电	2
1.2	抽水蓄能电站	4

第 2 章	移民安置规划与实施	7
2.1	移民安置总体情况和演进历程	8
2.2	移民安置滥觞期	17
2.3	移民安置探索期	22
2.4	移民安置发展期	26
2.5	移民安置完善期	34

第 3 章	移民安置政策	49
3.1	移民安置政策发展历程	50
3.2	移民安置政策解析	75

第 4 章	移民工作管理模式	103
4.1	移民安置滥觞期	104
4.2	移民安置探索期	110
4.3	移民安置发展期	118
4.4	移民安置完善期	139

第 5 章	移民安置实施效果	187
5.1	移民安置实施总体效果	188
5.2	移民安置实施效果典型案例	201

第 6 章	移民安置实践创新	237
6.1	移民安置滥觞期	238
6.2	移民安置探索期	244

| 6.3 | 移民安置发展期 | 257 |
| 6.4 | 移民安置完善期 | 271 |

第7章 未来展望 　　295

7.1	研究探索新形势下的水电移民工作管理机制	296
7.2	以问题为导向开展移民安置政策深化研究	296
7.3	建立完善全生命周期技术标准体系	297
7.4	推动移民专业信息平台建设与运用工作	298
7.5	加强行业和国际交流合作拓展未来市场	298

参考文献 　　300

附表 　　301

附表1	主要政策清单	302
附表2	主要大事件清单	311
附表3	突出贡献和重要影响人物清单	320
附表4	中青年骨干力量人物清单	333
附表5	主要案例清单	339

第1章
水电资源概况

从1912年我国大陆第一座水电站——石龙坝水电站建成到现在，我国水电事业经历了将近110年的发展。中华人民共和国成立前，我国水电事业发展缓慢，到1949年年底，全国水电总装机容量仅为360MW，占全国电力总装机容量的19.5%。经过中华人民共和国初期的三年恢复时期和1952年第一个五年计划的发展，到1957年年底水电装机容量达到1019MW，在电力系统中的比重也达到22.0%。在"大跃进"和"文化大革命"中，水电建设事业虽历经挫折，但仍然取得了巨大成就，到1975年年底，水电装机容量达到13428MW，占电力总装机容量的30.9%。改革开放之后水电建设事业得到了迅速发展，水电装机容量逐年增长，但随着我国经济的快速发展，对电力的需求也迅速增长，水电具有建设周期长、一次性投资大的特点，火电具有一次性投资小、见效快的特点，导致水电在电力总装机容量的比重逐年减少，虽然这中间曾出现过小幅回升，但整体趋势仍然是逐年下降的。1985年，水电装机容量占全国发电总装机容量的比重为30.3%；1995年，水电装机容量比重下降到24.0%；2005年，水电装机容量比重下降为22.1%；2015年，水电装机容量比重为20.9%；2021年，水电装机容量比重下降至16.4%。

截至2021年年底，我国水电装机容量达390920MW，其中常规水电354530MW、抽水蓄能36390MW，水电装机容量占全国发电总装机容量的16.4%。2021年，全国水电发电量约13401亿kW·h，占全国发电量的16.0%，在可再生能源发电量中占比约53.9%。截至2021年年底，我国已建、在建常规水电装机规模约3.93亿kW，按装机规模计算我国水电开发程度约为57.1%，按发电量计算我国水电开发程度约为44.7%。

1.1 常规水电

1.1.1 资源概况

根据2003年全国水力资源复查成果（统计范围为理论蕴藏量10MW及以上的河流和这些河流上单站装机容量0.5MW及以上的水电站，不包含港澳台地区），中国水力资源居世界第一位，中国大陆水力资源理论蕴藏量在10MW及以上的河流共3886条，水力资源理论蕴藏量年发电量为60829亿kW·h，技术可开发装机容量为541640MW、年发电量为24740亿kW·h，经济可开发装机容量为401795MW、年发电量为17534亿kW·h。技术可开发装机容量中，300MW及以上大型水电站可开发装机容量为388700MW，50～300MW中型水电站可开发装机容量为87730MW，0.5～50MW小型水电站可开发装机容量为65210MW。

2009年水利部发布了中国农村水力资源调查评价成果，0.1～50MW（含）的小水电技术可开发装机容量为1.28亿kW，年发电量为5350亿kW·h。由此中国的水电站技术可开发装机容量调整为6.04亿kW，年发电量约为2.71亿kW·h。

2016年国家能源局发布的《水电发展"十三五"规划》中，对全国常规水电资源技术可开发装机容量再次调整，提出中国0.1MW以上水电站技术可开发装机容量约6.6亿kW，2016—2020年对四川省和西藏自治区水力资源进行了复查。据此全国水力资源技术可开发装机容量为6.87亿kW，其中西南区域占比69.3%、西北区域占比9.6%、华中区域占比8.3%、华南区域占比4.5%、华东区域占比4.4%、东北区域占比2.6%、华北区域占比1.3%。

1.1.2 资源分布及开发建设情况

我国水力资源虽然总量比较丰富，但在地域分布上极不平衡，总体来看，西部多、东部和中部少。就省（自治区、直辖市）而言，水力资源最为丰富的三个省（自治区）分别为西藏自治区、四川省、云南省，分别占全国技术可开发装机容量的25.7%、21.6%和17.1%。截至2021年年底，我国常规水电已建装机容量为354530MW，在建装机容量约38000MW。西部地区技术可开发装机容量为566250MW，约占全国技术可开发装机容量的82.4%，已建规模为254380MW，在建规模为38000MW，开发程度约为51.6%。其中，贵州省水电已基本开发完毕，四川省、云南省、青海省还有一定的开发潜力，西藏自治区未来水电发展潜力巨大。东部地区技术可开发装机容量为35160MW，约占全国技术可开发装机容量的5.1%，已建规模为31930MW，开发程度约为90.8%；中部地区技术可开发装机容量为85760MW，约占全国技术可开发装机容量的12.5%，已建规模为68220MW，开发程度约为79.5%，东部和中部地区开发程度较高。我国分地区常规水电开发情况详见表1.1-1。

表1.1-1　　　　　　　　我国分地区常规水电开发情况表

地区		技术可开发规模/MW	2021年已建规模/MW	2021年在建规模/MW	未开发规模/MW	开发程度/%
全国		687170	354530	38000	294640	57.1
东部		35160	31930	0	3230	90.8
中部		85760	68220	0	17540	79.5
西部		566250	254380	38000	273870	51.6
其中（西部典型省份）	西藏	176510	2820	4110	169580	3.9
	四川	148230	88870	17180	42180	71.5
	云南	117320	78200	7400	31720	73.0
	青海	23960	11930	3800	8230	65.7
	贵州	23470	22830	0	640	97.3

就流域分布而言，我国水能资源主要集中在金沙江、长江干流、雅砻江、黄河、大渡河、红水河、乌江和西南诸河等流域，技术可开发装机容量总规模约375070MW，占全国技术可开发装机容量的54.6%。截至2021年年底，金沙江、长江干流、雅砻江、黄河上游、大渡河、红水河、乌江和西南诸河等主要流域已建常规水电装机容量为172140MW，占全国已建常规水电装机容量的比重约48.6%。其中，乌江、红水河、大渡河、金沙江、长江干流等流域开发程度较高，已建、在建比重已达80%以上；雅砻江、

黄河上游已建、在建比重为70%～80%，还有一定的发展潜力。我国水电开发的重点是西南诸河，已建、在建开发程度仅为15.7%，未来开发潜力大。我国十大流域常规水电开发情况详见表1.1-2。规划到2025年，常规水电站投产总规模达3.8亿kW以上；到2030年，投产总规模达4.2亿kW左右；到2035年，投产总规模达4.5亿kW左右。

表1.1-2　　　　　　　　我国十大流域常规水电开发情况表

序号	河流名称	技术可开发量/MW	2021年已建规模/MW	2021年在建规模/MW	开发程度/%
1	金沙江	81670	49120	16580	80.4
2	长江干流	31280	25220	—	80.6
3	雅砻江	28810	18700	3920	78.5
4	黄河上游	26650	15070	3800	70.8
5	大渡河	24960	17370	4636	88.2
6	红水河	15080	12680	1000	90.7
7	乌江	11580	11100	480	100.0
8	西南诸河等三大流域	155040	22880	1400	15.7
	合　计	375070	172140	31816	54.4

注：数据源自《中国可再生能源发展报告2021》。

1.2　抽水蓄能电站

1.2.1　资源概况

根据《国家能源局关于印发抽水蓄能电站建设工作座谈会议纪要的通知》（国能新能〔2009〕233号）的指示精神，为满足我国电力系统发展和新能源开发利用需要，落实国家能源局有关推进抽水蓄能电站前期工作的要求，2009—2013年，国家能源局组织相关单位以省（自治区、直辖市）为区域开展了我国抽水蓄能电站站点资源普查及选点规划工作（不含海上抽水蓄能），资源普查成果共涉及站点资源量共701座，总装机容量约9.5亿kW。在此基础上，筛选出了一批规模适宜、建设条件较好的抽水蓄能站点，根据国家能源局的批复，此次规划推荐站点59个，总装机容量为74850MW。此外，为保证后续发展，还明确了14个备选站点，总装机容量为16600MW。"十三五"期间，国家能源局组织开展了12个省（自治区）的抽水蓄能电站选点规划或规划调整工作，新增一批规模适宜、建设条件较好的抽水蓄能站点。截至2020年年底，国家能源局已复函同意福建、广西、安徽、浙江、青海、贵州、河北、湖北等8个省（自治区）抽水蓄能电站选点规划或规划调整报告。根据国家能源局的批复，此次选点规划或规划调整新增推荐站点22个，总装机容量为29900MW。综合分析，截至2020年年底，我国陆续开展25个省（自治区、直辖市）的抽水蓄能电站选点规划或选点规划调整工作，批复的规划站点总装机容量约1.2亿kW。

在碳达峰碳中和发展背景下，全国风电、光伏发电等新能源大规模高比例发展，为适应新型电力系统发展需要，结合 2020 年 12 月启动的新一轮抽水蓄能中长期发展规划，在全国范围内开展资源普查工作，综合考虑地理位置、地形地质、水源条件、水库淹没、环境影响、工程技术及初步经济性等因素，共普查筛选出资源站点 1500 余个，总装机规模达 16 亿 kW（含已建、在建及规划选点）。在抽水蓄能资源站点普查基础上，《抽水蓄能中长期发展规划（2021—2035 年）》提出了抽水蓄能中长期发展项目库。其中中长期规划布局重点实施项目 340 个，总装机容量约 4.21 亿 kW。对满足规划阶段深度要求，但可能涉及生态保护红线等环境制约因素的项目，作为规划储备项目，总装机容量为 3.05 亿 kW。

1.2.2 资源分布及开发建设情况

我国地域辽阔，建设抽水蓄能电站的站点资源丰富，在全国绝大部分省（自治区、直辖市）均有分布。抽水蓄能电站建设需要具备地形、地质等因素，同时需要具备一定的水资源条件，所以抽水蓄能电站往往分布在山区和丘陵地区。

综合考虑历次选点规划和中长期规划，截至 2021 年年底，我国已纳入规划的抽水蓄能站点资源总量约 8.14 亿 kW，其中 97920MW 的项目已经或正在实施。从纳入规划的项目资源量分布来看，东北、华北、华东、华中、南方、西南、西北电网的资源量分别为 105000MW、80000MW、105000MW、125000MW、97000MW、143000MW、159000MW。从省（自治区、直辖市）分布来看，西藏自治区、贵州省、广东省、浙江省等地区普查站点资源较多。

截至 2021 年年底，我国已建抽水蓄能电站总装机容量达到 36390MW，居世界首位。其中，华北、东北、华东、华中、南方、西南区域电网装机规模分别为 6670MW、2850MW、13210MW、4990MW、8580MW、90MW，华东区域电网抽水蓄能装机规模最大，其次是南方和华北区域电网；核准在建总规模为 61530MW，华北、东北、华东、西北、华中、南方和西南区域电网装机容量分别为 14900MW、7650MW、18680MW、4800MW、8800MW、4100MW 和 2600MW，华东电网在建规模最大，其次为华北电网。目前我国已建和在建规模均居世界首位。规划到 2025 年，抽水蓄能投产总规模达 62000MW 以上；到 2030 年，投产总规模达 1.2 亿 kW 左右；到 2035 年，形成满足新能源高比例大规模发展需求、技术先进、管理优质、国际竞争力强的抽水蓄能现代化产业，培育形成一批抽水蓄能大型骨干企业，投产总规模达 3 亿 kW 左右。

第 2 章
移民安置规划与实施

狭义"移民"是指受水利水电工程建设直接或间接影响，需要进行生产或生活安置的人口，包括房屋必须拆除而需要搬迁的人口，耕地、园地等主要生产资源被征收、收回而需要进行生产安置的人口；广义则是指受水利水电工程建设直接或间接影响的所有对象，包括人、房屋、土地、企事业单位、基础设施及专业项目等。与其他行业建设征地相比，水电工程建设征地移民具有影响范围广、占地集中成片、涉及项目复杂等特点。

移民安置工作包括前期工作、实施工作、后期扶持工作等内容，内容多且复杂，既包括体制机制建设、规划设计、实施管理、后期扶持等，还包括移民政策制定与实施、移民工作组织与管理等与移民相关的全过程工作。

2.1 移民安置总体情况和演进历程

中华人民共和国成立以来，我国水电建设取得了巨大的成就。特别是改革开放以来随着国民经济对电力需求的快速增长及电力体制的改革，水电开发步伐明显加快。截至2022年9月30日，本书统计了全国已发电投产的686座大中型水电站（常规水电站640座、抽水蓄能电站46座），其中大型水电站180座，中型水电站506座。全国已发电投产的大中型水电站省域分布具体见表2.1-1。

表2.1-1　　　　全国已发电投产的大中型水电站省域分布表

序号	省份	水电站数量/座			占全国比重/%
		合计	大型	中型	
1	四川	174	37	137	25.36
2	云南	95	24	71	13.85
3	湖南	46	10	36	6.71
4	贵州	39	12	27	5.69
5	广西	38	11	27	5.54
6	甘肃	38	3	35	5.54
7	新疆	35	4	31	5.10
8	福建	29	8	21	4.23
9	湖北	27	9	18	3.94
10	广东	18	4	14	2.62
11	浙江	15	8	7	2.19
12	重庆	14	3	11	2.04
13	青海	14	7	7	2.04
14	西藏	14	3	11	2.04

续表

序号	省份	水电站数量/座			占全国比重/%
		合计	大型	中型	
15	吉林	11	5	6	1.60
16	陕西	9	2	7	1.31
17	辽宁	9	2	7	1.31
18	江西	8	4	4	1.17
19	安徽	8	3	5	1.17
20	河北	7	2	5	1.02
21	河南	6	3	3	0.87
22	黑龙江	6	3	3	0.87
23	内蒙古	5	1	4	0.73
24	山西	5	3	2	0.73
25	山东	4	4		0.58
26	海南	4	1	3	0.58
27	北京	3	1	2	0.44
28	江苏	3	2	1	0.44
29	宁夏	2	1	1	0.29
30	合计	686	180	506	100.00

2.1.1 总体情况

经对全国180座大型水电工程、506座中型水电工程的移民人数统计，全国大中型水电工程移民732.30万人，其中大型水电工程移民553.27万人，占比75.55%；中型水电工程移民179.03万人，占比24.45%。

2.1.1.1 移民区域分布

从水电基地移民区域分布来看，主要分布在中国中西部、南部的各个区域。移民区域分布超过100万人的只有长江水电基地，10万～100万人之间的水电基地有10个，10万人以下的水电基地有2个，其他区域移民78.08万人。全国大中型水电站移民人数区域分布详见表2.1-2。

表2.1-2　　　　　　　　全国大中型水电站移民人数区域分布表

序号	区 域 名 称	移民人数/万人	占比/%
1	长江水电基地	256.12	34.97
2	闽浙赣水电基地	99.37	13.57
3	黄河中游水电基地	63.62	8.69
4	南盘江、红水河水电基地	53.29	7.28
5	金沙江水电基地	43.43	5.93

续表

序号	区域名称	移民人数/万人	占比/%
6	湘西水电基地	41.55	5.67
7	东北水电基地	21.11	2.88
8	乌江水电基地	19.50	2.66
9	大渡河水电基地	15.92	2.17
10	黄河上游水电基地	14.62	2.00
11	澜沧江干流水电基地	13.56	1.85
12	雅砻江水电基地	8.68	1.19
13	怒江水电基地	3.44	0.47
14	其他区域	78.08	10.67
15	合计	732.30	100.00

从移民区域分布情况来看，移民分布占比最高的是长江水电基地，移民区域分布比重详见图 2.1-1。

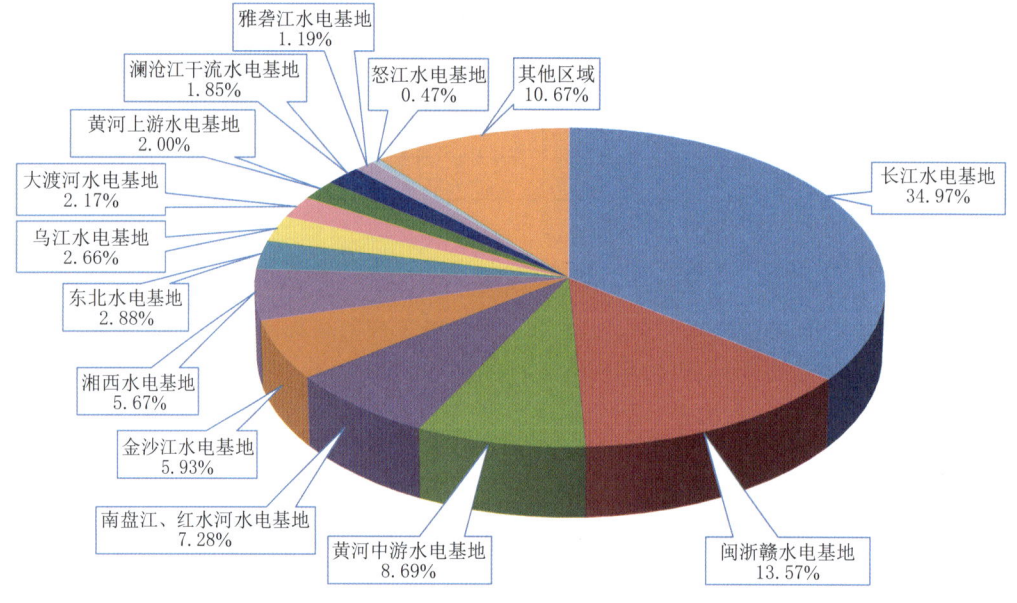

图 2.1-1 全国大中型水电站移民区域分布比重

2.1.1.2 移民流域分布

从移民人数流域分布来看，主要分布在长江流域、黄河流域，分别达到了 154.05 万人、79.13 万人。全国大中型水电工程征地移民人数流域分布详见表 2.1-3。

表 2.1-3　　全国大中型水电工程征地移民人数流域分布表

序号	流域名称	移民人数/万人	占比/%
1	长江流域	154.05	21.04
2	黄河流域	79.13	10.81

续表

序号	流域名称	移民人数/万人	占比/%
3	汉江流域	48.46	6.62
4	金沙江流域	43.65	5.96
5	湘江流域	41.44	5.66
6	红水河流域	35.66	4.87
7	珠江流域	34.52	4.71
8	沅江流域	31.38	4.28
9	钱塘江流域	29.26	4.00
10	乌江流域	19.53	2.67
11	盘江流域	17.63	2.41
12	大渡河流域	15.92	2.17
13	闽江流域	15.13	2.07
14	松花江流域	13.90	1.90
15	澜沧江流域	13.56	1.85
16	嘉陵江流域	11.72	1.60
17	赣江流域	9.04	1.23
18	雅砻江流域	8.68	1.19
19	鸭绿江流域	7.10	0.97
20	清江流域	6.69	0.91
21	岷江流域	4.32	0.59
22	怒江流域	3.44	0.47
23	抽水蓄能电站	3.72	0.51
24	其他流域	84.37	11.51
25	合计	732.30	100.00

注：数据收集时间截至2022年9月30日。本表长江流域是指长江干流宜宾至宜昌段；金沙江流域是指干流宜宾至直门达段；红水河流域是指西江干流广西壮族自治区西林县八大河乡与清水江汇口至南盘江界段；珠江流域是指西江干流广西壮族自治区西林县八大河乡与清水江汇口至入海口段；盘江流域是指南盘江和北盘江两流域。

2.1.1.3 移民省域分布

全国大中型水电工程移民省级区域主要分布在中西部各省、自治区、直辖市。因三峡工程移民主要涉及重庆市和湖北省，这两省（直辖市）移民分布较多。全国大中型水电站移民人数省域分布详见表2.1-4。

表2.1-4　　　　　　　全国大中型水电站移民人数省域分布表

序号	省份	移民人数/万人	占比/%
1	重庆	122.49	16.73
2	湖北	69.12	9.44

续表

序号	省份	移民人数/万人	占比/%
3	湖南	67.68	9.24
4	河南	61.47	8.39
5	四川	56.91	7.77
6	云南	45.13	6.16
7	广西	44.37	6.06
8	浙江	43.62	5.96
9	广东	41.42	5.66
10	福建	34.03	4.65
11	贵州	31.86	4.35
12	江西	25.19	3.44
13	北京	20.29	2.77
14	安徽	14.95	2.04
15	陕西	9.74	1.33
16	黑龙江	8.96	1.22
17	甘肃	7.82	1.07
18	青海	5.85	0.80
19	辽宁	5.73	0.78
20	吉林	4.40	0.60
21	新疆	3.81	0.52
22	内蒙古	3.04	0.41
23	宁夏	2.56	0.35
24	西藏	0.56	0.08
25	其他省（自治区、直辖市）	1.30	0.18
26	合计	732.30	100.00

2.1.1.4 移民年代分布

全国水电移民年代分布主要以首台机组投产时间为分期基准年，划分为四个时期：1949—1981年、1982—1990年、1991—2005年、2006—2024年。四个时期移民人口分布详见表2.1-5。

表2.1-5　　　　　　　　四个时期移民人口分布表

序号	时期	移民人数/万人	占比/%
1	1949—1981年	256.87	35.08
2	1982—1990年	34.65	4.73

续表

序号	时　　期	移民人数/万人	占比/%
3	1991—2005 年	244.90	33.44
4	2006—2024 年	195.88	26.75
5	合计	732.30	100.00

2.1.1.5　移民民族构成

全国大中型水电站移民民族构成主要是汉族、藏族、壮族、布依族、彝族、苗族、土家族、回族、蒙古族、傈僳族、纳西族、朝鲜族等30多个民族。主要流域民族构成分布如下。

大渡河流域内为少数民族聚居区，其中阿坝藏族羌族自治州、甘孜藏族自治州、凉山彝族自治州均为民族自治州。各民族中以汉族为主，藏族、彝族为辅，多民族聚居的特点显著，汉族人口占大多数，藏族人口约占15.2%，彝族人口约占13.8%，其余尚有羌族、回族、蒙古族等。泸定县是大渡河流域民族文化结合的过渡地带，大致是泸定以上以藏族为主，以下以汉族为主。

澜沧江流域属少数民族聚居地区，主要民族有汉族、傣族、彝族、哈尼族、拉祜族、佤族、白族、布朗族、藏族、普米族、纳西族、傈僳族等20多个民族，澜沧江上游西藏段"一库八级"古学、如美、侧格等水电站所在区域主要以藏族为主，澜沧江上游云南段古水、黄登、苗尾等水电站所在区域主要以藏族、白族、纳西族、傈僳族混居为主；澜沧江中下游"二库八级"小湾、糯扎渡、景洪等水电站所在区域主要以彝族、哈尼族、拉祜族、傣族为主。

黄河流域水电开发集中在上游河段，主要涉及青海、甘肃、宁夏3省（自治区），是少数民族人口相对集中的地区且基本为农业区或半农半牧区，人口稀少，草地辽阔，属多民族聚居地，主要有汉族、回族、藏族、蒙古族、东乡族、土族、撒拉族、保安族和满族等。

沅江流域流经地区主要涉及湖南、贵州、湖北、重庆4省（直辖市）9个地区63个区（县），该流域属少数民族聚居区，主要民族有汉族、苗族、侗族、布依族、水族、瑶族、壮族、土家族等33个民族，其中上游主要在贵州省境内，常住人口中以苗族、侗族为主，侗族、苗族人口约占上游区域总人口的80%以上；中游进入湖南省境内为多民族混居，总体仍以苗族、侗族为主，苗族、侗族人口约占中游区域总人口的40%；下游仍在湖南省境内，是以汉族为主的多民族散杂居，其中少数民族包括苗族、侗族、土家族、回族、维吾尔族等，约占下游区域总人口的11%。

乌江流域主要涉及贵州省和重庆市，全流域以汉族为主。上游有苗族、彝族等少量的少数民族混居；中游干流以汉族为主，支流有苗族等少数民族混居；下游有土家族、苗族、侗族等少数民族混居。

长江干流水电开发主要涉及重庆市和湖北省，以汉族为主，有土家族、苗族等少数民族混居。

金沙江流域水电开发主要涉及四川省、云南省、西藏自治区。上游以藏族为主；中游以汉族为主,有纳西族、傈僳族、白族等少数民族混居;下游以汉族为主,有彝族、回族等少数民族混居。

2.1.1.6 移民安置方式构成

1. 生产安置方式

移民生产安置方式主要包括农业安置、逐年货币补偿安置、复合安置、自行安置(包括自谋职业、自谋出路、投亲靠友)、二三产业安置等。经分析,农业安置人口约占68.37%,自行安置人口约占10.86%,复合安置人口约占7.01%,逐年货币补偿安置人口约占6.47%,二三产业安置人口约占2.49%,其他安置方式安置人口约占4.80%。

2. 搬迁安置方式

移民搬迁安置方式主要包括集中安置、分散安置。其中集中安置人口约占75.48%,分散安置人口约占24.52%。

2.1.2 移民安置演进历程

中华人民共和国成立以来,国家经济体制改革经历了计划经济、初步建立社会主义市场经济、市场经济等不同阶段,在不同的发展阶段随着国家的经济实力不断增强,移民政策及管理体制也经历了从启蒙、探索、发展和完善的历程,移民安置工作也在改革中不断总结进步。进入21世纪以来,在党中央提出构建和谐社会、全面落实科学发展观,特别是党的十八大以来,在习近平新时代中国特色社会主义思想的指引下,水电工程建设征地移民安置工作统筹发展与安全,坚持服务国家战略,坚持人民至上,贯彻落实"创新、协调、绿色、开发、共享"的新发展理念,逐步完善,并已走上科学化、专业化、法制化道路。

本书以重要标志性文件和重大政策实施时间节点作为划分依据,将我国水电工程建设征地移民安置工作演进划分为四个时期:①移民安置滥觞期(1949—1981年);②移民安置探索期(1982—1990年);③移民安置发展期(1991—2005年);④移民安置完善期(2006—2024年)。

2.1.2.1 移民安置滥觞期(1949—1981年)

1949年至20世纪80年代初期为移民安置启蒙时期,以中华人民共和国成立和改革开放为重要节点,称为移民安置滥觞期。该时期中国百业待兴,举国开展社会主义建设热情高,中华人民共和国成立初期全国人口不足6亿人,人少地多,土地矛盾不突出,同时生产、生活水平比较低,开展了大规模的基础设施建设,兴建了一批水利水电工程。虽然各级政府对处理水电移民问题都比较慎重,但对移民安置工作的复杂性、艰巨性认识不足,各级领导忙于抓工程建设、抢进度、抢工期,而把移民工作放在次要的位置。移民安置工作没有统一的法规、完善的规划,主要以政府的相关文件作为开展工作的依据,执行通用法规中征地补偿的有关规定,即1953年、1958年《国家建设征用土地办法》中征地补偿的有关规定。

这一时期由于我国的经济社会发展水平较低,移民安置主要采取单纯的补偿性安置办法。移民诉求低、搬迁热情高,移民安置的主要工作在于开垦荒地、增产粮食和工业原料,移民基本上采取农业生产安置,或远迁开垦荒地发展生产,或就近后靠开发山林;就近安置的移民基本能在较短时间内恢复生产生活,遗留问题主要是跨省远迁移民生产生活环境改变难以适应。这段时期兴建了四川狮子滩水电站、福建古田一级（一期）水电站、浙江新安江水电站、黄河刘家峡水电站等大中型水利水电工程，移民总数约257万人。

2.1.2.2 移民安置探索期（1982—1990年）

20世纪80年代初期至90年代初期为移民安置探索期，以1982年5月国务院颁布的《国家建设征用土地条例》为起点，以1991年第一部《大中型水利水电工程建设征地补偿和移民安置条例》出台前为节点。该时期我国由传统的计划经济向社会主义市场经济过渡。伴随着改革开放的脚步，我国水电工程建设也迎来了良好的发展契机，这个时期我国人口已突破10亿人，随着经济发展和基础设施建设大规模地开展，土地需求量大大增加，人地矛盾开始凸显，对于征地范围广、涉及人口多且集中的水电工程，用地矛盾和社会矛盾问题愈发集中。

这一时期是中国移民安置法规、政策及技术标准的探索时期，开始重视移民安置的科学规划，伴随着经济社会发展，打破了单纯补偿安置的做法，正式确定了水利水电移民实行开发性移民的方针，《国家建设征用土地条例》明确将制定移民的专用法规提上议事日程，1984年发布了第一部移民安置规划设计技术标准《水利水电工程水库淹没处理设计规范》（SD 130—84）（简称84规范），移民安置政策从无到有、逐步完善，移民遗漏问题和后期扶持工作得到重视，"有土从农"为主的移民生产安置方式得以明确，补偿项目和内容逐渐细化，补偿概算体系逐渐形成，管理体制机制初步建立，移民安置工作逐渐有章可循。这个时期建成的大中型水利水电工程有龙羊峡、紧水滩、鲁布革、长甸、沙溪口等，移民总数约35万人。

2.1.2.3 移民安置发展期（1991—2005年）

20世纪90年代初期至2005年为移民安置发展期，以新旧两部《大中型水利水电工程建设征地补偿和移民安置条例》出台为重要节点，该时期颁布了《大中型水利水电工程建设征地补偿和移民安置条例》（国务院令第74号），用于专门指导水电工程建设征地移民安置工作。在该时期我国人口已经达到了12亿人左右，随着国家经济社会形势的不断发展变化，水电工程移民安置人多地少的矛盾日益突出，历史遗留问题的影响也逐渐显现。

水电工程移民政策在这一时期得到了进一步发展，既注重实物指标补偿补助，又注重移民生产生活安置，在这个发展转变的过程中，基本形成了一套前期补偿补助与后期扶持相结合的开发性移民政策体系。该时期颁布了第一部水利水电行业专用的征地法规《大中型水利水电工程建设征地补偿和移民安置条例》（国务院令第74号），与之相关的行业法规政策以及地方法规政策研究与出台工作相继开展；为保护耕地资源，适应市场经济发展要求，进一步加强了土地管理，提高和规范了土地补偿补助标准、明确了水利水电工程征地程序，并启动了征地的统一年产值标准或区片综合地价制定工作；完善了水利水电工程建设前期移民工作的相关政策及技术标准，印发了《关于加强水库淹没处理前期工作的通知》（水规规〔1991〕67号），并于1996年发布了《水电工程水库淹没处理规划设计规范》（DL/T 5064—1996）（简称96规范）；国家和地方开始重视移民安置过程管理方面的政策研究，2002年，国家计划委员会（简称国家计委）颁布了《水电工程建设征地移民工作暂行管理办法》（计基础〔2002〕2623号），提出了"政府负责、投资包干、业主参与、综合监理"的管理体制，全面系统明确了各级地方政府、移民机构、项目法人、设计单位和监理单位等有关部门和单位的责任和义务；为促进西部经济发展，实现全国电力资源优化配置，西电东送工程从20世纪90年代后期开始付诸实施；2004年国务院印发了《国务院关于投资体制改革的决定》（国发〔2004〕20号），按照完善社会主义市场经济体制的要求，在国家宏观调控下充分发挥市场配置资源的基础性作用，改革政府对企业投资的管理制度，按照"谁投资、谁决策、谁收益、谁承担风险"的原则，落实企业投资自主权，对于企业不使用政府投资建设的项目，一律不再实行审批制，区别不同情况实行核准制和备案制，大大提高了企业投资水电站建设的积极性；进一步加强遗留问题处理和后期扶持政策，出台了《关于设立水电站和水库库区后期扶持基金的通知》（计建设〔1996〕526号）及《关于加快解决中央直属水库移民遗留问题若干意见》（国办发〔2002〕3号）等文件，为国家正式启动统一的扶持政策和扶持标准拉开了序幕。在此期间建成的大中型水电工程有水口、五强溪、岩滩、天生桥一级、漫湾、宝珠寺、二滩、洪家渡、莲花水库、小浪底、三峡等，移民总数约245万人。

2.1.2.4 移民安置完善期（2006—2024年）

2006—2024年为移民安置完善期。我国的经济进入了高速增长阶段，综合国力显著增强，人民生活水平显著提高，水利水电工程建设全面展开。移民安置法规、政策及技术标准体系进入了可持续发展以及构建社会主义和谐社会的完善阶段。

（1）2006年国务院颁布了重新修订的《大中型水利水电工程建设征地补偿和移民安置条例》（国务院令第471号），建立了"政府领导、分级负责、县为基础、项目法人参与"分级明确的管理体制，全面完善了移民安置规划大纲、移民安置规划内容和程序要求以及"后期扶持""监督管理"等内容。

（2）2006年国务院颁布了《国务院关于完善大中型水库移民后期扶持政策的意见》（国发〔2006〕17号），该文件及配套文件使水利水电工程移民形成了具有中国特色且较为完善的后期扶持政策体系，国家更加关注移民后续发展。

（3）建立了第一套水电工程征地移民专业技术标准体系，对《水电工程水库淹没处理规划设计规范》（DL/T 5064—1996）进行了全面修订，国家发展和改革委员会（简称国家发展改革委）以2007年第42号公告发布了《水电工程建设征地移民安置规划设计规范》等8个规范，2017年起，建立了覆盖水电生命全周期水电行业征地移民技术标准体系，水电工程征地移民专业技术工作得到进一步规范，规划设计深度进一步提高。

（4）贯彻以人民为中心、发展成果由人民共享等理念，先后颁布或修订了《中华人民共和国物权法》《中华人民共和国土地管理法》《大中型水利水电工程建设征地补偿和移民安置条例》（国务院令第679号）、《中华人民共和国民法典》等法规政策，进一步明晰了各项权益及法律保障、加强了土地管理、明确了水利水电工程征地补偿和安置原则；2012年以来，国家先后提出了共享发展、水电开发促进移民脱贫致富、推进水电开发利益共享等工作要求，进一步加大了对移民尤其是贫困地区移民利益的倾斜；研究发布《关于做好水电开发利益共享工作的指导意见》（发改能源规〔2019〕439号）等。

该时期是我国移民安置完善时期，形成了一套行之有效、体系层次设置分明的法律法规体系，建立了覆盖水电工程规划及设计、建造调试及验收、运行维护及退役的各阶段的技术标准体系，为依法依规开展水电工程移民安置工作提供了良好的法律环境、细致的技术指导和全面的技术控制管理,有力保障了水库移民权益,大力促进了水电工程建设。这段时期建成的大中型水利水电工程有瀑布沟、白鹤滩、乌东德、向家坝、溪洛渡、三板溪、光照、龙滩、托口、彭水、小湾、锦屏一级等,移民总数约 196 万人。

伴随着中国水电的蓬勃发展,移民工作队伍从建立、成长到成熟,也迎来了发展的春天,水库移民行业培养了一大批优秀的专业人才,一代代水库人锐意进取、敢于创新,他们筚路蓝缕、百折不挠、面对困难、勇于开拓,历尽风雨,终结硕果。本书面向全国,从中华人民共和国成立以来移民行业发展历程中,挑选了一批为中国水库移民事业作出重要贡献的专业开拓者和领航人。具体人物及从业情况详见本书附表3和附表4。

2.2 移民安置滥觞期

2.2.1 规划设计

移民安置规划设计前期工作是指项目决策前涉及建设征地和移民安置的调查、规划、设计、论证、优化等所有工作的总和,属于水电工程建设基础工作范畴,是工程建设业主和政府科学决策的基础和依据,是建设征地处理和移民安置的总体策划和蓝图。

1950—1978 年,此时规划设计前期工作以设计单位为主,设计单位代表国家承担了投资控制的部分职能。设计单位在地方政府的配合下,开展实物指标调查,编制移民安置规划和补偿投资,国家在此基础上审查批准补偿投资。但是,随着"大跃进"运动,移民安置规划被忽视,设计单位工作主要内容是以调查实物指标为基础估算补偿费用,专注于补偿投资控制,而移民安置则由地方政府自行规划实施。"文化大革命"开始后,移民规划设计工作基本无法开展。

受特定历史时期和设计手段、技术、方法限制,该时期的水库移民专业主要承担水库实物指标调查,安置规划设计工作在探索中前进。而多数水电勘测设计单位没有专门从事移民规划设计的专业人员,多是临时抽调规划专业技术人员和测绘专业技术人员配合地方政府工作人员开展水库淹没实物指标调查、社会经济调查工作,然后由规划专业技术人员和地方政府工作人员一起编制移民安置规划、补偿投资概算;有的单位由水能、水文、泥沙、测绘等专业人员兼顾移民规划设计工作。

2.2.2 安置实施

设计院基本没有介入移民安置实施工作,主要由地方政府、行业主管部门等开展移民安置实施工作。20 世纪 50—80 年代,移民实施工作缺乏完善的移民法规,管理比较粗放,移民工作主要依靠政府行为和强大的政治工作。移民安置居于工程建设的从属地位,在"多快好省地建设社会主义"的口号下,一切为工程建设让路,主要采取"条块结合,以块为主"的管理模式,将移民问题交给地方政府负责,通过"一平二调"、行政命令的方式安置移民。移民安置措施上,表现为"重征迁、轻安置""重生活补偿、轻生产安置",加上移民资金不足等原因,产生了较多移民遗留问题。但这些探索性工作也为今后我国水电移民事业的发展奠定了基础,提供了经验。

2.2.3 技术标准

20世纪80年代初以前，移民技术标准基本处于缺失阶段，当时主要依据1953年12月5日中央人民政府政务院发布的《国家建设征用土地办法》，国家没有专门的移民规划设计规范，移民设计工作基本无规可依。建设征地移民补偿本着"国家不浪费，群众不吃亏"的原则处理，补偿办法按政务院关于《国家建设征用土地办法》办理，由县级人民政府负责移民说服教育、改业安置、土地调剂等工作。

1957年，国务院对1953年发布的《国家建设征用土地办法》进行了修正，调整了补偿标准。1958年1月6日国务院公布施行《国家建设征用土地办法》。"二五"期间开始建设的新安江、三门峡等水电工程参照狮子滩水电站、福建古田溪一级水电站等的技术内容和1958年1月6日国务院公布施行的《国家建设征用土地办法》开展有关移民安置的规划设计工作。

1962—1964年，水利电力部水电建设总局曾组织编制了《水利水电工程水库淹没处理设计规范》，并形成了《水利水电工程水库淹没处理设计规范（研究班定稿）》，该技术标准虽未正式发布，但在20世纪60—70年代的水电工程建设征地移民安置规划设计中得以应用。

2.2.4 技术力量

20世纪80年代之前，中国处在计划经济时代，政府是一切资源和社会安排的主导力量，移民技术力量相对单薄。移民安置滥觞期（1949—1981年）主要设计单位技术力量详见表2.2-1。

水利水电规划设计总院和七大设计单位主要经历了燃料工业部（1949—1955年）、电力工业部（1955—1958年）、水利电力部（1958—1966年）、第二次成立电力工业部（1979—1982年）、第二次成立水利电力部（1982—1988年）、能源部（1988—1993年）、第三次成立电力工业部（1993—1997年）、国家电力公司（1998—2002年）、中国水电工程顾问集团（2002—2011年）、中国电力建设集团（2011—2024年）等多个时期。水利部及下属设计单位根据国家体制改革及部委调整，名称也发生过多次变化。由于其间名称多次变化，为便于理解，本书不同阶段主要设计单位按照简称或行业通俗易懂的名称进行阐述。

表2.2-1 移民安置滥觞期（1949—1981年）主要设计单位技术力量一览表

序号	单位名称	设计单位技术力量
1	电力工业部水利水电规划设计院	水库专业起源于20世纪50年代，通过学习苏联和其他国家水电勘测设计工作经验，遵从国家政府投资和行政管理要求，结合我国国情和设计管理体制设置。自1978年恢复电力工业部水利水电规划设计院以后，随国家改革开放政策的实施，水库移民问题引起了国家的高度重视。在水电工程设计中由水利水电规划设计院规划处牵头，加强了水库淹没处理设计的管理等，当时的规划处朱铁铮处长根据电力工业部和院领导的指示，陆续组织刘兰桂、欧阳华、赵玉昆、戴泽沛、张根林等进行水库移民设计工作管理

续表

序号	单位名称	设计单位技术力量
2	华东勘测规划设计院（简称华东院）	1954年，水利电力部上海勘测设计院（华东勘测规划设计院的前身）在上海建院之初，水库移民专业就诞生了。为了妥善安置因兴建新安江水电站影响的近30万水库移民，华东院专门成立了从事水库移民安置研究和设计的水库设计室。为了新安江水电站的建设，华东院第一代水库移民安置规划设计工作者克服了重重困难，开展了水库淹没实物指标调查工作，并配合浙江省政府开展开发天目山安置新安江移民的调研和前期规划工作，培育了华东院第一代水库移民安置规划设计工程技术人员，开始孕育了水库移民安置规划设计的基础理论。 经过新安江水电站设计的锻炼，20世纪六七十年代相继开展了富春江、黄坛口、古田溪、安砂、湖南镇、池潭等水电站初步设计阶段的水库淹没处理规划设计工作。 华东院于1978年在杭州重新建院后，水库设计室合并纳入规划处
3	成都勘测规划设计院（简称成都院）	成都院征地移民专业最早可追溯到1953年东交民巷北京水电总局勘测处的社会经济调查队。为了支援三门峡水库实物指标调查工作，水电总局成立了社会经济调查队，由毕业于浙江大学的地质老专家蔡忠瑞担任调查队队长，队员包括毕业于南京大学的范与立、刘鸿茹、朱志仁、周善庆、高文治、董先珠、王春梅、王超然、丁宝庆，毕业于四川大学的王祖铎、宋乐天、刘祖全、黄礼等。社会经济调查队的最初任务是支援黄河水利委员会进行三门峡工程水库淹没实物指标调查数据内业汇总和土地面积算量等工作。完成三门峡工作后，调查队随后奔赴刘家峡、新安江、滦河、官厅等水电站项目支援地方开展相应的水库调查工作。 1954年9月，根据国家建设需要，社会经济调查队分成了两个队：一队由范与立担任队长，主要负责支援西南地区电站的水库调查工作；二队由王超然担任队长，主要负责继续新安江水库的调查工作。社会经济调查队一分为二后，一队在范与立队长的带领下首先来到了云南的以礼河水槽子电站，到1955年年初，一队的大部分队员又抽调到了重庆狮子滩水电站，同时期水电总局在重庆设立了西南勘测处；1955年下半年一队先后完成了岷江上游河段紫坪铺、映秀湾、太平驿等8个梯级的调查规划工作。到1956年年初，一队又在全国招聘了一批人员充实到了工作队伍当中，包括了后来的陈宗义、饶忠立、熊爵昌等。 到1955年，社会经济调查队转变为水库组，并由勘测部门变为了设计部门，与当时的施工组、机电组、规划组等成为了成都院下面的处级部门，由范与立担任水库组组长。 到1959年，水库组合并到了规划处，与动能、水文、泥沙、规划4个专业统一由规划处管理。这一时期水库组先后完成了贵州省的姬昌桥、猫跳河，四川省的龙溪河、大洪河、上硐、回龙寨、下硐、龚嘴等主要项目的实物指标调查，并配合地方政府开展了移民安置规划工作。 1981年，成都院设立了水库环保室，第一任室主任为毕业于莫斯科大学的朱忠德，副主任为段开甲和陈宗义，共有员工25人
4	中南勘测规划设计院（简称中南院）	1954年，中南水力发电工程局勘测处成立经济调查队。1956年，经济调查队分为501、502两个队，总人数超100人。1957年，经济调查队划出勘测处并入技术处水能组，后更名为水库组。 早期水库规划设计主要内容包括调查库区淹没损失，编制移民安置规划，对各淹没对象提出改建、复建措施设计，淹没调查和移民安置规划深度都较细
5	西北勘测规划设计院（简称西北院）	西北勘测规划设计院在1950年建院初期就有专业设计人员从事水库移民规划设计工作。1958年，移民专业正式建制，1960年以后，分别划归规划室和规划机电室水能组；1969年，兰州水力发电厂撤销，设计人员分流至白龙江工程局和水电三局；1979年西北院重组，原主要成员调回院部成立规划处水库组，并兼顾环境保护专业设计工作。水库移民专业20世纪六七十年代承担了黄河上游盐锅峡、八盘峡、刘家峡等工程移民规划设计任务。在较为艰苦的条件下，较好地完成了各项勘测设计任务

续表

序号	单位名称	设计单位技术力量
6	昆明勘测规划设计院（简称昆明院）	昆明院水库专业由1956年云南水电勘测处经济调查科演变而来的，建院以后1958—1977年为水能组下属的一个小组，1977年水能规划室恢复时，水库小组的建制不变，1980年水库专业组成立，1981年8月，水能规划室升格为水能规划处，下设规划、水能、水库等6个专业。该时期主要开展了以礼河毛家村水库、牛栏江梯级及南盘江干流梯级的部分工程项目，特别是1976年以后国家明确提出实行开发性移民的方针政策，强调做好移民安置规划是水库淹没处理设计的核心
7	北京勘测规划设计院（简称北京院）	北京院成立于1953年，是最初建立的水电八大勘测设计院中建院最早、发展最快、职工人数最多，也是完成水利水电工程项目最多的设计院。承担着国内的主要勘测设计任务，并受水力发电建设总局委托管理全国水电勘测设计业务，北京院曾承担华北、东北、西北、西南、华东等地区的河流水资源规划及水利水电工程的勘测设计任务，电力部北京院承担了黄河中上游水电规划及云南以礼河、四川省龙溪河水电规划，并参与官厅、刘家峡、狮子滩、上犹江、岗南以及国外的蒙古国哈尔哈林、几内亚金康、阿尔巴尼亚毛泽东水电站和菲尔泽等一些水电工程的勘测设计工作。 20世纪50年代初，北京勘测设计院勘测处有水库经济调查大队，员工约60人。下设调查一队、调查二队。 1956年7月，北京院水库专业部分人员陆续调往水电系统的其他设计院。 1958年8月，两部合并的北京院，规划处下设水库组。随着国民经济调整、人员的下放、分流与再补充，至"文化大革命"前夕，从事水库专业的人员有12人，下设两个小组，大组长为宋铭奎（兼专业总工程师），小组长分别为张根林、李智岑。1969年10月，北京院撤销，从事水库工程的技术员下放相关水电工程局从事规划专业工作。 1980年北京院恢复建院后，从事水库专业的人员有5人，隶属规划设计处的规划组
8	贵阳勘测规划设计院（简称贵阳院）	贵阳院水库移民专业发展肇始于猫跳河梯级水电站开发。经过猫跳河梯级水电站设计的锻炼，20世纪70年代开始进行天生桥、东风水电站初步设计阶段的水库淹没处理规划设计工作。由于计划经济时期土地尚未包产到户，移民搬迁及安置工作主要靠政府的行政文件、政府动员进行推动。贵阳院无专门从事移民设计的人员，根据工作需要临时抽调水文、规划、测绘等相关专业技术人员配合地方政府工作人员开展水库淹没实物指标调查、移民补偿投资概算编制等工作
9	长江水利委员会设计处（简称长委设计处）	长委设计处历来重视移民规划设计工作，长江水利委员会（简称长江委）下属单位长江设计集团有限公司（原长江勘测规划设计研究院）水库移民专业队伍建设较早，20世纪50年代初，根据长江流域规划工作需要，成立了3个"经济调查队"，主要任务是调查流域规划阶段各开发方案水库区的淹没损失情况，包括人口、土地、房屋、专项、文物、渔业、旅游等内容。1956年长江流域规划办公室正式成立水库专业组（经济室水库淹没问题组），由长江水利委员会总工程师和项目设计负责人直接领导，并聘请了国内知名经济学家作指导。 1958年在三峡库区淹没普查中，为了摸清重庆市淹没情况和城市改建规划，四川省专门成立重庆市淹没调查研究委员会，由市委书记任白戈、副市长邓垦直接领导，委员会下设办公室，由长江水利委员会王军韬任办公室主任；办公室设城市规划组（王军韬兼任组长）、淹没专业调查组（由长江流域规划办公室叶文宪任组长）。长江流域规划办公室第一经济调查队负责具体的淹没调查，聘请苏联城市规划专家和淹没问题专家分别参加两组指导工作。其后，随着丹江口、陆水等水利枢纽建设工作的需要，在规划处设立水库移民科。 1978年，长江委主任林一山向中央建议采用"移民工程"的办法解决三峡水库移民问题
10	黄河水利委员会勘测规划设计院（简称黄委设计院）	1978年3月，经水电部批准，恢复黄河水利委员会勘测规划设计院，下设规划处

续表

序号	单位名称	设计单位技术力量
11	东北勘测设计院（简称东北院）	东北院是随着我国水电建设事业的不断发展，由1948年5月成立的丰满水电站筹委会逐步转变发展起来，先后经历了丰满水电站筹委会、丰满水电局、丰满工程处、水电工程公司、东北水电工程公司、东北水力发电工程局、长春水力发电工程局、长春水力发电设计院等8个阶段，1958年9月正式定名为水利电力部东北勘测设计院。东北院水库移民专业与东北勘测设计院同步发展壮大，历经牡丹江流域莲花水电站、兰岗水电站；鸭绿江流域梯级云峰、渭源、桓仁水电站；松辽流域北水南调工程3个水源工程（尼尔基水利枢纽、大赉水库和哈达山水利枢纽），1个调蓄水库（辽河流域石佛寺水库）；第二松花江上的白山水库高坝方案论证工作。经过牡丹江、鸭绿江、松花江流域梯级水电站勘察设计和松辽流域北水南调规划的锻炼，20世纪70年代开始进行白山、红石、太平湾、渭源等水电站初步设计阶段的水库淹没处理规划设计工作。东北院于1958年成立了经济调查队，由6人组成，朱志仁任队长，隶属设计院规划组。1961年改经济调查队为水库组，由董先珠任组长。1965年陈荣任水库组长。根据国家经济建设和规划设计工作需要，移民专业在测绘等相关专业技术人员配合下，与地方政府工作人员一起开展水库淹没实物指标调查、编制移民补偿投资估算、参与水利水电工程规划设计方案比选论证等工作
12	天津勘测设计院（简称天津院）	天津院组建伊始即设有水库移民专业，隶属规划处工程规划室。20世纪80年代主要进行河北省潘家口水库工程、河南省板桥水库工程、山西省万家寨水库工程、山西省引黄入晋工程征地移民规划设计工作
13	广西电力工业局设计处（简称广西院）	广西院水库移民专业发展肇始于西津水电站及红水河梯级水电站。经过红水河梯级水电站勘察设计的锻炼，20世纪70年代开始进行大化水电站初步设计阶段的水库淹没处理规划设计工作。由于计划经济时期土地尚未包产到户，移民搬迁及安置工作主要靠政府的行政文件、政府动员进行推动。广西院无专门从事移民设计的人员，根据工作需要临时抽调规划、测绘等相关专业技术人员配合地方政府工作人员开展水库淹没实物指标调查、移民补偿投资概算编制等工作
14	广东省水利电力勘测设计院（简称广东院）	广东省大型水库工程大多是在1982年之前建成的，在此前也经历了大规模移民。广东院从20世纪60年代开始陆续开展了移民专业工作，但无专门从事移民设计的人员，均由各专业抽调

2.2.5 移民安置工作特点

在移民安置滥觞期，由于当时整个社会经济落后，移民家庭财产少，经济关系和生产关系简单，工商业也不发达，库区水、电、路等基础设施基本是空白；加之移民思想单纯，讲政治、觉悟高，服从大局意识强，积极支援国家重点工程建设。因此，这一时期水电移民工作主要靠思想工作、政治动员和大力宣传，以行政命令的方式组织实施，安置地积极接收移民，主动帮助移民的生产生活。当时的经济发展水平有限，技术基础薄弱，管理体制相对落后，加之对移民安置工作的复杂性、艰巨性认识不足，在相当长时期，许多水电工程仓促上马，水库淹没处理和移民安置简单粗糙，水库淹没补偿受到"一平二调"的影响比较严重，部分水库补偿标准偏低，在动员移民安置方式上主要靠行政手段，在安置移民的具体做法上，相对较简单粗放，给后续工作也带来了一些遗留问题，"政企不分、权责不明、关系不顺"是这一时期移民工作的特点。

2.2.6 新技术应用

1949—1981年，中国社会长期处在计划经济时代，征地移民按照计划和行政命令、社会动员等开展，整体社会经济发展水平不高、技术相对匮乏，这一时期移民安置工作进行了一些探索性工作，但几乎没有新技术的应用。

2.3 移民安置探索期

2.3.1 规划设计

1982—1990年，移民安置规划开始受到重视。该时期，实物指标调查以设计单位为主、地方政府配合，移民安置规划方案以地方政府为主、设计单位配合。设计单位仍然扮演了代表国家控制投资的角色，以实物指标调查成果为基础，结合移民安置规划编制补偿投资。国家审查批准补偿投资以控制投资为主。

这一时期是移民规划设计专业从无到有、逐步发展的时期。以《水利水电工程水库淹没处理设计规范》（SD 130—84）颁布执行为标志，移民规划设计工作走上了有规可依的快速发展通道，设计单位从实物指标调查，到移民规划设计方案，编制移民初步规划设计报告，开始按照规程规范的要求开展相应阶段的移民规划设计工作。

2.3.2 安置实施

随着我国经济改革的逐步展开和责任制的建立，1984年水利电力部在总结国内外水库移民经验教训的基础上，第一次提出了开发性移民的概念和思路。将水库移民安置实施的责任明确交由地方政府负责。1986年，国务院正式肯定了开发性移民的思路，并作为我国水库移民工作的基本方针，出台了一系列解决移民问题的政策措施和相关法律法规，使移民工作发展到了一个新的阶段，各级移民管理机构也进一步健全。这一时期，不仅水电建设项目纷纷建立了较为固定的管理机构，移民管理机构也随着移民安置实施工作的不断深入不断得到加强，"政府领导、分级负责"的管理模式逐步形成。

2.3.3 技术标准

1984年，水利电力部颁发了《水利水电工程水库淹没处理设计规范》（SD 130—84），这是我国第一部关于水利水电工程建设征地移民安置方面的技术标准，在很长一段时期较好地指导了我国水利水电工程移民前期设计工作，为移民安置规划设计走向规范化起到了重要作用。此后，1986年，水利电力部水利水电规划设计院又颁发试行了《水利水电工程水库淹没实物指标调查细则》《库底清理办法》，作为《水利水电工程水库淹没处理设计规范》（SD 130—84）的补充规定，对水库淹没处理范围的确定、淹没实物指标的调查、移民安置规划和补偿投资概算编制工作等，进行了具体规定和规范。

2.3.4 技术力量

这一时期，移民技术力量得到了一定发展，各个设计单位开始重视移民专业的发展，充实移民技术力量，改善了移民专业技术人才队伍建设状况，移民专业技术力量得到了进一步发展。同时，设计单位开始设置专门的移民组织机构，成立移民科室部门，配置了相应的职位等。移民安置探索期（1982—1990年）主要设计单位技术力量详见表2.3-1。

表2.3-1　　移民安置探索期（1982—1990年）主要设计单位技术力量一览表

序号	单位名称	设计单位技术力量
1	水利水电规划设计总院（简称水规总院）	1984年，刘兰桂教授具体负责组织水规总院和直属设计院的水库专业骨干编制完成了第一本水库技术规范《水利水电工程水库淹没处理设计规范》。1987年12月，水利电力部水利水电规划设计院联手水利部赵仁骧司长、电力部计划司曾念司长筹建了有国家计委、国土资源部、水利部、电力工业部、部分省移民主管机构、水电项目公司、设计单位、有关院校单位领导和干部参加的水力发电工程学会水库经济专业委员会，研究协调水库移民工作。从此水利水电规划设计总院开启了由政策引导、规范管理、技术支持的水库移民工作管理模式。基于水库专业政策关联度高的特点，水规总院杨慧芳副院长长期分管水库专业工作，协调了大量水电项目设计、建设中的水库移民问题。刘兰桂教授带领欧阳华、赵玉昆、戴泽沛、张根林等联系、协助电力工业部、国家计委、国土资源部、水利部研究制定了第一批加强水库工作的文件和法规。主要有财政部、电力工业部1981年的《关于从水电站发电成本中提取库区维护基金的通知》（电财字〔81〕第56号）等文件
2	水利电力部华东勘测设计研究院（简称华东院）	华东院依托专业技术力量，从20世纪80年代开始，先后开展了紧水滩水电站（移民2.2万人）、石塘水电站（移民0.5万人）、沙溪口水电站（移民1.1万人）、水口水电站（移民规模近6万人）、珊溪水库（移民3.7万人）等大型水利水电工程和高砂、竹洲、涌溪三级和金山水电站等中小型水电站的移民规划设计工作。水口水电站、珊溪水库的移民安置规划工作为华东院移民专业的理论技术水平提供了全面总结和提高的机会，同时培养了第二代水库移民设计专业的中坚力量。 同时，华东院水库移民专业也开始逐步介入世界银行贷款项目移民监测评估工作，华东院是国内最早按照世界银行OD4.30导则开展移民独立监测与评估的单位，早在1990年就开始着手世界银行贷款福建水口水电站移民安置独立监测评估工作，由于水口项目移民独立监测评估工作对水口移民安置的成功起到了关键作用，成效得到了国内国际的普遍认可
3	水利电力部成都勘测设计研究院（简称成都院）	随着专业的拓展细化，为了满足水库环保专业各自的发展需要，到1990年，水库和环评专业分开，水环室拆分为水库室和环评室，陈宗义成为水库室的第一任室主任，副室主任为王春云、郭万侦。这一时期主要开展了二滩、瀑布沟、直孔、溪洛渡、铜街子等水电站，及龚嘴加高的前期论证工作。 二滩水电站移民工作主要由陈宗义主任牵头负责；1987年，朱亚民和郭万侦赴西藏开展了直孔水电站的实物指标调查和规划工作；1988年，朱亚民牵头主要开展了铜街子移民调查和规划工作；1989年，王春云、郭万侦、徐开寿、刘映泉4人组队第一次开展溪洛渡水电站实物指标调查和规划工作

续表

序号	单位名称	设计单位技术力量
4	水利电力部中南勘测设计研究院（简称中南院）	1986年年底，中南院水库与环保专业合并，成立水库环保研究室。1987年年初，单独设立库区规划室，隶属规划处，有专业人员20余人。 这一时期，中南院主要开展东江、乌江渡、龙滩、五强溪、潘口、凌津滩、大广坝等大型水利水电项目和小东江、革东、石磨岭等中小型水利水电项目规划设计工作。 为规范实物指标调查工作，完善实物指标调查流程，中南院于1986年主编了《水利水电工程水库淹没实物指标调查细则（试行）》（1986版），1986年12月由水利电力部水利水电规划设计院颁发试行。1989年承担水规总院下达的《大中型水利水电工程水库移民安置规划编制规范》编写任务，1992年提出送审稿。根据工作需要，中南院率先提出了移民安置规划大纲编制要求
5	水利电力部西北勘测设计研究院（简称西北院）	1985年，西北院水库组升级为规划处水库环评室，移民专业积极承担了以黄河龙羊峡、李家峡、公伯峡和大峡，以及白龙江宝珠寺等大型工程为标志的10万多移民的工程规划设计工作
6	水利电力部昆明勘测设计研究院（简称昆明院）	1985年，改设水库环保室，下设水库及环保2个组；1991年3月，水库组又改称水库室，人员规模进一步增加，从事水库专业的职工11人，其中教授高工1人、高工2人、工程师3人、助工8人。该时期主要进行了鲁布革、阿岗、天生桥一级水电站等及澜沧江中下游河段梯级、金沙江中游河段梯级水库淹没处理的前期工作。该时期实物指标调查逐渐采用1：10000航测地形图，量图方法基本未变
7	水利电力部北京勘测设计研究院（简称北京院）	1982年，水利部、电力部合并。1982年4月，北京院改名为"水利电力部北京勘测设计研究院"。规划处从1982年开始开展工程环境保护评价工作，1985年规划处从原规划设计处分离后，水库专业人员隶属规划处的规划一室；为加强环保工作，1987年在规划处成立环保室；环保室主任为麦达铭，副主任为蒲朝勇，同时承担移民规划等工作，参加此项工作的有近20人，此时水库移民专业主要承担实物指标调查、初步设计、补偿投资概算等工作
8	水利电力部贵阳勘测设计研究院（简称贵阳院）	贵阳院水库移民专业在1985年开始有建制，成立时隶属规划处综合组，参加此项工作的有近10人。20世纪80年代，主要进行洪家渡水电站的可行性研究、洪家渡水电站的初步设计、思林水电站的可行性研究工作。中小型水电站主要有赤水河茅台水电站可行性研究、猫跳河李官水电站可行性研究及初步设计等工作。此时水库移民专业主要承担实物指标调查、初步设计、补偿投资概算等工作，移民安置工作主要由地方政府负责。 1988年，贵阳院成立水库环评室，从事移民规划设计的技术人员有近10人，专业负责人依次为岳明、汤越强、刘运萌。根据工作需要临时抽调规划专业、测绘专业技术人员配合地方政府开展水库淹没实物指标调查、社会经济调查工作，然后由水库环评室的相关技术人员和地方政府工作人员一起拟定移民安置方案、编制移民安置规划和补偿投资概算等
9	长江勘测规划设计研究院（简称长江院）	1983年春，为满足三峡工程前期工作的需要，长江委遵照"国办函〔83〕17号"的指示精神，经水利电力部同意，组建库区规划设计处（简称库区处）。长江院是全国第一个正式设置水库移民规划设计的单位，开了全国勘察设计系统专业设置的先河。 这一时期，长江院先后承担了长江三峡、南水北调中线水源工程（丹江口）、葛洲坝、隔河岩、高坝洲、构皮滩、彭水、黄龙滩等17座大型水库的移民安置规划和移民遗留问题处理工作。其间，完成了长江三峡工程移民专题论证及可行性研究，南水北调中线方案论证及可行性研究，隔河岩水库移民安置规划设计等水库移民工程实践，通过总结、提升和资源投入，使水库移民作为一门交叉学科有了很大发展，移民规划设计理论也不断完善

续表

序号	单位名称	设计单位技术力量
9	长江勘测规划设计研究院（简称长江院）	水库移民专业人员由成立之初的十余人发展到1999年年底的100余人，占全国水利水电系统移民设计力量的1/2，98%以上为大专及以上学历毕业生，具有农田水利、水工建筑、工业与民用建筑、农业、林业、畜牧业、考古、地质、国土经济、地理、机械、计算机等数十个专业的技术人员。移民规划设计力量不断得到充实和壮大。这一时期，移民安置改变了过去单纯安置补偿的传统做法，改消极补偿为积极创业，变救济生活为扶助生产，将移民安置与库区建设结合起来，走上了开发性移民的道路，水库移民工作发展到了一个新阶段
10	黄河勘测规划设计研究院（简称黄河院）	1982年，黄河院在规划处成立水库经济组，专门从事水利水电工程环境影响评价和水库移民工作，完成了洛河故县水库移民安置规划设计工作，开始了黄河龙门水利枢纽工程项目建议书阶段水库淹没处理设计工作、黄河小浪底水利枢纽工程水库淹没处理设计工作及环境影响评价工作。1988年，黄河院研究决定调整规划处科室机构，将水库经济组改名为水库经济室，开展了黄河小浪底水利枢纽工程水库淹没处理规划设计工作、黄河小浪底水利枢纽工程环境影响评价工作和黄河三门峡水利枢纽工程环境影响回顾评价工作
11	水利电力部东北勘测设计研究院（简称东北院）	1982年10月，在水利电力部东北勘测设计院基础上，水利电力部松辽水利委员会在长春市正式成立，与东北勘测设计院合署办公。水库组隶属设计院水利水电规划处，增加了环境保护专业，水库专业人员增至12人，环境保护专业配置6人，陈荣任组长、张为中任副组长。1990年7月，确定东北勘测设计院由水利部、能源部两部共管，松辽委受水利部委托，领导东北勘测设计院。 1982年以来，水库移民专业参加了辽河流域、松花江流域、黑龙江流域水利水电规划工作，牡丹江流域莲花水电站，嫩江流域尼尔基水利枢纽工程，云南马鹿塘水电站，亚行项目四湖沟水电站和日本协理基金项目红石抽水蓄能电站，丰满三期等水电项目可行性研究阶段水库淹没处理设计；红水河流域广西大藤峡水电站的选址规划和可行性研究工作；西藏满拉水利枢纽、云南龙江水电站的初步设计和技施设计工作。完成了第二松花江流域白山、红石水电站技施设计，并对水库库底清理、移民安置进行了竣工验收
12	水利电力部天津勘测设计研究院（简称天津院）	1986年，天津院成立规划处环评室，业务范围涵盖水库移民专业。参加此项工作的专职人员初期为5人，后期增加到7人
13	广西壮族自治区电力勘测设计院（简称广西院）	广西院水库专业在1982年开始有建制，成立时隶属水能水文室经济组，参加此项工作的有近5人。20世纪80年代，主要进行岩滩水电站的可行性研究、初步设计、技施阶段设计。此时水库移民专业主要承担实物指标调查、配合地方政府开展移民安置规划、编制补偿投资概算等工作
14	广东省水利电力勘测设计院（简称广东院）	广东院在1982—1986年在规划室成立了综合组，主要从事移民规划、水工规划的设计工作，成员有张奕璇、周远来、陈健全、黄汉禹、潘振华、陈耀远等20人，完成了大埔青溪水电站、白盆珠水库等项目的前期设计。1986—1989年，从规划室独立出来成立水库室，成员有张奕璇、张洪发、周远来、陈健全、黄汉禹、潘振华、陈耀远等25人。20世纪80—90年代，主要进行东深供水工程可行性研究、初步设计及技施设计等工作。此时水库移民专业主要承担实物指标调查、补偿投资概估算等工作，移民安置方案及实施主要是地方政府负责

2.3.5 移民安置工作特点

该时期国家开始重视水利水电工程征地移民工作,首次从法规上规定了征用土地必须履行的法定程序和征地补偿的办法,并在《国家建设征用土地条例》中明确大中型水利水电工程建设的移民安置办法由国家水利电力部门会同国家土地管理机关参照本条例另行制定;1984 年发布了《水利水电工程淹没处理设计规范》(SD 130—84),该规范明确规定:移民安置是水库淹没处理工作的核心,必须认真制定切实可行的移民安置规划,妥善安排移民的生产和生活,做到不降低移民原来正常年景的实际经济收入水平,并能逐步有所改善,补偿标准要严格执行《国家建设征用土地条例》。

开始重视遗留问题处理及后期扶持工作。1986 年 7 月 29 日国务院办公厅批准并转发了水利电力部《关于抓紧处理水库移民问题的报告》,该报告明确提出:"要使移民安置与库区建设结合起来,合理使用移民经费,提高投资效益,走开发性移民的路子。"加强了移民遗留问题处理,各级地方人民政府在做好新建工程移民安置工作的同时,把水库移民安置工作同库区开发建设结合起来,切实加强领导,分级负责,全面规划,积极妥善地处理好水库移民安置问题。在高度重视移民遗留问题处理的同时,逐步提出了移民后期生产扶持的思路、办法和要求。

基本形成"条块结合,以块为主,分级负责"的管理体制,地方政府被确定为移民安置实施的责任主体,更加注重发挥中央、地方和项目业主等各方面在水库移民工作中的积极性。在此之下,该时期内我国水电工程移民行业管理机构逐步建立,即在凡有水库移民任务的地方,各级政府普遍设立了移民管理机构,负责移民安置实施与管理工作。

2.3.6 新技术应用

20 世纪 80 年代,移民工作开始引入微型计算机(台式机)、求积仪、PC1500 便携计算机等先进设施设备,可以采用编程辅助工作。早期指标调查工作各阶段均是调查人员持图现场调查,如狮子滩、龚嘴、铜街子等项目主要依靠调查人员现场调查,直到 90 年代中期开始逐步引入计算机技术辅助开展实物指标调查工作,如天生桥一级水电站和小湾水电站用求积仪测量面积后,运用计算机汇总,工作效率大幅提高。

2.4 移民安置发展期

2.4.1 规划设计

20 世纪 90 年代至 21 世纪初,随着电力管理体制的改革,设计单位由事业单位改制为企业单位,其控制投资的作用逐渐削弱。实物指标调查仍以设计单位为主、地方政府配合,移民安置规划方案由设计单位和地方政府共同编制。设计单位在实物指标调查的基础上,结合移民安置规划编制补偿投资,国家审查批准移民安置规划和补偿投资。2002 年 12 月,国家计委印发了《水电工程建设征地移民工作暂行管理办法》(计基础〔2002〕2623 号),明确了水电工程建设征地移民安置工作管理体制为"政府负责、投资包干、业主参与、综合监理"，实物指标调查、移民安置规划均由设计单位会同地方政府进行编制，主体设计单位技术归口的概念逐渐形成，主体设计单位在移民安置规划设计技术的主导作用增强。

随着瀑布沟水电站、洪家渡水电站、天生桥一级水电站等项目的开工建设，征地移民专业承担的勘测设计工作任务日益增加，工作压力逐渐增大，同时开始向移民工程、移民综合监理专业拓展。随着移民单项工程设计要求逐步提高，各设计单位根据工作需要，逐步建立了相关单项工程的设计专业和技术力量，扩展了规划设计范围及能力，如华东院移民专业承担了天荒坪抽水蓄能电站节余款500kV输变电项目、浙江省城市发展项目城市基础设施改造项目等世界银行贷款项目的移民安置规划设计及后评估工作。移民专业形成了以综合规划设计为引领、单项工程设计为重要补充的规划设计格局。

2.4.2 安置实施

在此阶段，设计单位逐步介入移民安置实施工作，开始做实施规划，参与技术方案讨论，以及重大问题的协调和处理；受移民管理部门或项目法人的委托，开始实行综合设计、综合监理、独立评估等技术服务制度，设计变更、移民概算调整是主要的工作内容。在实施过程中，常常要对移民补偿单价进行调整，对移民概算进行调整成为当时设计院的主要工作之一，概算调整权限在设计院，实施工作中，地方政府需要设计院配合开展概算调整工作，如20世纪90年代中期，西北院开展宝珠寺水电站的移民概算调整，1996年成都院开展二滩水电站的移民概算调整，以及中南院在沅江流域开展的规划设计项目。

20世纪90年代后期，项目法人开始参与安置实施工作，主要是了解移民实施工作进度。如贵州乌江水电开发公司（后又称贵州乌江水电开发有限责任公司、中国华电集团公司贵州公司，均简称乌江公司）1998年开始参与移民安置实施工作。设计院也开始全面参与移民安置实施工作，在四川省大渡河瀑布沟事件后，提出了主体设计单位的概念，对设计院参与实施阶段工作提出了更高要求。2002年，国家计委印发了《水电工程建设征地移民工作暂行管理办法》（计基础〔2002〕2623号）后，明确设计院与项目法人、地方政府共同开展移民安置实施工作。

20世纪90年代初至21世纪初的世纪之交，为做好西电东送水电工程水库移民工作，理顺移民工作关系，部分省级政府提出了"党委统一领导，政府全面负责，移民部门指导协调，相关部门密切配合，全社会共同参与"的移民工作管理思路。2002年，国家计委出台了《水电工程建设征地移民工作暂行管理办法》（计基础〔2002〕2623号），对我国大中型水电工程建设征地移民工作进行规范，明确了水电工程建设征地移民工作实行"政府负责、投资包干、业主参与、综合监理"的管理体制。

2.4.3 技术标准

1991年，国务院以国务院令第74号发布了《大中型水利水电工程建设征地补偿和移民安置条例》。1994年年底，电力工业部以"电计〔1993〕567号"发出了《关于调整水电工程设计阶段的通知》，将原可行性研究、初步设计、技施设计3个阶段调整为预可行性研究、可行性研究（等同初步设计）、招标设计、施工详图4个阶段。1996年，发布了《水电工程水库淹没处理规划设计规范》（DL/T 5064—1996），替代《水利水电工程水库淹没处理设计规范》(SD 130—84),这是水利、水电分别隶属水利、电力两个行业管理后,电力行业正式发布的第一部水电工程建设征地移民安置规划设计的技术标准。2002年,国家经济贸易委员会以第78号公告公布了《水电工程设计概算编制办法及计算标准》,调整了《水电工程水库淹没处理规划设计规范》(DL/T 5064—1996)中建设征地移民安置补偿投资概(估)算项目和部分项目的费用构成。

这一时期,我国陆续开展了北盘江光照水电站、乌江引子渡水电站、乌江洪家渡水电站、南盘江天生桥一级水电站、澜沧江小湾水电站、浙江珊溪水利枢纽等项目的移民规划设计工作。如洪家渡水电站,于1989—1991年进行实物指标调查,1996—1998年对指标进行了分解,1999年完成了《乌江洪家渡水电站水库移民安置规划修编报告》编制工作,规划设计主要依据国务院令第74号。洪家渡建设征地移民安置从可行性研究设计到遗留问题处理,先后进行了可行性研究规划、实施规划设计、遗留问题处理等投资调整。小湾水电站可行性研究阶段的水库淹没处理规划于1995年9月完成,于2001年4月完成了《小湾水电站工程水库淹没处理规划设计可行性研究补充报告》。移民安置规划设计的主要依据的技术标准为《水电工程水库淹没处理规划设计规范》(DL/T 5064—1996)和《水电工程设计概算编制办法及计算标准》(2002年版)。

2.4.4 技术力量

这一时期,移民技术力量得到了较大发展,得益于西电东送等国家战略的实施,西部地区水电工程前期工作紧锣密鼓地展开,各个设计单位开始重视移民专业的发展,大力引进人才,充实移民技术力量,改善了移民专业技术人才队伍建设状况,极大地增强了从事征地移民的专业技术力量。移民安置发展期(1991—2005年)主要设计单位的技术力量详见表2.4-1。

表2.4-1　移民安置发展期(1991—2005年)主要设计单位的技术力量一览表

序号	单位名称	设计单位技术力量
1	水电水利规划设计总院(简称水电总院)	在水电总院杨慧芳副院长带领下,积极推动和协助国家计委、国土资源部、水利部等有关部门研究制定了1991年的《大中型水利水电工程建设征地补偿和移民安置条例》(国务院令第74号)、国家计委1992年的《国务院批转国家计委关于加强水库移民工作若干意见的通知》(国发〔1992〕20号)等文件。 1992年,王信茂从西北院调任水电总院副院长主抓水库专业管理,考虑到水库专业在今后水电开发工作中日益突出的需要,开始筹建水库处,将水库业务从规划处中独立出来,集中人力物力从事水库工作。 1993年3月,第八届全国人民代表大会第一次会议决定保留水利部、撤销能源部、成立电力工业部。电力工业部成立后,经水利部、电力工业部两部协商,原水利电力规划设计总院按两部隶属关系分开。1994年8月5日,电力工业部、水利部将能源部水利水电规划设计总院分为电力工业部水电水利规划设计总院和水利部水利水电规划设计总院。水电工程规划设计水库业务由水电总院水库处承担,李明传处长主持工作。随后,随水库业务工作的逐步扩大,水电总院水库处业务一直延续至水电顾问集团公司。王信茂调任电力部计划司任司长后,继任水电总院副院长分管水库业务的领导陆续分别有晏志勇、何根寿和童显武。1996年李明传处长调任国家发展和改革委员会基础产业司任副调研员,张一军副处长主持水库处工作。1999年水电总院正式任命张一军为水库处处长,2001年张一军成为水电总院有史以来水库专业第一任专业分管水库工作的副总工程师,蔡

续表

序号	单位名称	设计单位技术力量
1	水电水利规划设计总院（简称水电总院）	频续任水库处处长。自1996年开始，为及时汇报有关水库工作重大事项、研究工作思路、协调处理问题，水电总院与直属院建立了每年有水电总院分管院长与各直属院分管领导以及水库专业骨干参加的年度水库专业工作会议。此机制的建立，取得了领导对水库专业的关怀指导，交流了工作经验，统一了工作思路，明确了改进要点。 1995—2005年是我国水电开发全面推进的时段，也是水库移民政策大调整的变革时期。此间，水电总院水库专业会同直属设计院的水库专业骨干，在移民工作转型政策研究、有关技术标准体系制定、移民安置重大疑难问题处理、移民前期工作推进、移民实施工作管理加强等方面做出了较大成绩。承担了二滩水电站世界银行评估配合，洪家渡水电站移民群体事件处理，宝珠寺水电站补偿概算调整，小湾、糯扎渡、向家坝、溪洛渡、瀑布沟等水电站前期立项与建设阶段的移民安置实施规划咨询、评审，水电工程建设征地补偿和移民安置条例修订课题研究，原国家计委委托的水电工程移民工作管理体制课题研究，龙滩、洪家渡、公伯峡、瀑布沟水电站移民综合监理，以及《水电工程建设征地移民安置规划设计规范》修订等工作
2	水利部水利水电规划设计总院（简称水规总院）	1994年12月23日，水利部以"水人劳〔1994〕552号"批准成立水利部水利水电规划设计总院（水利部水利水电规划设计管理局）。1995年1月1日，水利部水利水电规划设计总院举行挂牌仪式。 1995年后，将成立于1991年的能源部水利部水利水电规划设计总院水库环保处改为水利部水利水电规划设计总院水库环保处，1999年更名为环境移民处。该处工作分为水利工程项目环境影响评价、水库淹没及移民安置、建设项目水土保持三大块。水库淹没及移民安置具体内容包括：一是对全国大中型水利水电工程移民安置方案的审查；二是制定水利水电工程淹没补偿和移民安置有关规程规范。作为水规总院最年轻的专业处室之一，该处是伴随着国家和社会对环境保护、移民安置与水土保持问题的日益关注而不断发展壮大起来的。建处以来，该处在积极完成审查任务的同时，积极开展科研和咨询工作，拓宽工作内容和范围，取得了经济效益、社会效益双丰收。建处之初，编制完成了《大中型水利水电工程征地移民设计规范》《退田还湖、移民建镇规划任务书》
3	（中国水电顾问集团）华东勘测设计研究院（简称华东院）	华东院于1994年承担了浙江省电力发展项目移民监测评估工作。1997年，移民专业编制了华东/江苏500kV输变电项目移民安置行动计划（RAP），突破了传统水利水电项目的壁垒，成为华东院跨专业发展的第一个项目。 1999年，根据水库移民专业发展和华东院改制的需要，在原水库设计室基础上组建成立工程移民设计咨询事务所，从事移民规划设计的技术人员有20余人。在这一历史时期，水库移民专业立足外资项目移民安置咨询市场，积极拓展大中型水利水电工程移民安置规划设计业务，并延伸至移民综合监理等设计咨询市场，迎来了水库移民专业快速发展的时期。从1999年开始，华东院先后取得了多个外资项目移民安置咨询项目，包括天荒坪水电站节余款500kV输变电项目、浙江电力发展项目节余款使用500kV输变电项目等。2001年开始的新疆高速公路Ⅲ项目华东院第一次将咨询业务拓展到交通领域。2003年，水库移民专业又开展了国家重点工程——西气东输项目的征地移民咨询工作。 2002年，开始的滩坑水电站建设征地移民安置规划工作是华东院水库移民专业进入20世纪的第一个大型移民工程项目，项目移民总量约5万人，滩坑移民安置规划工作的成功完成，是移民专业实施"跨专业发展，向库内挖潜"长远发展目标的关键性工程，通过该项目移民安置规划工作，使移民专业丰富和储备了大量的人力资源，为华东院向西部发展的战略打下良好的移民专业工作基础。此后，陆续开展了西部的锦屏二级、龙开口、苗尾等水电项目可行性研究及预可行性研究阶段的移民安置规划设计工作。 1998年，国务院相关部门出台《水电工程水库移民监理规定》（电综〔1998〕251号），开始试点移民综合监理，华东院也投入人力配合水库经济专业委员会开展了福建棉花滩水电工程等移民综合监理工作

续表

序号	单位名称	设计单位技术力量
4	(中国水电顾问集团)成都勘测设计研究院(简称成都院)	1999年3月,水库室、环评室和规划室从规划处分离,成立环保移民处,下设水库室、环保室和工程室(原规划室),由卢红伟担任处长,郭万侦、周明德担任副处长,其中郭万侦副处长分管移民工作。环保移民处成立后移民工作越来越受到重视,移民专业得到长足的发展。2003年,环保移民处改名为环保移民分院。至2005年,环保移民分院职工达到124人,其中正式职工71人,聘用职工53人。 该时段主要完成以下工作: 1991年,完成了二滩水电站水库淹没处理规划设计报告,同年项目审批开工建设;1995年,参与完成移民安置实施规划报告;1998年,完成了移民安置补偿费用概算调整。 1993年前,瀑布沟水电站水库淹没处理规划设计工作基本完成;2001年7月,完成了20%的实物指标复核调查和移民安置区初步查勘工作,编制了《大渡河瀑布沟水电站项目建议书水库淹没影响实物指标推算成果》;2002年4月,全面启动实物指标调查和移民安置规划工作;2002年12月,成都院、大渡河公司、四川省移民办公室及地方政府在雅安市对实物指标成果进行了签字确认;2003年1月,通过《大渡河瀑布沟水电站可研补充阶段水库淹没和工程占地处理规划设计报告》审查,移民安置规划方案以移民就近后靠安置为主,外迁安置为辅,汉源县城新址确定为萝卜岗;同年,项目通过审批开工,同步启动了枢纽工程占地区移民安置实施工作。因2004年群体性事件,对移民政策进行了重大调整;2005年,对补偿费用概算进行了调整。 1999年,成都院启动了溪洛渡水电站可行性研究阶段建设征地移民安置规划设计工作;2000年,溪洛渡、向家坝两电站比选,召开了著名的水电总院"食堂会议",同意"溪洛渡在先、向家坝在后"的排序意见;2004年,完成《溪洛渡水电站可行性研究阶段移民安置规划设计报告》。2005年11月,成都院编制完成《金沙江溪洛渡水电站可行性研究报告》,并通过审查核准。 2002年5—7月,成都院与二滩公司、四川省移民办公室、凉山彝族自治州移民办公室、盐源和木里两县人民政府及相关专业部门的人员,组成实物指标联合调查组,对锦屏一级水库淹没影响实物指标进行了全面调查。2003年12月,锦屏一级水电站通过了国务院批准立项。2004年3月底完成了《雅砻江锦屏一级水电站可行性研究阶段建设征地和移民安置规划设计报告》审定本。 这一时期移民专业开始承担相关的科研课题、规范标准的编制工作,主要承担编制《水电工程建设征地处理范围界定规范》《水电工程农村移民安置规划设计规范》,并参与编制《水电工程建设征地移民工作暂行管理办法》(计基础〔2002〕2623号)、《水电工程建设征地移民安置规划设计规范》,整个移民工作队伍素质得到了进一步的提升
5	(中国水电顾问集团)中南勘测设计研究院(简称中南院)	1993年3月,中南院水库和环保专业由规划处分出,单独成立水库环保工程处。下设库区规划设计、环保、工程3个专业室,人员编制45人。中南院为水利水电系统内首家设立征地移民专业设计处的勘测设计单位,是国内最早开展库区移民工程设计的单位。 这一时期,由于西部水电基地、沅江流域等全面启动开发工作,中南院主要承担了向家坝、龙滩、五强溪、三板溪、托口、白市等大型水利水电项目的规划设计工作,上述项目淹没影响移民人数超40万人,移民补偿费用占比高,移民专业也随之大幅度发展。水库移民专业综合实力雄厚,共拥有专业移民技术人员30余人;专业逐步完善,专业技术力量涉及库区专项、环水保、电力通信等;业务范围逐步扩展,除勘测设计工作以外,开始承揽移民综合监理、移民工程监理、移民独立评估和库区工程总承包等业务,其中湖南碗米坡水电站里耶防护工程总承包项目为水利水电系统内首个库区移民工程EPC总承包项目。 为更好地促进移民专业发展,中南院水库移民专业在参与库区移民实践工作的同时,不断总结经验适时创新,参与了《水电工程水库淹没处理规划设计规范》(DL/T 5064—1996)等多项水电行业移民安置规范编制工作,促进了行业工作规范性;2000年,首次在龙滩水电站移民实物指标调查复核中创新采用了1:2000地形地类图;2003年,依托龙滩水电站在水利水电系统内率先研发了移民安置地理信息系统

续表

序号	单位名称	设计单位技术力量
6	（中国水电顾问集团）西北勘测设计研究院（简称西北院）	1994年，西北院水库环保工程处成立，水库移民专业设计工作由水库室承担；1999年水库环保工程处改制为环保移民工程设计分院，水库室更名为水库移民室，水库实施阶段工程设计任务由分院工程室承担。 20世纪90年代，水电设计市场也正由计划生产逐步转型为市场经济，西北院积极适应市场经济的发展需求，移民专业准确定位，积极参与，取得了丰硕的成果。 水库移民专业在黄河上游勘测设计过程中，深刻总结了黄河上游干流川峡相间的特点，多年来对库尾淹没处理采取了工程防护措施，通过精心设计协助促进了措施的顺利实施，保护了大片耕地良田，减少了移民搬迁数量。该项目是西北地区移民安置工作的典范
7	（中国水电顾问集团）昆明勘测设计研究院（简称昆明院）	1991年3月至1999年8月，昆明院水库环保水保专业仍然属院水能规划处，处长为杨荣尚，副处长为陈泽光、张平、冯峻林、周建，主任工程师为谢元庭、杨杰锋。1999年8月，成立环保水库及水资源分院，下设水库、环保、规划3个专业室，分院院长为冯峻林，副院长为周建，总工程师为杨杰锋。2001年8月，将环保、水库、规划、水能、水文、泥沙、系统等专业归并，组建了环保水库及规划分院，下设环保水保、水库等5个专业室，分院副院长为谢强富（主持工作）、黄海涛、李红远，总工程师为邵荣。2004年6月，环保水库及规划分院分为水库环保工程分院和规划分院（合署办公）。2005年3月，水库环保工程分院与建筑分院合署办公，对外两块牌子，对内统一管理。分院院长为谢强富，副院长为李红远、王骞，总工程师为李红远（兼）、霍进昌。水库环保工程分院下设水库一室、水库二室和环保水保专业室。2005年12月底，水库专业共有员工18人，另外聘工程技术人员20人。 1992—1995年，先后完成小湾水电站初设和糯扎渡、景洪水电站预可行性研究阶段水库淹没处理设计，天生桥一级水电站技施阶段水库移民安置实施规划和淹没指标复核以及金沙江中游河段的规划工作。1996—2005年承担金沙江、澜沧江上游和一批中小型河流规划，天生桥、小湾、糯扎渡、景洪、漫湾、金安桥、观音岩、阿海、梨园、两家人等十多项大型特大型工程和雷打滩、龙马等几十项中小型工程不同设计阶段的水库淹没处理规划设计工作。同时开始承担糯扎渡、漫湾二次搬迁、天生桥库岸不稳定等项目的移民综合监理任务。该时期水库移民专业不断完善体制，加强专业力量，培养造就了一支技术力量较强的专业队伍
8	（中国水电顾问集团）北京勘测设计研究院（简称北京院）	1991—1992年，北京院环保室主任为麦达铭，副主任为蒲朝勇。1993年，成立环保水库室，室主任为蒲朝勇，副主任为马世刚。1995年，室主任为黄火键，副主任为陈永清。1998年，成立环保水保中心，室主任为黄火键，副主任为金弈。2000年10月后，北京院体制改革，从事水库专业设计人员隶属北京国电规划设计部的水文水库室，室主任先后为王宝恩、何学铭，副主任为敬大捷，环保水保中心主任为金弈，副主任为谭奇林。2005年，成立水库水保室，室主任为康建民，副主任为彭天魁，水库水文室主任为敬大捷，环保水保中心主任为谭奇林。 20世纪90年代，根据政策及移民业务需要，北京院加大了移民规划工作参与力度，在制定移民安置规划、确定移民安置方案及移民补偿费用等工作中，均增加了技术力量，提高了移民安置规划的指导性，也促进了专业技术队伍的成长。北京院水库移民专业在参与库区移民实践工作的同时，不断总结和积累了丰富的工作经验
9	（中国水电顾问集团）贵阳勘测设计研究院（简称贵阳院）	20世纪90年代，贵阳院移民专业加大了工作参与力度，在制定移民安置规划、确定移民安置方案、移民投资概算等工作中，均增加了技术力量，提高了移民安置规划的指导性，也促进了专业技术队伍的成长。贵阳院水库移民专业在参与库区移民实践工作的同时，不断总结工作经验，有所创新。如1991—1992年，贵阳院在洪家渡水电站初步设计工作中，开展了1:1000大比例尺实测淹没地形地类图的探索。 1999年，贵阳院成立水库经济室，隶属规划处，从事移民规划设计的技术人员有7人。2001年12月，成立水库环保设计部，从事移民规划设计的技术人员共11人。主任为罗建新，主任工程师、副主任为倪剑。

续表

序号	单位名称	设计单位技术力量
9	(中国水电顾问集团)贵阳勘测设计研究院(简称贵阳院)	2006年3月,根据"贵勘院人〔2006〕50号",贵阳院设立水库设计分院,罗建新任院长,倪剑任副院长。2006年7月,罗建新任贵阳院分管副总工程师,倪剑任院长,黄谨任副院长兼总工程师。 截至2005年,水库设计分院已发展到23人。针对年轻人较多、生产任务重的情况,对职工进行业务培训。采用专家授课、技术讨论、以老带新、边干边学等形式,结合生产任务和每个人的具体特点,有针对性地加以指导和培训,使年轻人很快能够胜任工作成为技术骨干
10	长江勘测规划设计研究院有限责任公司(简称长江设计公司)	长江设计公司先后承担了三峡工程移民规划与概算调整、三峡后续工作规划,南水北调中线工程、滇中调水工程、水布垭水电站、乌江彭水水电站、银盘水电站、澧水皂市水利枢纽、嘉陵江亭子口水利枢纽、金沙江乌东德水电站等项目。项目数量从20世纪90年代的十几个发展至几十个;项目类别扩展到水利枢纽、水电站、调水工程、航电工程等多个类别;业务范围发展到水利水电移民工程前期规划、可行性研究、初步设计及技施设计、移民咨询、监督评估、后续工作规划等。 进入21世纪,长江设计公司水库移民专业进一步解放思想、大胆改革,充分发挥长江三峡、南水北调工程的国际品牌影响力,依托长江设计公司拥有的水利水电核心技术优势,密切跟踪亚洲、非洲、拉丁美洲等国家水能资源丰富、开发潜力大的流域市场,积极寻求水利水电移民安置规划项目。长江设计公司在充分调查了解亚非拉国家淹没影响区现状的基础上,考虑其无相关政策标准的实际情况,结合当地的国情、制度等,将中国的移民安置规划理念进行了调整和创新,较好地适应了当地的社会经济发展,满足了水电站建设征地搬迁安置的需要。通过这些项目实践,使库区处拥有了一批兼具外语、技术、管理等方面能力的复合型人才,提升了国际项目管理能力,并进一步扩大了长江设计公司水库移民专业的影响力。
11	黄河勘测规划设计研究院有限公司(简称黄河设计院)	1991年6月,黄河设计院成立规划二处,下设水库经济一室、水库经济二室和环境保护室。1997年1月,规划二处更名为水库环保处。水库环保处下设水库经济一室、水库经济二室、环境保护室、综合规划室。重点开展了黄河小浪底水利枢纽工程水库淹没处理规划设计、黄河小浪底水利枢纽工程世界银行贷款——水库移民规划设计及评估、黄河小浪底水利枢纽工程环境影响评价工作。 2004年7月,黄河设计院改为黄河设计公司,并将规划一处、水库环保处、规划三处合并,更名为规划环境研究院,水库环保处水库经济一室、水库经济二室、综合规划室整合为规划环境研究院移民规划设计监理中心。 其间,承担了黄河小浪底、西霞院、碛口水利枢纽工程水库淹没处理设计工作。在黄河小浪底水利枢纽工程世界银行贷款评估阶段,借鉴世界银行水库移民先进管理制度和经验,黄河设计公司水库移民专业有了长足发展
12	水利部东北勘测设计研究院(简称东北院)	1993年1月,将水利部、能源部东北勘测设计院更名为水利部东北勘测设计研究院。松辽流域水资源保护局成立后,1992年环境保护专业6人划归松辽流域水资源保护局。陈荣任水库设计室主任,宋爱群任副主任。1996年宋爱群任水库设计室主任,翟洪光任副主任。1995年6月,松辽委与东北勘测设计研究院分设,不再实行合署办公,东北勘测设计研究院为水利部直属事业单位,由松辽委管理,业务工作由水利部水利水电规划设计总院按职责归口管理。水库设计室由宋爱群任室主任,水利水电规划根据专业发展和市场需求,成立了东北地区水库经济专业委员会,利用专委会优势,借助《东北水利水电》杂志发表多期移民专刊,给移民专业人员提供了交流平台,同时成立了水库移民技术

续表

序号	单位名称	设计单位技术力量
12	水利部东北勘测设计研究院（简称东北院）	服务中心，开拓移民专业项目设计和水库移民遗留问题处理设计市场，先后开展了公路（桥梁）工程、堤防工程、移民安置点建设规划、移民安置实施规划设计、水库移民安置后评价等技术服务。 其间，移民专业同时承担嫩江尼尔基水利枢纽工程项目建议书和可行性研究，牡丹江流域莲花水电站、第二松花江流域松江河梯级水电站小山水电站（松山水库）、西藏拉洛水利枢纽的征地移民技施设计，参加了东北地区抽水蓄能选点规划、松辽流域防洪规划、松花江哈尔滨市滩涂规划、松辽流域水力发电规划修编等。此时移民专业在发展壮大，能够承担淹没桩测设、实物指标调查、移民安置点地形测绘及规划设计、专业项目（公路、桥梁、防护工程、码头等）设计、老水库移民遗留问题处理设计、补偿投资概算编制等工作，派设代人员配合地方政府开展移民安置实施工作。承担的莲花水电站1992年开工建设，1996年完成了水库库底清理验收和水电站下闸蓄水移民安置验收。2002年7月，单位开始全面实施体制改革，水利部东北勘测设计研究院正式更名为中水东北勘测设计研究有限责任公司。宋爱群历任水利水电规划处副总工程师、副处长。水库设计室隶属于规划处，杨文军、韩建平历任室主任，移民专业人员扩大到20多人。 此后，先后完成了大藤峡水利枢纽工程、西藏满拉水利枢纽工程、旁多水利枢纽工程、尼尔基水利枢纽工程、松江河梯级双沟、石龙水电站工程、蒲石河抽水蓄能电站、丰满水电站重建工程等相应设计阶段的建设征地移民安置规划设计工作。特别是以2001年嫩江尼尔基水利枢纽工程开工建设为契机，首次分县（市、旗）现场大规模派驻征地移民专业设计代表，进行建设征地和移民安置的现场综合设计服务工作，现有移民专业设计人员基本都参与到尼尔基工程现场征地移民设计工作中来，成长锻炼了一大批移民专业业务骨干和专业技术带头人
13	中水北方勘测设计研究有限责任公司（简称中水北方公司）	20世纪90年代至21世纪初期，中水北方公司移民专业加大了工作参与力度，在制定移民安置规划、确定移民安置方案、计算移民补偿投资等工作中，均增加了技术力量，提高了移民安置规划的指导性，也促进了专业技术队伍的成长。为适应农村城镇化的需要，在总结大农业安置移民经验的同时，积极探索多途径移民安置方式。为适应市场的需要，对公司承揽的国外水利水电的水库淹没处理设计也有所涉猎
14	广西电力工业勘察设计研究院有限公司（简称广西院）	1992年，广西院成立水库环保室，下设水库组，从事移民规划设计技术人员近10人。根据工作需要临时抽调规划专业、测绘专业技术人员配合水库专业开展水库淹没实物指标调查、社会经济调查工作，然后由水库环评室的相关技术人员和地方政府工作人员一起拟定移民安置方案、编制移民安置规划、补偿投资概算等。20世纪90年代末至21世纪初，红水河平班水电站、乐滩水电站、长洲水利枢纽、贵港航运枢纽开始开展前期工作，广西院移民专业加大了工作参与力度，在制定移民安置规划、确定移民安置方案、移民投资概算等工作中，均增加了技术力量，提高了移民安置规划的指导性，也促进了专业技术队伍的成长。广西院水库移民专业在参与库区移民实践工作的同时，不断总结工作经验，有所创新
15	广东省水利电力勘测设计研究院有限公司（简称广东院）	1990—2002年，广东院水库室取消并入规划室，成立综合组从事专门征地移民和环评等工作。设计人员包括张奕璇、黄汉禹、潘振华、郑悦华、郑国权等15人。从20世纪90年代开始，在改革开放形势下，农民对土地价值的认识增加，移民搬迁成本提高，水利水电征地移民也受经济发展的影响，因此广东院移民专业加大了工作参与力度，在制定移民安置规划、确定移民安置方案、移民投资概算等工作中，均增加了技术力量，提高了移民安置规划的指导性，促进了专业技术队伍的成长。 2003年，综合组再次脱离规划室成立水库环境室，设征地移民、水保环评2个组，从事移民规划设计的技术人员包括黄汉禹、郑悦华、潘振华、汤叶波等18人

2.4.5 移民安置工作特点

这一时期是我国改革开放的重要时期——计划经济向市场经济过渡时期，经济社会处在重大变革之中，移民安置政策正在走向成熟，移民安置工作正在走向规范，开发性移民的方针刚刚确立，开发性移民的安置政策和安置方式还处在逐步发展完善之中。国家于1991年正式颁布了第一部水库移民安置的专用法规《大中型水利水电工程建设征地补偿和移民安置条例》（国务院令第74号，1991年5月1日起实施），实现了水库移民工作从适用普适性的法律法规向适用专业性法规的历史性转变。

行业管理体系逐步健全。这段时期的水电移民管理机构较为固定，且不断得到加强。相关规章制度不断建立健全，水电移民安置工作逐步进入依法移民的轨道。各级政府加强了对移民安置规划的实施和管理，实物指标调查、安置规划等前期工作不断得到重视。"政府领导、分级负责、县为基础、项目法人参与"的管理模式逐步形成，随着相关工程外资的引入，移民搬迁安置管理开始逐步与国际接轨，移民监理、监测和后评估等相关制度逐步建立。

2.4.6 新技术应用

20世纪90年代始，实物指标调查开始使用对讲机、便携发电机，编写报告开始引入具有文档编辑功能的四通打字机，可以在计算机上进行修改，可以存入软盘、磁盘，方便保存、归档和携带。90年代中后期，出现Windows系统，开始使用Word、Excel等一系列的现代化技术设施设备。1995年开始使用便携式计算机、BB机等设施设备。90年代末，开始使用手机，方便了联系和沟通。

1998年，出现了拨号上网，电子邮件的使用和普及，极大地方便了信息传递和技术、数据交流等。2000年，微型计算机（台式机）已基本普及，便携式计算机、便携打印机已基本普及，现场调查开始使用数码相机，但是存储卡容量有限，分辨率低。土地实测、地形地类图测绘，以及卫片解析、遥感技术的使用，提高了土地调查精度，且96规范已经明确要求土地调查开展地形地类图测绘，2000年开始使用数据库，有了数据共享的可能。

实物指标调查工作也随着科技信息化的发展而逐渐发展，实物指标调查工作已经由20世纪80—90年代持地形图现场核对，采用皮尺、钢尺丈量等一般技术手段，发展到目前的地理信息系统结合航片、卫片辨析，以及红外测距仪测量、数字全站仪测量等高科技手段，提高了设计精度和外业工作效率。调查记录工作也逐步从手工记录人工汇总、手工记录计算机汇总向计算机数据采集、数据库汇总处理的信息化处理程序转变。在GIS环境中按行政界线、地类和不同设计方案建立数据库，实现地类与数据的统一，不仅非常直观，而且可以按一定的条件如不同行政界线和方案进行自动汇总，计算机辅助设计的大量应用使土地调查精度和效率都有了质的飞跃，工作强度大幅下降。

2.5 移民安置完善期

2.5.1 规划设计

2006年，国务院以"国务院令第471号"颁布了《大中型水利水电工程建设征地补偿和移民安置条例》，为规范水利水电工程建设征地和移民安置的规划设计工作，依据该移民条例精神，水电水利规划设计总院对水电行业建设征地移民安置规划设计技术标准做了修订，国家发展和改革委员会以"公告2007年第42号"发布了《水电工程建设征地移民安置规划设计规范》（DL/T 5064—2007）等8个规范，2017年起按照覆盖工程建设全生命周期的理念，开展了征地移民技术标准体系及配套标准制修订工作。

新条例、新规范颁布实施以后，移民规划设计任务显著增加，国家对移民安置规划设计要求越来越高，随着移民政策、规程规范的不断完善，加之移民专业人才快速增加，移民专业除承担现有的实物指标调查、村镇规划、移民工程设计、移民补偿投资概算编制等方面外，还发展了移民单项工程设计、移民综合监理、独立评估、移民监测评估、社会影响评价等业务，基本形成了建设征地实物指标调查—移民安置规划—工程设计—移民实施咨询—监督评估—社会分析—后评价及总结研究的全过程服务能力。同时，随着乡村振兴和城市更新等概念的提出，近年来已将服务领域拓展到电力、交通（公路与航运）、城建、铁路、工业、环保等诸多行业工程移民及城市拆迁设计评估领域，同时更多地参与了国家和地方移民政策的制定、课题的研究，涉及移民系统的社会、文化、人口、资源、技术、经济、环境、心理、政策及管理等方面。

2.5.2 安置实施

随着2006年《大中型水利水电工程建设征地补偿和移民安置条例》（国务院令第471号）的出台，我国水电工程移民管理逐步走上了依法移民的轨道，相关法律法规不断完善，管理机构不断建立健全。移民管理体制由"政府负责、投资包干、业主参与、综合监理"调整为"政府领导、分级负责、县为基础、项目法人参与"。

这一时期我国经济高速发展，法制不断健全，利益多元化，水电开发建设环境发生了较大变化，地方经济发展需求和移民诉求增多，导致移民安置实施工作面临的问题更加复杂。各级各地政府、咨询审查和设计单位都高度重视移民工作，该时期地方作为实施、责任和工作主体，全面组织移民安置工作；设计单位担任技术负责角色全面参与移民安置实施工作；项目法人充分发挥参与角色按照搬迁进度及时拨付下达资金；综合监理、独立评估等单位的引入，更加规范了移民安置实施工作。与此同时，水电水利规划设计总院作为水电工程移民行业高端咨询机构和行业技术主管机构，加强了对水电移民规划设计的技术指导，强化了对规划设计成果的技术咨询和质量管理，增强了对移民规划设计实施中的监督检查，移民安置政策以及移民安置方式、实施管理模式趋于统一规范和成熟完善。

移民安置实施过程中实施监督与管理，这是移民安置的重要手段，是保障安置实施能顺利进行和完成的重要基础。其中政府监督充分体现了政府行为在移民安置实施中的地位和作用，社会监督更加体现了移民安置实施的社会化、公开化以及规范化。移民安置实施是否成功，需通过安置验收来验证，各项验收内容必须按照相应的验收方法，满足验收依据、条件，在程序上必须满足规范要求。验收通过后，地方政府还必须做好移民后期扶持工作，确保移民生产生活朝着更快更好的方向发展。

2.5.3 技术标准

2006年，国务院以"国务院令第471号"颁布了《大中型水利水电工程建设征地补偿和移民安置条例》，为规范水利水电工程建设征地和移民安置的规划设计工作，依据该移民条例精神和原则，水电水利规划设计总院又对水电行业建设征地移民安置规划设计技术标准做了修订。2007年，国家发展和改革委员会制定和颁布了《水电工程建设征地移民安置规划设计规范》（DL/T 5064—2007）（简称07规范）及配套的建设征地处理范围界定，农村、城镇、专业项目水库库底清理设计及补偿费用概（估）算编制等7项规范。2017年起，按照全生命周期理念，开展了征地移民标准体系及配套标准制修订工作，已颁布实施19项，涵盖规划及设计、建造调试及验收、运行维护、退役4个阶段。

移民专业的发展越来越深入和细化，在执行技术标准不断完善的同时，本着管理出效益、管理出成绩的理念，各院移民专业也高度重视内部技术管理和创新，出台了具有时代特点、专业特色的内部管理及创新制度。按照质量管理体系的要求，部分设计院在成立移民二级处或分院后，针对移民专业的特点先后出台了多项内控管理制度，主要可以概括为两个方面：一是设计文件的技术管理体系，如完善了《大型水电工程建设征地实物指标调查细则和登记工作方案编制指南》《大型水电工程建设征地实物指标调查报告编制导则》《大型水电工程建设征地移民安置综合监理工作导则》等；二是设计及工作流程的管理体系进一步完善，各主要设计单位均制定实施了一系列移民设计、移民监理的管理制度，以及移民技术标准的实施细则和操作流程。

2.5.4 技术力量

移民安置完善期是移民规划设计专业队伍发展壮大的时期，随着水电工程的陆续规划和建设，各水电勘测设计院移民设计从业人员明显增加，部分设计单位移民专业人数达到百人以上规模，设计人员所学专业除增加了城市规划、市政工程、土木工程、环境工程、工程管理、工程造价等其他工程学科外，还增加了国土资源、林学、社会学等学科领域的专业。移民安置规划设计工作更加注重理论指导，技术特色逐步显现。

全国水电工程主要设计单位2021年移民安置规划设计技术力量统计详见表2.5-1，移民安置完善期（2006—2024年）主要设计单位技术力量具体见表2.5-2。

2.5.5 移民安置工作特点

2006年7月，国务院颁布了《大中型水利水电工程建设征地补偿和移民安置条例》（国务院令第471号），以后相应的法规政策不断完善，已形成了一套行之有效、体系层次设置分明的法律法规体系。2007年国家发展和改革委员会颁布了《水电工程建设征地移民安置规划设计规范》（DL/T 5064—2007），配套了建设征地移民安置等7项规范，2017年起，按照全生命周期理念建立了征地移民技术标准体系共27项，截至2022年年初陆续制修订颁发实施了19项技术标准。

这一时期水电事业顺势而为，蓬勃发展。锦屏一级、锦屏二级、向家坝、溪洛渡、乌东德、白鹤滩、长龙山、丰宁一批具有世界先进水平的水电工程先后建成，中国实现了在

第2章 移民安置规划与实施

表 2.5-1　全国水电工程主要设计单位 2021 年移民安置规划设计技术力量统计表

序号	单位名称	专业技术人数	年龄结构		学历结构				专业结构										职称结构			注册资质人次
			40岁以下	41~60岁	大专及以下	本科	硕士研究生	博士研究生及以上	农田水利	水利水电	水工结构	水文水资源	地质岩土	农林	土地资源管理	城乡规划	地理信息	其他专业	工程师及以下	高级工程师	正高级工程师	
1	水电水利规划设计总院	17	5	12		8	8	1	3	1	2			2	1	1		7	0	5	12	19
2	水利部水利水电规划设计总院	7	1	6		3	3	1	1			1					1	2	2	1	4	10
3	中国电建集团华东勘测设计研究院有限公司	192	147	45	3	77	112	0	36	20	23	10	3	8	6	12	9	65	73	92	27	114
4	中国电建集团成都勘测设计研究院有限公司	251	179	72	50	133	68		17	35	18	21	9	4	13	20	6	108	170	57	24	99
5	中国电建集团中南勘测设计研究院有限公司	218	180	38	15	90	112	1	10	67	12	6	6	5	4	9	13	86	159	32	27	82
6	中国电建集团西北勘测设计研究院有限公司	166	131	35	11	97	57	1	2	41	2	4	2	14	2	4	1	94	121	28	17	118
7	中国电建集团昆明勘测设计研究院有限公司	175	140	35	33	84	57	1	13	42	3	2	2	7	5	20	4	77	135	24	16	65
8	中国电建集团北京勘测设计研究院有限公司	102	82	20	28	46	27	1	8	12	2	2	2	6	5	19	5	41	80	13	9	17
9	中国电建集团贵阳勘测设计研究院有限公司	142	86	56	28	59	55	0	15	32	11	7	8	11	6	7	12	33	77	40	25	89
10	长江设计集团有限公司	205	110	95	29	98	68	10	18	31	10	5	5	5	9	16	21	89	89	95	21	149
11	黄河勘测规划设计研究院有限公司	69	30	39	8	35	22	4	4	19	4	4	1	5	1	1	4	31	30	29	10	47
12	中水东北勘测设计研究有限责任公司	58	41	17	4	42	12	0	14	12	4	4	0	0	1	0	3	20	30	24	4	37
13	中水北方勘测设计研究有限责任公司	64	50	14	2	29	33	0	3	19	5	5	5	0	3	3	3	24	40	19	5	75
14	中国能源建设集团广西电力设计研究院有限公司	63	42	21	2	45	16	0	5	20	6	2	0	2	2	3	1	15	41	21	1	68
15	广东省水利水电勘测设计研究院有限公司	47	41	6	2	30	14	1	6	24	2	0	5	4	4	2	1	4	14	31	2	3
16	合计	1776	1265	511	215	876	664	21	155	375	102	76	41	71	61	117	82	696	1061	511	204	992

表 2.5-2　　移民安置完善期（2006—2024年）主要设计单位技术力量一览表

序号	单位名称	设计单位技术力量
1	水电水利规划设计总院（简称水电总院）	2008—2011年，王斌作为水电顾问集团副总经理及水电总院副院长分管水库业务，张一军为水电总院副总工程师，蔡频为水库处处长。2010年，龚和平任水库处处长。2011年，水电顾问集团并入中国电建集团，水电总院与水电顾问集团公司分离，水电总院由张一军担任水库部副主任（主持工作），水电顾问集团公司改组成立水库经济部，由龚和平任主任，下设移民安置处、移民工程处、监督评估处3个处室。2014年，水电总院与水电顾问集团公司生产技术部门再次合并为水电总院，2015年由郭万侦担任水库经济部主任，2017年郭万侦兼任副总工程师、王奎任副总工程师，2021年由黄谨担任水库经济部主任。 这一时期是水电工程建设高峰期，完成的水库专业主要工作包括：完成金沙江下游四级、金沙江中游六级以及金沙江上游电站前期及实施阶段移民安置规划咨询评审工作，确保电站按期下闸蓄水；推动金沙江上游、大渡河、澜沧江、雅砻江等重点流域电站移民安置规划咨询评审工作；在有关方面的协调商议下，经国家能源局批准，成立了由水电总院主办的金沙江下游移民工作协调领导小组办公室，完成了多次领导小组会议和多次协调办公会议以及若干次专家组活动，保障金沙江下游向家坝、溪洛渡、乌东德、白鹤滩4个巨型水电站按期下闸蓄水及移民顺利搬迁；受国家发展和改革委员会委托完成了水电建设促进地方经济社会发展政策、水电工程建设征地移民工作管理体制专题研究、金沙江上游水电工程移民多渠道安置方式和具体政策措施研究课题等重大课题研究工作；继续开展瀑布沟、小湾、溪洛渡（云南部分）等电站移民综合监理工作，探索开展了溪洛渡电站移民安置独立评估工作；按照全生命周期理念研究建立水电工程征地移民技术标准体系，标准共设置27项，截至2022年年初已完成编制19项；会同世界银行，编制完成《中国水电移民经验》，推向世界、共享中国经验等
2	水利部水利水电规划设计总院（简称水规总院）	2018年新一轮机构改革后，水库移民开发局直属自收自支事业单位中水移民开发中心纳入水利部水利水电规划设计总院代管。划转后的中水移民开发中心主要职责为：受水利部委托负责大中型水利水电工程建设征地移民专业技术审查、咨询、重大专项课题研究及相关技术标准的编制和修订工作；承办水利部水库移民司交办的工作，开展移民安置前期、在建工程的咨询评估工作；承办院领导交办的其他事项
3	中国电建集团华东勘测设计研究院有限公司（简称华东院）	2006年，工程移民设计咨询事务所更名为工程移民设计所。针对年轻人较多、生产任务重的情况，对职工进行业务培训。采用分级导师制、专家授课、技术讨论、以老带新、边干边学等形式，结合生产任务和每个人的具体特点，有针对性地加以指导和培训，使年轻人很快能够胜任工作成为技术骨干。2010年，为适应国内水利水电工程建设征地移民安置业务发展需要，华东院移民专业在原工程移民设计所的基础上，拆分为工程移民设计所、移民生态监理事务所，并组建了移民工程设计所，使得专业服务精细化程度更高，专业技术团队成员发展壮大至82人。 2012年，华东院又将涉及建设征地移民业务的3个所进行整合，成立了移民工程院，下设规划一室、规划二室和监督评估室3个部门。 2013—2017年，随着水电开发建设进入高峰期，移民传统业务以及转型业务出现爆发式增长，为适应生产经营需要，移民工程院对内部生产组织机构进行了调整，设置综合管理室、移民规划室、工程设计室和项目管理室4个部门。其中传统水利水电规划设计、咨询和监理及评估业务全部纳入移民规划室，移民工程总承包业务归入项目管理室，工程设计室主要负责综合性水利水电项目可行性研究移民安置规划设计中移民工程的可行性研究同深度设计、后续施工图设计，以及以移民工程设代带动相关业务。2019年1月，根据移民征迁数字化业务的发展需要，移民工程院下又增设城乡数字室。2019年11月，根据华东重大战略部署，在全国推进共同富裕示范区的背景下，为针对性地拓展城乡融合发展、全域旅游、乡村振兴发展等业务，将移民工程院与建筑与地下工程院合并重组为城乡建筑工程院。 截至2022年，水库移民专业从业技术人员约119人。近年来移民工程院先后完成了：四川省和云南省白鹤滩、卡拉、杨房沟、丹巴、沙坪一级和二级等水电站；西藏自治区街

续表

序号	单位名称	设计单位技术力量
3	中国电建集团华东勘测设计研究院有限公司（简称华东院）	需、大古水电站；东中部安徽省绩溪、金寨、宁国龙潭、霍山抽水蓄能电站，江西省奉新抽水蓄能电站，山东省泰安二期抽水蓄能电站，浙江省长龙山、宁海、缙云、衢江、磐安、泰顺、天台抽水蓄能电站以及福建省厦门、永泰、周宁抽水蓄能电站等大中型水利水电工程的可行性研究阶段的规划设计及实施阶段的移民综合设代工作；并承担了绩溪抽水蓄能电站凹上居民点基础设施建设总承包项目、钦寸水库移民安置房建设总承包项目、新昌工业园区基础设施建设总承包项目等多个工程总承包项目所涉及的设计工作及技术管理工作。 在移民安置综合监理和评估领域，近年来移民工程院在华东地区承担了浙江省钦寸水库、葛岙水库等多个水利工程征迁移民监督评估工作。同时还承担了西部地区苏洼龙水电站（西藏部分）、双江口水电站、托巴水电站等大型水电站移民综合监理，云南省金沙江鲁地拉水电站、观音岩水电站、梨园水电站，澜沧江糯扎渡水电站，向家坝水电站（云南部分），以及贵州省乌江沙沱水电站等多个水电工程移民独立评估工作。 在征迁数字化服务领域，2016年6月，"水库移民信息平台"上线试运行。2017年，移民工程院根据国家发展智慧城市的战略目标，针对城市征迁安置的潜在市场，启动"城乡征迁安置数字平台"的转型发展研究，并于2018年签订"雄安征迁安置数字管理平台建设运维"的框架合作协议。华东院已具备征迁全过程咨询数字化服务履约能力，基本完成数字化业务研发控制程序及标准化建设，拥有核心数字化研发团队和稳定的数字化外部协作单位。 在做好各类项目的基础上，华东院水库移民专业组织技术力量做好前沿性和战略性的顶层设计，积极组织申报院级和集团公司课题，与水电总院、地方政府、项目法人、科研院所等开展科研课题合作研究，进一步提升了移民专业科研能力。通过积极参加"水库移民政策、技术、管理论坛"、移民安置规划设计技术交流会等，培养了一批水库移民技术骨干人员
4	中国电建集团成都勘测设计研究院有限公司（简称成都院）	2008年，全国的水电开发建设进度达到了历史上的最高峰，岷江、大渡河、金沙江、雅砻江等各流域迎来了全面开发建设的新时代，为了满足新形势下的水库移民专业发展需要，至2008年年底，环保和移民拆分，正式成立了征地移民处，下设移民室、工程室、监评室和村镇室。处长为郭万侦，副处长为刘焕永，总工程师为刘映泉，2010—2011年，处及各室领导班子得到进一步完善加强，提拔了李明、张江平为副处长，黄爱平为总工程师，刘映泉转为副处长，全处共有职工182人。在此期间，各电站的移民安置任务压力大、时间紧，移民搬迁安置进度逐渐成为影响电站总体建设进度的制约性因素，加之国家提出"以人为本"的思想逐渐深入百姓心中，移民的利益问题越来越备受多方关注，成都院水库专业顶住层层压力，发挥专业优势，已成为具有全专业覆盖、全生命周期服务能力的综合性专业，在夯实传统业务的基础上，积极拓展区域经济规划、城乡（新农村）规划、农田水利、高标准农田建设、市政基础设施、旧改棚改等业务，已初见成效。 2013年，征地移民处处长为刘焕永，副处长为曾述银、黄爱平、李明、江燮华，总工程师为刘平安，下设综合室、规划一室、规划二室、工程设计室、监评室；2017年，成都院水库专业为适应公司改革转型升级需要，实现专业差异化发展、提高专业市场核心竞争力，正式成立城乡发展工程分公司/移民工程院；2019年，城乡发展工程分公司/移民工程院总经理为席景华，副总经理为曾述银、黄爱平、江燮华、杨洲，总工程师为刘平安；2021年，城乡发展工程分公司/移民工程院由专业分公司提升为业务分公司，分公司名称调整为城乡发展工程分公司，下设综合管理部/党群工作部、市场开发部/生产管理部、科技质量安全部/总工办、工程移民院、工程设计院、城乡规划设计院、工程建设部、岩土工程部、华东事业部，共有员工300余人。分公司以规划设计为龙头，发挥成都院品牌和移民专业人才优势，拓展了水库移民、监理咨询、建设管理业务市场，开拓城乡发展全产业链服务市场（城镇化、农业农村发展），创建多元化的质量效益型分公司。 这一时期为移民安置任务高峰期，承担了溪洛渡、瀑布沟、两河口、双江口、锦屏一级、猴子岩、长河坝、黄金坪、泸定等一大批大型水电站的移民安置规划及移民工程勘测

续表

序号	单位名称	设计单位技术力量
4	中国电建集团成都勘测设计研究院有限公司（简称成都院）	设计工作，以及白鹤滩、乌东德、向家坝等水电站的综合监理工作；承接了溪洛渡、两河口、长河坝、黄金坪、双江口等水电站部分移民工程的代建或总承包工作；主持了《水电工程建设征地处理范围界定规范》《水电工程农村移民安置规划设计规范》《水电工程建设征地移民安置实施技术导则》等规程规范及技术标准的制订和修订工作
5	中国电建集团中南勘测设计研究院有限公司（简称中南院）	2006—2024年，中南院水库移民专业迎来了大发展，中南院移民专业历经多次变革。2013年3月，水库环保工程处将移民工程业务和环保安评业务拆分，成立了移民工程院，设征地移民规划所、城乡和经济规划所、监督评估中心、交通工程所、水利市政工程二所、经营管理室及综合管理室等7个专业服务和管理科室（其中移民专业科室3个）。2018年3月，移民工程院将交通专业拆分，单独成立交通设计院。2019年3月，移民工程院更名为城乡发展工程院。2022年3月，根据公司整体战略要求，城乡发展工程与水利市政合并成立水利工程院（保留移民工程院名称），设立征地移民规划所、城乡和经济规划所、移民监督评估中心、水利市政工程二所、工程管理所、国际水务室、岩土工程所、市场开发部、综合管理室等12个科所（其中移民专业科室3个）。 这一时期，中南院承揽项目进入移民安置任务高峰期，主要是以金沙江流域向家坝水电站为重点，同时龙滩、托口、白市、潘口、托巴等水电工程均进入了移民安置实施搬迁的高峰期。随着常规水电、抽水蓄能水电项目开发建设进入高峰期，移民业务爆发式增长，水库移民专业技术由传统的规划设计、监督评估向后期扶持规划、遗留问题处理规划、技术咨询、社会稳定风险分析评估，以及向区域经济社会发展规划、城市拆迁、乡村振兴等新型业务发展。截至2024年，移民专业已承担和完成了四川、西藏、湖南、湖北、广东、广西、河南、海南、云南、贵州、重庆、江苏、江西等13个省（自治区、直辖市），百余座水电工程的建设征地移民安置规划设计和监督评估工作，涉及移民总人数达70余万人，成绩斐然。 中南院水库移民专业与相关专业合作，对交通工程、电力工程、移民集中安置点、环水保项目、库岸失稳综合治理、临时用地复垦等工程开展总承包、代建业务。在做好各类项目的基础上，中南院水库移民专业组织技术力量做好前沿性和战略性的顶层设计，组织承办和参与了多项水电行业移民专业技术标准编制工作，积极组织申报院级和集团公司课题，与水电总院、地方政府、项目法人、科研院所等开展科研课题合作研究，进一步提升了移民专业科研能力。为更好地规范后续水电工程项目的移民安置规划工作，中南院主编了《水电工程建设征地移民安置规划设计规范》《水电工程建设征地移民安置城镇规划设计规范》《水电工程建设征地移民安置专项工程规划设计规范》《水电工程建设征地企业处理规划设计规范》。截至2024年，中南院共拥有移民专业技术人员218人，专业综合能力在行业内处于领先地位
6	中国电建集团西北勘测设计研究院有限公司（简称西北院）	2007年，西北院环保移民工程设计分院三级机构调整，水库移民室承担全阶段移民规划设计工作。 2009年5月，西北院任命了五大业务片区移民设总，以水库移民专业为龙头，带动院交通、建筑、规划等一系列专业，拓展业务领域并提高综合业务竞争能力。 为了进一步开拓市场、优化专业结构，2011年6月在原环保移民工程设计分院基础上，剥离环保与水保专业，在水库移民专业基础上改制为移民规划设计分院，为西北院常设的二级机构，下设移民规划室、移民工程室、移民监评室；移民规划设计专业分工更加细致、完善。分院院长兼党支部书记为赵社义，副院长为辛乾龙，副总工程师为巢江海、刘自明。2012年，分院三级机构分别为移民规划一室、移民规划二室、工程设计室和监评室。2012年2月，更名为"移民与社会经济规划分院"，分院负责人未变。2013年11月，调整三级机构班子成员，分院业务不断扩大，人员迅速增长；截至2014年年底，在册员工107人，其中公司制员工52人，派遣制员工55人。 2015年，更名为社会经济与移民工程设计院，院长兼党支部书记为辛乾龙，副院长为

续表

序号	单位名称	设计单位技术力量
6	中国电建集团西北勘测设计研究院有限公司（简称西北院）	马福全、王传明，总工程师为王雪双，副总工程师为巢江海、刘自明、蒋华安；下设社会经济所、移民规划所、工程设计所、监督评估所、综合部5个常设机构及30个驻外机构。 2018年3月，社会经济与移民工程设计院和环保与安评设计院整合，成立了城乡发展与环保工程院（简称"城环院"）。下设12个三级机构，分别为市场经营部、生产技术部、工程管理部、城乡发展规划所、移民与信息化所、工程设计所、城乡建设工程所/环保工程所、监督评估所、生态环境所、生物质能所、土壤治理所、安全应急所，其中前8个三级机构为直接从事水库移民工作的专业所或职能部门。截至2020年2月底，城环院有在册员工317人，其中直接或间接从事水库移民工作的人员约200人。 该时期，西北院的设计工作主要在黄河上游、白龙江、澜沧江中上游、金沙江中上游、大渡河干流开展。移民规划专业配合完成了以下项目不同阶段的规划设计工作：黄河上游茨哈峡、班多、羊曲、玛尔挡、拉西瓦、积石峡等水电站不同阶段的设计工作；白龙江流域苗家坝、九龙峡、喜儿沟等工程设计工作；金沙江鲁地拉、巴塘及大渡河金川等项目不同阶段的设计工作。同时，在新疆、西藏、四川、青海、陕西等省（自治区）开展水电站工程不同阶段的规划设计工作。随着抽水蓄能电站设计任务的增加，移民规划专业参与了镇安、牛首山、阜康等抽水蓄能电站的规划设计工作。 随着城环院市场范围、业务板块、经济总量、人员规模等指标迅速增长，移民规划专业已成为公司转型发展的主要力量。发展愿景为"致力于促进城乡发展、改善生态环境，建设营销履约一体化、设计施工一体化、集团化管控的行业知名工程院。力争成为传统业务和新型业务双驱动的公司转型发展的排头兵，为国家生态文明建设，新型城镇化推进，人类可持续发展贡献力量"
7	中国电建集团昆明勘测设计研究院有限公司（简称昆明院）	2006年2月，为了进一步加强项目管理，理顺各项目关系，昆明院水库环保工程分院新成立水库三室，水库环保工程分院调整后水库专业共有职工36人。2006年5月，为利于生产管理、业务发展，研究决定成立水库工程分院、规划环保分院，撤销水库环保工程分院、规划分院。2006年9月，水库工程分院共设3个室：水库一室、水库二室、水库三室。2007年10月，针对承担金沙江移民安置规划设计工作任务较重、时间紧的情况，成立了金沙江中游水库移民工作一组和二组。2007年10月底，为加强管理，适应新形势要求，更好完成移民规划设计和综合监理等各项业务，新成立了水库四室。 2010年7月，为加强专业化管理，保证工作质量，工程设计院对水库工程分院内部机构进行了调整，撤销水库一室、水库二室、水库三室、水库四室；成立规划设计一室、规划设计二室、综合监理室和评估与后期扶持室。 2012年3月，为开展移民工程项目勘察设计工作，提高工作效率，水库工程分院所属的三级机构增加工程设计所，至此，共有5个科室。2013年2月，为适应新形势业务开拓需要，特别是总承包业务、代业主管理业务，水库工程分院新增工程管理室，2017年水库工程分院改为移民工程规划设计院，2019年2月结合发展需要新增设综合管理部/安全质量环保部，2021年移民工程规划设计院改为移民工程院。目前移民工程院下设安全质量环保/综合管理部、乡村振兴工作专班、移民工程一所、移民工程二所、移民工程三所、移民工程四所、工程设计所、工程管理部。 2012年，移民工程分院院长为谢强富，副院长为唐欢、张维平，总工程师为朱兆才。2013—2014年，分院院长为李红远，副院长为朱兆才、赵灿章、肖银松，总工程师为黄荣。2015—2017年，分院院长为周志军，副院长为朱兆才、赵灿章、肖银松，总工程师为朱兆才（兼）。2018—2021年，分院院长为朱兆才，责任工程师为李红远，副院长为赵灿章、肖银松、郑勇，专业总工程师为唐良霁。目前移民工程院在职员工69人。 该时期水电工程全面开发，在金沙江和澜沧江干流上开展了十多项电站的移民安置规划设计工作，同时还在云南省其他流域开展了几十座电站的移民安置规划设计。在水电建设突飞猛进的同时，国家政策法规对征地移民提出了更多要求，为适应市场需求，开拓新的业务，水库专业配置进行了不断优化、专业方向也不断壮大，水库专业发展快速，从最初

续表

序号	单位名称	设计单位技术力量
7	中国电建集团昆明勘测设计研究院有限公司（简称昆明院）	以从事水利水电工程建设征地移民安置规划设计工作为主，随后业务范畴逐步扩大，从后期扶持规划、移民综合监理、移民综合代、移民安置独立评估、移民安置相关咨询服务等业务发展到工程设计、工程项目管理等业务；涉足行业也越来越多，既有传统的水利水电行业，又有交通、城建、异地扶贫等行业；涉及的地域范围由原来的以云南省为主，延伸到国内其他省份以及东南亚国家。同时主编了实物指标、综合设计、阶段性蓄水移民安置方案编制、国外水电工程移民安置规划设计导则等技术标准，还积极参与课题研究、技术标准的制（修）订，积极探索信息化、数字化等先进技术，打造水电站数字移民全过程支持系统，在实物指标调查和移民安置规划设计方面应用先进科技赋能提高质量和效率。目前主要承担的业务范围为水利水电工程建设征地移民安置和农业农村相关项目的规划、勘察设计、监理、咨询、工程总承包、社会稳定风险分析与评估、课题研究等。另外，还承担乡村振兴板块相关业务
8	中国电建集团北京勘测设计研究院有限公司（简称北京院）	2009年8月21日，北京院成立移民和环境咨询中心，与规划设计部合署办公；2010年，北京国电公司勘测设计业务回归北京院，北京院设立规划设计部/移民和环境咨询中心，下设征地移民室，敬大捷任专业总工程师兼室主任，副主任为冯涛，环保水保中心主任为谭奇林，副主任为钟治国。 2012年2月20日，将规划设计部拆分为规划设计部和水库环保设计部两个部门，水库环保设计部下设移民设计室、监督评估室和环保中心。 2013年4月5日，水库环保设计部更名为水库环保设计院，5月2日调整及新增三级机构。水库环保设计院下设移民规划所、监督评估所、工程设计所、环境保护所、水土保持所。 2016年9月，成立水环境工程公司，与水库环保设计院合并办公，康建民任水库环保设计院院长、水环境工程公司经理，谭奇林、金弈、刘玉含任水库环保设计院副院长、水环境工程公司副经理，金弈任部门总工程师，谭奇林、姜正良、卢俊、刘桂华、冯涛任专业总工程师。 2018年5月，根据业务发展和管理需要，水库环保设计院/水环境工程公司，整体并入中国电建集团建筑规划设计研究院有限公司；整合后，成立市政与环境工程院，作为中国电建集团建筑规划设计研究院有限公司在北京院内的业务工作平台，市政与环境工程院下设水库移民设计院，李重庆任水库移民设计院副院长（主持工作）。环保部分成立生态环境设计研究院，留在北京院，水环境工程公司在市政与环境工程院下成立生态环境工程公司。 2019年5月，水库移民设计院新增云南工作部、江苏工作部。 2019年9月，根据经营生产管理需要，规划设计院、水库移民设计院合并为"城乡发展工程公司"，对外仍保留"水库移民设计院"名称。 2019年11月，王平任中国电建集团建筑规划设计研究院有限公司副总规划师，李重庆任城乡发展工程公司总经理，王平兼任副总经理，姜正良任部门总工程师，冯涛、杜立强任专业总工程师，增设规划设计所。 随着水电开发建设进入高峰期，移民规划业务随之爆发式增长，移民相关的法律法规进一步完善。北京院参与设计的已建、在建的主要水电工程项目有汉江旬阳水电站、澜沧江大华桥水电站、金沙江上游苏洼龙水电站、雅鲁藏布江中游冷达水电站、大渡河巴底水电站等常规水电站10余项，山西省浑源抽水蓄能电站，山东省文登、沂蒙、潍坊等抽水蓄能电站，河北省易县、张河湾、丰宁、尚义、抚宁等抽水蓄能电站，辽宁省清原、庄河等抽水蓄能电站，内蒙古自治区芝瑞、乌海等抽水蓄能电站20余项，安置移民规模约2万人，征用土地处理约3万 hm^2 。 在做好各类项目履约的基础上，北京院水库移民专业组织技术力量做好上层设计，积极申报行业内课题，与水电总院、地方政府、科研院、项目法人等开展可行性研究课题合作研究，积极参加水库专业论坛及交流会，参与编制行业规范，培养了一批水库移民技术骨干人员

续表

序号	单位名称	设计单位技术力量
9	中国电建集团贵阳勘测设计研究院有限公司（简称贵阳院）	2008年，贵阳院从解放路迁址到观山湖区高新区科技园区办公大楼，改善了办公条件和工作环境，水库移民专业也迎来了大发展。贵阳院拥有水库移民、测量、地质、水文、造价、市政、房建、交通、水利水电、工程管理等各专业人员，承担诸多大中型水利水电工程移民安置规划设计、综合监理、监督评估项目，在移民工作全过程中积累丰富经验。在贵阳院相关领导大力支持下，可调用相关专业技术人员开展各类专项规划设计、施工总承包业务。 2013年3月，"贵阳院人〔2013〕67号"聘黄谨任水库分院院长，倪剑任院水库专业副总工程师兼分院总工程师；"贵阳院人〔2013〕74号"聘吴旭鹏任分院副院长。 2017年5月，"贵阳院人〔2017〕120号"设置工程移民规划设计院，黄谨任移民院院长，倪剑任贵阳院副总工程师兼移民院总工程师；"贵阳院人（2017）151号"聘吴旭鹏任移民院副院长；"贵阳院人（2017）156号"聘严云才任移民院副院长。 随着水电开发建设进入高峰期，移民业务爆发式增长，水库移民专业技术由传统的规划设计、监督评估向后期扶持规划、遗留问题处理规划、技术咨询、社会稳定风险分析与评估，以及区域经济社会发展规划、水环境治理、城市拆迁等新型业务发展，移民院技术人员迅速增加，最高时曾达到160人左右。通常参与移民工作的技术人员有70～80人，其他分院（部门）有70～80人。承担的项目主要有：思林、沙沱、索风营、引子渡等水电站遗留问题处理等；贵州省马岭水利枢纽工程、夹岩水利枢纽工程移民监督评估；四川省龙溪口航电枢纽工程、立洲水电站、枕头坝一级水电站、两河口水电站（理塘县新龙县）移民安置综合监理，黄金坪水电站移民安置独立评估，乌东德水电站移民综合监理（攀枝花市）、官地水电站、锦屏一级水电站移民独立评估；西藏地区项目主要有如美水电站等；云南地区项目主要有白鹤滩水电站独立评估1标段、阿岗水库移民监督评估等。 贵阳院水库移民专业与相关专业合作，对交通、电力、移民集中安置点、环水保项目、库岸失稳综合治理、临时用地复垦等工程开展总承包、代建业务。早在2002年就开展了洪家渡水电站库区六圭河特大桥复建工程总承包、洪家渡水电站库区复建工程西溪河4座桥总承包等项目，董箐水电站库区路桥复建关板公路总承包，贵州省北盘江光照水电站左岸公路改造加固等工程总承包项目，夹岩水利枢纽及贵州省西北供水工程移民交通专项改复建项目管理承包等。电力工程总承包有元谋县金沙江乌东德水电站建设电力迁复建专业项目设计施工总承包。移民集中安置点总承包有龙滩水电站望谟县库区昂武乡集镇新址边坡治理工程施工、光照水电站六枝库区失稳综合治理工程、乌东德水电站盐边县荒田组集中安置区基础设施建设代建等。环水保项目有沙沱水电站库区移民安置沿河土家族自治县淇滩集镇生活垃圾卫生填埋场工程设计施工总承包等。临时用地复垦有四川省雅砻江桐子林水电站头道河渣场临时用地复垦代建等。 在做好各类项目的基础上，贵阳院水库移民专业组织技术力量做好前沿性和战略性的顶层设计，积极组织申报院级和集团公司课题，与水电总院、地方政府、项目法人、科研院所等开展科研课题合作研究，进一步提升了移民专业科研能力。通过积极参加"水库移民政策、技术、管理论坛"、移民安置规划设计技术交流会等，培养了一批水库移民技术骨干人员
10	长江设计集团有限公司（简称长江设计集团）	2014年，长江设计集团水库移民专业迎来了新的发展阶段，为适应水库移民市场新阶段发展需要，根据"长设〔2014〕88号"，长江设计集团以原库区处为班底组建工程移民规划研究院（简称工程移民院），下设综合部、规划设计一部、规划设计二部、城乡和产业发展规划部、信息技术开发部、监测和评估部及政策研究中心，共6部1中心，并以"院人力〔2015〕5号"聘任齐美苗为工程移民院院长，高润德、翁家清、林彤为副院长，王迪友为总工程师。长江设计集团水库移民业务由传统的移民安置规划、设计及咨询、移民监督评估、移民后期帮扶规划，向库区移民安稳致富、移民工程总承包、高端咨询、移民信息化，以及向城乡规划、水环境治理、社会稳定风险分析与评估等新兴业务发展。

续表

序号	单位名称	设计单位技术力量
10	长江设计集团有限公司（简称长江设计集团）	2017年11月，聘任朱春芳为工程移民院总工程师。2018年10月，聘任吕涛、郑轩为工程移民院副院长。2021年2月，聘任吕涛为工程移民院院长；7月，聘任付征为工程移民院副院长；9月，聘任江进辉为工程移民院总工程师。 截至2024年，长江设计集团工程移民院有专业技术人员205人。拥有水利水电、农田水利、水工建筑、岩土、道路、电气、给排水、地质、城乡规划、地理信息、遥感、区域经济、农林产业、社会管理、环境保护、考古及概（预）算等20多个专业的技术人才，是国内同行业中人数最多、专业门类最齐全的技术队伍。 作为传统主营业务，长江设计集团先后承担了三峡、南水北调中线和清江、乌江、嘉陵江、金沙江流域数十个大型水利水电工程近300万移民的安置规划、咨询及综合监理工作，以及秘鲁、厄瓜多尔、缅甸、巴基斯坦、尼泊尔、尼加拉瓜等多个国外水利水电项目移民安置规划，多项成果获国家和省级奖励，并参与了多项行业标准编制或审查，出版水库移民规划设计方面专著十余部，申请专利和软件著作权30余项，培养了一批水库移民技术骨干人员。 除了继续做强水利水电工程的移民安置规划等传统主营业务以外，工程移民院近年来坚持提能转型，大力培育城乡规划、工程设计及总承包、水环境综合治理、移民信息化等新兴业务，强化人才队伍建设，努力开拓市场，保障服务质量，取得了不俗业绩。典型项目包括丹江口市国土空间规划、仁和区移民产业扶持实施规划、武当山特区乡村振兴规划、淅川县乡村振兴规划、郧西县"一江两河"系统治理规划、忠县城苏家小区沿江综合整治工程设计、攀枝花市仁和区移民安置专业项目工程总承包、丹江口库区移民产业园总承包、盐边若水大桥工程总承包、南水北调工程丹江口水库移民总体验收（终验）技术性验收咨询服务、金沙江白鹤滩水电站移民安置（四川部分）独立评估、四川省移民信息管理系统建设项目技术服务等
11	黄河勘测规划设计研究院有限公司（简称黄河设计公司）	2006年3月，黄河设计公司将规划环境研究院分为规划院和环境与移民工程院。环境与移民工程院下设综合管理部、市场经营部、移民规划设计监理中心、环境保护中心、水土保持中心和综合设计中心。移民规划设计监理中心现有员工40余人，其中高级工程师12人，具有水利工程总监理工程师资格2人，移民监理工程师26人。主要业务有水利水电工程建设征地移民规划设计、监理、监测评估及水库移民专业课题研究；水利水电工程建设征地移民投资概（估）算编制及经济分析评价；水利水电工程建设征地涉及的电力、交通等专项设计；经济社会调查、水利水电工程建设征地涉及的工业企业资产补偿评估；水利水电工程建设征地有关规范、规程的编制及修订工作；已建水库移民的后期扶持规划及评估工作。 移民规划设计监理中心先后开展了黄河小浪底、黄河西霞院、黄河古贤、黄河碛口、洛河故县、黑河黄藏寺、黄河黑山峡、丹江口水库、泾河东庄、马莲河、南水北调西线、黄河下游防洪、沁河防洪、陕西省引汉济渭、青海省引黄济宁、榆林黄河东线引水、岱海生态应急补水、小浪底库周地质灾害处理、黄河宁夏段河道治理、九峰山抽水蓄能电站、雄安新区生态防护，以及苏丹 Juba、Sue、Kinyeti 等工程的前期论证和移民规划设计工作；开展了南水北调中线、河南省前坪水库、引江济淮安徽段、承德市双峰寺水库、义乌市双江水利枢纽等项目的移民监督评估工作；派出专家参加了国家重点建设项目三峡、南水北调（中、东线）、珠江三角洲以及长江、淮河、黄河下游、沁河下游、四川省瀑布沟和紫坪铺、广西壮族自治区大藤峡、海南省红岭、海南省漫湾、广东省飞来峡、松花江防洪工程等国家重点建设项目的评估、咨询、审查及竣工验收工作；主持山西、江西等多省份大中型水库移民后期扶持资金绩效评价和山东、青海等多省份移民安置、后期扶持稽查与监督检查工作。 近年来，在传统业务基础上不断拓展新业务链，陆续承接了环库公路建设工程勘察设计、护岸除险加固工程勘察设计、基础设施设计、农业节水工程项目代建、湿地公园设计、移民实施技术代建等。正在进行的规划设计、监督评估、监督检查、后期扶持、绩效评价、研究等项目百余项遍布全国各省（自治区、直辖市）。水库移民专业成果丰硕，《黄

续表

序号	单位名称	设计单位技术力量
11	黄河勘测规划设计研究院有限公司（简称黄河设计公司）	河小浪底水利枢纽水库淹没处理及移民安置规划设计报告》获2011年河南省优秀工程勘察设计一等奖，编制的规划设计和研究成果多次获河南省优秀咨询成果奖。作为主编或参编单位完成《水利水电工程建设征地移民安置规划设计规范》《水利水电工程建设征地实物调查规范》《水利水电工程建设农村移民安置规划设计规范》《水利工程设计概（估）算编制规定（建设征地移民补偿）》的编制，完成《水工设计手册 第3卷 征地移民、环境保护与水土保持》编写、注册土木工程师（水利水电工程）执业资格专业考试培训教材征地移民部分编写、《大中型水利水电工程建设征地补偿和移民安置条例》修订前期工作、《水库移民监督检查工作手册》《水库移民管理》《调水工程系列丛书（征地移民卷）》等丛书、教材的编写工作
12	中水东北勘测设计研究有限责任公司（简称东北院）	2012年2月，根据公司发展战略需要，借助大藤峡水利枢纽工程和丰满水电站重建工程即将开工建设时机，组建成立环境与移民处。宋爱群任处长兼总工程师、金德泽任副处长兼书记。内设3个专业室：移民工程设计室、移民规划设计室、环境与水保室。2013年3月聘韩建平为环境与移民处副处长、吕向军为环境与移民处总工程师。2016年4月移民专业分设机构调整为3个专业室：移民安置规划室、移民工程设计室及移民监督评估中心。2018年9月，聘王道兵为环境与移民处副处长。2021年12月移民专业在原机构基础上调整为移民安置规划一室、移民安置规划二室及移民监督评估中心。 成立环境与移民处后，水库移民专业迎来了独立发展的新局面。公司现拥有征地移民、水工、施工、测量、地质、水文、规划、造价、市政、建筑、环境、水保、工程管理等各类专业人员。环境与移民处截至2021年持有各类注册证书62人，其中注册移民工程师18人。承担诸多大中型水利水电工程移民安置规划设计、移民安置区建设规划、移民综合监理、移民监测评估、移民后评价、移民档案管理、移民安置规划验收、移民后期扶持资金使用监测评估、移民管理和政策咨询、公路工程设计、防护工程、土地整理、高标准农田设计、建设项目社会稳定风险分析、大中型水库移民后期扶持规划编制等，在建设征地移民安置规划全过程技术服务中具有丰富经验。 2021年上半年，聘韩建平任环境与移民处处长，王道兵、王晓丹、杨世康等任副处长，吕向军任总工程师。环境与移民处主要从事移民安置规划设计、移民工程设计、移民监督评估、水土保持方案编制、水土保持设计、环境影响评价、环境保护设计等工作。 随着国家经济结构优化调整，乡村振兴政策推进、碳中和环境保护政策落实，数字水利和智慧水利迫在眉睫，水利水电工程建设进入了一个新的发展期，水库移民也同步进入了高质量发展的快车道，移民业务市场和专业队伍不断发展壮大。在东北院相关领导大力支持下，建设征地移民专业与相关专业合作，对交通工程、电力工程、移民集中安置点、环保水保项目、库岸失稳综合治理、文物保护及临时用地复垦等工程开展总承包、代建业务。 其间，承担了广西壮族自治区大藤峡水利枢纽工程、内蒙古自治区引绰济辽工程、辽宁省蒲石河抽水蓄能电站、黑龙江省荒沟抽水蓄能电站、山西省垣曲抽水蓄能电站、吉林省蛟河抽水蓄能电站等征地移民各阶段勘测设计工作，近几年陆续参加了20余项抽水蓄能电站的预可行性研究和可行性研究等阶段的征地移民规划设计工作；参加了辽宁省清原、山西省垣曲、吉林省蛟河等抽水蓄能电站工程的移民综合设代服务工作；参加了吉林省中部城市供水工程移民安置监督评估、黑龙江省阁山水库移民综合监理、吉林省敦化抽水蓄能电站移民综合监理等移民监督评估工作；参加了吉林省大中型水库后期扶持"十四五"规划、吉林省大中型水库后期扶持基金监测评估、吉林省东水西引工程社会稳定风险评估、南水北调丹江口水库移民发展和安稳情况第三方评估（河南省）、全国中型水库移民后期扶持基金绩效评价、移民后期扶持政策监测评估等移民规划咨询服务工作。 在做好各类项目的基础上，中水东北院水库移民专业积极组织技术力量参加水利部移民司组织的大中型水库移民安置工作稽查，吉林省移民局、辽宁省移民服务中心组织的项目审查和稽查，积极组织申报流域机构和水规总院课题，参与设计规范编制，参加三峡水库外迁移民生产生活水平监测评估等，进一步提升了移民专业业务能力。通过积极组织和参加水库经济专业委员会、水电总院和水规总院联合组织的每年一度"水库移民政策、技术、管理论坛"、移民安置规划设计技术交流会等，培养了一批水库移民技术骨干人员

续表

序号	单位名称	设计单位技术力量
13	中水天津勘测设计研究有限责任公司（简称天津院）	2012年9月19日，成立环境移民处，下设征地移民室，征地移民专业首次作为独立科室运行。2018年7月3日，为适应市场环境，满足天津院战略发展需求，将环境移民处更名为城乡发展与环境工程处，同时，征地移民室更名为城乡发展与移民规划室。2018年8月7日，根据发展规划，为了提升移民监督评估业务的市场开发、生产组织和业务能力建设，成立移民监督评估中心（副处级），挂靠在城乡发展与环境工程处。 2019年1月，城乡发展与环境工程处更名为城乡发展与环境工程院（简称城环院）。2022年3月，依据公司发展战略及组织建设思路，移民监督评估中心按正处级建制进行管理，仍挂靠在城环院。 近年来，移民规划专业在完成传统水利水电工程移民安置规划设计任务的同时，在移民监督评估、移民实施管理、移民验收咨询、移民咨询评估、移民管家服务、移民安置规划及大纲审查咨询、工程社会稳定风险评估、移民管理信息化建设等业务上取得了一系列突破。 2019年以来，先后完成甘肃省白龙江引水工程、南水北调东线一期应急北延工程、南水北调东线二期工程、黑龙江省三江连通工程、新疆维吾尔自治区吉勒布拉克水资源配置工程、拉萨市旁多引水工程等重大引调水工程；山东省老岚，广西壮族自治区长塘，四川省三坝、高桥、兰草，重庆市福寿岩，云南省清水河、黄草坝、桃源，河北省邯郸娄里等大型水库工程；云南省弥泸、潞江坝，江西省梅江、桃江，安徽省青弋江、永幸河，广西壮族自治区下六甲等大型灌区工程；浙江省庆元、甘肃省张家川、天津市蓟州等抽水蓄能电站工程项目征地移民安置规划设计及社会稳定风险分析工作。在持续开展监督评估业务的同时，积极拓展承接了白沟河征迁安置实施管理咨询、山东省老岚水库工程（牟平区、栖霞市）实施管理咨询服务、西藏自治区拉康水电站移民安置全过程咨询等新兴的移民咨询服务项目。在信息化建设方面，先后完成了征地移民规划设计信息管理系统、全生命周期数字移民管理系统等多个信息化产品的研发和应用工作。在完成生产任务的同时，积极参与水利部、水规总院、各省（自治区、直辖市）移民主管部门牵头或委托开展的大型水利工程移民安置稽查及后评价，以及移民规划设计相关专题审查等工作。 该时期的业务范围为：主要开展水利水电工程建设征地移民安置规划设计、社会稳定风险分析与评估、移民安置监督评估、移民验收、咨询评估等工作，以及承担涉及项目立项、文物古迹、土地预审、林地可行性研究、土地复垦等前置件的办理，具有较强的水利水电移民安置规划设计、监督评估等技术能力。多年来先后完成新疆维吾尔自治区艾比湖、乔巴特水利枢纽工程，库鲁斯台水库，贵州省大兴、凤山、青山冲等水库；西藏自治区帕孜、门堆等水库，湖南省椒花水库；辽宁省辽西北供水工程，海南省琼西北供水工程，以及海河流域卫河、卫运河、独流减河、漳卫新河河口、海河闸、石槽沟水库、大湾水库等众多水利水电工程征地移民安置规划设计及社会稳定风险分析工作；开展引黄入冀补淀（河南段）、辽宁省猴山水库、新疆维吾尔自治区库鲁斯台等项目的移民监督评估工作；完成福建省白濑水库工程等多个项目社会稳定风险评估工作；完成老挝拉森水电站、埃塞俄比亚GEBA电站、玻利维亚CLA水电站、孟加拉国吉大港城市防洪工程以及加蓬水电站等工程ESIA工作。截至2022年4月，已完成传统水利项目移民专题42项、承接移民技施设计项目16项，承接监督评估项目12项，社会稳定风险评估项目5项，移民实施管理及移民管家服务项目5项，移民专项验收咨询项目15项，移民后评价项目2项，移民咨询评估项目7项，参与移民规范标准修编3项，主持编制行业团体标准2项，承担水利部、国务院南水北调办公室等省部级课题3项，全生命周期数字移民管理系统V2.0等多个数字化产品顺利发布。目前从事征地移民专业人员共有64人
14	中国能源建设集团广西电力设计研究院有限公司（简称广西院）	2004年，广西院环评专业分出，成立泰能子公司，广西院设立水能水文部，下设水库科、水能科、水文科，并新成立工程科从事水库淹没处理居民点及专业项目处理设计。广西院从事水库移民规划设计及工程设计人员有20多人。2020年4月，广西院成立移民工程部，下设水库科、工程科。 随着水电开发建设进入高峰期，移民业务爆发式增长，水库移民专业技术由传统的规划设计向移民综合监理、后期扶持监测评估、遗留问题处理规划、技术咨询、社会稳定风险

续表

序号	单位名称	设计单位技术力量
14	中国能源建设集团广西电力设计研究院有限公司（简称广西院）	分析与评估，移民安置验收技术服务等新型业务发展，移民工程部技术人数迅速增长。通常参与移民工作的专业技术人员有30~40人，其他部门有30~40人。承担的项目主要有：岩滩水电站遗留问题处理；平班、乐滩水电站移民安置规划调整；桥巩水电站、大了口水电站、四川省犍为航电枢纽工程、干捞水电站、下桥水电站、老挝南塔河水电站等新建水电站移民安置规划设计；贵港二线船闸，长洲三、四线船闸等交通工程的征地拆迁设计；多次承担广西壮族自治区生态移民发展中心（前水库移民管理局）大中型水库移民后期扶持监督评估。 广西院水库移民专业与相关专业合作，2016年8月，承担了四川犍为航电枢纽工程犍为县移民单项工程代建；2020年8月，承担了犍为县犍为航电枢纽工程石溪集镇、向坪村居住区房屋建设工程代建。 2019年，广西院开始开展广西第一座抽水蓄能电站南宁抽水蓄能电站移民安置规划设计工作，并在工作中勇于创新，利用南宁抽水蓄能电站工程移民安置规划设计工作的契机自主开发了"智慧移民"GIS系统，通过无人机航拍采集项目范围内的基础地理数据，构建三维实景模型，基于公司引进的SuperMap GIS平台建立了南宁抽水蓄能电站地理信息"一张图"，整合该项目的相关土地、房屋、人口、附着物等数据信息，建立统一数据标准，搭建基于空间的建设征地和移民安置规划设计业务数据库，实现App端建设征地和移民安置规划设计的相关功能，移民通过手机App可以查询征地涉及个人财产数量及补偿费用，实现了征地移民全过程的数字化管理。 在做好各类项目的基础上，广西院水库移民专业组织技术力量做好前沿性和战略性的顶层设计，积极组织申报院级和集团公司课题，进一步提升了移民专业科研能力。通过积极参加"水库移民政策、技术、管理论坛"、移民安置规划设计技术交流会等，培养了一批水库移民技术骨干人员
15	广东省水利水电勘测设计研究院有限公司（简称广东院）	2005年，广东院水库环境室改名为资源与环境设计分院，下设征地移民、水保环评、水资源动力3个室，分院院长为黄汉禹，副院长为郑悦华，总工程师为郑国权。从事移民规划设计的技术人员20人。随着国家对行业的重视，生产任务不断加重，较多年轻技术人员加入了队伍，因此在完成项目设计任务的同时，加强了对员工的业务培训，以老带新、边干边学，有针对性地加以指导和培训，使年轻人能够较快胜任工作成为技术骨干。 2010年以后，郑悦华任院分管副总工程师，郑国权任分院院长，汤叶波任分院副院长，潘振华任分院副总工程师，水库移民专业也迎来了大发展。广东院拥有水库移民、测量、地质、水文、造价、市政、房建、交通、水利水电、工程管理等各专业人员，承担诸多大中型水利水电工程移民安置规划设计、综合监理项目，在移民工作全过程具有丰富的经验。在广东院相关领导大力支持下，可调用相关专业技术人员开展各类专项规划设计业务。 随着水利水电开发建设进入高峰期，移民业务爆发式增长，水库移民专业技术由传统的规划设计、监督评估向后期扶持规划、社会稳定风险分析评估等新型业务发展，移民院技术人数迅速增长，分院人员约110人，从事征地移民有30余人，其他专业技术配合人员为70~80人。承担的项目主要有：北江大堤加固达标工程，乐昌峡、湾头、高陂水利枢纽工程，珠三角水资源配置工程，环北部湾水资源配置工程等水利项目移民规划设计；广东省惠州、深圳、清远、阳江、中洞、水源山及福建省云霄、安徽省桐城、甘肃省玉门等一大批抽水蓄能电站移民规划设计；广州市从化牛路水库移民安置综合监理；广东省"十二五""十三五"水库移民后期扶持规划等。 随着国家信息化的发展，广东院在移民规划设计中开始引入移民信息化，在广东韩江高陂水利枢纽设计中，开发了征地移民设计辅助系统，为项目多方案比选、实物指标调查、移民意愿调查、补偿补助费用计算等节约了大量的时间，提高了工作效率，起到了良好的效果。在做好各类项目的基础上，广东院水库移民专业组织技术力量做好前沿性和战略性的顶层设计，积极组织申报院级课题，开发研究的"基于BIM+GIS环境下的建设征地与移民安置业务系统"已在中洞、水源山、电白、鹤城等抽水蓄能电站移民规划设计中运行使用，并已申报"广东省水利发电工程学会清洁能源发电科学技术奖"，进一步提升了移民专业科研能力。同时通过积极参加"水库移民政策、技术、管理论坛"、移民安置规划设计技术交流会等，培养了一批水库移民技术骨干人员

水电勘测设计、施工建造、设备制造、建设管理、工程运营等全产业链达到世界先进水平的目标，特别是习近平总书记对金沙江乌东德水电站于2020年6月29日首批机组正式投产发电作出重要指示，对在建规模全球第一、单机容量世界第一、装机规模全球第二大水电站金沙江白鹤滩水电站首批机组于2021年6月28日正式投产发电发来贺信，更是对水电发展的充分肯定。该时期，水电工程移民专业不断发展完善，业务全面拓展，水电移民工作始终坚持党的领导，坚持人民至上，不忘初心、牢记使命，坚持落实以人民为中心的发展思想，坚持完整、准确、全面贯彻新发展理念，政策法规更加完善，体制机制更加健全，宣传发动更加深入，群众工作更加细致，移民安置更加和谐稳定。移民安置成果丰硕，移民搬迁平稳有序，生产生活水平稳步提升，移民安置基础设施配套完善，学校医院达标建设，库区城乡面貌焕然一新，移民通过搬迁安置实现了跨越式发展。移民及时搬迁和妥善安置，为水电工程顺利建设和按期蓄水发电提供了有利条件和基础保障。

2.5.6 新技术应用

随着科学技术的高速发展，GPS定位仪、CAD绘图软件、库区航拍、3D汇报系统、GIS地理信息系统、移民数据平台系统等高新技术都应用到移民工作中，极大地推动了移民工作的科技化和现代化。基于3S技术的移民实物指标信息及数据库系统正在不断完善和逐步推广，目的是使征地移民实物指标从采集、存储、汇总、分析整个流程实现科学化管理，为下一步的移民安置规划设计的开展提供科学可靠的数据保障。

随着3S技术的大量应用，征地移民专业各阶段实物指标调查工作的形态发生改变，河流规划、预可行性研究阶段主要依靠数字水电成果开展实物指标调查工作，调查人员主要进行现场检验工作，可行性研究阶段采用调查人员持图现场调查和3S技术及计算机技术并重转变，同时在敏感实物指标转变、调查成果展示、调查成果数据库构建等多方面进行了有益的探索和尝试。

这一时期移民新技术、新方法不断出现，从计算机硬件的普及到CAD软件为代表的基于二维、三维设计软件的大量应用，中国移民数字水电平台、各层次的数据平台和基于信息化管理创建的各类管理平台已经开始在各类项目中大规模应用。

如为了做好滩坑水电站5万移民的实物指标调查和统计工作，开发编制了《水电工程水库淹没处理补偿投资概估算数据库》，具有对实物指标基础数据进行录入、检查、汇总、打印的功能，大大简化了对大量基础数据的整理工作。又如长江勘测规划设计研究院采用的实物指标采集系统＋移民管理信息系统，使用GPS结合GIS设备及技术，对外业信息采集过程快速定位，形象化录入，可实现相关信息实时展示、二三维仿真场景、数据实时在线、调查建库同步等功能，为规划设计管理提供了新的技术支撑。

第 3 章
移民安置政策

制定政策的目的是指导工作，规范与解决工作过程中存在的问题。随着经济社会的发展，政策环境及人们的诉求也在变化，这就要求政策必须与时俱进，不断地改进以适应发展要求。水电工程建设周期一般较长、涉及范围及专业领域较广，政策的制定不仅需解决实际工作中的问题，也需兼顾各方利益。中国水电移民安置政策不是一蹴而就的，而是适应经济发展水平的不断提高和社会经济管理体制的改革创新，经历了从无到有，从初步探索到逐渐完善的过程。通过70多年的探索、实践和总结，我国水电移民安置政策不断完善发展。

3.1 移民安置政策发展历程

自中华人民共和国成立以来，中国经历了不同的历史发展阶段与经济管理体制，在不同的发展阶段，随着国家的经济实力不断增强，移民政策、安置方式、补偿标准也随之相应调整和变化，具有明显的阶段性特征。在过去很长一段时间内，中国的生产力水平较低，为了集中全国力量进行社会主义建设，在传统的农业国基础上实现向工业国的转变，就要求农业哺育工业，那时的移民安置补偿标准较低，甚至有一些是强制行政命令下的移民。而随着中国工业化水平不断发展，经济水平不断提高，国家整体经济实力有了明显的提升，提出构建和谐社会、统筹城乡发展、注重社会公平，要求工业反哺农业，移民政策有了较大的调整，更加注重完善基础设施、更加注重落实移民意愿、更加注重提升居住品质，移民安置补偿标准也逐渐提高。

（1）移民安置滥觞期（1949—1981年）。这个时期水电工程移民安置执行《国家建设征用土地办法》等法规的通用条款，没有针对水电工程特殊性细化的政策条款。

（2）移民安置探索期（1982—1990年）。1982年5月，国务院颁布了《国家建设征用土地条例》，是我国水利水电工程移民安置政策发展的标志性文件之一，该条例规定了"大中型水利水电工程建设的移民安置办法"由国家水利电力部门会同国家土地管理机关参照该条例另行制定，已意识到水利水电工程移民安置具有特殊性，将水利水电工程移民安置工作提到了需要制定专用法规的高度。该条例的颁布，为我国制定专门的水电工程建设征地移民安置法规提供了法律依据，也为1986年颁布的《中华人民共和国土地管理法》明确了征地移民的基本原则，我国水电工程移民安置政策及技术标准进入探索期，其间出台的政策为法制化推进水电工程移民安置工作进行了有效的探索和尝试。

（3）移民安置发展期（1991—2005年）。根据《中华人民共和国土地管理法》的授权，国务院于1991年颁布了《大中型水利水电工程建设征地补偿和移民安置条例》（国务院令第74号），该条例是我国水利水电工程建设征地移民安置第一部专用法规。这一时期是我国水电移民政策的重要发展时期，政策法规的制定和技术标准的建立已现雏形。

（4）移民安置完善期（2006—2024年）。2006年7月7日，修订了《大中型水利水电工程建设征地补偿和移民安置条例》（国务院令第74号）。该条例从保护移民合法权益、维护社会稳定的原则出发，明确了移民工作管理体制，强化了移民安置规划的法律地位，特别是对征收耕地的土地补偿费和安置补助费标准、移民安置的程序和方式、移民后期扶持制度以及移民工作的监督管理等问题作了比较全面的规定。该时期为我国水电移民政策的完善时期，建立了既有移民行政管理方面的法规、也有技术标准的完整体系。

3.1.1 移民安置滥觞期政策法规

3.1.1.1 主要政策法规

中华人民共和国成立初期到20世纪80年代以前，国家实行高度集中统一的指令性计划经济体制，主要采用计划手段开展动员和配置资源。该时期，我国水电工程建设征地移民安置政策没有专用法规，移民工作主要以党和政府的相关文件精神作为依据，执行通用法规中征地补偿的有关规定。依据的主要政策法规如下。

（1）1950年11月，政务院通过并发布的《城市郊区土地改革条例》中第十三条、第十四条明确了"国家为市政建设及其他需要收回由农民耕种的国有土地、征用私人所有的农业土地时，应给耕种该项土地的农民以适当的安置，并对其在该项土地上的生产投资及其他损失，予以公平合理补偿的原则"。

（2）1953年12月，根据国防工程、厂矿、交通、城市等建设征地需要，政务院颁布了《国家建设征用土地办法》。明确征地的原则是：既应根据国家建设的需要，保证国家所必需的土地，又应照顾当地人民的切身利益，必须对土地被征用者的生产和生活有妥善的安置。对土地被征用者一时无法安置的，则应待安置妥善后再建设或另行择地建设。

（3）1954年9月20日，《中华人民共和国宪法》第十三条规定："国家为了公共利益的需要，可以依照法律规定的条件，对城乡土地和其他生产资料实行征收、征用或收归国有。"但该时期征地权限相对宽松，再加上社会主义建设的快速发展，导致大量的土地资源在征地中浪费，因此国务院于1956年1月21日下达了《国务院关于纠正与防止国家建设征用土地中浪费现象的通知》，与此同时，全国基本完成了生产合作化，农村土地由农民私有转变为集体所有。

（4）1958年1月6日，国务院修订并重新公布了《国家建设征用土地办法》。该办法明确了征地的批准权限和补偿标准。被征用土地的补偿费，在农村中由当地人民政府会同用地单位、农民协会及土地原所有人（或原使用人）或由原所有人（或原使用人）推出代表评议商定。一般土地的征用，应当发给补偿费或者补助费；对必须拆除房屋的，应该给房屋所有人相当的房屋，或者按照公平合理的原则发给补偿费。

（5）1973年，国家计委、国家建委印发了《关于贯彻执行国务院有关在基本建设中节约用地的指示的通知》（建革综字〔73〕第364号），该文件规定"征用土地的补偿费，一般土地应以最近2～4年的产量的总值为标准，补偿费用应用于发展农业生产"。

（6）从1981年起，党和政府开始关注水库移民遗留问题。1981年6月19日，财政部、电力部《关于从水电站发电成本中提取库区维护基金的通知》（电财字〔81〕第56号）决定每千瓦时提取1厘钱设立库区维护基金，用于水库防护工程维护和解决库区移民遗留问题。

3.1.1.2 政策特点

该时期移民安置政策的主要特点如下。

1. 没有专用法规和技术标准

移民工作主要以党和政府的相关文件精神为依据开展，执行通用法规中关于征地补偿的有关规定。专业机构和专业力量很薄弱，移民前期工作大多限于调查淹没损失和估算补偿投资，普遍缺少可供实施的移民安置法规。对移民的住房主要是通过行政手段划拨一定数量的宅基地、采取集中建"干打垒"或"兵营式"的简易住房，生产安置普遍强调"以粮为纲"，就地后靠，没有进行移民环境容量分析，忽视安置区必要的水、电、路、文、教、卫等基础设施的恢复建设，即使有移民安置规划的（如新安江、三门峡水库），也未能完全按规划付诸实施。在20世纪60年代初期，水利电力部水利水电建设总局举办研究班，从总结经验着手，编写了《水利水电工程水库淹没处理设计规范（研究班定稿）》。该规范作为内部文件，一直未予正式颁发，但当时可作为移民工作的重要依据。

2. 补偿项目不全面

补偿项目主要是耕地和房屋。对于土地补偿（主要是耕地），执行1958年1月国务院公布修订的《国家建设征用土地办法》中"征用土地的补偿以最近2~4年的定产量的总值为标准"的规定，以及1973年国家计委、国家建委《关于贯彻执行国务院有关土地在基本建设中节约用地的指示的通知》中"征用土地的补偿费，一般土地应以最近2~4年的产量的总值为标准，补偿费用应用于发展农业生产"的规定。对于移民房屋，大多不按受淹面积而是规定按人均面积进行补偿。对农村移民的补偿项目主要是耕地和房屋。因无规划设计，出现了无计划、补偿项目不全面等情况。

3.1.2 移民安置探索期政策法规

3.1.2.1 主要政策法规

20世纪80—90年代，我国处于传统的计划经济向社会主义市场经济过渡阶段。1978年12月，党的十一届三中全会决定把全党工作重点转移到经济建设上来，同时着重指出，为了实现社会主义现代化，必须对经济体制进行改革，对陷于失调的国民经济比例关系进行调整，对过分集中的经济管理体制着手进行改革。1978年是中国社会发展的转折点，也是征地制度发展的重要时期，伴随社会经济的复苏，建设用地需求量大幅度增加，国家征地工作开始进入活跃期，中央集中出台了一系列有关征地的法律法规，推动了我国征地制度的快速发展。1984年10月20日，党的十二届三中全会通过了《中共中央关于经济体制改革的决定》，决定"建立自觉运用价值规律的计划体制，发展社会主义商品经济"，第一次明确提出了社会主义计划商品经济的理论。这一时期是我国建立水库移民政策的探索阶段，出台的主要政策如下。

（1）1982年国务院公布了《国家建设征用土地条例》（国发〔1982〕80号），考虑到水利水电工程征地规模大、征地较为集中、涉及区域较为偏僻等特点，规定了"大中型水利水电工程建设的移民安置办法"由国家水利电力部门会同国家土地管理机关参照本条例另行制定，将水利水电工程移民工作提到了需要制定专用法规的高度，同时首次提出，征地补偿费用包括土地补偿费、安置补助费、青苗补偿费和附着物补偿费等，这些项目在此后的土地法制修订中一直予以沿用；1983年国家计委、城乡建设部联合颁发了"关于印发《国家建设征用土地条例》若干问题的说明"的通知，对土地补偿费和安置补助费中有关年产值的计算、补偿倍数等问题进行了补充规定及说明。

(2) 1986年6月25日，第六届全国人民代表大会常务委员会（简称全国人大常委会）通过了第一部《中华人民共和国土地管理法》。该部法律进一步强调了节约用地、保护耕地的原则，深化了对征地移民工作的统一管理，更加严格了用地的审批程序和审批权限，另外进一步明确对大中型水利水电工程等特殊项目征地补偿和移民安置办法由国务院另行规定。

(3) 1984年，党中央和国务院决定三峡工程水库移民实行开发性移民方针，1986年7月，国务院办公厅转发了水利电力部《关于抓紧处理水库移民遗留问题报告的通知》（国办发〔1986〕56号），开发性移民方针以政策形式出台。

(4) 1987年4月1日，国务院发布《中华人民共和国耕地占用税暂行条例》（国发〔1987〕27号），改革开放后建设征地涉及有关税费法制化工作正式启动。

3.1.2.2 政策特点

1. 水电移民政策专项立法萌芽，开发性移民方针得到明确

由于改革开放，建设用地的需求量大幅度增加，国家征地工作开始进入活跃期，同时中央为加大水利水电建设投入，考虑到水利水电工程建设征地特点，逐步认识到建设征地移民安置工作的重要性，单独专项立法已纳入立法议程。移民安置思路在该时期也得到明确，开发性移民方针成为移民安置规划指导方针。

2. 技术规范初步建立

在此阶段，为加强前期工作，水利电力部于1984年颁布了《水利水电工程水库淹没处理设计规范》（SD 130—84），1986年制定了《水利水电工程淹没实物指标调查细则（试行）》和《水库库底清理办法》，草拟了《水库移民安置编制规程》和《水库淹没处理补偿投资概算编制规定》。1991年，水利水电规划设计总院召开了水库淹没处理前期工作会议，印发了《关于加强水库淹没处理前期工作的通知》，制定了不同设计阶段的水库淹没处理工作深度暂行规定。

3. 探索建立了征地移民工作责任制

1984年9月，国家计委等部门联合颁布了《基本建设项目投资包干责任制办法》（计基〔1984〕2008号），并在此基础上于1984年12月颁发了《关于征用土地费实行包干使用暂行办法》〔农（土）字〔1984〕30号〕，将水库移民安置实施的责任明确交由地方政府负责。

4. 补偿项目逐渐全面、补偿倍数有所提高

在此阶段，随着国家移民政策的逐步调整、经济体制的转轨变型，为了实现妥善安置移民的目标，我国移民安置补偿标准逐步得到了提高。20世纪80年代初期以后，补偿项目逐渐全面，基本达到了淹什么补什么。以土地为例，包括了耕地、园地、菜地、林地、宅基地、池塘，甚至荒地，即凡有收益的土地，都属补偿之列；土地作物，过去只计主作物，现在计入了其他作物和相应的副产品；作物的产量，在年报产量的基础上，还考虑了一定的增长；作物的价格，随着国家政策调整和市场状况而定；补偿产值的年限（倍数），一般提高到 5~9 倍。林地和果木，过去不计补偿或补偿甚少，该时期则分门别类予以补偿。

5. 水库移民遗留问题处理和后期扶持政策制定正式拉开序幕

1985 年 8 月 24 日，中央财经领导小组专门研究了水库移民遗留问题，决定从中央直属水电站上缴中央财政的利润中，每度电提取 4 厘钱设立库区建设基金，集中解决水库移民遗留问题。1986 年 7 月 29 日，国务院办公厅转发水利电力部《关于抓紧处理水库移民问题报告的通知》（国办发〔1986〕56 号）明确了处理水库移民问题的方针和原则，提出"水库移民工作必须从单纯安置补偿的传统做法中解脱出来，改消极赔偿为积极创业，变救济生活为扶助生产""从一九八六年起，新建、扩建和续建水库工程的移民经费与工程概算一并审定，并在基建投资中安排包干使用。此后发生的移民问题，由基建投资中安排解决。在此之前建成的水库，其移民遗留问题，应根据分级负责的原则"处理。从此，全国水库移民遗留问题处理和后期扶持工作正式拉开了序幕。

3.1.3 移民安置发展期政策法规

1992 年 10 月，党的十四大明确提出建立社会主义市场经济体制，1993 年 11 月，第十四届三中全会通过了《中共中央关于建立社会主义市场经济体制若干问题的决定》，我国经济体制改革在理论和实践上取得重大进展。公有制为主体、多种所有制经济共同发展的社会主义市场经济体制逐步建立，全方位、宽领域、多层次的对外开放格局基本形成。改革开放极大地推动了农村生产力的发展，特别是农村改革对解决老水库移民遗留问题提出了迫切要求。党和国家对移民问题高度重视，通过总结多年水库移民工作的经验教训，提出了一系列移民安置的政策与措施，使水库移民工作发展到了一个新阶段。

3.1.3.1 主要政策法规

（1）1991 年 1 月，我国第一部《大中型水利水电工程建设征地补偿和移民安置条例》（国务院令第 74 号）经国务院第 77 次常务会议通过，它是经《中华人民共和国土地管理法》授权，根据水利水电行业特点，在总结 40 多年移民安置工作经验教训的基础上制定的。

（2）1992 年 3 月，国务院批转了《国家计委关于加强水库移民工作若干意见的通知》（国发〔1992〕20 号），要求提高对移民工作重要性的认识，加强移民前期工作，切实做好移民安置规划，为项目决策提供科学依据；1993 年 6 月，国务院发布了《长江三峡工程建设移民条例》（国务院令第 126 号），单独为某个工程制定了具体移民条例。

（3）1996 年 3 月，国家计委、财政部、电力工业部、水利部联合印发了《关于设立水电站和水库区后期扶持基金的通知》（计建设〔1996〕526 号），决定从 1996 年 1 月 1 日起，对 1986—1995 年投产和 1996 年以前国家批准开工建设的大中型水电站水库区，设立后期扶持基金。

（4）1998 年 8 月，全国人大常委会颁布了修订后的《中华人民共和国土地管理法》，1998 年 12 月，国务院公布了《中华人民共和国土地管理法实施条例》，1999 年 12 月，国土资源部印发了《关于加强征地管理工作的通知》（国土资发〔1999〕480 号）。修订后的《中华人民共和国土地管理法》加强了对土地的强制管理和对耕地的特殊保护，大幅度地提高了耕地的补偿和安置补助费的标准，该法规定：征用耕地的土地补偿为该耕地被征用前的 3 年平均年产值的 6~10 倍，征用耕地的安置补助费为该耕地被征用前的 3 年平均年产值的 4~6 倍。修订后的《中华人民共和国土地管理法》第五十一条重申，大中型水利水电工程建设征用土地的补偿费标准和移民安置办法，由国务院另行规定。2004 年 8 月 28 日，第十届全国人大常委会第十一次会议决定对《中华人民共和国土地管理法》做以下修改：①第二条第四款修改为"国家为了公共利益的需要，可以依法对土地实行征收或者征用并给予补偿"；②将第四十三条第二款、第四十五条、第四十六条、第四十七条、第四十九条、第五十一条、第七十八条、第七十九条中的"征用"修改为"征收"，明确区分了征收、征用两个概念。

（5）2001 年 11 月 2 日，国土资源部、国家经济贸易委员会、水利部联合发布了《关于水利水电工程建设用地有关问题的通知》（国土资发〔2001〕355 号），就《大中型水利水电工程建设征地补偿和移民安置条例》（国务院令第 74 号）修订颁布实施前的水利水电工程项目用地预审、用地审查报批、建设征地补偿和耕地占补平衡等有关问题明确了处理意见。

（6）2001 年 11 月 16 日，国土资源部印发了《关于切实做好征地补偿安置工作的通知》（国土资发〔2001〕358 号）。2002 年 7 月 12 日，国土资源部印发了《关于切实维护被征地农民合法权益的通知》（国土资发〔2002〕225 号），就一些地方征地工作存在补偿低、费用不到位、安置不落实、损害被征地农民的利益等问题，要求依法拟定和严格审查征用土地有关方案，确保征地补偿安置费用合法合理等进行了规定。

（7）2002 年 8 月 29 日，第九届全国人大常委会通过了《中华人民共和国农村土地承包法》（中华人民共和国主席令第 73 号），就土地承包的法律定位、方式及程序等内容进行了规定。

（8）2002 年 8 月 29 日，第九届全国人大常委会通过了修订后的《中华人民共和国水法》（中华人民共和国主席令第 74 号），其中第三章第二十九条规定："国家对水工程建设移民实行开发性移民方针，按照前期补偿、补助与后期扶持相结合的原则，妥善安排移民的生产生活，保障移民的合法权益。"

（9）2002 年 11 月 30 日，国家计委印发了《水电工程建设征地移民工作暂行管理办法》（计基础〔2002〕2623 号）。该政策全面系统明确了各级地方政府、移民机构、项目法人、设计单位和监理单位等有关部门和单位的职责、责任和分工，形成了现有移民管理体系雏形，为确保水电工程建设征地移民安置工作的顺利进行、促进水电工程建设的健康发展、保护移民的合法权益起到了不可磨灭的作用。

（10）2002 年 1 月 8 日，国务院办公厅转发了水利部、财政部、国家计委、国家经济贸易委员会、国家电力公司《关于加快解决中央直属水库移民遗留问题若干意见》（国办发〔2002〕3 号）。2003 年 1 月 23 日，国家计委印发了《关于核定中央直属水库库区建设基金标准有关问题的通知》（计价格〔2003〕102 号）。2003 年 1 月 29 日，财政部印发了《库区建设基金征收使用管理办法》（财企〔2003〕57 号）。2003 年 3 月 24 日，水利部印发了《中央直属水库移民遗留问题处理规划实施管理办法》（水移〔2003〕113 号）。2003 年 11 月 10 日，财政部印发了《关于库区建设基金使用管理有关问题的通知》（财企〔2003〕291 号），进一步加强明确了库区建设基金和遗留问题处理规定。

（11）由于水利电力部分为水利部、电力工业部，1993 年 12 月 22 日电力工业部以"电计〔2003〕291 号"发布《关于调整水电工程设计阶段的通知》，水电工程设计阶段调整为预可行性研究、可行性研究（等同初步设计）、招标设计、施工详图4个阶段，而水利项目仍沿用可行性研究、初步设计、技施设计3个阶段。从此，水利和水电行业技术标准开始分别进行制定，1996年11月，电力工业部对84规范进行了修订，以"电技〔1996〕807号"发布了《水电工程水库淹没处理规划设计规范》（DL/T 5064—1996）；2002年11月6日，国家经济贸易委员会以"公告2002年第78号"公布了《水电工程设计概算编制办法及计算标准》，规范了大中型水电工程投资估算和设计概算的编制，加强了水电工程造价管理，水电工程投资确定更加合理，水电概算质量进一步提高。

（12）2004年10月21日，国务院印发了《国务院关于深化改革严格土地管理的决定》（国发〔2004〕28号），其中第十二条完善征地补偿办法中明确"要保证依法足额和及时支付土地补偿费、安置补助费以及地上附着物和青苗补偿费。依照现行法律规定支付土地补偿费和安置补助费，尚不能使被征地农民保持原有生活水平的，不足以支付因征地而导致无地的农民社会保障费用的，省、自治区、直辖市人民政府应当批准增加安置补助费。土地补偿费和安置补助费的总和达到法定上限，尚不足以使被征地农民保持原有生活水平的，当地人民政府可以用国有土地有偿使用收入予以补贴。省、自治区、直辖市人民政府要制订并公布各市县征地的统一年产值标准或区片综合地价，征地补偿做到同地同价，国家重点建设项目必须将征地费用足额列入概算。大中型水利、水电工程建设征地的补偿费标准和移民安置办法，由国务院另行规定"。该政策首次明确了省、自治区、直辖市人民政府要制定并公布各市县征地的统一年产值标准或区片综合地价，征地补偿达到同地同价的要求。

（13）2004年11月3日，国土资源部印发了《关于完善征地补偿安置制度的指导意见》（国土资发〔2004〕238号）。该政策进一步督促统一年产值标准或区片综合地价制订工作，并对土地补偿费的分配、被征地农民安置途径进行了规定，且首次明确了入股分红安置方式，即"对有长期稳定收益的项目用地，在农户自愿的前提下，被征地农村集体经济组织经与用地单位协商，可以以征地补偿安置费用入股，或以经批准的建设用地土地使用权作价入股。农村集体经济组织和农户通过合同约定以优先股的方式获取收益"。

（14）2005年7月23日，国土资源部印发了《关于开展制订征地统一年产值标准和征地区片综合地价工作的通知》（国土资发〔2005〕144号），全面明确了征地统一年产值标准和征地区片综合地价工作要求。

3.1.3.2 政策特点

1. 移民专用法规建立、政策法规多方面覆盖

该时期形成了专门的移民法规政策，为后续政策的出台奠定了基础。1991年1月，我国第一部《大中型水利水电工程建设征地补偿和移民安置条例》（国务院令第74号）经国务院第77次常务会议通过，该部法规的颁布标志着我国水利水电工程建设征地和移民安置政策有了第一部专用法规，与之相关的法规政策研究与出台工作相继开展，政策体系逐年完善。该时期不仅有水利水电工程征地移民专用法规《大中型水利水电工程建设征地补偿和移民安置条例》，同时，全国人大、国务院及其所属部门颁布了许多与水库移民有一定关系的通用法规，有的省（自治区、直辖市）还为本省（自治区、直辖市）重点水电站的移民安置制定了优惠政策，如国家对三峡工程移民制定的优惠措施则更为广泛，包括设立库区建设基金、发电优先安排库区使用、耕地占用税的税款全部用于库区农村移民、

三峡水电站投产的税款留给地方的部分用于三峡库区建设、鼓励各省（自治区、直辖市）多方面对口支援三峡库区的移民安置以及对移民实行给粮政策等。吉林省对白山水电站，青海省对龙羊峡水电站，福建省对水口水电站，陕西省对安康水电站，四川省对铜街子、宝珠寺、二滩水电站，湖南省对东江、五强溪水电站均实施了若干条优惠措施。上述法律法规对征地移民依法行政、移民安置原则和目标、征地移民工作管理体制、补偿资金来源和标准、征地移民前期和后期工作要点等进行了明确规定和改善。特别是耕地征用补偿标准得到逐步提高，淹没损失补偿范围逐年全面，使水电建设移民安置工作组织管理、安置效果、移民生活水平和满意程度得到明显改观。

2. 加强了水电移民前期工作

水电移民前期工作是一项庞大而繁多的系统工程。国家计委于1992年向国务院呈报的《关于加强水库移民工作的若干意见》中指出："水库移民前期工作的好坏，不仅影响项目的正确决策，也直接影响工程的经济效益。因此，这项工作只能加强，不能削弱"。在此阶段，为加强前期工作，1996年11月，电力工业部对《水利水电工程水库淹没处理设计规范》（SD 130—84）进行了修订，发布了《水电工程水库淹没处理规划设计规范》（DL/T 5064—1996）；2002年11月6日，国家经济贸易委员会公布了《水电工程设计概算编制办法及计算标准》，从而使水库移民前期工作的内容、深度、质量能满足国家水利水电工程建设的要求。

3. 移民安置管理体系基本建立

为了加强对水电工程建设征地和移民安置工作的管理，明确各级地方政府、移民机构、项目法人、设计单位和监理单位等有关部门和单位的职责、责任和分工，确保水电工程建设征地移民安置工作的顺利进行，促进水电工程建设的健康发展，保护移民的合法权益，国家计委发布了《水电工程建设征地移民工作暂行管理办法》（计基础〔2002〕2623号）。该文件建立了实行"政府负责、投资包干、业主参与、综合监理"的管理体制，全面系统明确了各级地方政府、移民机构、项目法人、设计单位和监理单位等有关部门和单位的职责、责任和分工，基本明确了各项移民安置工作程序和方法，现有移民管理体系基本形成。

4. 移民经费使用的监督、管理机制基本建立

1992年3月，国务院批转《国家计委关于加强水库移民工作若干意见的通知》（国发〔1992〕20号）中，就"用好管好移民经费"问题明确指出："为了保证这部分经费的合理使用，第一，水库移民工作由省、地、县级政府负责，移民经费从工程预算中划出，交由省、地、县级政府包干使用；第二，无论采取何种使用方法，都要坚持开发性移民的方针，少花钱多办事；第三，要根据移民经费的不同使用方向，做好可行性研究，建立各种不同形式经济责任制和生产目标、效益兑现责任制；第四，要纳入水利水电工程项目基本建设程序，坚持按项目立项、审批、安排资金的一整套管理制度，避免盲目使用、造成浪费。为保证移民安置和专项迁建方案按计划实施，要对移民经费的使用实行必要的监督、检查、审计、验收制度。"在各级地方政府的努力下，移民安置补偿费用使用的监督、管理机制逐步建立。

5. 开始了移民监理制度的实践

继水利水电工程枢纽建筑物的施工普遍实行了监理制度之后，水库移民也随之开展了

监测评估和不同形式的监理工作。二滩水电站按照世界银行贷款项目管理要求，推行了移民安置监测评估，建立了我国移民综合监理和独立评估的雏形；考虑到三峡百万移民安置的艰难与复杂，1993 年长江委提出借鉴工程监理，在实施移民工程单项监理的同时，还要实行移民综合监理的构想。长江委长江水利水电开发总公司于 1995 年 6 月成立了移民工程监理部，专门从事三峡工程移民综合监理工作。1998 年年初，电力工业部先后在北京和成都举办了水库移民监理工程师培训班，并于 3 月 19 日发布了《水电工程水库移民监理规定》（电综〔1998〕251 号），与此同时，还和福建省人民政府协商，共同委派中国水力发电工程学会水库经济专业委员会承担福建棉花滩水电站水库移民监理（试点）。

6. 补偿体系不断完善，移民安置补偿费用独立于枢纽工程投资

在此阶段，随着国家移民政策的逐步调整、经济体制的转轨，为了实现妥善安置移民的目标，水电工程移民的补偿标准逐步得到了提高。补偿项目逐渐完善，对一些动态指标考虑了建设期自然增长因素，因此，农村移民的人均补偿费用一直呈上升趋势。值得指出的是，移民安置补偿费用的管理也有所改进。过去的移民安置补偿费用，不论数额大小，均计列在工程总投资中的"其他"项目中，从 1991 年开始，移民安置补偿费用改为单独列项，从 1997 年开始又将工程总投资划分为枢纽建筑物与水库淹没处理两部分（包括各自的静态投资、价差预备费及建设期贷款利息在内的总投资），概算形成"1＋1"的格局，移民补偿资金的单列，有利于移民工作形成整体，便于政府包干管理。

3.1.4　移民安置完善期政策

21 世纪以来，我国进入了完善社会主义市场经济体制时期，中央深刻总结我国现代化建设的历史经验，提出了以人为本、树立和落实科学发展观、构建社会主义和谐社会的重大战略，尤其是党的十八大以来，"以人民为中心"的发展思想、"五位一体"总体布局、新发展理念的提出，确立了统筹城乡发展和地区发展、实施"工业反哺农业、城市支持农村"的重大战略。

这一时期是我国移民政策的修改和完善时期，颁布了大量与移民安置有关的政策法规，既有移民行政管理方面的法规，也有技术标准和规范，逐步建立了比较完整的移民安置政策法规和技术标准体系。

3.1.4.1　主要政策法规

（1）2006 年 5 月 17 日，国务院颁布了《国务院关于完善大中型水库移民后期扶持政策的意见》（国发〔2006〕17 号），统一了扶持范围、扶持标准和扶持期限，明确对纳入扶持范围的移民每人每年补助 600 元，共扶持 20 年，并明确后期扶持资金能够直接发放给移民个人的应尽量发放到移民个人用于生产生活补助，也可以实行项目扶持用于解决移民村群众生产生活中存在的突出问题，还可以采取两者结合的方式。2006 年 7 月 14 日，财政部印发了《大中型水库移民后期扶持基金征收使用管理暂行办法》（财综〔2006〕29 号）。2007 年 12 月 29 日，国家发展和改革委员会印发了《新建大中型水库农村移民后期扶持人口核定登记暂行办法》（发改农经〔2007〕3718 号）。2007 年 4 月 17 日，财政部印发了《大中型水库库区基金征收使用管理暂行办法》（财综〔2007〕26 号），进一步出台完善了后期扶持和库区基金配套政策。

(2) 2006年7月7日，国务院颁布了修订后的《大中型水利水电工程建设征地补偿和移民安置条例》(国务院令第471号)。条例共8章63条，从保护移民合法权益、维护社会稳定的原则出发，明确了移民工作管理体制，强化了移民安置规划的法律地位，增加了移民安置规划大纲和移民安置规划的编制要求。特别是对征收耕地的土地补偿费和安置补助费标准、移民安置规划大纲和移民安置规划的编审程序和方式、水库移民后期扶持制度以及移民工作的监督管理等问题作了比较全面的规定。2013年7月18日，《国务院关于废止和修改部分行政法规的决定》(国务院令第638号)第一次修订将监督评估单位资质取消；2013年12月7日，《国务院关于修改部分行政法规的决定》第二次修订进一步取消监督评估人员资格要求；2017年4月14日，国务院颁布了修订后的《大中型水利水电工程建设征地补偿和移民安置条例》(国务院令第679号)，明确"大中型水利水电工程建设征收土地的土地补偿费和安置补助费，实行与铁路等基础设施项目用地同等补偿标准，按照被征收土地所在省、自治区、直辖市规定的标准执行"。

(3) 2007年3月16日，为了维护国家基本经济制度，维护社会主义市场经济秩序，明确物的归属，发挥物的效用，保护权利人的物权，第十届全国人民代表大会通过了《中华人民共和国物权法》(中华人民共和国主席令第六十二号)。该法规对征地补偿的权属及性质进行了规定。

(4) 2006年4月，国务院办公厅转发劳动保障部《关于做好被征地农民就业培训和社会保障工作指导意见的通知》(国办发〔2006〕29号)，该文提出"对城市规划区外的被征地农民，凡已经建立农村社会养老保险制度、开展新型农村合作医疗制度试点和实行农村最低生活保障制度的地区，要按有关规定将其纳入相应的保障范围。没有建立上述制度的地区，可由当地人民政府根据实际情况采取多种形式保障被征地农民的基本生活，提供必要的养老和医疗服务，并将符合条件的人员纳入当地的社会救助范围"的要求。"国办发〔2006〕29号"的出台有效地衔接了征地涉及的农民如何纳入新型农村社会养老保险的问题。2006年8月，国务院印发了《关于加强土地调控有关问题的通知》(国发〔2006〕31号)，明确提出"社会保障费用不落实的不得批准征地"的要求；2007年4月28日，劳动和社会保障部、国土资源部印发了《关于切实做好被征地农民社会保障工作有关问题的通知》(劳社部发〔2007〕14号)进一步明确了社会保障费资金来源。上述政策的出台标志着征地社会保障正式纳入征地补偿和保障范畴，但鉴于上述政策均是根据《国务院关于深化改革严格土地管理的决定》(国发〔2004〕28号)的有关要求制定的，该决定明确"大中型水利、水电工程建设征地的补偿费标准和移民安置办法，由国务院另行规定"，因此各地区在执行征地社会保障政策时出现了不同的理解方式，有的省出台专门配套政策明确水电工程执行，有的省则明确不执行。

(5) 2007年7月20日，国家发展和改革委员会以"公告2007年第42号"发布了《水电工程建设征地移民安置规划设计规范》(DL/T 5064—2007)等8项规范，第一次形成了完整的水电工程建设征地移民安置规划设计标准体系。2013—2015年又先后发布了《水电工程建设征地移民安置验收规程》《水电工程建设征地移民安置综合监理规范》《水电工程建设征地移民安置规划大纲编制规程》《水电工程建设征地移民安置规划报告编制规程》共4项规范。2017年水电水利规划设计总院发布了《水电行业技术标准体系表

(2017年版)》，按照覆盖工程建设全生命周期的要求，陆续开展了技术标准体系表设置建设征地移民安置技术标准制修订工作。

(6) 2007年12月1日，国务院颁布了修订后的《中华人民共和国耕地占用税暂行条例》(国务院令第511号，自2008年1月1日起施行)。2010年4月，财政部、国家发展和改革委员会印发了《关于同意收取草原植被恢复费有关问题的通知》(财综〔2010〕29号)；2015年11月，财政部国家林业局印发《关于调整森林植被恢复费征收标准引导节约集约利用林地的通知》(财税〔2015〕122号)，税费标准全面提高。

(7) 2010年5月，国务院办公厅印发了《关于进一步严格征地拆迁管理工作切实维护群众合法权益的紧急通知》(国办发明电〔2010〕15号)，明确提出"尚未按照有关规定公布实施新的征地补偿标准的省、自治区、直辖市，必须于2010年6月底前公布实施；已经公布实施但标准偏低的，必须尽快调整提高……重大工程项目建设涉及征地拆迁的，要带头严格执行规定程序和补偿标准"。随后，2010年6月，国土资源部印发《关于进一步做好征地管理工作的通知》(国土资发〔2010〕96号)，明确"对于新上建设项目，在用地预审时就要严格把关，确保项目按照公布实施的征地统一年产值标准和区片综合地价核算征地补偿费用，足额列入概算。建设用地位于同一年产值或区片综合地价区域的，征地补偿水平应基本保持一致，做到征地补偿同地同价"。

(8) 2012年2月27日，国家发展和改革委员会印发了《国家发展改革委关于做好水电工程先移民后建设有关工作的通知》(发改能源〔2012〕293号)。国家主管部门首次以政策形式明确先移民后建设的水电开发方针，对突出抓好移民安置规划工作、全面做好移民安置规划实施、落实有关各方责任做了进一步要求，着重明确了"强化主体设计单位技术责任""发挥技术归口单位作用""因地制宜稳步探索以被征收承包到户耕地净产值为基础逐年货币补偿等'少土''无土'安置措施"等重要工作思路及概念。

(9) 2015年2月，中共中央、国务院印发了2015年一号文件暨《关于加大改革创新力度加快农业现代化建设的若干意见》明确"节水供水重大水利工程建设的征地补偿、耕地占补平衡实行与铁路等国家重大基础设施项目同等政策"。

(10) 2016年1月8日，国土资源部、国家发展和改革委员会、水利部、国家能源局联合印发了《关于加大用地政策支持力度促进大中型水利水电工程建设的意见》(国土资规〔2016〕1号)，进一步衔接了2015年中央一号文件要求，明确了补偿政策，并替换"国土资发〔2001〕355号"，明确了水利水电工程用地、报批及先行用地等要求。

(11) 2019年，根据《中华人民共和国国民经济和社会发展第十三个五年规划纲要》《中共中央 国务院关于打赢脱贫攻坚战的决定》等文件要求，国家发展和改革委员会以《关于做好水电开发利益共享工作的指导意见》(发改能源规〔2019〕439号)就做好水电开发利益共享工作，完善水电开发征地补偿安置政策、推进库区经济社会发展、健全收益分配制度、发挥流域水电综合效益，建立健全移民、地方、企业共享水电开发利益的长效机制，构筑水电开发共建、共享、共赢的新局面，增强库区发展动力，维护库区社会和谐稳定，人民安居乐业，稳步推进共同富裕提出要求。

(12) 2019年8月26日，第十三届全国人大常委会第十二次会议审议通过《中华人民共和国土地管理法》修正案，自2020年1月1日起施行。此次修正破除了集体经营性建设用地进入市场的法律障碍，完善农村宅基地制度；改革土地征收制度，明确征收补偿的基本原则是保障被征地农民原有生活水平不降低，长远生计有保障；为"多规合一"改革预留法律空间，将基本农田提升为永久基本农田等。

（13）2020年5月28日，第十三届全国人民代表大会第三次会议通过《中华人民共和国民法典》，自2021年1月1日起施行。《中华人民共和国婚姻法》《中华人民共和国继承法》《中华人民共和国民法通则》《中华人民共和国收养法》《中华人民共和国担保法》《中华人民共和国合同法》《中华人民共和国物权法》《中华人民共和国侵权责任法》《中华人民共和国民法总则》同时废止。

3.1.4.2 政策特点

21世纪移民安置政策的主要特点如下。

1. 明确了移民工作的管理体制

根据2006年颁布的《大中型水利水电工程建设征地补偿和移民安置条例》，移民工作管理体制调整为"政府领导、分级负责、县为基础、项目法人参与"的管理体制，各方的职责得到进一步明确。同时强化了移民安置规划的法律地位，明确未编制移民安置规划或者规划未经审核的，不得批准项目开工建设，不得为其办理用地等有关手续，经批准的移民安置规划应当严格执行，不得随意调整或者修改。同时强化了监督管理要求，对移民资金的使用管理实行稽查制度、对移民安置实行全过程监督评估等。

2. 移民安置前期规划设计工作要求更加明晰

（1）要求编制正常蓄水位、坝址坝型比选、施工总布置三大专题，分别确定水库淹没区处理范围、枢纽工程建设区处理范围。

（2）实物指标调查前发布停建通告。

（3）要求编制移民安置规划大纲，确定建设征地处理范围、实物指标、移民安置任务、移民安置标准和移民安置规划方案，并报省级政府审批。

（4）明确了移民安置规划内容，包括界定建设征地处理范围，调查建设征地实物指标，分析建设征地对地区经济社会的影响，参与工程建设方案的论证，提出移民安置总体规划，进行农村移民安置、城镇处理、专业项目处理、行政机关和企事业单位处理、水库库底清理、实施组织的规划设计，开展项目用地分析，编制建设征地移民安置补偿费用概（估）算，并提出水库水域开发利用、水库移民后期扶持措施、防护工程建设的安排意见。

（5）对移民工程规划设计深度进行了明确，如在编制移民安置规划时，对移民工程要按照行业初步设计深度要求提出设计成果。

3. 移民安置方式得到拓展，提高了移民对安置工作的参与程度

随着社会经济的发展，以及水电建设向大江大河上游地区的推进，传统的农业安置方式已无法满足移民安置需求，随着近年来的研究，安置方式得到了拓展，逐年补偿、养老保障、留地安置、土地补偿费用入股等安置方式逐渐得到完善并推广，多渠道、多途径安置方式不仅增加了移民选择权利，保障了移民长久生计和长远发展，也有效地推进了水电工程建设。

根据《大中型水利水电工程建设征地补偿和移民安置条例》（国务院令第471号）的规定，以及《中华人民共和国物权法》的要求，提高了移民工作参与程度和知情权、参与权和监督权，如实物指标调查结果应经被调查者签字认可并公示，编制移民安置规划大纲和移民安置规划应当广泛听取移民群众的意见，必要时应当采取听证方式；土地征收的数量和种类、补偿的范围、标准和金额、安置方案要向群众公布，集体补偿资金的使用方案应经村民讨论通过，收支情况要张榜公布。地方政府按照信息公开条例的规定进行信息公开。

4. 完善了征地前期补偿和移民安置补助制度，利益共享理念得到加强

（1）征收土地补偿标准实现与铁路等国家重大基础设施项目同等的政策。

（2）随着移民对物权的重视，扩大了对移民财产的补偿范围，远迁移民在水库淹没线以上属于移民个人所有的树木、房屋等不可搬迁的附属设施，也纳入实物补偿范围。

（3）增加了对贫困群体和公共基础设施建设的补助，对于补偿费用不足以修建基本用房的贫困移民，给予适当补助，对于安置区义务教育、卫生防疫等文化、卫生公共设施按照规划投资给予补助。

（4）根据国家发展和改革委员会发布的《关于做好水电开发利益共享工作的指导意见》（发改能源规〔2019〕439号），完善了移民补偿补助项目，包括科学确定房屋补偿标准、合理计列搬迁补助费用、统筹平衡宅基地处理费用、提高宜居环境计列风貌建设补助费用、必要时增列移民安置激励措施补助等，不仅为解决移民对美好生活向往与发展不平衡等社会主要矛盾问题提出了处理思路，而且提出了解决利益相关方博弈、移民后续发展和地方经济发展，以及工程顺利建设等处理原则。

5. 调整完善了后期扶持政策，加大了水库移民后期扶持和可持续发展力度

该时期继续按照开发性移民的方针，本着完善扶持方式，加大扶持力度，改善移民生产生活条件，逐步建立促进库区经济发展、水库移民增收、生态环境改善、农村社会稳定的长效机制，使水库移民共享改革发展成果，现库区和移民安置区经济社会可持续发展的目标调整完善了后期扶持政策。将原先的库区建设基金并入完善后的水库移民后期扶持资金；对原先的库区维护基金、库区后期扶持基金及经营性大中型水库承担的移民后期扶持资金进行整合，设立大中型水库库区基金。对于完善后的水库移民后期扶持政策，明确将2006年6月30日前搬迁的纳入扶持范围的移民，自2006年7月1日起再扶持20年；对2006年7月1日以后搬迁的纳入扶持范围的移民，从其完成搬迁之日起扶持20年。后期扶持资金能够直接发放给移民个人的应尽量发放到移民个人，用于移民生产生活补助；也可以实行项目扶持，用于解决移民村群众生产生活中存在的突出问题；还可以采取两者结合的方式。对于库区基金，明确从有发电收入的大中型水库发电收入中筹集，根据水库实际上网销售电量，按不高于8厘/(kW·h)的标准征收，可用于支持实施库区及移民安置区基础设施建设和经济发展规划、支持库区防护工程和移民生产生活设施维护、解决水库移民的其他遗留问题。

6. 建立了系统的建设征地移民安置技术标准体系

2007年7月，发布《水电工程建设征地移民安置规划设计规范》等8个规范，仅包含水电工程建设征地移民安置规划设计的技术工作。2017年以后按照全生命周期理念进一步完善了征地移民技术标准体系，涵盖了水电建设规划设计、安置实施、后续发展、退役各阶段对应的移民安置技术工作；截至2022年年初，已颁布实施有效19项，正在制修订7项，计划立项1项。

3.1.5 我国移民安置的法律法规体系

经过 70 多年水库移民的实践，我国水电移民工作已形成了一套行之有效、体系层次设置分明的法律法规体系，建立了以《中华人民共和国宪法》为根本法、《中华人民共和国土地管理法》《中华人民共和国水法》等国家法律为上位法、《大中型水利水电工程建设征地补偿和移民安置条例》为移民专用法，以国家行业主管部门、各省级政府和机构颁布配套政策为实施办法的政策架构，并实行国家、省级以及市县级政府的分级管理，以及建立了覆盖水电工程从规划及设计、建造调试及验收（安置实施）、运行维护（后续发展）至退役各阶段的中国水电工程移民安置技术标准体系。

这些政策法规和技术标准构成了中国水电工程建设征地移民安置工作的政策基本框架，明确了移民工作在各个阶段"干什么""怎么干"以及"谁来干"，为依法依规开展水电工程移民安置工作提供了良好的法律环境、细致的技术指导和全面的技术控制管理，有力保障了水库移民权益，大力促进了水电工程建设。

3.1.5.1 基本和通用法律法规

目前与水利水电工程移民相关的基本通用法律法规很多，其中最主要的是《中华人民共和国宪法》《中华人民共和国土地管理法》《中华人民共和国水法》。

1. 《中华人民共和国宪法》

《中华人民共和国宪法》是我国的根本大法，规定拥有最高法律效力，现行宪法为 1982 年宪法，并历经 1988 年、1993 年、1999 年、2004 年、2018 年 5 次修订。历次宪法的修订均对国家土地所有权性质进行了规定，并针对公共利益需要而开展的土地征收行为赋予了权力。1982 年宪法第六条规定"中华人民共和国的社会主义经济制度的基础是生产资料社会主义公有制，即全民所有制和劳动群众集体所有制"；第十条规定"城市的土地属于国家所有（全民所有）。农村和城市郊区的土地，除由法律规定属于国家所有的以外，属于集体所有；宅基地、自留地、自留山，也属于集体所有。国家为了公共利益的需要，可以依照法律规定对土地实行征用"。2004 年对 1982 年宪法进行了修正，第十条明确规定"国家为了公共利益的需要，可以依照法律规定对土地实行征收或者征用并给予补偿"。目前，中国水电工程建设征地工作就是根据宪法授予的法定权力开展征收、征用工作，是建设征地移民安置工作的根本和基础。

2. 《中华人民共和国土地管理法》

征地移民一直以来依据土地管理专用法规进行土地征用补偿。从 1953 年 12 月颁布第一部与征地移民有关的法规《国家建设征用土地办法》至 2024 年，国家先后 7 次修订了土地管理法规，不断地改革、修订和完善土地管理及征地补偿制度，并将土地制度由最初的管理办法、条例上升到法律的地位，逐步形成了现在的《中华人民共和国土地管理法》。

1953—2024 年，国家先后颁布了 7 次土地管理法规，即：1953 年政务院颁布的《国家建设征用土地办法》，1958 年 1 月国务院颁布了经修订后的《国家建设征用土地办法》，1982 年 5 月国务院颁发《国家建设征用土地条例》，1986 年第六届全国人大常委会第十六次会议通过并颁布《中华人民共和国土地管理法》，1988 年第七届全国人大常委会根据宪法修正案审议通过的《中华人民共和国土地管理法》，1998 年 8 月 29 日第九届全国人大常委会第四次会议审议并通过的《中华人民共和国土地管理法（修订草案）》，2004 年 8 月 28 日第十届全国人大常委会第十一次会议审议修订的《中华人民共和国土地管理法》，2019 年 8 月 26 日第十三届全国人大常委会第十二次会议通过《全国人民代表大会常务委员会关于修改〈中华人民共和国土地管理法〉的决定》。

1953 年、1958 年《国家建设征用土地办法》规定，征地补偿范围仅仅包括耕地、房屋和一些个人所有的地上附着物。改革开放后，中国进入大规模基本建设时期，土地利用规模逐年增加，为节约用地，加强土地管理，规范征地补偿行为，1982 年颁布的《国家建设征用土地条例》，在原来只有土地补偿费的基础上增加了安置补助费，补偿标准有所提高，补偿项目也逐渐扩大和完善，基本达到了征地影响什么补偿什么；同时，考虑到国家经济发展水平差，而水利水电工程建设征地集中、面广、量大以及水利水电项目前期投入大、投资回收期长的特点，条例规定了大中型水利水电工程建设的移民安置办法由国家水利电力部门会同国家土地管理机关参照本条例另行制定。这是国家根据多年来水利水电工程移民的特点和实际需要将水利水电工程移民工作提到了需要制定专用法规的议事日程，这也标志着中国水电移民政策从适用普适性的法律法规走上了探索建立行业性专用法规之路。其后，在 1986 年颁布，1998 年、2004 年、2019 年多次修订颁布的《中华人民共和国土地管理法》中，均沿用了水利水电工程建设征地补偿和移民安置要求制定专用法规的规定。

相较于 1953 年和 1958 年颁布的《国家建设征用土地办法》，《国家建设征用土地条例》在水利水电工程移民工作方面有 2 个重大的变化：一是在土地补偿费的标准上，由原来只有土地补偿费一项，新增加了一项安置补助费；二是该条例还规定了大中型水利水电工程建设的移民安置办法由国家水利电力部门会同国家土地管理机关参照本条例另行制定。这是国家根据多年来水利水电工程移民的特点和实际需要将水利水电工程移民工作提到了需要制定专用法规的议事日程，体现了国家对水利水电工程移民的重视程度。

1986 年 6 月 25 日，第六届全国人大常委会通过了第一部《中华人民共和国土地管理法》，标志着我国土地管理工作开始纳入依法管理的轨道，开创了我国土地管理的新局面。与 1982 年的《国家建设征用土地条例》相比，《中华人民共和国土地管理法》征地移民基本原则没有变化，但有几个突出的特点：一是将国务院的行政法规上升为国家法律，法律效力提高；二是进一步强调了要节约用地，保护耕地，并相应采取了一些经济措施，如占用耕地要缴耕地占用税，占用菜地要缴新菜地开垦基金等；三是深化了对征地移民工作的统一管理，由原来的建设部和农业部分管变成由国家土地局归口管理；四是更加严格了用地的审批程序和审批权限，同时强调了土地利用规划、土地权属登记等的基础工作；五是明确大中型水利水电工程等特殊项目征地补偿和移民安置办法，由国务院另行规定。

1988 年 12 月 29 日，第七届全国人大常委会对《中华人民共和国土地管理法》进行了局部修改。对转让土地、国有土地有偿使用，以及非法转让罚则等方面进行了补充和修改规定。

1998 年 8 月 29 日，第九届全国人大常委会第四次会议审议通过了全面修订的《中华人民共和国土地管理法》。随着我国 20 世纪 90 年代经济快速发展，耕地保护面临的形势十分严峻，开发区热、房地产热导致耕地面积锐减，人地矛盾日益尖锐，党中央、国务院提出了一系列加强土地管理和耕地保护的措施。这次修订是土地管理方式和土地利用方式的重大变革，是土地管理思想发生根本转变的集中体现，加强了对土地的强制管理和对耕地的特殊保护。修改的重点是：一是将土地管理方式由以往的分级限额审批制度改为土地用途管理制度，强化土地利用总体规划和土地利用年度计划的效力，通过土地用途管制，加强对农用地，特别是耕地的保护；二是在用途管制的前提下，上收审批权，包括土地利用总体规划的审批权，占用农用地特别是耕地的审批权和征地审批权；三是补充和完善法律责任的有关规定，加大对土地违法行为的处理力度等；四是大幅度地提高了土地补偿费和安置补助费的标准，征用耕地的土地补偿费，为该耕地被征用前三年平均年产值的6～10倍（原为3～6倍）；征用耕地的安置补助费按照需要安置的农业人口数计算，每一个需要安置的农业人口的安置补助费标准为该耕地被征用前三年平均年产值的4～6倍（原为2～3倍）。但是，土地补偿费和安置补助费的总和不得超过土地被征用前三年平均年产值的30倍；五是重申大中型水利水电工程建设征用土地的补偿费标准和移民安置办法，由国务院另行规定。

2004年8月28日，第十届全国人大常委会第十一次会议决定对《中华人民共和国土地管理法》作如下修改：一是第二条第四款修改为"国家为了公共利益的需要，可以依法对土地实行征收或者征用并给予补偿"；二是将第四十三条第二款、第四十五条、第四十六条、第四十七条、第四十九条、第五十一条、第七十八条、第七十九条中的"征用"修改为"征收"。

2019年8月26日，第十三届全国人大常委会第十二次会议通过《全国人民代表大会常务委员会关于修改〈中华人民共和国土地管理法〉的决定》，确立了永久基本农田保护制度，允许集体经营性建设用地入市，完善了土地征收制度，合理划分中央与地方土地审批权限，提出了建立国土空间规划体系的内容和要求，同时在宅基地等直接关系农民利益的问题上进行了改革创新。

3.《中华人民共和国水法》

《中华人民共和国水法》是1988年1月21日经第六届全国人大常委会第二十四次会议通过，并于同年7月1日起施行的。这部法律的制定实施，对规范水资源的开发利用、保护水资源、防治水害、促进水利事业的发展，发挥了重要作用。《中华人民共和国水法》于1988年制定，并于2002年、2009年、2016年进行了修订。《中华人民共和国水法》作为上位法，对水工程建设征地移民安置工作进行了方向性的指导。《中华人民共和国水法》（1988年）第二十三条规定："国家兴建水工程需要移民的，由地方人民政府负责妥善安排移民的生活和生产。安置移民所需的经费列入工程建设投资计划，并应当在建设阶段按计划完成移民安置工作。"

2002年《中华人民共和国水法》修订建设征地移民安置相关条款第二十九条："国家对水工程建设移民实行开发性移民的方针，按照前期补偿、补助与后期扶持相结合的原则，妥善安排移民的生产和生活，保护移民的合法权益。移民安置应当与工程建设同步进行。建设单位应当根据安置地区的环境容量和可持续发展的原则，因地制宜，编制移民安置规划，经依法批准后，由有关地方人民政府组织实施。所需移民经费列入工程建设投资计划。"对水工程建设移民安置方针、原则、规划和经费进行了方向性的规定。项目法人和设计单位要依照有关规定会同地方人民政府根据移民安置区的自然、社会、经济等条件，遵循可持续发展的原则对移民的环境容量提出翔实可信的分析意见，以及对移民安置方式、途径、技术经济措施等的可行性进行分析论证，并合理计算其补偿投资，为地方政府顺利进行移民安置工作创造良好条件和提供科学依据。

4. 其他通用法律法规

由于水利水电工程移民安置涉及社会、政治、经济、文化等各个领域，内容广泛复杂，因此涉及的其他通用法律法规和行业规章也很多。通用法律主要有《中华人民共和国农村土地承包法》《中华人民共和国城市房地产管理法》《中华人民共和国民族区域自治法》《中华人民共和国环境保护法》《中华人民共和国水土保持法》《中华人民共和国文物保护法》《中华人民共和国水污染防护法》《中华人民共和国森林法》《中华人民共和国草原法》《中华人民共和国矿产资源法》《中华人民共和国野生动物保护法》等。国家行业主管部门颁布的城镇建设、铁路、公路、电力、电信、文物、环境保护、草原、森林、矿产资源等行业规章，与水电工程移民安置工作息息相关，也是移民政策的重要组成。

3.1.5.2 移民专用法规

1.《大中型水利水电工程建设征地补偿和移民安置条例》

根据《中华人民共和国土地管理法》的授权，国务院于1991年1月颁布了第一部《大中型水利水电工程建设征地补偿和移民安置条例》（国务院令第74号），该法规是中国根据水利水电行业特点，在总结40多年移民安置工作经验教训的基础上制定的，对规范建设征地补偿和移民安置工作、促进水利水电工程建设发挥了积极的作用，是中国水利水电工程建设征地移民安置专用法规的核心政策，属于国务院颁发的行政法规，效力仅次于法律。该条例对中国水利水电工程建设征地移民安置的方针、原则、补偿范围、补偿标准、安置方式以及移民工作程序等各个方面都作了较为全面的规定，从此中国的水电移民工作结束了无章可循的历史，开始走上了规范化、制度化的道路。该条例第一次以国务院行政法规的形式明确提出了"国家提倡和支持开发性移民，采取前期补偿、补助与后期生产扶持的办法"的移民安置工作理念，为以后中国水利水电工程开展建设征地和移民安置补偿工作奠定了基础，该理念也是与其他建设项目征地工作以及与国际通常做法的重要不同点和创新点。

2006年3月29日，国务院第130次常务会议通过了全面修订后的《大中型水利水电工程建设征地补偿和移民安置条例》（国务院令第471号）。该条例在总结十多年移民工作经验的基础上，增加了"以人为本，保证移民合法权益，满足移民生存与发展的需求"的原则，从保护移民合法权益、维护社会稳定出发，明确了移民工作实行政府领导、分级负责、县为基础、项目法人参与的管理体制；规范了移民安置规划的编制程序，明确要求先编制移民安置规划大纲报省级人民政府或者国务院移民管理机构审批后，再编制移民安置规划，按照审批权限经省级人民政府移民管理机构或者国务院移民管理机构审核，强化了移民安置规划大纲和移民安置规划的法律地位，明确提出未编制移民安置规划或者移民安置规划未经审核的，不得批准项目开工建设，不得为其办理用地等有关手续，经批准的移民安置规划应当严格执行，不得随意调整或者修改；对征收耕地的土地补偿费和安置补助费标准、移民安置的程序和方式、移民安置参与和申诉渠道以及移民工作的监督管理等问题作了比较全面详细的规定，加大了补偿力度，拓宽了移民安置方式选择范围及移民参与力度，明确了后期扶持工作程序及监督管理要求。

2017年，随着国家经济条件的改善，为平衡不同行业征地补偿行为，适应工程建设和移民安置的需要，并衔接铁路等其他建设项目征地补偿标准，国务院以"国务院令第679号"修改了《大中型水利水电工程建设征地补偿和移民安置条例》，正式修订土地补偿标准，规定"大中型水利水电工程建设征收土地的土地补偿费和安置补助费，实行与铁路等基础设施项目用地同等补偿标准，按照被征收土地所在省、自治区、直辖市规定的标准执行"。

各时期移民专用法律法规中耕地补偿标准详见表3.1-1。

表 3.1-1 各时期移民专用法律法规中耕地补偿标准对照表

序号	法律法规公布时间	名 称	补偿倍数	安置补助倍数	补偿倍数＋安置补助倍数	最高补助倍数	补偿倍数＋最高补助倍数
1	1958年	《国家建设征用土地办法》	2～4				
2	1982年	《国家建设征用土地条例》	3～6	2～3	5～9	10	13～16（最高不得超过20倍）
3	1988年	《中华人民共和国土地管理法》	3～6	2～3	5～9	10	13～16（最高不得超过20倍）
4	1991年	《大中型水利水电工程建设征地补偿和移民安置条例》（国务院令第74号）	3～4	2～3	5～7		最高不得超过20倍
5	1998年	《中华人民共和国土地管理法》	6～10	4～6	10～16	15	21～25（最高不得超过30倍）
6	2006年	《大中型水利水电工程建设征地补偿和移民安置条例》（国务院令第471号）			16		需要提高标准的由项目法人或者项目主管部门报项目审批或者核准部门批准
7	2017年	《大中型水利水电工程建设征地补偿和移民安置条例》（国务院令第679号）	实行与铁路等基础设施项目用地同等的补偿标准				
8	2019年	《中华人民共和国土地管理法》	征收土地应当给予公平、合理的补偿，确保被征地农民原有生活水平不降低、长远生计有保障。征收农用地的土地补偿费、安置补助费标准由省、自治区、直辖市通过制定公布区片综合地价确定				

2. 其他移民专用法规

其他移民专用法规还有《水电工程建设征地移民工作暂行管理办法》（计基础〔2002〕2623号）、《关于完善征地补偿安置制度的指导意见》（国土资发〔2004〕238号）、《国务院关于完善大中型水库移民后期扶持政策的意见》（国发〔2006〕17号）等。

针对移民安置工作各方关系不顺、职责不明确等问题，国家计委 2001 年颁布了《水电工程建设征地移民工作暂行管理办法》（计基础〔2002〕2623 号），该政策提出了"政府负责、投资包干、业主参与、综合监理"的管理体制，全面系统明确了各级地方政府、移民机构、项目法人、设计单位和监理单位等有关部门和单位的责任和义务，以及移民安置工作程序，移民工作管理走上了制度化、规范化和程序化的轨道。

2004 年，为解决征地工作中各方反映的水利水电工程补偿标准偏低、同地不同价、随意性较大等突出问题，国务院、国土资源部先后颁布了《国务院关于深化改革严格土地管理的决定》（国发〔2004〕28 号）、《关于完善征地补偿安置制度的指导意见》（国土资发〔2004〕238 号），明确了土地补偿定价主体及要求，要求各省、自治区、直辖市制定并公布各市县征地的统一年产值标准或区片综合地价。

为解决老水库移民温饱问题、库区和安置区基础设施薄弱的突出问题以及新建水库移民的后续发展问题，使移民的生活水平不断提高，逐步达到当地农村平均水平，国务院于 2006 年颁布了《国务院关于完善大中型水库移民后期扶持政策的意见》（国发〔2006〕17 号），该意见加大了对于移民后期扶持的力度，针对过去后期扶持政策涉及范围小、扶持标准低且差异大、扶持期限长短不一等问题，规定后期扶持的范围是所有大中型水库农村移民，并且自搬迁之日算起（2006 年 6 月 30 日以前搬迁的从 7 月 1 日算起）连续扶持 20 年，每年每人扶持 600 元，该标准全国统一，各地不得自行确定其他标准。后期扶持方式遵循"一个尽量、两个可以"的原则，即将后期扶持资金能发放到移民个人的尽量发放到个人，也可以实行项目扶持的方式或者两者结合的方式，具体选择何种扶持方式是由地方政府在充分尊重移民意见和安置地群众的基础上确定。此外，"国发〔2006〕17 号"还规定，除了每年每人 600 元的扶持资金外，还必须通过其他渠道筹措资金，重点加强库区及移民安置区社会基础设施的建设、库区生态环境的保护以及移民的劳动技能的培训和职业教育等，以保证移民的生产生活条件和后续的发展潜力。此外，国家各个相关部委相继制定了一系列的配套文件，对后期扶持资金的来源、筹集办法和具体后期扶持政策的实施都做了详细的规定。

3.1.5.3 水电工程移民安置技术规程规范

1984 年，水利电力部发布试行了《水利水电工程水库淹没处理设计规范》（SD 130—84）。

为适应《中华人民共和国土地管理法》（1988 年）、《大中型水利水电工程建设征地补偿和移民安置条例》（国务院令第 74 号），1996 年 11 月，电力工业部对 1984 年的移民规范进行了修订，并以"电技〔1996〕807 号"发布了《水电工程水库淹没处理规划设计规范》（DL/T 5064—1996）。

1998 年、2004 年，国家对《中华人民共和国土地管理法》进行了修订，国务院也组织有关部门对《大中型水利水电工程建设征地补偿和移民安置条例》（国务院令第 74 号）进行了修订，并于 2006 年以"国务院令第 471 号"予以颁布。为适应水电工程项目核准和水电工程建设需要，以及水电工程建设征地移民安置规划设计工作需要，根据《国家发展改革委办公厅关于印发 2007 年行业标准修订、制定计划的通知》（发改办工业〔2007〕1415 号）的要求，从 2003 年起，水电水利规划设计总院组织对水电工程建设征地移民安置技术标准体系进行了研究，提出编制 1 个主规范加 7 个子规范的思路，到 2007 年完成了《水电工程水库淹没处理规划设计规范》（DL/T 5064—1996）作为主规范的全面修订工作，并编制完成了《水电工程建设征地处理范围界定规范》《水电工程建设征地实物指标调查规范》《水电工程农村移民安置规划设计规范》《水电工程移民专业项目规划设计规范》《水电工程移民安置城镇迁建规划设计规范》《水电工程水库库底清理设计规范》《水电工程建设征地移民安置补偿费用概（估）算编制规范》等 7 项规范。2007 年 7 月 20 日，国家发展和改革委员会以"公告 2007 年第 42 号"发布了《水电工程建设征地移民安置规划设计规范》（DL/T 5064—2007）等 8 个规范，至此水电工程移民专业第一次建立了 1 个主规范加 7 个子规范的技术标准体系。

2013—2015 年，国家能源主管部门又先后发布了《水电工程建设征地移民安置验收规程》《水电工程移民安置综合监理规范》《水电工程移民安置规划大纲编制规程》《水电工程移民安置规划编制规程》《水电工程移民安置独立评估规范》共 5 项规范，水电工程征地移民专业技术标准体系不断充实和完善。

2017 年，按照覆盖工程建设全生命周期的理念，水电水利规划设计总院组织水电工程技术标准体系研究提出了《水电行业技术标准体系表（2017 年版）》，移民专业分别在通用及基础标准以及规划及设计、建造调试及验收、运行维护、退役 4 个阶段共设置技术标准 28 项。2021 年，根据国家能源主管部门及科技标准主管部门要求，结合新形势提出了标准体系修订草案，水电工程建设征地移民安置技术标准调整为 27 项。截至 2022 年年初，27 项标准中已颁布实施 19 项，正在制修订 7 项，计划立项 1 项。且按照技术标准"走出去"要求，同步开展了技术标准英文翻译工作。

这些行业技术标准对规范水电移民安置的各阶段技术工作、落实和细化移民条例的规定、维护水电工程移民的合法权益起到了重要的技术支撑作用。水电行业技术标准体系详见表 3.1-2。

3.1.5.4 地方法规政策

地方法规是对国家法规的有效补充和细化，对促进建设征地移民安置工作发挥了巨大的作用。地方性法规是由有立法权的地方人民代表大会及其常务委员会制定并认可的与水利水电工程移民方面有关的行为规范。根据有关的法律规定，可以制定地方性法规的地方人民代表大会及其常务委员会包括：省、自治区、直辖市人民代表大会及其常务委员会，各省、自治区人民政府驻地的城市（即省会城市）人民代表大会及其常务委员会，沿海开放城市人民代表大会及其常务委员会，全国人民代表大会授权的市人民代表大会及其常务委员会等。由有立法权的地方人民代表大会及其常务委员会制定的水利水电工程移民地方性法规，是该地区进行水利水电工程移民的主要法律规范。此外由省、自治区、直辖市人民代表大会或者其常务委员会批准的地级市及县级市人民代表大会及其常务委员会关于水利水电工程移民方面的立法也是在该地区实施水利水电工程移民的重要法律依据。

由于中国水电工程建设征地移民安置工作由地方政府具体实施，国家对不同地区的地上附着物如房屋、土地、农作物等难以制定一个全国普遍适用的统一补偿标准，因此在执行国家层面的法律、行政法规和规章的基础上，为增加实施操作性，各地根据当地水电工程建设征地移民安置实际情况制定了不同的地方政策法规。

表 3.1-2　水电行业技术标准体系——建设征地（27 项标准进度表）

序号	标准中文名称	标准英文名称	制定或修订	立项文号	主编单位	状态（截至 2022 年年初）	标准编号	批准文号	备注
T 通用及基础标准（3 项）									
T06	征地移民								
1	水电工程建设征地移民安置技术通则	General Technical Rules for Resettlement of Hydropower Projects	制定	国能科技〔2016〕238 号，计划编号：能源 20160566	水电总院、贵阳院	有效，已批准待 2022 年 5 月 16 日施行	NB/T 10798—2021	国家能源局 2021 年 5 号公告	
T07	信息化								
2	水电工程信息分类与编码 第 8 部分：建设征地移民安置	Standard for Classification and Coding of Hydropower Project Part 8: Resettlement	制定	国能综通科技〔2017〕52 号，计划编号：能源 20170913	水电总院、华东院	已完成送审稿，计划 2022 年前完成审查。原计划 2018 年完成			
3	水电工程实物指标分类编码规范	Specification for Classification and Coding of Inventory of Land Requisition for Hydropower Projects	制定	国能科技〔2015〕283 号，计划编号：能源 20150578	三峡集团、水电总院	有效	NB/T 10242—2019	国家能源局 2019 年 6 号公告	英文翻译版本正在编制当中
A 规划及设计（14 项）									
A09	征地移民								
4	水电工程建设征地移民安置规划设计规范	Code for Planning and Design of Resettlement for Hydropower Projects	修订	国能科技〔2016〕238 号，计划编号：能源 20160570	水电总院、北京院、中南院、成都院、昆明院、西北院、华东院、贵阳院	有效，新版本已批准待 2022 年 6 月 22 日施行	NB/T 10876—2021；代替 DL/T 5064—2007	国家能源局 2021 年 6 号公告	英文翻译版本正在编制当中

续表

序号	标准中文名称	标准英文名称	制定或修订	立项文号	主编单位	状态（截至2022年年初）	标准编号	批准文号	备注
5	水电工程建设征地处理范围界定规范	Code for Defining Land Requisition Treatment Scope of Hydropower Projects	修订	国能科技〔2015〕283号，计划编号：能源20150594	水电总院、成都院	有效	NB/T 10338—2019；代替DL/T 5376—2007	国家能源局2019年8号公告	已上报英文报批稿
6	水电工程建设征地实物指标调查规范	Code for Inventory Survey and Census of Land Requisition for Hydropower Projects	修订	国能科技〔2015〕283号，计划编号：能源20150585	水电总院、昆明院	有效	NB/T 10102—2018；代替DL/T 5377—2007	国家能源局2018年16号公告	英文翻译版本已形成征求意见稿
7	水电工程农村移民安置规划设计规范	Code for Planning and Design of Rural Resettlement for Hydropower Projects	修订	国能科技〔2015〕283号，计划编号：能源20150593	水电总院、成都院	有效，新版本已批准待2022年5月16日施行	NB/T 10804—2021；代替DL/T 5378—2007	国家能源局2021年5号公告	
8	水电工程移民专业项目规划设计规范	Code for Planning and Design of Resettlement Special Items for Hydropower Projects	修订	国能科技〔2015〕283号，计划编号：能源20150581	水电总院、中南院	有效，新版本已批准待2022年5月16日施行	NB/T 10801—2021；代替DL/T 5379—2007	国家能源局2021年5号公告	
9	水电工程建设征地企业处理规划设计规范	Code for Enterprise Resettlement Planning of Land Requisition for Hydropower Projects	制定	国能科技〔2011〕252号，计划编号：能源20110159	水电总院、中南院	有效	NB/T 10605—2021	国家能源局2021年03号公告	
10	水电工程移民安置城镇迁建规划设计规范	Code for Planning of City and Town Relocation for Hydropower Projects	修订	国能科技〔2015〕283号，计划编号：能源20150582	水电总院、中南院	有效，新版本已批准待2022年6月22日施行	NB/T 10864—2021；代替DL/T 5380—2007	国家能源局2021年6号公告	
11	水电工程水库库底清理设计规范	Code for Design of Reservoir Basin Clearance for Hydropower Projects	修订	国能科技〔2015〕283号，计划编号：能源20150584	水电总院、西北院	有效，新版本已批准待2022年5月16日施行	NB/T 10803—2021；代替DL/T 5381—2007	国家能源局2021年5号公告	

续表

序号	标准中文名称	标准英文名称	制定或修订	立项文号	主编单位	状态（截至2022年年初）	标准编号	批准文号	备注
12	水电工程建设征地移民安置规划大纲编制规程	Preparation Specification for Planning Outline of Resettlement for Hydropower Projects	修订	国能综通科技〔2021〕92号下达修订计划，计划编号：能源20210688	水电总院、西北院	有效，新版本修订中，计划2023年完成修订	NB/T 35069—2015	国能能源局2015年6号公告	
13	水电工程建设征地移民安置总体规划编制导则	Guidelines on Compiling General Plans for Resettlement of Hydropower Projects	制定	国能综通科技〔2019〕58号，计划编号：能源20190366	水电总院、贵阳院、华东院、北京院、中南院、成都院、中国长江三峡集团有限公司等	正在编制初稿，计划2022年11月前完成征求意见稿。原计划2021年完成			
14	水电工程建设征地移民安置规划报告编制规程	Preparation Specification for Planning Report of Resettlement for Hydropower Projects	修订	国能综通科技〔2021〕92号下达修订计划，计划编号：能源20210689	水电总院、西北院	有效，新版本修订中，计划2023年完成修订	NB/T 35070—2015	国能能源局2015年6号公告	
15	国有资产投资境外水电工程建设用地移民安置技术导则	Design Technical Guide for Land Requisition and Resettlement of Invested Overseas Hydroelectric Project	制定	国能综通科技〔2017〕52号，计划编号：能源20170906	水电总院、昆明院	已完成审查上报。原计划2019年完成			
16	抽水蓄能电站建设征地移民安置规划设计规范	Code for Planning and Design of Resettlement for Hydropower Projects	制定	国能综通科技〔2022〕96号下达修订计划，计划编号：能源20220237	水电总院、华东院、中南院、西北院、北京院、广东院	计划2022年11月前完成征求意见稿。原计划2024年前完成			
A12	工程造价								
17	水电工程建设征地移民安置补偿费用概（估）算编制规范	Code for Budget Estimate (Cost Estimate) Preparation of Resettlement Compensation Cost for Hydropower Projects	修订	国能科技〔2016〕238号，计划编号：能源20160572	水电总院、华东院	有效，新版本已批准待2022年6月22日施行	NB/T 10877—2021；代替DL/T 5382—2007	国家能源局2021年6号公告	

续表

序号			标准中文名称	标准英文名称	制定或修订	立项文号	主编单位	状态（截至2022年年初）	标准编号	批准文号	备注
C	建造与验收(7项)										
	C08		征地移民								
	18		水电工程建设征地移民安置实施技术导则	Technical Guide for Resettlement Implementation of Hydropower Project's	制定	国能科技〔2016〕238号，计划编号：能源20160569	水电总院、成都院	有效，已批准待2022年5月16日施行	NB/T 10800—2021	国家能源局2021年5号公告	
	19		水电工程阶段性蓄水移民安置实施方案专题报告编制规程	Specification for Preparation of Resettlement Implementation Plan Report for Hydropower Project Impoundments	制定	国能科技〔2012〕83号，计划编号：能源20120118	水电总院、华东院	有效	NB/T 10108—2018	国家能源局2018年16号公告	
	20		水电工程建设征地移民安置综合设计规范	Code for Integrated Resettlement Design of Hydropower Projects	制定	国能科技〔2011〕252号，计划编号：能源20110160	水电总院、昆明院	有效	NB/T 10484—2021	国家能源局2021年1号公告	英文翻译已于2022年立项
	21		水电工程建设征地移民安置综合监理规范	Code of the Comprehensive Supervision for Hydropower Projects Land Requisition and Resettlement	修订	国能综通科技〔2022〕96号下达修订计划，计划编号：能源20220801	水电总院、北京院	有效，已申报2022年标准修订立项，计划2024年前完成	NB/T 35038—2014	国家能源局2014年4号公告	
	22		水电工程移民安置独立评估规范	Code for Independent Assessment for Hydropower Project Resettlement	制定		水电总院、北京院	有效	NB/T 35096—2017	国家能源局2017年6号公告	英文翻译版本（国家能源局2021年1号公告）已上报批准
	23		水电工程建设征地移民安置验收规程	Specification of Resettlement Work Acceptance for Hydroelectric Project	修订	国能综通科技〔2021〕92号下达修订计划，计划编号：能源20210687	水电总院、华东院	有效，新版本修订中，计划2023年完成修订	NB/T 35013—2013	2013年国家能源局颁布	英文翻译版本（2013版）已上报批准

续表

序号	标准中文名称	标准英文名称	制定或修订	立项文号	主编单位	状态（截至2022年初）	标准编号	批准文号	备注
24	水电工程建设征地移民安置实施补偿费用技术导则	Technical Guidelines for Implementation of Resettlement Compensation Cost of Hydropower Projects	制定	国能综通科技〔2022〕96号下达修订计划，计划编号：能源20220236	水电总院、华东院、北京院、昆明院	正在制定当中，计划2024年前完成			
D	运行维护（2项）								
D07	征地移民								
25	水电工程移民安置后续工作技术导则	Requirement for Design Phase Division and Work Stipulations of Hydropower Projects	制定		水电总院、中南院	计划后续立项			
26	水电工程建设征地移民安置后评价导则	Technical Guidelines for Post-Resettlement Evaluation of Resettlement for Hydropower Projects	制定	国能综通科技〔2019〕58号，计划编号：能源20190367	水电总院、北京院、中南院、贵阳院、中国长江三峡集团有限公司、国家能源投资集团国电大渡河流域水电开发有限公司等	已形成送审稿。原计划2021年完成			
E	退役（1项）								
27	水电工程退役水库处理导则	Guide for Land Requisition of Decommissioned Reservoirs for Hydropower Projects	制定	国能综通科技〔2019〕58号，计划编号：能源20190365	水电总院、北京院、昆明院、中国长江三峡集团有限公司、中国华能集团有限公司、国家能源投资集团国电大渡河流域水电开发有限公司等	已完成审查上报。原计划2021年完成			

省级政策主要包括三类：第一类是由省级政府研究制定的政策文件，主要包括对国家层面法规的补充细化政策、促进移民安置的实施政策、相关的移民工作管理办法等。如有关省（自治区、直辖市）先后制定出台了本地实施《大中型水利水电工程建设征地补偿和移民安置条例》细则和实施《中华人民共和国土地管理法》办法以及林地管理办法。第二类是省级移民管理机构根据授权出台的移民专用法规和管理办法，如云南省移民开发局出台的《溪洛渡水电站云南库区移民安置实施意见》、移民安置验收管理办法等。第三类是国土、林业等管理部门出台的与移民安置相关的政策文件，如云南省国土资源厅公布的征地统一年产值标准和征地区片综合地价补偿标准等。

市县级政策是根据地方移民工作实际情况对国家和省级移民政策的进一步细化。如为了做好向家坝水电站移民搬迁安置工作，云南省昭通市绥江县政府制定了《向家坝水电站云南库区绥江县移民安置实施细则》，上报昭通市政府同意后实施。

3.2　移民安置政策解析

3.2.1　国家移民安置政策

现行水库移民建设征地移民安置执行的政策主要依据《中华人民共和国土地管理法》、《大中型水利水电工程建设征地补偿和移民安置条例》、《关于完善大中型水库移民后期扶持政策的意见》（国发〔2006〕17号）、《国家发展改革委关于做好水电工程先移民后建设有关工作的通知》（发改能源〔2012〕293号）、《关于做好水电开发利益共享工作的指导意见》（发改能源规〔2019〕439号）等。

3.2.1.1　《中华人民共和国土地管理法》

《中华人民共和国土地管理法》是一部关系亿万农民切身利益和国家经济社会安全的重要法律，确立了以土地公有制为基础、耕地保护为目标、用途管制为核心的土地管理基本制度。自实施以来，为保护耕地、维护农民土地权益、保障工业化城镇化快速发展发挥了重要作用。首部土地管理法于1986年制定，并于1998年、2004年、2019年进行了修订。《中华人民共和国土地管理法》是《大中型水利水电工程建设征地补偿和移民安置条例》的上位法，对水电工程建设征地移民安置工作产生了深远的影响。

2019年新修订的《中华人民共和国土地管理法》坚持土地公有制不动摇，坚持农民利益不受损，坚持最严格的耕地保护制度和最严格的节约集约用地制度，在充分总结农村土地制度改革试点成功经验的基础上，作出了7项重大突破。

1. 破除集体经营性建设用地进入市场的法律障碍

允许集体经营性建设用地在符合规划、依法登记，并经本集体经济组织2/3以上成员或者村民代表同意的条件下，通过出让、出租等方式交由集体经济组织以外的单位或者个人直接使用。同时，使用者取得集体经营性建设用地使用权后还可以转让、互换或者抵押。这一规定是重大的制度突破，它结束了多年来集体建设用地不能与国有建设用地同权同价同等入市的二元体制，为推进城乡一体化发展扫清了制度障碍，是新修订的《中华人民共和国土地管理法》最大的亮点。

2. 改革土地征收制度

在总结试点经验的基础上，在改革土地征收制度方面作出了多项重大突破。

（1）对土地征收的公共利益范围进行明确界定。《中华人民共和国宪法》规定："国家为了公共利益的需要可以对土地实行征收或者征用并给予补偿"。新修订的《中华人民共和国土地管理法》增加第 45 条，首次对土地征收的公共利益进行界定，采取列举方式明确："因军事和外交、政府组织实施的基础设施、公共事业、扶贫搬迁和保障性安居工程建设需要以及成片开发建设等六种情形，确需征收的，可以依法实施征收"。这一规定将有利于缩小征地范围，限制政府滥用征地权。

（2）明确征收补偿的基本原则是保障被征地农民原有生活水平不降低，长远生计有保障。新修订的《中华人民共和国土地管理法》首次将《国务院关于深化改革严格土地管理的决定》（国发〔2004〕28 号）提出的"保障被征地农民原有生活水平不降低、长远生计有保障"的补偿原则上升为法律规定，并以区片综合地价取代原来的年产值倍数法，在原来的土地补偿费、安置补助费、地上附着物和青苗补偿费的基础上，增加农村村民住宅补偿费用和将被征地农民社会保障费用的规定，从法律上为被征地农民构建更加完善的保障机制。

（3）改革土地征收程序。将原来的征地批后公告改为征地批前公告，进一步落实被征地的农村集体经济组织和农民在整个征地过程的知情权、参与权和监督权。倡导和谐征地，征地报批以前，县级以上地方政府必须与拟征收土地的所有权人、使用权人就补偿安置等签订协议。

3. 完善农村宅基地制度

完善了农村宅基地制度，在原来"一户一宅"的基础上，增加宅基地户有所居的规定，明确："人均土地少、不能保障一户拥有一处宅基地的地区，在充分尊重农民意愿的基础上可以采取措施保障农村村民实现户有所居"。这是对"一户一宅"制度的重大补充和完善。新修订的《中华人民共和国土地管理法》规定："国家允许进城落户的农村村民自愿有偿退出宅基地"，这一规定意味着地方政府不得违背农民意愿强迫农民退出宅基地。同时，在总结试点经验的基础上，新修订的《中华人民共和国土地管理法》下放宅基地审批权限，明确农村村民住宅建设由乡镇人民政府审批。

4. 为"多规合一"改革预留法律空间

实现"多规合一"是党中央、国务院作出的重大战略部署。考虑到"多规合一"改革正在推进中，新修订的《中华人民共和国土地管理法》增加第十八条，规定："国家建立国土空间规划体系"。经依法批准的国土空间规划是各类开发、保护和建设活动的基本依据。为了解决改革过渡期的规划衔接问题，还明确："已经编制国土空间规划的，不再编制土地利用总体规划和城乡规划"。

5. 将基本农田提升为永久基本农田

实行最严格的耕地保护制度，确保国家粮食安全是《中华人民共和国土地管理法》的核心和宗旨。为了提升全社会对基本农田永久保护的意识，新修订的《中华人民共和国土地管理法》将基本农田提升为永久基本农田，增加第三十五条明确："永久基本农田经依法划定后，任何单位和个人不得擅自占用或者改变用途。永久基本农田必须落实到地块，纳入数据库严格管理"。

6. 合理划分中央和地方土地审批权限

原来的《中华人民共和国土地管理法》对新增建设用地规定了从严从紧的审批制度，旨在通过复杂的审批制度引导地方政府利用存量建设用地。新修订的《中华人民共和国土地管理法》按照是否占用永久基本农田来划分国务院和省级政府的审批权限。国务院只审批涉及永久基本农田的农用地转用，其他的由国务院授权省级政府审批。

7. 土地督察制度正式入法

土地督察制度实施以来，在监督地方政府依法管地用地、维护土地管理秩序等方面发挥了重要作用。在充分总结国家土地督察制度实施成效的基础上，新修订的《中华人民共和国土地管理法》在总则中增加第五条："国务院授权的机构对省、自治区、直辖市人民政府以及国务院确定的城市人民政府土地利用和土地管理情况进行督察"。以此为标志，国家土地督察制度正式成为土地管理的法律制度。

3.2.1.2 《大中型水利水电工程建设征地补偿和移民安置条例》

1991年，国务院公布了第一部《大中型水利水电工程建设征地补偿和移民安置条例》（国务院令第74号），2006年进一步修订并以"国务院令第471号"重新公布了移民安置条例。2017年5月2日，国务院以"国务院令第679号"公布了移民安置条例。

国务院令第679号移民条例共8章63条，从保护移民合法权益、维护社会稳定的原则出发，明确了移民工作管理体制，强化了移民安置规划的法律地位，特别是对征收耕地的土地补偿费和安置补助费标准、移民安置的程序和方式、水库移民后期扶持制度以及移民工作的监督管理等问题作了比较全面的规定。

1. 坚持以人为本的原则

国务院令第679号移民条例开宗明义，大中型水利水电工程建设征地补偿和移民安置应当遵循的首要原则是"以人为本，保障移民的合法权益，满足移民生存与发展的需求"，国家实行开发性移民方针，采取前期补偿、补助与后期扶持相结合的办法，使移民生活达到或者超过原有水平。要求"节约利用土地，合理规划工程占地，控制移民规模"；要求农村移民后靠安置后，应当拥有与安置区居民基本相当的土地等农业生产资料，以满足长远生计要求；要求移民安置与资源综合开发利用、生态环境保护相协调，实现可持续发展；编制移民安置规划大纲和移民安置规划应当广泛听取移民和移民安置区居民的意见；必要时，应当采取听证的方式。

2. 完善移民工作管理体制

针对移民工作中存在多头管理、政出多门、责任不清等问题，按照全面推进依法行政、建立权责分明、行为规范、运转协调、监督有效的行政管理体制的要求，国务院令第679号移民条例规定：移民安置工作实行"政府领导、分级负责、县为基础、项目法人参与"的管理体制；国务院水利水电工程移民行政管理机构（简称国务院移民管理机构）负责全国大中型水利水电工程移民安置工作的管理和监督。县级以上地方人民政府负责本行政区域内大中型水利水电工程移民安置工作的组织和领导；省、自治区、直辖市人民政府规定的移民管理机构，负责本行政区域内大中型水利水电工程移民安置工作的管理和监督。

3. 强化移民安置规划工作的法律地位

大中型水利水电工程涉及征地范围广、移民数量大、实物指标构成复杂，对移民安置工作进行科学规划并认真执行至关重要。在之前的工作实践中，一些工程由于没有编制移民安置规划，或者规划编制不科学、执行不严格等原因，致使移民安置工作难以开展，遗留问题多，甚至需要进行二次搬迁。国务院令第679号移民条例规定：大中型水利水电工程需编制移民安置规划大纲和规划报告，"已经成立项目法人的大中型水利水电工程，由项目法人编制移民安置规划大纲，按照审批权限报省、自治区、直辖市人民政府或者国务院移民管理机构审批；没有成立项目法人的大中型水利水电工程，项目主管部门应当会同移民区和移民安置区县级以上地方人民政府编制移民安置规划大纲，按照审批权限报省、自治区、直辖市人民政府或者国务院移民管理机构审批"；"已经成立项目法人的，由项目法人根据经批准的移民安置规划大纲编制移民安置规划；没有成立项目法人的，项目主管部门应当会同移民区和移民安置区县级以上地方人民政府，根据经批准的移民安置规划大纲编制移民安置规划。大中型水利水电工程的移民安置规划，按照审批权限经省、自治区、直辖市人民政府移民管理机构或者国务院移民管理机构审核后，由项目法人或者项目主管部门报项目审批或者核准部门，与可行性研究报告或者项目申请报告一并审批或者核准"。

条例还规定："经批准的移民安置规划大纲是编制移民安置规划的基本依据，应当严格执行，不得随意调整或者修改；确需调整或者修改的，应当报原批准机关批准"；"经批准的移民安置规划是组织实施移民安置工作的基本依据，应当严格执行，不得随意调整或者修改；确需调整或者修改的，应当依照本条例第十条的规定重新报批。未编制移民安置规划或者移民安置规划未经审核的大中型水利水电工程建设项目，有关部门不得批准或者核准其建设，不得为其办理用地等有关手续"。

4. 提高并统一征收耕地的补偿补助标准

针对水利水电工程原有建设补偿补助标准偏低、范围偏小、标准不统一等问题，按照中央在"三农"问题上"多予、少取、放活"的基本方针，国务院令第471号移民条例对补偿补助作了以下规定：大中型水利水电工程建设征收耕地的，土地补偿费和安置补助费之和为该耕地被征收前三年平均年产值的16倍，如果按照16倍的标准补偿补助，仍不能使移民保持原有生活水平的，经项目审批或者核准部门同意，可以进一步提高标准，即绝大部分水利水电工程移民今后都是统一按照16倍的标准进行补偿补助。这样规定的主要考虑在于：一是为了统一全国的水利水电工程建设征地补偿补助标准，避免实践中出现一个工程一个补偿补助标准的问题，甚至同一地区、同一项目补偿补助标准也不统一，引发移民攀比心理，影响工程建设的顺利进行和社会稳定。二是补偿标准采取《中华人民共和国土地管理法》规定的上限，目的是使移民实现稳妥安置，充分体现了党和政府对移民利益的关心与照顾。三是在南水北调工程等建设征地中，已经采用了16倍的补偿补助标准，实践证明效果较好，移民基本满意。为贯彻落实2015年中央一号文件精神和国务院要求加快推进水利工程建设，进一步发挥工程建设在推动区域协调发展，切实保障移民权益、维护社会公平的迫切需要，2017年，国务院以"国务院令第679号"修改了《大中型水利水电工程建设征地补偿和移民安置条例》，正式修订土地补偿标准，规定"大中型水利水电工程建设征收土地的土地补偿费和安置补助费，实行与铁路等基础设施项目用地同等补偿标准，按照被征收土地所在省、自治区、直辖市规定的标准执行"。

5. 适当扩大对移民财产的补偿补助范围

国务院令第 679 号移民条例对征收其他土地的土地补偿费和安置补助费标准以及被征收土地上的零星树木、青苗、附着建筑物的补偿作出了原则性规定，并适当扩大了对移民财产的补偿补助范围。该条例规定：一是被征收土地上的附着建筑物，按照其原规模、原标准或者恢复原功能的原则补偿。二是移民远迁后，在水库周边淹没线以上属于移民个人所有的零星树木、房屋等，由于不在工程占地范围内，按照老条例是不予补偿的，但考虑到移民不可能将这些财产带走，新条例将其也纳入了补偿范围。三是对于补偿费用不足以修建基本用房的贫困移民，还要给予适当补助。

6. 规范移民安置工作程序和方式

针对过去移民工作中政府、项目法人、移民之间权责关系不够明确，移民资金使用不够规范等问题，该条例规定：一是项目法人应当根据移民安置规划，与移民区和移民安置区所在的省级人民政府或者市、县人民政府签订移民安置协议；签订协议的省级、地市级人民政府还可以与下一级人民政府签订移民安置协议，明确各自权责关系。二是签订协议的地方人民政府应当根据移民安置规划，在与项目法人充分协商的基础上，组织编制并下达本行政区域移民安置年度计划，项目法人应当按照年度计划和安置进度，将资金支付给与其签订协议的地方人民政府，由安置区人民政府统一用于安排移民生产生活。

7. 明确移民安置形式，加强安置资金的使用管理

针对实践中农村移民在本县集中安置、在本县分散安置、在省内跨县安置或者跨省安置、自愿投亲靠友等几种不同的安置形式，新条例规定：一是农村移民在本县通过新开发土地或者调剂土地集中安置的，县级人民政府应当将土地补偿费、安置补助费和集体财产补偿费直接全额兑付给该村集体经济组织或者村民委员会。二是农村移民分散安置到本县其他村的，应当由移民安置村与县级人民政府签订协议，按照协议兑付土地补偿费、安置补助费。三是农村移民在本省跨县或者跨省安置的，项目法人或者移民区地方人民政府应当及时将资金交给移民安置区地方人民政府，由安置区人民政府统筹安排移民的生产和生活。四是移民自愿投亲靠友的，应当由本人向移民区县级人民政府提出申请，并提交接收地县级人民政府出具的接收证明；移民区县级人民政府确认其具有土地等农业生产资料后，应当与接收地县级人民政府和移民共同签订协议，将土地补偿费、安置补助费交给接收地县级人民政府，统筹安排移民的生产和生活。

8. 提高移民对安置工作的参与程度，切实保护移民权益

为了保证移民的要求和意愿得到及时反映，扩大移民的知情权、参与权和监督权，减少纠纷、化解矛盾，新条例规定：一是编制移民安置规划大纲和移民安置规划，应当广泛听取移民和移民安置区居民的意见，必要时应当采取听证的方式；移民实物调查应当全面准确，调查结果应经被调查者签字认可并公示。二是移民区和移民安置区县级人民政府应当将工程征收的土地数量、土地种类、补偿范围、补偿标准和金额以及安置方案等向群众公布，群众提出异议的应当及时核查，不准确的事项应当改正，核查无误的应当及时向群众解释；有移民安置任务的乡（镇）、村应当将资金收支情况张榜公布，接受群众监督。

三是土地补偿费和集体财产补偿费的使用方案应当经村民讨论通过；农村移民住房由移民自主建造，有关地方人民政府或者村民委员会应当统一规划宅基地，但不得强行规定建房标准。

9. 完善后期扶持制度

大中型水利水电工程建设移民数量多、安置资源有限，要实现移民生活逐步达到当地农村平均水平的目标，国家决定调整移民后期扶持政策。为此，新条例作了以下规定：一是建立后期扶持规划制度。移民安置区县级以上地方人民政府应当编制水库移民后期扶持规划，报上一级人民政府或者其移民管理机构批准后实施；经批准的规划是后期扶持工作的基本依据，应当严格执行；未编制后期扶持规划或者规划未经批准，不得拨付后期扶持资金。二是明确后期扶持的对象。由于受搬迁安置影响程度深，加上安置区环境容量狭小、经济社会发展水平相对较低等原因，水库农村移民贫困问题比较突出，因此，后期扶持主要针对大中型水库农村移民。三是规范后期扶持具体形式。后期扶持资金能够直接发放给移民个人的，应当尽量发放给移民个人，用于移民生产生活补助；也可以实行项目扶持，用于解决移民村群众生产生活中存在的突出问题；还可以采取两者相结合的方式。此外，各级人民政府在交通、能源、水利、教育等基础设施建设方面，应当对移民安置区予以照顾，国家在移民安置区和工程受益地区兴办的生产建设项目，应当优先吸收移民就业。

10. 加强对移民安置工作的监督管理

针对实践中个别水利水电工程在移民安置工作中方法简单、忽视甚至损害移民合法利益等问题，为了从制度上规范政府行为，切实保护移民利益，维护社会稳定，新条例规定：一是国家对移民工作实行全过程监督与评估，有关地方人民政府和项目法人应当采取招标的方式，共同委托有监督评估专业技术能力的单位对移民搬迁进度、移民安置质量、移民资金的拨付和使用情况以及移民生活水平的恢复情况进行监督评估。二是国家对移民资金实行稽查制度，对有关人民政府及其部门的负责人依法实行任期经济责任审计，各级审计、监察机关应当依法加强对移民资金拨付、使用和管理情况的审计和监察。三是明确规定了应当追究法律责任的违法行为，加大了处罚力度，尤其是对各级人民政府及其有关主管部门的工作人员设定了严格的法律责任。

3.2.1.3 《关于完善大中型水库移民后期扶持政策的意见》（国发〔2006〕17号）

2006年5月17日，国务院印发了《关于完善大中型水库移民后期扶持政策的意见》（国发〔2006〕17号，简称《意见》），并将其主要原则和精神纳入同年7月颁布的移民安置条例中。为了深入贯彻文件精神并确保落实效果，国家有关部委还相继印发了一系列配套文件，包括《国家发展和改革委员会办公厅、水利部办公厅关于印发大中型水库移民后期扶持政策有关配套文件的通知》（发改办农经〔2006〕1249号）、《国家发展和改革委员会关于切实做好水库移民后期扶持政策实施工作的通知》（发改农经〔2006〕2500号）、《国家发展和改革委员会办公厅关于大中型水库库区和移民安置区基础设施建设有关问题的通知》（发改办农经〔2007〕175号）、《国家发展和改革委员会关于印发再次搬迁的大中型水库农民移民扶持政策的通知》（发改农经〔2008〕752号）、《财政部关于印发大中型水库移民后期扶持基金征收使用管理暂行办法的通知》（财综〔2006〕29号）、《财政部关于加强大中型水库移民后期扶持资金管理的通知》（财企〔2006〕202号）、《财政部关于印发大中型水库库区基金征收使用管理暂行办法的通知》（财综〔2007〕26号）、《水利部关于印发大中型水库移民后期扶持规划编制工作大纲的函》（水函〔2006〕421号）等，构成了具有中国特色的较为完整的水库移民后期扶持政策体系。完善后的后期扶持政策，是中华人民共和国成立以来对大中型水库移民扶持标准最高、扶持时间最长、扶持力度最大、执行措施最有力的后期扶持政策，是贯彻落实科学发展观的具体体现，也是工业反哺农业、城市支持农村、东部支持西部精神的具体落实。

1. 确定和完善移民后期扶持的目标、原则

从水库移民工作的艰巨性和长期性出发，新时期后期扶持政策提出的完善水库移民后期扶持政策的指导思想，是做好新时期水库移民后期扶持工作的总的要求。主要有三层意思：一是强调工程建设、移民安置与生态保护并重，切实转变"重工程、轻移民"和"重搬迁、轻安置"的观念，这是完善政策的思想基础。二是强调继续坚持开发性移民的方针，完善扶持方式，加大扶持力度，阐明了完善政策的取向。三是强调要逐步建立促进库区经济发展、水库移民增收、生态环境改善、农村社会稳定的长效机制，使广大移民共享改革发展成果，实现库区和移民安置区经济社会可持续发展，确定了完善政策的工作目标。

新时期后期扶持政策还提出了完善后期扶持政策的两个目标。阶段性目标是，近期要集中解决水库移民的温饱问题，以及库区和移民安置区基础设施薄弱的突出问题；中长期目标是，经过不懈努力，使移民生活水平不断提高，逐步达到当地农村平均水平。明确了做好水库移民工作应遵循的五条原则：一是坚持"三兼顾"，即统筹兼顾水电和水利移民、新水库和老水库移民、中央水库和地方水库移民。各类大中型水库移民，都应统一纳入后期扶持范畴，实行统一的扶持政策。二是坚持前期补偿与后期扶持相结合。三是坚持解决温饱问题与解决长远发展问题相结合。四是坚持国家帮扶与移民自力更生相结合。五是坚持中央统一制定政策，省级人民政府负总责。这些原则是对以往移民工作经验教训的总结，是做好新时期水库移民工作的重要保证。

2. 明确和完善移民后期扶持政策

过去的水库移民后期扶持政策有的只针对中央直属水库移民，有的只针对水电移民，扶持标准差异较大，扶持期限长短不一，政策不统一，扶持范围不尽全面的情况，新时期后期扶持政策确定以下内容：

（1）明确扶持范围。《意见》规定，后期扶持范围为大中型水库农村移民。其中，2006年6月30日前搬迁的水库移民为现状人口，2006年7月1日以后搬迁的水库移民为原迁人口。之所以这样确定，主要是考虑老移民遗留了较多的生产生活问题，移民及其后代的生存发展都受到了影响，因此应当对新老移民有所区别。

（2）统一扶持期限。综合考虑水库移民生产生活现状、扶持目标要求和扶持力度等因素，《意见》规定，扶持期限统一确定为20年，即对2006年6月30日前搬迁的纳入扶持范围的移民，从7月1日起再扶持20年；对7月1日以后搬迁的纳入扶持范围的移民，从其完成搬迁之日起扶持20年。

（3）提高扶持标准。《意见》规定，对纳入扶持范围的移民每人每年扶持600元。这个标准由中央统一制定，各地不得自行确定其他标准，以免造成新的不平衡。

(4) 完善扶持方式。《意见》提出按照"一个尽量、两个可以"的原则确定扶持资金的使用方式，也就是说，"能够直接发放给移民个人的应尽量发放到移民个人，用于移民生产生活补助；也可以实行项目扶持，用于解决移民村群众生产生活中存在的突出问题；还可以采取两者结合的方式"。这样规定，是经过深入调查，广泛听取各方面意见，包括一部分移民的意见后确定的。具体采用哪种扶持方式，由地方各级政府在充分尊重移民意愿并听取移民安置村群众意见的基础上确定。采取"直补到人"的，要核实到人、建立档案、设立账户，及时足额将后期扶持资金发放到移民户；采取项目扶持方式的，可以统筹使用资金，但项目的确定要经绝大多数移民同意，资金的使用与管理要公开透明，接受移民监督。

(5) 加大项目扶持。为促进库区和移民安置区长远发展，《意见》指出，必须继续从其他渠道积极筹措资金，加大项目扶持力度。重点是加强库区和移民安置区基本口粮田及配套水利设施建设，加强供水供电、交通通信和社会事业基础设施建设，加强库区生态建设和环境保护，加强移民劳动力就业技能培训和职业教育等。为搞好项目扶持，必须切实做好项目规划，以此作为国家安排扶持资金和项目的前提与依据。项目的确定要坚持民主程序，尊重和维护移民群众的知情权、参与权和监督权。

3. 统筹兼顾其他移民及连带影响人口

非农业安置移民由于性质上与农业户口移民有质的区别，出于公平公正考虑，不纳入后期扶持范围。但《意见》要求，各地政府要进一步完善城镇最低生活保障制度，把符合条件的大中型水库非农业安置移民中的困难家庭，纳入地方城镇最低生活保障范围，切实做到应保尽保。

考虑到小型水库自建、自用、自管、自利的性质，小型水库移民没有纳入后期扶持政策范围。同时为主要解决小型水库移民问题，《意见》允许各省、自治区、直辖市人民政府通过提高本省（自治区、直辖市）区域内的全部销售电量（扣除农业生产用电）的电价筹集资金，提价标准每千瓦时不超过 0.5 厘钱，由地方政府统筹解决。具体办法由各省自定，一般都采取有什么困难解决什么困难的办法，不具体直接核定扶持对象的人口。

做好其他征地拆迁人口的扶助工作。各类建设工程都需要占用一定数量的土地，但这些工程的占地性质与水库淹没占地致使移民外迁不同，对上述征地拆迁人口遇到的问题和困难，由当地人民政府通过落实相关政策解决。

4. 后期扶持资金的来源、筹集办法

《意见》规定，后期扶持资金由国家统一筹措，主要通过在全国范围内提高全部销售电量（扣除农业生产用电）的电价筹集。这个资金筹措方案，既体现了水电工程对促进电力工业发展，尤其是保障电网合理调度和安全运行发挥重要作用，也体现了工业反哺农业、城市支持农村以及东部支持中西部地区的原则。完善水库移民后期扶持政策需要筹集两笔资金：一笔是后期扶持资金，按照每人每年 600 元的标准，每年约需筹集后期扶持资金 130 多亿元；另一笔是项目扶持资金，《意见》指出，项目扶持资金的来源：一是现有的政府性资金，包括预算内投资和国债资金、扶贫资金、农业综合开发资金以及政府部门安排的各类建设基金和专项资金，要向库区和移民安置区倾斜。二是从新筹集的后期扶持资金结余中安排。三是从调整和完善后的库区维护基金中筹集。同时，地方各级人民政府也要加大资金投入，鼓励社会捐助和企业对口帮扶。

5. 加强领导、明确责任

《意见》要求，地方各级政府要把解决水库移民问题列入重要议事日程，把移民工作纳入经济社会发展总体规划和新农村建设规划。地方政府是做好移民工作的"工作主体、责任主体、实施主体"，各省级人民政府要对本地区包括外省迁入移民在内的全部移民工作和社会稳定负总责，主要领导是第一责任人，实行一级抓一级，层层落实责任。要整合现有的移民工作力量，建立强有力的移民工作管理机构，加强对移民工作的组织领导。各有关部门也要按照职责分工，各负其责，密切配合，共同做好移民工作。

3.2.1.4 《国家发展改革委关于做好水电工程先移民后建设有关工作的通知》（发改能源〔2012〕293号）

该通知提出了"先移民后建设"的方针，明确"先移民后建设"是指在水电建设中，始终将移民工作作为水电工程的重要组成部分，把做好移民工作放在优先位置，根据经批准的移民安置规划统筹协调好工程建设进度和移民工作进度，切实保障移民群众合法权益，实现在做好移民安置的前提下积极发展水电的目标。坚持统一规划、有序实施、政策衔接、确保稳定的原则，统筹制订移民安置规划方案及工程建设方案，科学确定移民安置周期和工程建设周期，优先实施移民安置，做到移民安置进度适度超前于工程建设进度，严格移民安置实施管理，做好移民政策有效衔接，确保移民安置质量，保障移民长久生计和长远发展。同时还提出：在坚持实行农业生产安置基础上，因地制宜稳步探索以被征收承包到户耕地净产值为基础的逐年货币补偿等"少土""无土"安置措施。通过移民安置促进地方种植业、养殖业、旅游业等产业发展，使移民就业有着落、收入有来源、生活有保障、发展有希望。

3.2.1.5 《关于做好水电开发利益共享工作的指导意见》（发改能源规〔2019〕439号）

水电是技术成熟、运行灵活的清洁低碳可再生能源，具有防洪、供水、航运、灌溉等综合利用功能，是我国国民经济基础设施和基础产业，也是建设美丽中国、推进绿色发展、建立健全绿色低碳循环发展经济体系中的重要内容。目前，待开发的水电能源主要集中在西部地区，特别是"三区三州"地区，待开发水电分布与脱贫攻坚重点区域在行政区域和地域上重合度高，水电开发建设应该在脱贫攻坚以及巩固脱贫攻坚成果中承担更多的责任，发挥更大的作用。为贯彻党中央、国务院有关文件精神，推动水电开发成果更多惠及贫困地区和移民群众，促进共享发展成果，国家能源局组织水电水利规划设计总院等单位对水电开发利益共享政策、保障措施等进行了认真研究，出台了《关于做好水电开发利益共享工作的指导意见》（发改能源规〔2019〕439号）。

《关于做好水电开发利益共享工作的指导意见》（发改能源规〔2019〕439号）的编制，一是坚持以习近平新时代中国特色社会主义思想为指导，全面贯彻落实党的十九大和十九届二中、三中全会精神，认真落实党中央、国务院关于新发展理念的决策部署，在移民安置和推动地方经济发展中，突出"共享"的主题，要切实做到提高保障和改善民生水平。二是政策导向不是简单地分利润，而是使相关各方（地方政府、移民群体、项目业主）都能从水电开发中合法合规获得合理利益，并且统筹考虑直接与间接、经济与社会、当前与长远等方面的利益共享。三是政策措施要具备可操作性，政策措施要吸取已探索试点后比较成功的经验，通过《关于做好水电开发利益共享工作的指导意见》进一步明确后便于各地区和有关方面规范开展工作。

《关于做好水电开发利益共享工作的指导意见》（发改能源规〔2019〕439号）共包括3个部分，具体如下。

第一部分为总体要求。明确了指导思想，提出了政府引导、市场调节，统筹协调、倾斜移民，利益共享、多方共赢，创新探索、稳步推进的基本原则。

第二部分为主要内容。共8条，分别从完善移民补偿补助、尊重当地民风民俗和宗教文化、提升移民村镇宜居品质、创新库区工程建设体制机制、拓宽移民资产收益渠道、推进库区产业发展升级、强化能力建设和就业促进工作、加快库区能源产业扶持政策落地等8个方面进行了规定，覆盖了地方政府、移民群体、项目业主等主要利益相关方。

第三部分为保障措施。共3条，主要从加大政策支持力度、细化任务推动落实、强化跟踪评估指导3个方面确保政策措施能够执行落地，稳妥推进水电移民利益共享工作。

《关于做好水电开发利益共享工作的指导意见》的印发有利于推进水电开发利益共享工作，使地方和移民更好地分享水电开发带来的收益，促进西部地区经济社会可持续发展。下一步国家能源局将会同国家发展和改革委员会、财政部、人力资源和社会保障部、自然资源部和国家宗教事务局等部门督促和指导有关方面，因地制宜施行利益共享措施，共同将水电开发利益共享工作推向深入。

3.2.2 青海省

3.2.2.1 安置政策

青海省出台的安置政策主要有《青海省水电工程移民退养安置逐年补偿安置社会保障安置方式的意见》（青移安〔2011〕53号）。

（1）出台背景。2010年，青海省移民安置局、西北院与河海大学联合研究完成了《青海省水电工程移民安置方式研究报告》，该研究报告以青海省资源、环境、民族宗教、经济等各个特点为基础，阐述青海省水电工程移民安置方式选择遵循的原则；在分析新型安置方式在青海省适用性基础上，综合给出适合青海省水电工程移民安置方式的可能方案。在该研究的基础上，2011年5月，青海省移民安置局制定并印发《青海省水电工程移民退养安置逐年补偿安置社会保障安置方式的意见》（青移安〔2011〕53号）。

（2）主要内容。2011年5月19日，青海省移民安置局印发《青海省水电工程移民退养安置逐年补偿安置社会保障安置方式的意见》（青移安〔2011〕53号），为进一步完善青海省移民安置工作，满足移民群众多样化的安置需求，保障移民的合法权益，保障水电站建设的顺利进行，提出了水电工程移民退养安置、逐年补偿安置和社会保障安置方式的意见，并对各种安置方式的适用范围、适用地区、安置标准、资金来源等进行了规定。

3.2.2.2 补偿政策

1. 《青海省黄河上游大中型水电站工程建设征地暂行标准》（青政办〔2007〕46号）

（1）出台背景。为了规范黄河上游水电站工程建设征地补偿工作，依据《中华人民共和国土地管理法》、《中华人民共和国土地管理法实施条例》、《大中型水利水电工程建设征地补偿和移民安置条例》（国务院令第471号）、《青海省实施〈中华人民共和国草原法〉细则》《青海省林地、林权管理办法》等法律法规，结合全省实际，制定出台了《青海省黄河上游大中型水电站工程建设征地暂行标准》(青政办〔2007〕46号)。

(2) 主要内容。该标准适用于黄河上游青海省境内在建和待建尚未实施征地的水电站工程占地区、水库淹没区、移民安置区及与水电站建设相关迁改工程用地的征地补偿。在黄河流域以外的移民安置区征(占)用土地的补偿应当按照其所在区域统一年产值标准、综合补偿倍数和附着物补偿价格给予补偿；对被征收土地上房屋结构类型、等级、成新度的评定参照城镇房屋拆迁评定的相关技术规程进行。

农村移民在本县通过新开发土地或者调剂土地集中安置的，县级人民政府应当将土地补偿费、安置补助费和集体财产补偿费直接全额兑付给该村集体经济组织或者村民委员会。对淹没线以上受影响范围内因水库蓄水造成的居民生产、生活困难的，应当按照经济合理的原则给予解决。移民区和移民安置区县级人民政府，应当以村为单位将大中型水电站工程建设拟征收的土地数量、土地种类和实物调查结果、补偿范围、补偿标准和金额以及安置方案等向群众公告。

该标准对征收耕地补偿标准、征收菜地补偿标准、征收果园补偿标准、征(占)用林地补偿标准、征(占)用牧草地补偿标准、征收鱼塘补偿标准、征收集体荒草地补偿标准、征(占)用建设用地补偿标准，以及其他建筑物、构筑物及专项设施补偿标准和临时用地补偿标准均进行了明确规定。

2.《青海省人民政府关于公布征地统一年产值标准和区片综合地价的通知》(青政〔2015〕61号)

(1) 出台背景。2015年7月，青海省人民政府根据国土资源部《关于切实做好征地统一年产值标准和区片综合地价公布实施工作的通知》(国土资发〔2008〕135号)，以及省委、省政府《关于全面深化农牧区改革大力发展高原现代农牧业的意见》(青发〔2014〕1号)精神，为依法合理做好征地补偿安置工作、维护被征地农牧民切身利益、促进全省经济社会持续健康发展，调整更新了征地补偿标准和征地区片综合地价，印发了《青海省人民政府关于公布征地统一年产值标准和区片综合地价的通知》(青政〔2015〕61号)，新的征地补偿标准和征地区片综合地价于2016年1月1日开始施行，并取代了《青海省征地统一年产值标准和区片综合地价》(青政〔2010〕26号)。

(2) 主要内容。主要对补偿标准和补偿标准的衔接作了详细规定。在实行征地统一年产值标准的区域，征收集体土地的征地补偿标准如下：耕地补偿标准为该地区对应征地统一年产值的20倍，征地后以行政村为单位人均耕地不足0.3亩的按30倍计算。牧草地补偿标准为该地区对应征地统一年产值的11倍。菜地、园地视同同等条件的耕地。林地按该地区同等条件耕地的征地统一年产值6倍计算。未利用地按邻近地类统一年产值1倍计算。建设用地按邻近地类标准补偿。征用国有农用地的参照上述标准执行；涉及收回国有建设用地土地使用权的，对国有土地使用权人应给予合理经济补偿。

新的标准施行前征地补偿方案已获批准的，县(市、区)人民政府已公告征地补偿、安置方案的，补偿标准按照公告确定的标准执行，被征地农牧民的社会养老保险等以原标准计算；对已完成征地安置，但尚未完成报批的建设项目用地，地方人民政府做出社会稳定风险评估，在确保社会稳定的前提下，可按原标准审批。未公告征地补偿、安置方案的，补偿安置标准及社会养老保险等按新标准执行。

3. 《青海省人民政府关于公布青海省征收农用地区片综合地价的通知》（青政〔2020〕64号）

（1）出台背景。新修订的《中华人民共和国土地管理法》于2020年1月1日起实施，为依法做好征地补偿安置工作，维护被征地群众切身利益，保障全省经济社会稳定发展，根据《自然资源部办公厅关于加快制定征收农用地区片综合地价工作的通知》（自然资办发〔2019〕53号）要求，结合青海省实际，调整更新了征地区片综合地价，《青海省人民政府关于公布青海省征收农用地区片综合地价的通知》（青政〔2020〕64号）2020年1月1日开始施行，并取代了《青海省人民政府关于公布征地统一年产值标准和区片综合地价的通知》（青政〔2015〕61号）。

（2）主要内容。征收农用地区片综合地价由土地补偿费和安置补助费组成，构成比例为2∶8，不包括法律规定的被征地群众养老保险费、征地涉及的青苗和地上附着物等补偿费用。征收集体建设用地和未利用地适用新标准；非农建设用地需要收回国有农用地的参照执行；国有未利用地原则不予补偿，已确定给单位和个人使用的参照集体未利用地补偿标准仅补偿安置补助费。在新标准公布实施期间，省政府受理且批准的土地征收，补偿标准按《青海省人民政府关于公布征地统一年产值标准和区片综合地价的通知》（青政〔2015〕61号）规定执行的，须按本次公布的区片综合地价标准及时补齐差价，被征地群众社会养老保险相应按本标准计缴。新标准施行后，各地区要针对可能发生的情况和问题，耐心细致地做好被征地群众的政策解读和答疑释惑等相关工作，做好社会稳定风险评估，确保征地补偿标准平稳有序过渡。

3.2.2.3 管理政策

青海省出台的管理政策主要有《青海省大中型水利水电站工程建设征地补偿和移民安置管理暂行办法》（青政〔2007〕23号）。

（1）出台背景。为进一步做好青海全省大中型水利水电工程建设征地补偿和移民安置工作，维护移民群众的合法权益，保障工程建设的顺利进行，依据《大中型水利水电工程建设征地补偿和移民安置条例》（国务院令第471号）、《国务院关于完善大中型水库移民后期扶持政策的意见》（国发〔2006〕17号）、《中华人民共和国土地管理法》、《青海省实施〈中华人民共和国土地管理法〉办法》及相关法律法规，结合青海省实际，出台了该办法。

（2）主要内容。2007年4月28日，青海省人民政府根据新移民条例，印发了《青海省大中型水利水电工程建设征地补偿和移民安置管理暂行办法》（青政〔2007〕23号），该办法要求移民安置方案应尊重移民群众的意愿，根据安置环境容量，在坚持以农业生产开发安置为主的前提下因地制宜，多元化安置；土地补偿费、安置补助费的发放和使用，要依据移民安置规划和移民安置方式采取不同的兑付方式：后靠安置或土地调剂安置的，应将土地补偿费和安置补助费直接全额兑付给该村集体经济组织或者村民委员会；自主安置的，应将土地补偿费、安置补助费全额直接兑付给移民；新开发土地安置的，应将土地补偿费和安置补助费用于安置区土地开发和基础设施建设。

修建移民住房应根据本省农村居民宅基地建设用地标准，在充分征求移民群众意见、尊重民族生活习惯的基础上，县级人民政府统一规划宅基地，移民自主建造，不得强行规定建房标准。

3.2.3 四川省

3.2.3.1 安置政策

1. 《四川省〈大中型水利水电工程建设征地补偿和移民安置条例〉实施办法》(四川省人民政府令第 268 号)

(1) 出台背景。2006 年，国务院颁布了《大中型水利水电工程建设征地补偿和移民安置条例》(国务院令第 471 号)，2006—2013 年是四川省水电开发的高峰期，移民安置人口规模大、难度高，但四川省未针对《大中型水利水电工程建设征地补偿和移民安置条例》(国务院令第 471 号) 制定实施办法，使得部分移民安置工作没有具体细化的政策依据。为解决上述问题，四川省人民政府于 2013 年出台了《四川省〈大中型水利水电工程建设征地补偿和移民安置条例〉实施办法》(四川省人民政府令第 268 号)。

(2) 主要内容。实施办法要求在移民安置规划大纲中应包含先移民后建设的相关内容，同时提出编制移民安置规划应结合相关规划、产业政策、新农村建设和少数民族地区特点等，在国务院令第 471 号以土为主的框架下，提出农村移民应结合实际，积极稳妥，多渠道、多方式安置。为四川省积极探索、创新其他安置方式做好铺垫。

2. 《四川省大中型水利水电工程移民工作条例》(四川省第十二届人民代表大会常务委员会公告第 70 号，2016 年 7 月 23 日)

(1) 出台背景。截至 2015 年年底，四川省已建、在建、拟建大中型水利水电工程 526 座，涉及移民 160 多万人，其中已建工程 189 座，涉及移民 76 万人；在建工程 180 座，涉及移民 66 万人；拟建工程 157 座，预计涉及移民约 20 万人。但尚未有一部关于水电移民工作的地方性法规，因此需及时制定和颁布符合四川省实际的条例，在此情况下，2016 年 7 月 23 日经四川省第十二届人大常委会第二十七次会议审议通过了《四川省大中型水利水电工程移民工作条例》。

(2) 主要政策规定。《四川省大中型水利水电工程移民工作条例》首次赋予移民远迁后对红线外属于个人承包的耕地、林地、园地等土地资源进行处置的权利；对涉及移民工作的各级政府、移民管理机构、相关职能部门等机关企事业单位的职责、职能以及权利义务进行了明确，鼓励农村集体经济组织和个人通过流转经营权等方式，对移民远迁后，在建设征地红线外且在原农村集体经济组织范围内，对属于移民个人承包的耕地、园地、林地、草地等土地资源进行妥善处置。

(3) 政策实施情况及作用。该条例历时 3 年多时间，历经 47 次修改，条例的审议通过填补了四川省水利水电移民工作地方立法的空白。条例鼓励农村集体经济组织和个人通过流转经营权等方式，移民远迁后，在建设征地红线外且在原农村集体经济组织范围内，对属于移民个人承包的耕地、园地、林地、草地等土地资源进行妥善处置。这保障了建设征地红线外移民土地资源的有效利用，同时对移民安置提出了为移民增收致富和地方经济社会可持续发展创造条件等更高的要求。

3. 四川省人民政府办公厅《关于印发〈瀑布沟水电站农村移民养老保障安置试行办法〉的通知》(川府办发电〔2005〕26 号)

(1) 出台背景。大渡河瀑布沟水电站移民安置规模巨大，县内耕地资源匮乏，外迁难度大，移民安置难度大。为缓解瀑布沟移民安置压力，四川省人民政府办公厅印发了《关于印发〈瀑布沟水电站农村移民养老保障安置试行办法〉的通知》（川府办发电〔2005〕26号）。

（2）主要政策规定。根据四川省人民政府办公厅《关于印发〈瀑布沟水电站农村移民养老保障安置试行办法〉的通知》（川府办发电〔2005〕26号）规定，将到2008年12月31日前男满60周岁、女满55周岁的农业人口纳入移民养老保障安置，每人每月可领取养老保障金160元，并划给宅基地。此后，四川省发展和改革委员会与四川省移民局于2008年发布了《大中型水电工程移民安置政策有关问题的通知》（川发改能源〔2008〕722号），对养老保障安置标准进行了调整，同时对养老保障安置资金来源作出了明确规定，2013年和2016年两次对养老保障安置标准进行了调整。

这种安置方式给60岁以上的老人一定的养老保障金，以保障其基本生活，在当时对没有劳动能力的老人来说基本是可行的，但由于物价上涨，养老保障安置方式的标准需随物价进行定期调整。原来执行的标准是160元/月，从2016年1月起，已调整为360元/月。

（3）政策实施情况及作用。在土地资源有限的情况下，养老保障安置方式能够保障移民收入达到规划目标，同时在一定程度上解决了瀑布沟水电站移民安置区耕地资源匮乏与外迁难度大之间的矛盾。该安置方式在全国范围属首创，对移民安置具有指导意义。

3.2.3.2 补偿政策

四川省出台的补偿政策主要有《四川省〈大中型水利水电工程建设征地补偿和移民安置条例〉实施办法》（四川省人民政府令第268号）。

（1）出台背景。2013年，为实施《大中型水利水电工程建设征地补偿和移民安置条例》（国务院令第471号），结合四川省实际，制定发布了该办法。

（2）主要政策内容。《四川省〈大中型水利水电工程建设征地补偿和移民安置条例〉实施办法》（四川省人民政府令第268号）主要规范了征地补偿和移民安置行为，明确了移民安置工作管理体制，建立了移民安置工作机制，细化了移民安置各阶段工作内容，规范了移民安置工作操作程序。

（3）政策实施情况及作用。办法首次明确了当地居民常年耕作和依法使用的国有土地应给予补偿，解决了地方政府长期面临的问题。同时办法明确了移民远迁后剩余资源的补偿范围为"原集体经济组织范围内的属于移民个人所有的零星林木、房屋及附属建筑物"，使得移民远迁后剩余的土地资源是否补偿有了明确的政策依据。

3.2.3.3 管理政策

1.《四川省大中型水利水电工程移民工作条例》（四川省第十二届人民代表大会常务委员会公告第70号，2016年7月23日）

（1）出台背景。为加强和规范四川省大中型水利水电工程移民工作，依据《大中型水利水电工程建设征地补偿和移民安置条例》（国务院令第471号）、《四川省〈大中型水利水电工程建设征地补偿和移民安置条例〉实施办法》（四川省人民政府令第268号）及相关法规政策，结合四川省实际，四川省人民代表大会常务委员会于2016年发布了《四川省大中型水利水电工程移民工作条例》（四川省第十二届人民代表大会常务委员会公告第

70号，2016年7月23日）。

（2）主要内容。该条例总结了四川省内移民工程建设过程中的经验教训，对农村移民集中安置的住房建设方式由《四川省大中型水利水电工程移民工作管理办法（试行）》（川办函〔2014〕27号）中"可采取移民自建、联建或政府统建的方式"调整为"规定应当统一规划，自主建造"，同时首次从地方性法规的层面肯定了农村集中安置点基础设施、城（集）镇、工矿企业、水利、交通、电力和电信等移民工程项目，按照国家和省有关规定可以实行代建。此外，条例考虑到移民工程实施过程长，移民意愿变化大，移民工程设计变更多，审批周期长，一定程度上制约了移民工作的快速开展的情况，对一般变更的审批程序由《四川省大中型水利水电工程移民工作管理办法（试行）》（川办函〔2014〕27号）中规定的须报原审批单位批准调整为由综合监理单位审核、经县（市、区）人民政府批准后实施，简化了一般变更的审批程序，加快了一般变更的审批进度，有利于移民工作开展。同时条例对于重大变更，提出了需会同项目法人审核的要求。

2.《四川省大中型水利水电工移民安置项目设计变更管理办法》（川扶贫移民发〔2018〕167号）

（1）主要政策规定。

1）对复建国省干线公路设计变更程序进行了明确："对于大中型水利水电工程复建国省干线公路项目按照省交通运输厅相关设计变更管理办法执行，发生的重大设计变更，省扶贫开发局审核省交通运输厅公路局审查的复建公路设计变更相关资料，并将专家咨询审核成果送省交通运输厅公路局作为下达批复的依据"。

2）对重大变更界定标准从实物指标变化、农村移民安置、城（集）镇迁建及居民点建设、专业项目处理、库底清理、补偿补助费用6个方面进行了细化明确。

（2）政策实施情况及作用。该办法对一般变更和重大变更的界定标准相较《四川省大中型水利水电工程移民工作管理办法（试行）》（川办函〔2014〕27号）进行了进一步的细化明确，使得变更界定更具可操作性。该办法结合大部分移民单项工程项目一般规模较小、投资不大的特点，放宽了一般变更的界定范围，如《四川省大中型水利水电工程移民工作管理办法（试行）》（川办函〔2014〕27号）中规定移民单项工程投资中变化幅度满足大型水利水电工程超过10%或超过500万元、中型水利水电工程超过5%或超过200万元均为重大变更调整。新发布的办法则减少了界定为重大变更的项目，加快了变更的审批进度，有利于移民工作开展。

3.综合设代、综合监理和独立评估考核办法

为加大对移民综合设代、综合监理和独立评估单位的管理，四川省扶贫开发局还发布了《四川省大中型水利水电工程移民安置监督评估管理办法》（川扶贫移民发〔2013〕443号）、《四川省大中型水利水电工程移民安置实施阶段设计管理办法》（川扶贫移民发〔2013〕444号）、《四川省大型水利水电工程移民安置综合监理工作考核办法》（川扶贫移民发〔2013〕446号）、《四川省大型水利水电工程移民安置综合设计（设代）工作考核办法》（川扶贫移民发〔2013〕447号）、《四川省大型水利水电工程移民安置独立评估工作考核办法》（川扶贫移民发〔2013〕448号），对移民综合设代、综合监理和独立评估单位的工作职责、工作范围作出了详细的规定，同时制定的相关考核办法促进了移民综合设

代、综合监理和独立评估单位更好地开展工作。

3.2.4 云南省

3.2.4.1 安置政策

云南省出台的安置政策主要有《云南省人民政府关于贯彻落实国务院大中型水利水电工程建设征地补偿和移民安置条例的实施意见》（云政发〔2008〕24号）。

（1）出台背景。为全面贯彻落实国务院颁布的《大中型水利水电工程建设征地补偿和移民安置条例》（国务院令第471号），认真做好云南省水利水电工程建设征地和移民安置工作，维护移民合法权益，促进水利水电工程建设健康发展，结合云南省实际，云南省人民政府提出本实施意见。

（2）主要内容。实施意见从明确职责、理顺管理体制，加强移民安置规划设计管理，严格执行移民补偿补助政策，加强实施管理，认真做好后期扶持，加强监督管理，切实保障移民合法权益，认真做好新老条例过渡时期的相关工作，多渠道安置农村移民等9个方面进行了规定。

实施意见明确"坚持多渠道、多途径、多形式安置的方针安置农村移民。对于容量有限、开发过度、相对贫困、就地就近农业安置十分困难的项目，有条件的可采取进入城镇安置、二三产业安置、调整和开发农业产业安置、农村老龄移民养老安置等多种形式安置农村移民。对于其他有一定环境容量安置移民的项目，应以就地就近农业安置为主，辅之以其他安置方式"。

3.2.4.2 补偿政策

云南省出台的补偿政策主要有《关于印发云南省金沙江中游水电开发移民安置补偿补助意见的通知》（云政办发〔2007〕159号）。

（1）出台背景。为了做好金沙江中游水电工程征地补偿和移民安置工作，确保云南金沙江中游水能资源开发和"滇中调水"工程顺利实施，云南省根据有关规定，结合云南省实际，提出该意见。

（2）主要内容。意见提出金沙江中游水电开发移民补偿补助安置的主要方法是"立足长效补偿机制、实行六种安置并举、建立产业发展资金、享受统一后期扶持、采取八项安置措施"，简称"16118"。

1）立足长效补偿机制。根据"淹多少、补多少"的原则，以被淹法定承包耕地前三年的谷物平均产量为基础，依据所对应年份云南省粮食主管部门公布的粮食交易价格确定耕地平均亩产值，按照《大中型水利水电工程建设征地补偿和移民安置条例》（国务院令第471号）规定的土地补偿补助标准，以货币形式对移民实行逐年长效补偿。长效补偿期限与水电站运行期限相同。移民死亡后，其农村家庭主要成员可以继续享受。水电站运行期结束，通过土地整理恢复耕地后，交当地人民政府分配给移民户耕种。

2）实行六种安置并举。包括：①城市（县城）安置。对符合条件选择到县城安置的农村移民，由县级人民政府在实施阶段，参照征地拆迁实行包干安置。②城乡结合安置。对符合条件选择到集镇（街场）安置的农村移民，采取适当规模新建集镇（街场）方式安置，由县级移民主管部门适当为移民流转配置部分土地。③农业生产安置。对库周有剩余耕地、林地等资源的农村移民,由县级移民主管部门将库周剩余耕地、林地等资源流转给其耕种经营,同时改善村容村貌。④分散安置。对有能力自行流转、承包、租赁、拍卖取得土地使用权的农村移民,长效补偿收入和产出收益能够基本满足日常生产生活需求的农村移民,由安置地县级人民政府帮助解决宅基地和落户问题。⑤货币安置。对父母、配偶、子女等近亲属有固定住所,愿意出具书面接收协议的农村移民,实行货币安置。⑥就业安置。对自愿独资、控股、参股从事二三产业的农村移民,长效补偿收入和生产经营收益能够基本满足日常生产生活需求的,由安置地县级移民、工商、税务等主管部门办理安置、经营等手续。

3)建立产业发展资金。金沙江中游"一库八级"电站发电后,当地人民政府按照《金沙江中游库区优势产业及移民可持续发展规划报告》,将国家规定缴纳的库区基金统筹用于库区特色产业发展。

4)享受统一后期扶持。对采取不同方式安置的农村移民,每人每年享受统一的后期扶持补助人民币600元,该项费用直接发放到移民户。

5)采取八项安置措施。包括:①做好实物指标调查认定工作;②规划建设特色小镇安置移民;③因地制宜,实行开发性移民;④盘活农村集体财产补偿费;⑤加快移民劳动力转移;⑥重视移民安置区社会事业发展;⑦切实解决移民贫困户的基本生活问题;⑧抓好库区生态环境保护。

建立了以不降低移民原有生活标准为前提的长期生活保障制度,为移民安居乐业打下了坚实基础;缓解了高度紧张的"人地矛盾",把移民劳动力从耕种土地中解放出来,从事其他产业,为致富奔小康开辟了新途径;鼓励支持移民进城安置,加快了城镇化建设步伐;坚持以后靠安置为主,减少了水电工程建设移民搬迁人数,缓解了各级政府搬迁安置移民的工作压力;妥善解决了移民老有所养、学有费用、病有所治等,促进了和谐社会建设;加强了民族文化、民族特色的保护和传承。

3.2.4.3 管理政策

1.《云南省人民政府关于进一步做好大中型水电工程移民工作的意见》(云政发〔2015〕12号)与《云南省移民开发局关于印发解读〈云南省人民政府关于进一步做好大中型水电工程移民工作的意见〉的通知》(云移发〔2015〕100号)

(1)出台背景。自云南省委、省政府把水电开发作为本省支柱产业建设以来,大中型水电工程建设迅猛发展,移民安置工作对水能资源开发发挥了极其重要的作用,确保了大中型水电工程的顺利建设。但由于云南省绝大部分水电站库区和移民安置区人地矛盾突出,人均耕地资源少,耕地后备资源缺乏,移民安置环境容量不足,大中型水电工程农村移民难以实现"以农业生产安置为主"的安置方式。针对这一实际情况,云南省在严格执行国家移民安置和后期扶持政策的前提下,积极探索实践,2007年,经云南省政府同意,云南省政府办公厅以"云政办发〔2007〕157号"印发了《关于印发向家坝水电站云南库区农业移民安置实施意见的通知》(简称157号文件),以"云政办发〔2007〕159号"印发了《关于印发云南金沙江中游水电开发移民安置补偿补助意见的通知》(简称159号文件)。开始在金沙江中下游的各水电项目中实施和推行移民逐年补偿安置方式(逐年补偿是依据现行政策,以移民自愿选择为前提,变一次性静态补偿为逐年动态补偿的一种移民安置方式）。2009年经云南省政府同意，云南省移民开发局印发了《关于澜沧江糯扎渡水电站多渠道多形式移民安置指导意见》（云移局〔2009〕11号，简称11号文件），开始在澜沧江流域实施和推行移民逐年补偿安置方式。为高效有序推进移民安置工作提供了有力的政策支撑和保障。

从近几年逐年补偿安置方式实施的情况看，157号文件、159号文件、11号文件精神已普遍得到贯彻落实，逐年补偿安置方式深受移民群众的欢迎，得到了水电项目法人和地方政府的认可，取得了较好成效。但由于还存在着逐年补偿标准计算方法不一致，逐年补偿标准增长机制没有建立，后期扶持规划与相关规划没有有机衔接等问题，因此2009年云南省政府第20次常务会议和专题会议进行了研究，要求云南省移民开发局牵头，组织开展《云南省人民政府关于进一步做好大中型水电工程移民工作的意见》研究起草工作。在云南省政府历任分管领导的直接指导下，经8次大范围征求意见和多次专家论证，反复修改完善。2015年，云南省人民政府出台了《云南省人民政府关于进一步做好大中型水电工程移民工作的意见》（云政发〔2015〕12号），云南省移民开发局通过对政策的分析研究，出台了《云南省移民开发局关于印发解读〈云南省人民政府关于进一步做好大中型水电工程移民工作的意见〉的通知》（云移发〔2015〕100号），对"云政发〔2015〕12号"中关于大中型水电站移民安置新的政策进行了说明和解释，进一步明确了"云政发〔2015〕12号"中的相关意见。这两个文件一脉相承，共同指导在建和拟建大中型水电项目移民安置工作。

（2）主要内容。两个文件除了对移民安置有关指导思想、目标任务、基本原则、安置规划和安置工作、后期扶持、保障措施等提出了新的要求外，更明确了要"多渠道多形式安置移民"，要"针对我省耕地资源匮乏、人地矛盾突出、民族区域强的特点，在建、新建的大中型工程农业移民可实行逐年补偿安置方式。因地制宜选择农业安置、逐年补偿安置、第三产业安置、货币安置、复合安置、城（集）镇安置、集中安置、分散安置等多种安置方式，不断创新和完善多渠道、多形式的移民安置方式"，并进一步规范了移民逐年补偿安置方式，规定了逐年补偿标准确定原则、调整机制、资金统筹方法等内容。其中，逐年补偿标准按照工程建设征地处理范围内涉及人口人均耕园地面积被征收前3年平均年产值或省国土资源部门公布的征地统一年亩产值计算，工程建设征地处理范围内涉及人口人均耕园地面积不足1亩的，逐年补偿标准按照1亩计算；审定的逐年补偿标准每年按照一定金额作逐年调整。此次调整期为2015年1月1日至2017年12月31日，对确定享受逐年补偿的移民人口，2015年在审定的逐年补偿标准基础上每人增加120元，2016年在2015年的基础上增加120元，2017年在2016年的基础上增加120元。2018年1月1日后的逐年补偿标准调整，届时根据国家和云南省的有关政策，综合考虑有关因素另行确定。

（3）政策实施情况及作用。根据出台的意见，整个云南省推行逐年补偿的水电站均按照该意见的要求进行了逐年增长，对后期扶持工作也起到了促进作用，主要如下。

1）进一步明确了移民安置规划编制的原则，突出了移民安置规划的引领和"龙头"作用。对如何解决移民安置规划编制工作过程中存在的一些问题，"云政发〔2015〕12号"提出了明确的要求，避免了因移民安置规划编制不科学、不合理造成移民安置实施阶段方案调整变化较大的现象。

2）进一步统一和完善了全省大中型水电工程建设移民逐年补偿安置方式政策。157号文件、159号文件、11号文件都是针对单个水电项目或部分流域水电项目出台的政策,有一定的局限性,不同的项目在理解和执行政策上也不一致,导致移民相互攀比。该意见对全省大中型水电工程建设移民逐年补偿安置方式政策进行了统一和完善,为做好新时期大中型水电工程移民安置工作奠定了坚实的基础。

3）进一步明确移民后期扶持工作要求。近几年来国家和云南省下发了一系列关于移民后期扶持的文件,但文件中对移民后期扶持规划与移民安置规划、国民经济和社会发展总体规划及其他专项规划的有机衔接没有系统的规定。"云政发〔2015〕12号"明确了移民后期扶持规划与各相关规划有机衔接的程序、责任和要求,巩固了近年来移民后期扶持工作取得的工作成果。

2.《云南省大中型水利水电工程建设征地移民安置实施阶段设计变更管理办法》(云移发〔2016〕112号)

(1) 出台背景。云南省2011年已经出台了一个实施阶段设计变更管理办法,在运行过程中云南省对变更界定方面需要进行局部调整,为此,出台该办法。

(2) 主要内容。设计变更管理办法对设计变更分类分级、设计变更申请、设计变更审批和设计变更监督管理等作了详细规定。

1）设计变更分类分级。设计变更的分类分为实物指标变化、移民安置规划方案调整和移民工程设计变更三类。设计变更的分级分为一般设计变更和重大设计变更。

2）设计变更申请。对设计变更的申请提出、申请的批复和设计变更申请报件作了规定。

3）设计变更审批。"云移发〔2016〕112号"中明确了设计变更报告的编制单位为综合设计单位,并对设计变更报告的内容进行了规定,同时明确了经审核同意的设计变更纳入建设征地移民安置规划修编报告。

(3) 政策实施情况及作用。该政策的实施对规范设计变更工作起到了很好的作用,为科学决策移民安置、保障移民安置实施工作依法依规、维护有关各方权益发挥了积极作用。

3.《云南省移民开发局关于印发云南省大中型水利水电工程移民工作管理办法的通知》(云移发〔2017〕147号)

(1) 出台背景。2017年4月国务院作出关于修改《大中型水利水电工程建设征地补偿和移民安置条例》的决定,国土资源部、国家发展和改革委员会、水利部、国家能源局四部委《关于加大用地政策支持力度促进大中型水利水电工作建设的意见》(国土资规〔2016〕1号)对移民安置工作提出了新的要求,对此云南省结合实际情况提出该管理办法通知。

(2) 主要内容。该通知规定了各级政府及移民管理机构、项目法人、设计、监督评估等单位的职责,以及移民安置规划主要环节工作内容、工作程序,特别提出移民安置规划审核前,项目法人或者项目主管部门应当委托第三方编制移民安置社会稳定(信访)风险评估报告,按照审核权限,逐级报州(市)、省移民管理机构进行审核。

通知规定移民安置实行计划管理。项目法人或者项目主管部门应依据经审批的枢纽工程建设进度计划和移民安置规划确定的进度计划，编制移民安置总体控制性计划、阶段性计划、年度计划建议，及时提交签订移民安置协议的地方人民政府或者其授权的移民管理机构，并于每年12月上旬，向签订移民安置协议的地方人民政府或者其授权的移民管理机构提交次年度移民安置实施任务和资金计划建议。

该通知还对移民后期扶持、资金管理、监督考核绩效提出要求。

（3）政策实施情况及作用。该通知结合新的政策要求进一步梳理、规范了大中型水利水电移民工作，为从事移民相关工作的人员指导开展移民工作提供了依据和方法，为高效、高质量推进移民安置工作发挥了较大作用。

3.2.5 贵州省

3.2.5.1 安置政策

贵州省出台的安置政策主要有《关于进一步做好水利水电工程移民城镇化安置的意见》（黔移发〔2013〕31号）。

（1）出台背景。贵州省农村人地矛盾突出，耕地分散，环境容量不足，基础设施落后，产业结构单一，传统的农业安置方式已难以适应经济社会发展的需要，移民安置向城镇转移、向发展条件更好的地方转移已成为广大移民群众的新期待和新要求，为此出台该意见。

（2）主要内容。该意见提出："移民安置方式要结合移民城镇化安置特点，选择合适的移民安置方式。有条件的库区，要积极引导移民实行长期补偿，采取长期补偿与城镇化安置相结合的模式，使移民的长远生计得到有效保障；也可以采取少土、无土安置与城镇化安置相结合的方式，通过门面配置、摊位配置、工业园区（产业园区）安置、自主创业等多种形式，引导和扶持移民进镇务工经商办实体，解决移民的就业增收问题"。

根据《关于进一步做好水利水电工程移民城镇化安置的意见》（黔移发〔2013〕31号）的要求，沅江干流托口水电站实施阶段建设征地移民安置规划时大力引导农村移民进集镇安置，使进入集镇安置的移民人口数量占总移民人口的比重达到76.9%。

3.2.5.2 管理政策

1. 《贵州省大中型水电工程水库移民安置实施管理试行办法》（黔移办发〔2001〕006号）

（1）出台背景。2001年2月，为切实搞好贵州省水库移民安置工作，促进贵州省水电开发建设，保证西电东送、黔电入粤目标的实现，根据国家有关移民工作的政策、法规，结合贵州省实际，贵州省移民办在广泛调研并充分征求省有关部门和单位以及有关地（州）、县（市、区）人民政府（行署）、移民办（支重局）意见的基础上，经过省内外有关专家的认真咨询，研究制定了《贵州省大中型水电工程水库移民安置实施管理试行办法》（黔移办发〔2001〕006号）。

（2）主要内容。《贵州省大中型水电工程水库移民安置实施管理试行办法》共7章，包括总则、组织机构及职责、项目管理、资金管理、移民监理、移民安置验收、其他。该办法明确了水库移民安置工作的管理体制和管理方式，提出了"水库移民安置工作采取政府负责、投资包干、业主参与、移民监理的管理体制和库区、施工区统一的管理方式"。

办法还对移民安置实施规划的编制单位等作出了规定："移民安置实施规划是移民安置的总体设计文件,由省移民办委托电站设计单位,会同相关地、县人民政府(行署),依据国家审批的可行性研究阶段移民安置规划和有关政策法规、技术规范编制。其内容包括总报告,分期、分县报告和地质、环评专题报告等。报告经征求相关的交通、电力、电信等部门意见后,由省人民政府或委托省移民办主持审查。经审查批准的移民安置实施规划在实施中如需作重大变更,应专题逐级报审"。

2.《关于进一步加强全省大中型水电工程移民工作有关问题的通知》(黔党办发〔2001〕20号)

(1)出台背景。贵州省移民开发办公室出台《贵州省大中型水电工程水库移民安置实施管理试行办法》(黔移办发〔2001〕006号)后,2001年6月,中共贵州省委办公厅贵州省人民政府办公厅联合发布了《关于进一步加强全省大中型水电工程移民工作有关问题的通知》(黔党办发〔2001〕20号)。

(2)主要内容。该通知提出各级党政领导干部、各有关地方和部门要认清形势,从"讲政治"的高度,按照"三个代表"重要思想的要求,进一步提高做好大中型水电工程移民工作重要性的认识,切实增强使命感和责任感;要自觉地把做好大中型水电工程移民工作作为一项重要的经济任务和重大政治任务,按照贵州省委、省政府的要求,明确目标、分清职责、密切协作,使移民工作有序推进;要坚决克服官僚主义和形式主义,狠抓落实,通过深入细致的工作,扎扎实实地帮助移民解决生产生活中的实际困难和问题,把移民工作做得更好。该通知改革和完善了贵州省移民管理体制,强化移民工作责任制;从实际出发,调整和完善贵州省有关移民政策。该通知明确提出了"统一电站施工区与库区移民补偿标准"的要求。

3.《贵州省大中型水利水电工程移民前期工作管理暂行办法》(黔移发〔2011〕45号)

(1)出台背景。为切实做好贵州省大中型水利水电工程移民前期工作,提高移民安置规划质量,根据《大中型水利水电工程建设征地补偿和移民安置条例》和水利、电力行业建设征地移民安置设计规范等有关规定,结合贵州省实际,贵州省移民局于2011年制定并颁布了《贵州省大中型水利水电工程移民前期工作管理暂行办法》(黔移发〔2011〕45号)。

(2)主要内容。该办法共38条,对大中型水利水电工程移民前期工作主要内容、深度、程序,以及各方职责等作出了规定。

办法对移民安置规划的原则、内容、程序、深度等作出了规定。其中对于农村移民安置规划明确提出了"农村移民安置规划应坚持以农业生产安置为主,其他安置为辅的安置原则。对移民安置耕地容量紧张且有条件的库区,可试行征占耕地长期补偿安置方式"。为贵州省水利水电工程移民实行长期补偿安置方式提供了政策依据。对于移民安置规划补偿标准,明确提出:①建设征收耕地补偿遵照《大中型水利水电工程建设征地补偿和移民安置条例》(国务院令第471号)有关规定执行。对土地补偿费和安置补助费不能使需要安置的移民保持原有生活水平或不能满足生产安置规划投资,需要提高补偿标准的,应根据市(州、地)人民政府(行署)公布的统一年产值和区片综合地价确定征地费用,采取计列生产安置措施费方式处理。②征收其他土地的土地补偿费和安置补助费,以及其地上的零星树木、青苗、建筑物等,遵照贵州省人民政府批复的各地征地统一年产值标准和征地区片综合地价成果、《贵州省人民政府关于修改〈贵州省征占用林地补偿费用管理办法〉的决定》（省人民政府令第 124 号）有关规定执行。③对房屋（居住房）补偿费不足以修建人均 20m² 砖木结构基本用房的贫困移民，按照人均 20m² 砖木结构房屋的补偿标准计列投资。

办法规定了移民安置规划应包括的主要内容，同时还明确了移民安置规划大纲和规划报告的报审程序，并提出了"实物调查完成后超过 5 年项目未获批准或核准的，应当报原审批机关申请对实物进行复核或重新调查。移民安置规划大纲审批后超过 3 年项目仍未核准或实施的，应重新编制移民安置规划大纲并按规定程序报批"。

3.2.6 重庆市

3.2.6.1 补偿政策

重庆市出台的补偿政策主要有《重庆市人民政府关于调整征地补偿安置政策有关事项的通知》（渝府发〔2008〕45 号）。

(1) 出台背景。根据《国务院关于深化改革严格土地管理的决定》（国发〔2004〕28 号）、《国务院关于加强土地调控有关问题的通知》（国发〔2006〕31 号）及土地管理法律法规的有关规定，结合重庆市实际，调整重庆市征地补偿安置政策，经 2008 年 1 月 7 日重庆市人民政府第 117 次常务会议通过和发布了《重庆市人民政府关于调整征地补偿安置政策有关事项的通知》（渝府发〔2008〕45 号）。

(2) 主要内容。明确分主城区和非主城区调整征地补偿安置方式和标准，调整征地农转非人数的确定方法，征收被征地农转非人员社会保障统筹费，建立被征地农转非人员的基本生活保障制度。大中型水利水电工程征收土地的补偿安置按照国家和重庆市的有关规定执行。

3.2.6.2 管理政策

1. 《重庆市人民政府关于贯彻国务院〈大中型水利水电工程建设征地补偿和移民安置条例〉的通知》（渝府发〔2007〕64 号）

(1) 出台背景。为切实做好重庆市大中型水利水电工程建设征地补偿和移民安置工作，根据国务院《大中型水利水电工程建设征地补偿和移民安置条例》（国务院令第 471 号）规定，结合重庆市实际，提出《重庆市人民政府关于贯彻国务院〈大中型水利水电工程建设征地补偿和移民安置条例〉的通知》（渝府发〔2007〕64 号）。

(2) 主要内容。

1) 建立健全移民工作管理体制。移民工作实行"属地管理和政府领导、分级负责、区县为基础、项目法人参与"的管理体制。在重庆市政府领导下，市水利水电工程移民管理机构具体负责全市大中型水利水电工程移民工作的管理和监督。市政府有关部门要按照职责分工，各负其责，密切配合，加强指导，抓紧研究完善重庆市水利水电工程移民管理体制；市移民局负责三峡工程、乌江彭水和银盘水电工程大中型水电工程移民工作的管理和监督；市水利局负责大中型水利工程移民工作的管理和监督；区（县、自治县）人民政府负责本行政区域内大中型水利水电工程移民工作的组织领导，区（县、自治县）人民政府确定的水库移民管理和监督机构负责行政区域内大中型水利水电工程移民工作的管理和监督。

2)科学编制和实施移民安置规划。移民安置规划是水库移民工作的基础。重庆市大中型水利水电工程多、移民数量大、涉及范围广,科学制定移民安置规划并认真执行至关重要。各区(县、自治县)人民政府、市政府有关部门和项目法人要按照国务院令第471号规定,认真编制和审查移民安置规划大纲和移民安置规划,并对时间界限、审批程序、验收作出了相关规定。

2.《重庆市人民政府关于贯彻〈大中型水利水电工程建设征地补偿和移民安置条例〉有关问题的补充通知》(渝府发〔2008〕128号)

(1)出台背景。为妥善处理重庆市大中型水利水电工程建设征地补偿和移民安置的有关问题,根据《重庆市人民政府关于贯彻国务院〈大中型水利水电工程建设征地补偿和移民安置条例〉的通知》(渝府发〔2007〕64号)和《重庆市人民政府关于调整征地补偿安置政策有关事项的通知》(渝府发〔2008〕45号)有关规定,结合重庆市实际,就贯彻国务院《大中型水利水电工程建设征地补偿和移民安置条例》(国务院令第471号)有关事项提出《重庆市人民政府关于贯彻〈大中型水利水电工程建设征地补偿和移民安置条例〉有关问题的补充通知》(渝府发〔2008〕128号)。

(2)主要内容。

1)关于移民安置规划大纲及规划的编制和审批。大中型水利水电工程应在可行性研究阶段,按照有关规定编制移民安置规划大纲和移民安置规划。移民安置规划大纲和移民安置规划应由项目法人或项目主管部门委托具有与工程设计相应等级资质的设计单位承担。

由国家或市级审批(核准)的大中型水利水电工程,其移民安置规划大纲应在项目可行性研究报告(项目申请报告)审批(核准)前,报市大中型水利水电工程移民管理机构初审或审查后报国务院移民管理机构或市人民政府审批;其移民安置规划经国务院移民管理机构或市大中型水利水电工程移民管理机构审核同意后,随项目可行性研究报告(项目申请报告)一并报国务院投资主管部门或市投资主管部门审批(核准)。

2)关于建设用地审批。依法批准的流域规划确定的大中型水利水电工程,建设项目用地纳入项目所在地的土地利用总体规划。大中型水利水电工程建设项目的可行性研究报告或项目申请报告经批准(核准)后,项目用地应当列入土地利用年度计划。国家和市重点支持的大中型水利水电工程建设项目,土地征收后,按国务院和重庆市政府的有关规定供应土地。

大中型水利水电工程建设项目用地,必须依法申请并办理审批手续,可以按批复的工程初步设计确定的分期建设方案报批征收土地。为应急抢险需要兴建的防洪、治涝、供水等工程,可以先行使用土地,事后补办用地手续。

3)关于征地补偿标准。对征收耕地,征用林地,征收牧草地、园地、养殖水面及其他土地,农村房屋、青苗和地上构(附)着物的补偿标准作出相关规定。

4)关于移民安置。大中型水利水电工程征地移民以农业安置为主,以农转非安置为辅,具体安置方式由移民所在区(县、自治县)人民政府在听取移民意愿和移民安置区居民意见的基础上确定,并对农业安置和农转非安置作出了相关规定。

5)关于大中型水利工程征地优惠政策。国家和市级重点大中型水利工程免缴被征地农转非人员社会保障统筹费、建设工程规划综合费、城镇建设配套费；免缴征地范围内的矿产资源补偿费，但应完善有关手续。新增建设用地土地有偿使用费地方分成部分、耕地占用税、耕地开垦费及建设用地森林植被恢复费按照即征即返的方式办理。大中型水利工程建设所涉及的区（县、自治县）不得自行确定收费项目。

3.2.7 浙江省

浙江省出台的管理政策主要有《浙江省大中型水库工程移民安置规划设计变更暂行办法》（浙民移〔2014〕77号）。

（1）出台背景。为了保障移民合法权益，加强大中型水库工程移民安置管理，维护移民安置规划的严肃性，规范移民安置规划设计变更行为，根据《大中型水利水电工程建设征地补偿和移民安置条例》（国务院令第471号）、《水利部关于印发〈大中型水利水电工程移民安置前期工作管理暂行办法〉的通知》（水规计〔2010〕33号）等有关规定，浙江省结合实际，制定了《浙江省大中型水库工程移民安置规划设计变更暂行办法》（浙民移〔2014〕77号）。

（2）主要内容。该办法适用于经省级移民管理机构审核的大中型水库工程移民安置规划的设计变更。移民安置规划设计变更应当符合有关法律、法规、技术规范，有利于改善移民生产生活条件和生态保护，有利于提高移民安置质量和推进移民安置工作。有发生"工程占地和淹没区范围发生改变，引起居民迁移界线发生变化的；以县为单位，人口、耕园地的实物调查成果变化幅度大于3%的；移民安置规划新址包括集中居民安置点（100人以上的）、城（集）镇新址、企（事）业单位新址等建设地点、方式改变的；移民安置规划新址占地面积或集中居民安置点的搬迁安置人口变化幅度大于20%的；移民生产生活安置标准及方式发生变化的；新增或取消某项移民工程的；移民工程建设标准、等级、规模改变，设计方案调整的；投资1000万元（含）以上的移民工程建设，投资变化大于10%或金额变化超过1000万元（含）的"情形之一，项目法人应当委托原移民安置规划编制单位或者有相应资质的设计单位编制设计变更专题报告，并向省级移民管理机构申请移民安置规划设计变更审核。

3.2.8 湖北省

1.《湖北省人民政府办公厅关于清江水电工程移民工作管理体制有关问题的通知》（鄂政办发〔1997〕11号）

（1）出台背景。随着清江流域水电梯级开发工作的全面展开以及清江水电开发管理体制的变化，清江流域的移民工作和工程建设任务进一步加重。为适应该流域水电开发新形势的需要和现代企业制度的要求，全面加强清江水电工程移民工作和开发建设，在征求有关部门和单位意见的基础上，经湖北省人民政府同意，决定对清江移民工作管理体制作适当变更。

（2）主要内容。主要规定"不再设立湖北省清江水电工程移民领导小组；清江水电工程移民工作在湖北省政府领导下，由分管省长负责，省移民局组织实施和管理。省有关部门要加强对移民资金、项目等的审查和监督，建立健全清江流域移民工作的约束机制；移民工作是政府的一项重要工作，涉及面广，政策性强，难度大，要求高。各有关市、州、县人民政府要切实加强对移民工作的领导，成立专班，建立健全移民工作责任制"。

2. 《湖北省人民政府办公厅转发湖北省移民局关于湖北省清江流域水电工程移民资金管理暂行办法的通知》（鄂政办发〔1997〕119号）

（1）出台背景。为了加强对清江流域水电工程移民资金的管理，提高投资效益，妥善安置好移民，根据国家有关规定，结合湖北省实际情况，制定该通知。

（2）主要内容。主要规定："统一领导、分级管理。清江流域水电工程移民工作在湖北省政府领导下，由分管省长负责，省移民局组织实施和管理。省移民局负责全省移民计划及资金管理工作。有关市、州、县移民管理机构在本级人民政府的领导下负责本级和所属单位移民资金的管理工作，同时接受上级业务主管部门的指导、监督"和"各级移民管理机构必须严格执行经批准的移民规划和移民年度实施计划，实行计划管理和项目管理。按移民计划和进度拨款，实行决算和验收制度"。

3. 《湖北省人民政府办公厅转发湖北省移民局关于清江水布垭水利枢纽工程库区移民安置实施管理办法的通知》（鄂政办发〔2001〕98号）

（1）出台背景。为了做好清江水布垭水利枢纽工程（简称水布垭工程）库区移民工作，妥善安置移民，保证水布垭工程建设顺利进行，促进库区经济和社会发展，根据国务院《大中型水利水电工程建设征地补偿和移民安置条例》及国家有关的法律法规，结合水布垭工程库区实际，制定该通知。

（2）主要内容。主要规定："贯彻开发性移民方针，坚持以土为本，以农为主，结合库区资源因地制宜发展二三产业，通过多渠道、多形式安置好移民。移民安置按国家有关政策法规，采取前期补偿、补助和后期生产扶持的办法"。

4. 《省移民局、省发展改革委、省财政厅、省扶贫办关于切实做好大中型水库贫困移民脱贫工作的指导意见》（鄂移〔2016〕60号）

（1）出台背景。湖北省有大中型水库移民212万人，其中在扶贫部门建档立卡的贫困移民人口为18.9万人。贫困移民是全省扶贫开发工作最难啃的骨头，是全面小康建设的突出短板。为确保到2019年水库移民与全省人民一道实现全面小康，出台了《省移民局、省发展改革委、省财政厅、省扶贫办关于切实做好大中型水库贫困移民脱贫工作的指导意见》（鄂移〔2016〕60号）（简称《指导意见》），为贫困移民脱贫工作提供强有力的政策支持。

（2）主要内容。《指导意见》明确要求，要以建档立卡的移民贫困村和移民贫困人口为重点扶持对象，按照"精准扶持、分类施策、协同配合、绿色发展"的基本原则，以移民贫困村为单元，编制水库移民脱贫攻坚工作方案，将任务层层分解到村、到户，围绕扶持谁、扶什么、谁来扶、怎么扶，制定逐村、逐户、逐人帮扶工作措施，强化帮扶工作的精准性和实效性。

3.2.9　湖南省

3.2.9.1　安置政策

2015年，出台《关于进一步加强大中型水库移民安置工作的意见》（湘政发〔2015〕

47号)。

(1) 出台背景。伴随着经济社会的发展进程,移民安置工作衍生出许多新情况、新问题,根据《湖南省规范性文件管理办法》的时效性规定,经组织修订完善,2015年11月30日,湖南省政府颁布了《关于进一步加强大中型水库移民安置工作的意见》(湘政发〔2015〕47号)(简称《意见》)。

(2) 主要内容。《意见》共分5个单元,从移民安置工作的"科学编制规划""严格报批程序""强化实施管理""规范安置验收""加强组织领导"等方面,对移民安置工作管理作了实体性规定。

3.2.9.2 补偿政策

2012年,湖南省出台《湖南省人民政府关于调整湖南省征地补偿标准的通知》(湘政发〔2012〕46号)。

(1) 出台背景。2012年12月,为进一步规范湖南省征地补偿安置工作,促进经济社会持续健康发展,切实维护被征地农村集体经济组织和农民的合法权益,湖南省人民政府对"湘政发〔2009〕43号"公布的征地补偿标准进行了调整,颁布了《湖南省人民政府关于调整湖南省征地补偿标准的通知》(湘政发〔2012〕46号)。

(2) 主要内容。《湖南省人民政府关于调整湖南省征地补偿标准的通知》(湘政发〔2012〕46号)根据物价上涨的实际情况,在《湖南省人民政府关于公布湖南省征地补偿标准的通知》(湘政发〔2009〕43号)的基础上提高了全省的征地补偿标准,同时删除了"对国家和省兴建公路、铁路、水利工程等重大基础设施项目的征地补偿标准,省人民政府另有规定的,从其规定"的规定。"湘政发〔2012〕46号"的颁布施行,标志着采用征地区片价成为湖南省水库移民征地补偿的强制性标准,对湖南省水电工程建设征地补偿工作具有里程碑的意义。

3.2.9.3 管理政策

2014年,湖南省出台《湖南省大中型水库移民安置工作管理办法》(湘政办发〔2014〕88号)。

(1) 出台背景。2014年,湖南省根据移民管理工作实践的新需求,对2011年颁布的《湖南省大中型水库移民安置工作管理暂行办法》(湘政办发〔2011〕78号)进行了修订完善,并以《湖南省大中型水库移民安置工作管理办法》(湘政办发〔2014〕88号)予以重新发布。修订后颁布的管理办法既是对"湘政办发〔2011〕78号"实施效果的肯定,也是在承接与发展的基础上,进一步提炼了移民安置管理工作规律,并赋予了移民安置管理工作新的目标要求、管控重点和保障基准,从而标志着湖南省移民安置管理的制度化、规范化建设迈入了一个崭新的阶段。

(2) 主要内容。该办法以完善管理格局、理顺事权关系、明确标准程序、规范管理行为、强化监管机制为构架,用8章53条的篇幅呈现了移民安置工作的运行机制、管理环节和行为规范。主要内容包括:关于移民安置工作遵循的原则和管理体制;关于移民安置工作参建各方的事权关系;关于规划设计管理工作的监管节点;关于规划实施工作、管理环节及基本流程;关于移民资金拨付与使用管理;关于验收工作及管理行为;关于监督检查与责任追究等方面。

3.2.10 广西壮族自治区

1.《广西壮族自治区人民政府关于加强水库移民工作的通知》(桂政发〔2002〕16号)

(1) 出台背景。在国家实施西部大开发战略中,广西壮族自治区作为西电东送的重要基地,已开工建设龙滩水电站、百色水利枢纽等大型水利水电工程,按照计划,以后还将陆续开工建设一批大中型水利水电工程,相应的移民任务将十分繁重。从全区水库移民工作的现状看,虽然取得了一定的成绩,但是,移民工作面临的形势还十分严峻,如何进一步处理好老水库的移民遗留问题和做好新水库的移民安置,促进区域经济发展,维护社会稳定,将是一项重要而艰巨的任务。

(2) 主要内容。该通知就如何做好全区水库移民工作提出以下要求:"统一思想,提高对移民工作重要性的认识;强化移民工作责任制,加强对移民工作的领导;加强移民工作的协调,形成各部门齐抓共管的工作局面;建立健全移民工作机构,明确各级移民工作职责;加强移民资金管理,确保移民资金专款专用"。

2.《关于进一步加强水库移民资金管理的通知》(桂财农〔2011〕313号)

(1) 出台背景。为了贯彻实施《国务院关于完善大中型水库移民后期扶持政策的意见》(国发〔2006〕17号),切实把改善库区移民生产生活条件作为一项事关民生、经济发展、社会稳定的重要工作来抓,不断加大财政投入,努力从根本上解决水库移民问题。需要进一步加强水库移民资金管理,确保水库移民资金安全运行,提高水库移民资金使用效益。

(2) 主要内容。主要规定了"落实规划,集中水库移民资金投入规划项目建设;加强征管,确保水库移民资金及时足额入库;强化预算,提高水库移民资金管理水平;完善制度,规范水库移民资金使用管理"等方面的内容。

3. 广西壮族自治区水库移民工作管理局《关于加强全区水库移民补偿资金使用管理工作的通知》(桂移发〔2012〕28号)

(1) 出台背景。为进一步规范全自治区水库移民补偿资金的管理工作,根据《大中型水利水电工程建设征地补偿和移民安置条例》(国务院令第471号)、《广西壮族自治区大中型水利水电工程移民补偿资金财务管理办法(试行)》(桂移发〔2002〕72号)和《广西壮族自治区水利水电工程移民补偿资金会计核算办法(试行)》(桂财会〔2002〕16号)等文件规定,制定了加强全自治区水库移民补偿资金使用管理工作的规定。

(2) 主要内容。主要规定了水库移民补偿资金使用管理的制度要求,包括年度预算管理制度、年度项目计划制度、资金使用计划制度、资金拨付使用管理制度、资金使用审批制度、资金使用报账制度、资金使用监管制度、项目验收结算制度等。

第4章
移民工作管理模式

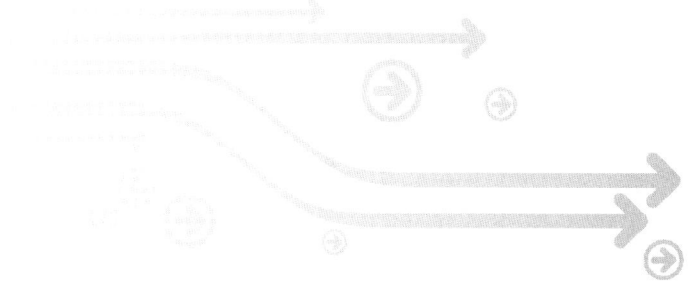

从中华人民共和国成立以来，中国从水电弱国发展成为世界水电大国和水电强国。伴随着水电事业的发展，水电移民工作管理从政府设置临时机构管理到政府领导下的常设机构管理，从粗放规划到详尽规划，经历了漫长的演进过程。本章结合中国水电开发及移民安置实际，分4个阶段，从开发管理、实施管理、设计咨询管理和监督评估管理等4个方面对移民工作管理模式进行总结。

4.1 移民安置滥觞期

该时期内，中国水电工程建设相继经历了"大跃进""人民公社""三年严重自然灾害"以及"文化大革命"等特殊的历史时期，水电开发管理工作受到了较为严重的影响，但在国家"三线建设"号召下，水电开发建设仍然"奋勇向前"，形成了以国家建委、水电部牵头组织，由国家进行统一开发和管理的模式。代表性水电工程有长江上游的葛洲坝水电站，黄河上游的刘家峡、青铜峡、三门峡、盐锅峡、八盘峡水电站，新安江上的新安江水电站，乌江干流上的乌江渡水电站，大渡河干流上的龚嘴水电站等。

4.1.1 开发管理

在计划经济背景下，受当时经济体制和国情约束，中国大型工程特别是水利水电工程的开发和管理工作由国家投资、政府组织建设和管理。在此大环境下，各流域水电开发均深深地打下了时代烙印。这一时期水电开发工作由国家建委、水利电力部牵头组织，电力部门进行统一管理，国家进行投资开发，属于行政行为，非企业行为。水电开发呈现单点开发的特点，尚未有梯级开发的概念。这一时期的开发管理模式充分体现了国家重点工程建设属性，表现出"战略性、计划性、统一性"等时代特征。

4.1.1.1 大渡河流域

20世纪60年代，在国家"三线建设"号召下，水电开发由国家建委、水利电力部牵头组织，由国家进行统一开发和管理。该时期内大渡河流域水电开发的代表为龚嘴水电站（图4.1-1和图4.1-2）。

案例："三线建设"背景下的龚嘴水电站开发

龚嘴水电站建设始于1964年6月，国家进行"三线建设"时列入第三个五年计划。作为"三线建设"的关键性工程，该水电站于1966年3月开工建设，1971年12月首台机组投产发电，1978年全部建成投产，是西南地区在特殊历史背景下建成的第一座大型水电站。四川省电力局既是投资主体又是建设主体，负责按进度拨付资金及工程的建设管理。

水电站所发电量通过上下厂两座220kV开关站共7回线路分别送往宜宾、自贡、乐山等地。水电站的建成使四川原来分散、孤立的电网连成一片。水电站建成后长期承担四川电网的发电和调峰、调频及事故备用任务，在电网中处于举足轻重的地位，为四川省经济和社会发展作出了重要贡献。

图 4.1-1　龚嘴水电站建设（1971 年）

图 4.1-2　龚嘴水电站（现状）

4.1.1.2　长江干流及金沙江下游流域

该时期内，长江干流及金沙江下游区域以长江干流上的葛洲坝水电站为代表工程。在计划经济时期，受当时经济体制和国情约束，流域大型水电工程均由国家投资、政府组织建设和管理。

案例：计划经济时期的葛洲坝水电站开发

1970 年 6 月，葛洲坝工程开始筹建，1970 年 12 月开工，1988 年全部机组投产。当时为缓解三峡建设用电紧缺的局面，同时为有计划、有步骤地为三峡工程作实战准备，葛洲坝水电站的开发"应运而生"，水电站建设符合计划经济时代所有特征，由国家投资开发建设，同时整个移民工作隶属于水利电力部、能源部领导。

4.1.1.3　沅江流域

20 世纪 80 年代以前，沅江干流上无开工建设的水电项目，仅五强溪等部分水电站开展了一些前期规划工作。在该时期，水电开发仍由国家建委、水利电力部牵头组织，由国家进行统一开发和管理。

4.1.1.4　乌江流域

20 世纪 80 年代以前，乌江流域水电开发的代表为乌江渡水电站。这一时期水电开发由国家建委、水电部牵头组织，由国家进行统一开发和管理。

4.1.1.5　黄河流域

1954 年 10 月，国家提出了《黄河综合利用规划技术经济报告》，说明水电开发已在 20 世纪 50 年代便开始进入遵循河流规划进行开发的时代。这一时期，黄河流域水电站由水利电力部牵头组织开发；在水电站管理方式方面，则由国家进行统一管理。这一时期主要开发的水电站有刘家峡水电站、盐锅峡水电站、八盘峡水电站。

4.1.2 实施管理

20世纪80年代初以前，中国实行高度集中统一的指令性计划经济体制，采用计划手段动员和配置资源。在此时期，中国水电移民工作尚处于探索阶段，国家和各级政府未设置专门的移民安置实施管理部门，水电工程移民机构通常是临时性的，移民搬迁安置工作通常由地方政府负责，依靠"政治动员、行政命令"的方式开展，带有计划经济时代的烙印。

4.1.2.1 大渡河流域

以该时期典型工程龚嘴水电站为例，当时水电开发和投资处于垄断时期，四川省级层面尚未成立专门的移民管理机构，由乐山专区成立了龚嘴水电站领导小组，负责指导和管理移民工作，沙湾区、峨边县县级人民政府负责实施，国家按进度拨付资金；移民房屋建造多采用自建方式，各公社、区、县逐级验收和审批，所需的主要材料（如水泥、钢筋、砂石、砖、木材等）一般为政府统一调拨，表现出计划经济时代政府统筹的特征；水电站涉及的公路、库内交通、生活用水等移民工程均由建设单位承担，地方政府逐级验收。

另外，当时对水库移民工作的复杂性认识不足，存在"重搬迁、轻安置"的思想观念，且缺少后期扶持相关配套政策，导致部分项目移民安置后生产生活未能妥善解决，产生了一些遗留问题。

案例：大渡河龚嘴水电站移民安置工作实施管理

大渡河龚嘴水电站于1965年10月开始进行初步设计，为进一步加快水电站的建设和移民安置工作，按时完成国家下达的"于1966年10月至1967年2月完成施工围堰高程500m以下移民搬迁安置工作"，由乐山专区主持召开移民安置工作会议，包括工程局、设计院、建行、乐山、峨边和峨眉三县县委，以及乐山专区有关部门参加，会议一致同意决定建立四川省乐山专区龚嘴水电站领导小组，负责指导和管理移民工作。在该工作思路下，龚嘴水电站很快完成了围堰区（高程500m以下）第一期101户移民搬迁，到1970年年底基本完成了龚嘴水电站的移民搬迁安置工作。

4.1.2.2 长江干流及金沙江下游流域

在计划经济时代，流域移民主要由地方政府负责，即以行政命令方式安置移民。

案例：葛洲坝水电站移民安置工作实施管理

长江流域葛洲坝水电移民搬迁集中在20世纪70年代至80年代初，宜昌市委、市革命委员会成立移民领导小组，组建工作专班，负责管理实施，宜昌市征地移民搬迁办公室负责具体移民搬迁安置楼建设和耕地划拨；受计划经济管理体制影响，移民安置管理主要依靠政府行为。移民前期工作由长江流域规划办公室会同湖北省水电局、省民政局负责完成，后期工作由湖北省民政厅、移民局组织完成。

20世纪70—80年代，在葛洲坝水电站移民动迁过程中，为了保证工程的顺利进行，地方各级党政领导机关分别召集干部、党员和群众大会，大力宣传兴建葛洲坝工程的伟大意义。广大移民表示以战争年代支前的革命精神来支援工程建设，坚决服从大局，到安置区去艰苦创业，重建家园。此后，地、市（1979 年前，市属地辖）、县、乡（镇）各级党政机关带头搬迁。宜昌的机关学校争先恐后，夜以继日，只用了一个多星期就迁出了工区，宜昌县委、县政府、人民武装部及县直属机关不讲条件、不讲价钱（县城迁建累计补偿 180 万元），仅用 46 天的时间，全部迁至小溪塔重建新县城。移民迁入异地后，由于生产生活习惯的改变，产生了不少困难。安置区的党政机关急移民所急，积极主动地为移民排忧解难。秭归县移民迁入枝江县以后，由原来在坡地上种玉米、柑橘转为在平原上种棉花，一切都不适应，一切都要从头学起。安置区政府立即抽调一批思想、技术最棒的技术员，到各移民生产队进行具体示范和指导，直到移民完全掌握全套技术为止。在库区各乡（镇），移民部门专门聘请了特产技术员帮助移民解决柑橘生产上的技术问题。

4.1.2.3　沅江流域

1958 年，为了做好水库移民工作，湖南省政府成立了湖南省移民委员会，负责移民安置实施管理工作。移民委员会由一名副省长兼任主任，省农业、水利、民政、公安、财政、粮食、林业、商业等厅（局）负责人任委员，下设移民办公室。同时，涉及移民安置实施任务的地（州、县）相继成立了移民领导小组，把移民工作列入重要议事日程。

案例：移民安置滥觞期湖南省移民管理机构情况及职责分工

1958 年，随着中央和省里投资的柘溪、双牌、水府庙等大型水库和地县一大批大中型水库的兴建，为了做好水库移民工作，湖南省成立移民委员会，由一名副省长兼任主任，省农业、水利、民政、公安、财政、粮食、林业、商业等厅（局）负责人任委员，下设移民办公室，主要负责全省大中小型水利水电工程的移民安置工作。省移民委员会办公室成立之初在省民政厅办公，后移设省农业厅农垦局，1959 年迁回省民政厅，1964 年改迁省水利电力厅，主要负责全省大型工程的移民安置。1980 年 3 月，省政府成立省移民领导小组，由一名副省长任组长，有关部委厅（局）和工程设计部门负责人为成员，领导小组下设办公室，为省水利厅下设处（室），由省水利厅厅长兼任主任，主要负责全省部省属大中型水利水电工程移民安置工作。1958 年以后，有移民任务的地（州、县）成立了移民领导小组，把移民工作列入重要议事日程，并设有专门的移民办事机构，负责辖区内各类水利水电工程移民安置工作。从 1964 年开始，各级移民工作职责得到大致明确，省里主要负责大型工程的移民安置，地（州、县）负责中小型工程的移民工作。

4.1.2.4　乌江流域

1975 年，贵州省成立移民局，其前身为水库移民办公室，是为实施乌江渡水电站移民搬迁而设立，属贵州省电力公司管理的一个处级单位，负责对全省地、县移民工作进行业务指导，统一管理全省水库移民资金。

案例：移民安置滥觞期贵州省移民管理机构情况及职责分工

贵州省移民局成立于 1975 年，前身为水库移民办公室，是为实施乌江渡水电站移民搬迁而设立的，属贵州省电力公司管理的一个处级单位，负责对全省地、县移民工作进行业务指导，统一管理全省水库移民资金。从移民安置规划设计阶段来看，20世纪80年代初以前的移民管理职责分工，开始时前期工作以设计单位为主，设计单位代表国家承担了投资控制的部分职能。设计单位在地方政府的配合下，开展实物指标调查，编制移民安置规划和补偿投资，国家在此基础上审查批准补偿投资。但是，随着"大跃进"运动，移民安置规划被忽视，设计单位工作主要内容是以调查实物指标为基础估算补偿费用，专注于补偿投资控制，而移民安置则由地方政府自行规划。"文化大革命"开始后，移民设计工作基本无法开展。从移民安置实施阶段来看，按计划经济的模式，移民安置的实施由政府负责，政府负责移民搬迁安置和资金筹措。

4.1.2.5 黄河流域

这一时期，黄河流域水库移民工作尚处于探索阶段，并未成立专门的移民管理机构。水库移民工作主要靠政治动员、行政命令的方式进行，即完全是以政府为主导的非自愿移民行为。在当时政策背景下，移民搬迁、生产安置方式、搬迁地点、生活生产恢复等均是由政府制定，没有太多选择可言，具有鲜明的计划经济时代的烙印。

这一时期，流域涉及各省移民管理机构多隶属各省政府、挂靠省电力局。市（州）、县一级的移民管理机构多以项目名称命名下设移民办公室。如黄河刘家峡、盐锅峡、八盘峡水库建设时期，1959年2月24日临夏市成立移民委员会，由市长任主任，市农业、福利、文卫、妇联、团工委、财贸、经济委、莲花公社、白塔公社、刘家峡公社、西河公社、北塬公社等单位负责人为委员，并配备7名专职干部办理具体事宜。26日，临夏市委正式批复，"同意成立市移民委员会及其人员安排"以加强刘家峡等水电工程淹没区对移民工作的领导"。之后，各有关公社都相应成立移民办公室，由公社书记任政委、社长任办公室主任，具体领导移民工作，在移民中进行广泛宣传，并制订了切实可行的移民计划。

此外，也有如青海海南藏族自治州发展和改革委员会支援龙羊峡水电站的建设办公室、黄南州尖扎县支援李家峡水电站的建设办公室等移民实施管理机构。

4.1.3 设计咨询管理

中华人民共和国成立初期，国民经济建设管理体制表现为中央的高度集中统一。中央人民政府为加强对基本建设工作的领导和管理，于1951年3月颁布《基本建设工作程序暂行办法》，水利部1952年3月转发了中央财政经济委员会的《基本建设工作程序暂行办法》，并结合水利事业情况提出了贯彻意见。

该时期后半段，水电开发移民安置设计管理遵循国家关于基建管理的统一规定；但受当时国情影响，移民安置缺少专业的设计规范与设计管理办法作为支撑，存在"边勘察、边设计、边施工"现象。移民规划设计任务更多的是根据实物指标数量计算补偿补助费用，对移民安置规划只是提出方向性的建议。

4.1.3.1 规划、设计

在政策法规层面，该时期内水电建设征地移民安置规划设计主要执行1958年1月国务院颁布实施的《国家建设征用土地办法》（1958年1月经全国人民代表大会常务委员会第九十次会议批准）。该时期的政策规定、管理办法多为指导性，在实施阶段缺乏可操作性。

在规程规范层面，该时期内水电移民安置规划设计尚没有正式颁布的专业设计规范，即使在1962—1964年，水利电力部水电建设总局曾组织编制了《水利水电工程水库淹没处理设计规范》，并形成了《水利水电工程水库淹没处理设计规范（研究班定稿）》，但该技术标准未正式发布，在部分项目中被作为技术标准得以应用；受国情影响，水电移民安置规划设计管理不到位，实施过程中存在随意性、强制性的现象，对设计管理的重视程度不足。如在全国"大跃进"运动急于求成的思想指导下，提出要打破常规，敢想敢干，对"一五"期间建立起来的建设程序、管理办法，都被视为要打破的常规而抛弃了。"文化大革命"期间，基本建设程序和一些规章制度遭到破坏。

如沅江流域早期的库区规划设计主要内容包括：调查库区淹没损失，编制移民安置规划，对各淹没对象提出改建、复建措施设计。其时淹没调查和移民安置规划都做得很细。特别在技施设计阶段对不同频率洪水的回水线沿程每隔100~200m埋设1个有高程标志的木桩，居民房前屋后和大片农田处埋设永久水泥桩，对每一移民户建立相应的社会、经济和生活条件登记卡，逐块耕地插牌核实数量，甚至逐栋清点户主自有的果树和自用林木；逐户落实安置村的具体地址，使每户移民知其所归，操其所业，生活水平不低于迁移以前。1957年，"大跃进"运动中的库区规划工作由细变粗，乃至初设阶段也常采用1∶25000甚至1∶50000地形图确定有关淹没指标，再借用其他水库投资单价测算水库投资总额。技施阶段虽然也测设淹没界桩，但其规格、间距及测设精度均有所下降，人口房屋虽也逐户登记丈量，但其他项目的典型调查均被取消。

4.1.3.2 审查、咨询、评审

该时期内，各流域水电工程移民安置规划的审查、审批环节均大同小异，主要以区、县逐级审批为主。具有代表性流域的典型项目如下。

1. 大渡河流域

该时期大渡河流域典型水电站为龚嘴水电站。1965年移民安置规划编制采取以地方为主，设计单位配合的方式开展，移民安置规划报告由各公社分别负责编制，报经区、县逐级审批。在移民安置实施过程中，设计单位派人参加专区移民办公室工作，并组织人力进行了库区征地、移民永久界桩的测设。

2. 长江干流及金沙江下游流域

长江流域的葛洲坝水电站由湖北省革命委员会负责，以湖北省为主，长江流域规划办公室、三三〇工程局参加，共同编制葛洲坝库区移民搬迁安置规划和分年移民搬迁意见。1979年，湖北省革命委员会提出"移民搬迁以就近后靠为主""生产安置以大农业为主""多种经营以副业为主"的移民安置原则，并按此原则制定了葛洲坝库区移民安置规划。

3. 乌江流域

该时期乌江流域典型水电站为乌江渡水电站，在20世纪70年代编制移民安置规划时，采取以地方为主、以设计单位配合的方式，移民安置规划报告由各公社分别负责编制，报经区、县逐级审批。

此外，在该时期内暂未出现设计变更、规划调整或概算调整等概念。

4.1.4 监督评估管理

在工程建设领域，建筑生产长期被认为是"来料加工"活动。水电工程建设投资由行政部门按条条块块，层层拨付，施工任务由行政部门向各自所属的建筑企业下达，主要建筑材料采取物随钱走的供应方式，随投资向工程项目按需调拨。在这种背景下，建设单位、设计单位和施工单位只是被动的任务执行者，是行政部门的附属物。因此，政府对他们所参与的工程建设活动采取单向的行政监督。在工程施工中，由于工程费用实报实销，不计盈亏，不讲核算，工程建设各参与者所关注的重点是工程的进度和质量。为了保进度，不惜投入大量的人力，采取兵团式的人海战术，而对工程质量的保证又主要依靠施工单位的自我监督。

该阶段，由于移民工作主要依靠政府行为，尚未形成具体的移民监督评估管理模式。

4.2 移民安置探索期

进入 20 世纪 80 年代后，水电开发逐渐增多，各地逐步建立了各级移民管理机构，各级政府、各单位逐渐重视移民安置规划、管理工作，水电移民管理模式逐步完善，对移民工作的指导性逐步加强。

4.2.1 开发管理

在该时期，水电开发仍是行政行为，开发管理由国家建委、水利电力部牵头组织，开始重视流域统筹规划，由国家对单个水电站指定开发转变为注重流域规划进行开发。

该时期的初期，不少流域相继审查通过了河流水电规划报告，如大渡河干流、乌江干流、清江和沅江等流域。此阶段，大部分河流水电开发以国家审批的《河流规划报告》为依据，该时期前期开发管理的主体仍以政府为主，后期为缓解中国电力紧张局面、调动地方积极性、多渠道投资办电，国家改革了电力投资体制，实行"部省联合办电"，极大地调动了地方办电的积极性。部分项目成立了项目法人，流域梯级开发逐步启动，投资主体仍然以一元化的政府为主。

4.2.1.1 大渡河流域

1989 年，国家和四川省有关单位相继开展了大量的勘察、规划、设计、咨询工作，并审查通过了《大渡河干流水电规划报告》，报告将大渡河干流（双江口至铜街子河段）规划为两库 17 级开发，其中，独松和瀑布沟两个调节水库为大渡河干流开发的控制性工程，并推荐瀑布沟作为继铜街子水电站之后的开发建设工程。自此，大渡河干流水电开发进入遵循河流规划进行开发的时代。1994 年建成的大渡河铜街子水电站是大渡河干流水电规划审查后建成的一座水电站（图 4.2-1 和图 4.2-2）。铜街子水电站的开发实际上早在 1936 年就开始研究，中华人民共和国成立后于 1957 年开始由成都勘测设计院进行规划、勘测、设计，1959 年开展筹建工作，1982 年提出初步设计补充报告，1983 年 3 月经国家计委批准正式列为国家重点建设项目。铜街子水电站的开发也充分体现计划经济时代"政治号召、全民参与"的特点，它的开发历经几代人的艰苦拼搏，在这一过程中，设计单位和施工队伍得到了充分锻炼,也为中国水利水电科技水平的提高作出了较大的贡献。

4.2.1.2 长江干流及金沙江下游流域

该时期内,流域的开发管理工作重心主要集中在清江流域和长江干流。

为使清江流域的资源得到合理开发利用,带动湖北西南脱贫致富和全省经济发展,湖北省委、省政府于20世纪80年代作出"开发清江,振兴湖北经济"的战略决策。经国家批准,确定用20年时间,在清江自上而下建设3座大型水电站,即在巴东县兴建水布垭水电站、在长阳县兴建隔河岩水电站、在宜都市兴建高坝洲水电站,并作出"首战隔河岩,再战高坝洲,会战水布垭"的总体部署。

1987年1月13日,湖北省政府正式发文,成立湖北清江水电开发公司(后名称有调整,均简称清江公司),承担清江流域开发任务,规定国家与湖北省政府按3:7的出资比例开发清江。

图4.2-1 铜街子水电站建设实施

图4.2-2 铜街子水电站现状

案例:清江流域水电开发管理模式

为使清江流域的资源得到合理开发利用,带动湖北西南脱贫致富和全省经济发展,湖北省委、省政府于20世纪80年代果断作出"开发清江,振兴湖北经济"的战略决策。经国家批准,确定用20年时间,在清江自上而下建设3座大型水电站,即在巴东县兴建水布垭水电站、在长阳县兴建隔河岩水电站、在宜都市兴建高坝洲水电站,并作出"首战隔河岩,再战高坝洲,会战水布垭"的总体部署。

1986年5月,国务院决定湖北省、水利电力部合资兴建隔河岩水电工程,这是改革开放以来在湖北省兴建的首座大型水利枢纽,时逢全国基本建设领域深化改革的机遇,鉴于工程建设采取湖北省和国家合资兴建的形式,并以湖北省为主负责组织建设,这就极大地调动了地方办电的积极性。湖北省从一开始就按改革的思路,对工程建设和管理进行了全方位的改革。

1987年1月13日,湖北省政府正式发文,成立湖北清江水电开发公司,承担清江流域开发任务,规定国家与湖北省政府按3:7的比例出资开发清江,确定"清江开发公司是具有法人资格的实行独立核算的全民所有制企业""为开发清江水力资源各梯级工程的建设单位""近期负责隔河岩水电站建设,工程竣工后,负责电站的领导和经营管理,并依靠电站的收入,逐步开发清江流域其余梯级工程和资源"。

一家公司开发一条江，这在国内尚属首例。国家、地方首次联合投资，已经打破了中国大型水电站依赖国家投资的传统模式，调动了中央和地方的积极性。此外，国家计委批复，隔河岩水电站由湖北省和水利电力部联合投资，由湖北省负责组织建设，按比例分电分利，这也是一项重大的改革。它同时给清江公司压上了控制投资、投产还贷、滚动发展三副担子。压力最终变成了活力，清江公司从实际出发进行探索，逐步形成了"流域、梯级、滚动、综合"的开发思路，建立起适应流域开发新型工程建设管理体制和企业经营体制。这个阶段，他们以推行"业主负责、建管结合、流域开发、滚动发展"的方式，实现了由计划经济模式下的行政负责制向以市场经济为主的业主负责制转变。

当时，水电行业实行建管结合的模式在过去绝无仅有。过去，大型水电工程是靠国家出资组建工程指挥部，指定设计、施工和设备制造单位进行大会战，水电站建成后交由电力部门管理。这种以行政机制为内核的建设管理体制，造成投资、建设、经营三脱节，导致工程建设普遍患有"投资无底洞，工程马拉松"的顽疾。

业主、建管、营运三位一体，打破了大型水电工程长期沿用"行政指挥"的惯例，计划经济体制下的"大兵团作战"被清江公司引入的市场竞争机制所取代。他们公开招标，并通过契约建立新型的甲乙方关系，走出了一条权责挂钩、效益驱动的新路子。这样一来，以电养电，采取梯级开发，实行全流域滚动发展和综合管理，也就成为可能。

多年来，清江公司坚持改革，勇于探索，从建立新型工程建设管理体制入手，逐步形成了适应社会主义市场经济要求，有利于企业发展和流域滚动开发的"清江体制"。清江体制的内涵，首先，由出资双方（国家和湖北省政府）明确各自出资的代表，即国家出资部分确定由华中电力集团公司代表，省里设立湖北清江水电投资公司，作为湖北省在清江的控股公司，负责国有资本的运营和清江开发的筹资、融资。其次，由出资双方共同组建湖北省清江水电开发有限责任公司，负责清江各梯级电站的建设和经营管理。这个体制的特点是由投资公司代表国家行使国有资产所有权，改变了传统体制下由政府部门作为投资主体的局面，克服了由此造成的出资方缺位现象，实现了政企分开。在实现了由计划经济模式下的行政负责制向市场经济下的以经济办法为主的业主责任制转变后，清江公司又通过明晰产权关系，确立投资主体，规范公司制度，实现由经济办法为主的业主责任制向适应市场经济要求的现代企业制度的转变。

建立流域滚动开发机制的核心是建立资金滚动积累机制。清江水电开发公司原来只是湖北省属企业，1994年请求湖北省政府赋予其投资主体权和收益权，获得批准。后来按照建立现代企业制度的要求，又报请湖北省政府批准，设立清江水电投资公司，专司清江投资主体职能，并撤销清江水电开发公司，把建设和经营管理职能转移给新组建的清江水电开发有限责任公司。这一变化，使得投资主体与经营主体在一定范围和职能上实现了分离。

清江水电投资公司和清江水电开发有限责任公司的成立，使清江的投资主体权和经营主体权在流域开发这个层面上得到结合和统一，从而使流域开发的资本积累有了体制保障。要使国有资产保值增值，一个重要前提是出资者到位，对资产的保值增值负责。清江公司的资本金之所以能从1亿元增加到12亿元，总资产增长到120多亿元，并有能力实施清江水电的梯级开发和流域综合开发，一个重要原因就在于创造了在企业层面上的投资主体与经营主体既分离又融合的国有资本运作机制，形成了"国有资本国家所有—政府国资部门行政监管—企业法人管理经营"的运作体系。

4.2.1.3 乌江流域

1989年，国务院批准了《乌江干流规划报告》，确定充分发挥乌江资源整体优势，突出重点，优先发展水电，大力发展综合运输，以能源、交通、原材料为开发龙头，带动全流域综合开发指导思想，建立流域综合开发完整科学的开发体系。这一时期的水电开发仍由国家建委、水利电力部牵头组织，由国家进行统一开发和管理。

4.2.1.4 沅江流域

在该时期，水电开发仍由国家建委、水利电力部牵头组织，由国家进行统一开发和管理，但开始重视流域统筹规划，由国家对单个水电站指定开发转变为注重流域规划进行开发。该时期内沅江流域水电开发的代表为五强溪水电站。

4.2.1.5 黄河流域

在该时期，水电开发仍由国家建委、水利电力部牵头组织，由国家进行统一开发和管理，开始重视流域统筹规划，由国家对单个水电站指定开发转变为注重流域规划进行开发。1983年4月提出了《黄河干流龙羊峡—青铜峡河段梯级开发规划报告》。该报告提出了15级规划开发方案，规划了龙羊峡、拉西瓦、李家峡、公伯峡、积石峡、寺沟峡（炳灵）、刘家峡、盐锅峡、八盘峡、小峡、大峡、乌金峡、黑山峡、大柳树、青铜峡15个梯级水电站。

4.2.1.6 澜沧江流域

该时期，澜沧江流域主要规划设施项目是漫湾水电站。1985年水利电力部和云南省政府安排云南省电力局作为漫湾水电站项目业主，与水利电力部和云南省签订投资包干合同，负责电站建设的贷款、还款和生产运行；为了加强对合资建设的领导，成立了由云南省、水利电力部领导为首的工程建设领导小组；为了确保工程顺利进行，成立漫湾水电站工程管理局，负责具体电站建设。漫湾水电站工程建设管理借鉴鲁布革水电站经验，在水电站所有单项工程中全面实行招投标，实现分标承包，全面实施合同制管理。漫湾水电站工程管理局与施工、设备物资制造、设计单位、地方政府、监理单位分别通过合同契约签订相应的经济合同，建立横向关系，全面实施合同管理。漫湾水电站从投资到筹备到建设，创造了全新的"漫湾模式"，实行部省合资办电，打破了过去几十年来大型水电工程依赖国家投资的单一格局，充分调动了中央与地方的积极性，探索出地方政府包干负责征地、移民的新办法，深得中央与社会认可。漫湾水电站被誉为"八五"计划期间中国水电建设的"五朵金花"之一。

4.2.2 实施管理

该时期，国内开始大规模开展水电站建设，由于水电建设移民工作需要，各移民实施机构逐步建立，国务院及地方政府也陆续出台了完善移民实施管理的政策文件，明确了移民实施责任主体。国家提出了开发性移民的方针，针对20世纪五六十年代"重工程、轻移民""重补偿、轻安置"，以及移民收入造血功能不足的现象，提出了开发资源恢复生产的开发性移民安置理念。在该时期，地方政府是移民安置实施的责任主体。

水库移民工作更加注重发挥中央、地方和各方面的积极性，采取"条块结合，以块为主，分级负责"的管理体制，即在凡有水库移民任务的地方，各级政府普遍设立了移民管理机构，负责移民实施与管理工作。国务院有关部门负责移民工作的宏观决策，制定法规，审定安置规划和投资概算，在实施过程中执行监督、检查、验收等职责；地方人民政府的职责是密切配合前期工作与负责实施。

国家层面陆续出台有关完善移民行业管理的部分文件。如 1984 年 9 月，国家计委等部门联合颁布了《基本建设项目投资包干责任制办法》（计基〔1984〕2008 号），并在此基础上于 1984 年 12 月颁发了《关于征用土地费实行包干使用暂行办法》〔农（土）字〔1984〕30 号〕，将水库移民安置实施的责任明确交由地方政府负责。

在实施组织机构方面，1984 年 9 月，国家计委等部门联合颁布《基本建设项目投资包干责任制办法》（计基〔1984〕2008 号），在此基础上于 1984 年 12 月颁发了《关于征用土地费实行包干使用暂行办法》〔农（土）字〔1984〕30 号〕中，明确规定将水库移民安置实施的责任交由地方政府负责。在具体工作上，国务院有关部门应负责移民工作的宏观决策，制定法规规范，审定安置规划，对实施过程履行监督检查等职责；地方人民政府密切配合移民前期工作和安置规划的编制，并负责组织实施；有关专业项目和城市的迁建规划，必须由移民主管单位会同有关行业以及地方共同负责编制。

在移民工程建设管理方面，该时期移民工程建设管理表现出以下两方面特点：①移民个人房屋，基本上以个人自建为主，建房所需的主要材料（如水泥、钢筋、砂石、砖、木材等）仍为政府统一调拨；②基础设施、居民点等由政府组织统一实施和管理。

在政策指导方面，1986 年，国务院办公厅转发水利电力部《关于抓紧处理水库移民问题报告的通知》（国办发〔1986〕56 号），提出了后期扶持政策的基本内容，明确移民的遗留问题应从工程效益中得到合理补偿，有计划、有步骤地加以解决；要变救济生活为扶助生产，走开发性移民的路子，帮助移民调整产业结构，因地制宜地发展种植业、养殖业、工副业等多种经营，提高移民自身发展能力，支持他们开发创业；进一步明确资金渠道，除从水电站的电费和库区经营其他收入中提取库区建设基金、附加库区移民扶助金外，还规定了地方所属水电站的库区建设基金提取办法由所属省（自治区、直辖市）人民政府确定，若有些水库不发电或其他直接收益不多，解决移民遗留问题仍有困难的，应按水库隶属关系分别由水利电力部和地方安排资金适当解决；明确了多渠道资金扶持方式，即农田水利资金、水土保持补助费、造林补助费、扶贫资金、小水电贷款、农业贷款等，要适当照顾移民安置区；明确了"谁主管谁负责、谁受益谁承担"的原则，水利电力部直属水库的移民遗留问题，由水利电力部负责协调规划、提供经费资助，由有关地方人民政府组织实施，地方所属水库的移民问题由省（自治区、直辖市）负责安排解决。

4.2.2.1 大渡河流域

该时期内，流域主要实施的是铜街子水电站。铜街子水电站移民安置工作由地方政府负责组织实施，省、市、县（区）都相继成立了移民专业机构负责移民征地补偿、搬迁安置工作，村组或个人按指定的安置地点实施搬迁。移民工程建设管理表现出以下两方面特点：①移民个人房屋，基本上以个人自建为主，建房所需的主要材料（如水泥、钢筋、砂石、砖、木材等）仍为政府统一调拨；②基础设施（居民点）为政府组织统一实施、管理。

案例：铜街子水电站移民安置实施管理职责

铜街子水电站装机容量为60万kW，是中国"七五"期间开工建设的重点能源工程项目之一。工程于1978年进场筹建，1985年开工建设，1986年11月截流，1992年12月第一台机组发电，1994年12月竣工。水电站涉及迁移人口4000余人，在当时的政策和经济环境下，"无工不富"的思想贯穿了移民安置工作，因此，为解决移民的生产生活出路，移民安置是以兴办各类工业、企业为主，农业安置和其他安置方式为辅。移民搬迁工作由地方政府组织实施，至1992年移民搬迁安置工作全部完成。在水电站的初步设计阶段，设计院进行了初步安置规划，但在移民安置工作初期，受当时社会思潮的影响，政府组织开展以搞乡镇企业为主的方式安置移民。大渡河流域水电移民安置工作开始由地方政府负责组织实施，同时省、市、县（区）都相继成立了移民专业机构负责移民征地补偿、搬迁安置工作，村组或个人按指定的安置地点实施搬迁。

4.2.2.2 长江干流及金沙江下游流域

该时期内，主要实施的是清江流域隔河岩水电站，移民工作实行上级业务主管部门、业主、地方政府"三结合"的移民工作管理体制，在湖北省清江水电工程移民小组的统一领导下，由湖北省级移民部门、清江公司和长阳县政府共同负责移民工作。1986年10月，长阳县委、县政府成立县隔河岩工程移民开发指挥部，同时在有移民任务的11个乡（镇）、28个有关局成立了移民领导小组，配备了工作人员。1987年清江公司成立后，内部设立了征地移民办公室，作为职能部门专门处理和协调建设用地移民有关工作。"三结合"的移民工作管理体制，为隔河岩工程移民工作的顺利开展提供了保障。

4.2.2.3 沅江流域

该时期内，基本建设体制开始探索"项目法人制，招标投标制，建设监理制"，但移民安置的实施由政府负责，移民费用由政府包干使用。除调整概算外，设计单位、工程建设单位极少参与移民安置实施阶段的工作。该时期内，移民工程建设充分体现计划经济时代政府统筹的特点。对于水库移民建房所需的主要材料（如水泥、钢筋、砂石、砖、木材等）一般由政府统一调拨，房屋建造主要由移民自建，各公社、区、县逐级验收和审批；对于水电站涉及的公路、库内交通、生活用水等移民工程均由建设单位承担，地方政府逐级验收。

4.2.2.4 乌江流域

20世纪80年代初期，承担枢纽工程建设的工程局有部分移民工作管理职能，很多工程局有专人管理移民工作，工作职责包括支付移民补偿费用，参与移民补偿费用概算及调概等审查工作等。后期，随着基本建设体制改革的发展，工程局逐渐淡出移民工作，省级移民机构开始逐渐完善。1986年，中共贵州省委印发《对省政府办公厅〈关于建立贵州省水库移民办公室的报告〉的批复》（省通字〔1986〕1号），该批复明确，省委同意建立贵州省水库移民办公室,负责全省大中型水电工程的移民安置及库区维护工作。同年,贵州省政府办公厅下发《省人民政府办公厅关于建立贵州省水库移民办公室的通知》(黔府办〔1986〕7号),办公室下设秘书组、安置组、财务组,有工作人员8人。办公室隶属于贵州省电力局,所需编制由贵州省电力局报水利电力部和贵州省编委审定。

4.2.2.5　黄河流域

这一时期,黄河流域启动了龙羊峡水电站移民安置工作。涉及人口26644人,企事业单位37家,青海省劳改局2个农场,安置任务重,且处于少数民族地区,移民安置难度大。按照对象的不同,分农牧民群众搬迁安置、行政企事业单位安置和劳改农场安置。其中农牧民群众搬迁安置确定了4种安置方式,分别是:新开辟安置点,就地进行开发性安置;撤销国有牧场,安置移民群众;由农转牧安置;分散安置。行政企事业单位选址进行集中安置,企事业单位均外迁安置。劳改农场安置是由省劳改局系统自行调整解决,安置方式有3种:以大小不同的整个建制迁入他场,本地消化和其他安置(安排退休或调往他地)。为此,青海省于1976年成立了移民安置机构,隶属于省政府,挂靠在省电力局的龙羊峡水电站工程建设办公室,初期主要任务是支援龙羊峡水电站建设初期职工进点安家、施工准备工作及协调电站施工单位和有关部门的关系,青海省龙羊峡库区移民规划安置工作领导小组调整时,又把它作为下属的办事机构,承担对库区淹没指标进行全面调查,负责制定库区移民规划和处理日常事务工作的任务。

1978年6月,青海省海南藏族自治州及共和、贵南两县成立了龙羊峡库区移民规划安置领导小组,并建立了办事机构。州、县移民安置办公室都配备了有一定工作经验、懂业务的人员参加移民安置工作。

4.2.2.6　澜沧江流域

该时期内,流域以漫湾水电站作为代表性工程。为解决移民难题,完全改变了过去由建设单位负责移民的传统工作方式,云南省政府专门成立省支援漫湾建设办公室,包干所有移民工作。同时,水电站所在地州州长成为移民专员,相关县也成立支援漫湾水电站建设办公室,由副县长坐镇指挥,在全省各级政府协力下,移民工作第一次超过工程建设进度。

按照国家计划委员会《关于云南漫湾水电站设计任务书的批复》(计燃〔1984〕269号)要求"水库淹没赔偿和移民安置费按你部与云南省审定的1760万元,由云南省包干使用,不留尾巴"。移民主要工作方式为部省投资,投资包干,政府进行建设管理。1985年10月,云南省成立了云南省人民政府支援漫湾水电站建设领导小组,下设办公室(简称援漫办)。办公地点设在云南省电力局大院内。与此同时,相关的临沧地区、思茅地区行政公署和大理白族自治州3州(市)人民政府按照省政府要求,分别安排一位"专员代表、州长代表"负责移民工作,涉及的云县、凤庆县、景东彝族自治县和南涧彝族自治县均相继成立了县级援漫办,构成了省—州(市)—县3级移民安置实施工作的临时工作系统。省、县两级援漫办工作人员由相关部门临时抽调,工作结束后各自回原单位。县级援漫湾水电站建设办公室按照投资包干的原则,代表省县人民政府负责具体实施工作,实行投资对上包干、对下实事求是,对移民负责到底,要保证移民搬迁后比附近的农民富裕。

4.2.3 设计、咨询管理

该时期移民安置法律政策、规程规范从无到有、逐步完善，1984年颁布了移民规划设计的第一个专业规范《水利水电工程水库淹没处理设计规范》（SD 130—84）。移民安置规划设计从此变得有法可依、有章可循，遵从水电工程设计管理相关规定，实行"地方政府主导，设计单位配合，相关成果统一咨询"的管理模式。这一时期移民安置规划设计深度不及主体工程。

4.2.3.1 规划、设计

移民安置探索期，移民安置规划设计规范从培训版教材上升为行业标准，设计工作有据可依，移民安置前期规划设计不再是"边勘察、边设计、边施工"的"三边"工程。如1987年清江公司委托长江设计院进行高坝洲水利枢纽可行性研究工作，后于1989年长江设计院编制完成了《清江高坝洲水利枢纽可行性研究水库移民安置规划报告》。该时期，移民设计规范从无到有，规范明确了水库淹没范围确定、实物指标调查、移民安置规划、集镇及专项处理、库底清理项目、补偿费用估算等内容。虽然出台了专业规范，但国家层面、省政府层面缺乏前期规划设计管理和规定，设计领域"重工程、轻移民"现象并未得到根本改变，移民工程设计深度仍然严重滞后于枢纽工程。移民专业队伍也没有得到明显的发展与壮大。当时，对移民安置、城镇迁建一般以地方为主，设计单位配合开展设计；专项设施等基本上由地方政府委托非主体设计单位设计。

4.2.3.2 审查、咨询、评审

该时期，具体水电工程移民安置规划审查技术把关工作由水利水电规划设计院承担。1984年，水利水电规划设计院正式颁布我国第一部移民专项技术标准《水利水电工程水库淹没处理设计规范》（SD 130—84）；1987年12月，水利水电规划设计院联合有关单位筹建了有国家计委、国土资源部、水利部、电力部、部分省级移民主管机构、水电项目公司、设计单位、有关院校的领导和专家参加的水力发电工程学会水库经济专业委员会，研究协调水库移民工作。从此，水利水电规划设计院开启了政策引导、规范管理、技术支持的水库移民工作管理模式。

4.2.4 监督评估管理

20世纪80年代中期，中国建设项目开始实行监理制度，在建设监理蓬勃发展的背景下，作为水利水电工程重要组成部分的移民工程，也在探讨如何引入监理制度。借鉴建设项目监理的做法，在水库移民工程中，也逐渐引入了监理机制，并在长江三峡、黄河小浪底和万家寨等一批大中型水利水电项目中实施了移民监理。进入20世纪80年代后期，随着社会主义市场经济体制的不断发展和完善，中国的水利水电工程建设体制逐步与国际接轨，并建立了"业主负责制、工程监理制、招标投标制、合同管理制"的管理体制。

改革开放以来，随着世界银行在中国开展业务，其监测评估的概念也逐渐深入中国移民安置工作中。1990年，福建省水口水电站项目拉开了中国移民监测评估的序幕。水口水电站移民独立监测评估工作实际从1991年开始，至1997年完成，历时7年，其

间其提出9本监测评估报告，对移民安置的实施起到了促进作用，得到国内、国际的普遍认可。

该阶段，由于移民综合监理作为制度尚未正式形成，多数流域的在建水电站尚未开展独立评估。

4.3 移民安置发展期

进入20世纪90年代后，水电开发逐渐增多，1991年国务院颁布中国第一个水库移民的专项法规《大中型水利水电工程建设征地补偿和移民安置条例》（国务院令第74号），各地逐步建立了各级移民管理机构，各级政府、各单位逐渐重视移民安置规划、管理工作，水电移民管理模式逐步完善，对移民工作的指导性逐步加强。除大渡河、长江干流及金沙江下游、沅江、乌江、黄河、澜沧江等流域外，其他流域如雅砻江流域，在开发、实施、设计咨询和监督评估等管理方面均有新的尝试，为我国水电工程实施管理模式的成熟发展提供了较好的实践尝试。

4.3.1 开发管理

在该时期，水电开发开始重视流域统筹规划，由国家对单个水电站指定开发转变为注重流域梯级开发，提出了流域开发与地方经济发展相结合的理念。投资开发行为由政府主导转变为企业行为，流域成立了项目法人，提倡以现有优良电源点资产为基础滚动开发，投资主体以国企为主，零星出现民营企业投资开发行为。按照《大中型水利水电工程建设征地补偿和移民安置条例》（国务院令第74号）的规定，前期由项目法人负责组织移民安置规划工作，移民安置规划批准后，由地方政府负责实施。项目法人开始参与移民安置工作，包括移民规划设计工作的委托，参与移民安置规划及实施过程中重大问题的研究与处理。

该时期之初，不少流域相继审查通过了河流水电规划报告，如大渡河干流、乌江干流、清江和沅江等流域。此阶段，河流水电开发以国家审批的《河流规划报告》为依据，该时期前期开发管理的主体仍以政府为主，中后期项目业主开始作为独立的、重要的水电工程主体之一，承担水电工程的开发、运营和管理。

4.3.1.1 大渡河流域

自2000年起，以国电大渡河流域水电开发有限公司（简称国电大渡河公司）的成立为标志，流域水电开发逐步由国家统筹开发管理向项目业主承担开发管理任务转变。

国电大渡河流域水电开发有限公司为承担大渡河干流水电开发的第一批业主，主要负责该时期内瀑布沟、大岗山、深溪沟等重要工程的开发和运营。根据2003年审查通过的《大渡河干流水电规划调整报告》，以下尔呷为干流"龙头"水库，以双江口为上游控制性水库，以瀑布沟为中游控制水库，形成主要梯级格局的22级开发方案。中国国电集团公司为大渡河流域水电开发提出了"装机一千五，流域统调度，沿江一条路，两岸共致富"的战略方针，坚持"开发一个项目，拉动一片经济，富裕一方百姓，诚交一批朋友，树立一座丰碑"的宗旨，加快大渡河流域水电开发步伐。

4.3.1.2　长江干流及金沙江下游流域

1993年，为建设三峡工程、开发治理长江，经国务院批准，中国长江三峡工程开发总公司正式成立，实现了流域水电开发由政府组织向项目法人制度的成功转变。

4.3.1.3　沅江流域

此时期内，沅江流域水电开发实施项目业主制，由五凌电力有限公司（简称五凌公司）全面负责。

1995年5月，湖南五凌水电开发有限责任公司正式注册成立，由湖南省电力公司、湖南省经投公司、华中电网公司共同投资组建。

1996年4月，国务院印发了"国阅〔1996〕76号"会议纪要，授权五凌电力有限公司全面负责整个沅江流域梯级电站的开发、建设与运营，并将沅江流域列为国家水电滚动综合开发的试点。至此，沅江流域梯级电站的开发开始由国家统筹开发管理向项目业主承担开发管理转变。

4.3.1.4　乌江流域

1992年，经国务院同意，乌江水电开发公司作为乌江流域水能开发公司正式注册成立，承担乌江流域水电开发建设及电站建成后的生产经营管理；确立"流域、梯级、滚动、综合"的开发模式，推行水电流域梯级滚动综合开发；由贵州省人民政府和能源部双重领导，以贵州省为主组建和进行行政管理，能源部实施行业管理。

4.3.1.5　黄河流域

1993年3月，西北院编制完成了《黄河上游龙羊峡—刘家峡河段中型电站规划报告》；2001年12月，西北院提出了《黄河上游茨哈至羊曲河段水电规划报告》。黄河上游干流补充和调整优化后的水电开发管理更加科学、合理。该时段内，以1999年黄河上游水电开发有限责任公司成立为重大标志，作为承担黄河干流水电开发的第一批业主，负责了该时期内李家峡、公伯峡、苏只等重要工程的运营和开发，流域水电开发逐步由国家统筹开发管理向项目业主承担开发管理转变。

4.3.1.6　澜沧江流域

该时期主要实施项目包括20世纪90年代初期的大朝山电站，后期的小湾、景洪电站。1991年4月，能源部、国家能源投资公司、广东省政府、云南省政府达成《关于合资开发云南澜沧江中、下游梯级电站的原则协议》。协议确定大朝山水电站建设资金采用合资方式，部分电量送广东。1994年11月，云南省计划委员会和云南省经济体制改革委员会下达《关于设立"云南大朝山水电有限责任公司"的批复》（云计财金〔1994〕916号），同意由国家开发投资公司、云南红塔集团、云南省投资公司、云南省电力公司四家股东共同发起设立"云南大朝山水电有限责任公司"，公司按现代企业制度规范运作，开发建设大朝山水电工程。1995年7月，大朝山水电有限责任公司与云南省政府移民搬迁办公室签订了大朝山电站库区移民安置规划实施包干协议。

1999年1月，国家电力公司、云南电力集团有限公司、云南省开发投资有限公司、云南红塔实业有限责任公司正式签订了《澜沧江水电开发有限公司发起人协议书》，明确以漫湾水电站为母体电站，经资产评估并重组后，设立"澜沧江水电开发有限公司"，本着"流域、梯级、滚动、综合"开发的原则，对云南省境内的澜沧江等流域水电站实行滚动开发。1999年6月30日,云南电力集团有限公司以"云电集人〔1999〕38号"发文成立了云南小湾电站工程建设前期筹备处,即现在水电站业主华能澜沧江水电有限公司的前身。2001年2月,云南澜沧江水电开发有限公司(简称澜沧江公司)在昆明成立,由一家公司开发一条江澜沧江时代开始。项目业主澜沧江公司成立了征地移民办公室专门负责移民安置管理工作。

4.3.1.7 雅砻江流域

二滩水电站(图4.3-1)是中国第一个大规模使用世界银行贷款的工程,也是世界银行成立以来在世界上贷款数额最大的单项工程。用世界银行贷款就得按世界银行的规矩办,对工程建设就得全方位实行国际招标。招标中标的都是国际一流的承包商。工地上集聚着来自39个国家和地区的700多名外籍人员,以及几千人的国内施工队伍。在二滩水电站筹建初期,国家计委在批准的立项文件中,明确组建二滩水电开发公司(后又称二滩水电开发有限责任公司,简称二滩公司),并提出了公司担负筹资、建设、运营、还贷、发展等五大任务。1989年10月20日,能源部下发《关于成立二滩水电开发公司的通知》(能源人〔1989〕1033号),1995年二滩水电开发公司以实施《中华人民共和国公司法》为契机,对公司进行了股份制改造,组建了多元投资主体的二滩水电开发有限责任公司,核定了股份,股东由2个(国家开发投资公司、四川省投资公司)扩大到3个(增加了四川省电力公司);在产权明晰的基础上,构筑了比较规范的法人治理结构,成立了董事会、监事会;根据工作需要,由董事会大幅度调整了公司经理班子,在全国范围内选聘了总经理和电厂厂长。同时,建立了决策、监督、经营机制,对公司内部进行了机构改革,各类机构各尽其职、各负其责,为公司的正常运作创造了条件,为公司按现代企业制度运作奠定了基础。

图4.3-1 二滩水电站现状

传统的水电管理体制是基建生产两条线、投入产出两张皮的管理体制,基建与生产两分离。在计划经济时代,采用工程建设单位与施工单位合一的自营体制,国家直接给施工单位下达计划任务并拨款建设,建设单位只管花钱不管还款;水电站建成后无偿移交给电力生产单位进行生产运行和经营管理，生产单位有还款的义务，但无控制造价、质量、工期的权力。这种管理体制，既不能建立有效的投资风险约束机制，也不能实施投入产出的有效管理。二滩公司一成立，就着手研究建设、生产、经营一体化管理问题，经过半年多的调查研究，抓住建立业主责任制的机遇，毅然决定打破建管分离的电力管理体制，由二滩公司自己组建电厂，自己组织生产经营，探索走独立发电企业的新路。几年来的实践证明，这种建管结合的管理体制，由于投入产出相统一，就企业本身来说，为降低造价、提高效益打下了坚实的基础，更重要的是它为"厂网分开"走独立发电企业新路创造了有利条件，有力地推动整个电力体制改革的进程。

4.3.2 实施管理

1991年，《大中型水利水电工程建设征地补偿和移民安置条例》（国务院令第74号）颁布，明确水利水电工程建设单位应当在工程建设的前期工作阶段，会同当地人民政府根据安置地的自然、经济等条件，按照经济合理的原则编制移民安置规划；经批准的移民安置规划，由县级以上地方人民政府负责实施。

1992年3月，国务院批转国家计委《关于加强水库移民工作的若干意见》（国发〔1992〕20号）中，就"用好管好移民经费"问题明确指出："为了保证这部分经费的合理使用，第一，水库移民工作由省、地、县级政府负责，移民经费从工程预算中划出，交由省、地、县级政府包干使用；第二，无论采取何种使用方法，都要坚持开发性移民的方针，少花钱多办事；第三，要根据移民经费的不同使用方向，做好可行性研究，建立各种不同形式经济责任制和生产目标、效益兑现责任制；第四，要纳入水利水电工程项目基本建设程序，坚持按项目立项、审批、安排资金的一整套管理制度，避免盲目使用、造成浪费。为保证移民安置和专项迁建方案按计划实施，要对移民经费的使用实行必要的监督、检查、审计、验收制度。"

进入21世纪后，国家出台了《水电工程建设征地移民工作暂行管理办法》（计基础〔2002〕2623号）等文件，相关政策逐步完善，对管理体制、资金管理、年度计划管理、变更管理等移民安置实施管理工作作了进一步细化和明确，移民安置实施工作开始实行"政府负责、投资包干、业主参与、综合监理"的管理体制，理顺了水电工程移民管理的体制，明确了各方的职责、责任和分工。

综上所述，在该时期的末期，即21世纪初期，在国家、各省（自治区、直辖市）出台或制定的相关政策法规基础上，各大流域移民实施管理工作基本上确定了政府负责的管理模式；也是在这一时间段内，各大流域所在的各省（自治区、直辖市）移民主管机构逐步设立或完善。这一时期，项目法人制度逐渐建立和完善，项目法人、设计单位开始参与到移民安置实施工作中，特别是电力工业部在1996年发布了《水电工程水库淹没处理规划设计规范》（DL/T 5064—1996），规定移民安置实施阶段必须开展实施规划设计，设计单位逐渐加强移民安置实施规划设计工作。《水电工程建设征地移民工作暂行管理办法》（计基础〔2002〕2623号）明确了省级人民政府为水电工程移民安置的责任主体，并要求业主参与。水电工程项目法人也逐渐参与到移民安置实施工作中，同时移民安置综合监理工作的开展，使地方政府实施移民安置的行为开始受到监督。

4.3.2.1 大渡河流域

随着政策的不断完善,以及各省水利水电移民实施管理经验越来越丰富,四川省开始筹划成立水利水电工程移民主管机构,代表政府行使移民实施管理工作。

案例:四川省移民办公室的成立

根据国家政策及移民安置工作实际,四川省从省国土局抽调部分人员于1992年7月成立四川省人民政府大型水电工程移民办公室(简称四川省移民办,同时挂牌四川省人民政府三峡工程移民办公室),作为省政府主管大型水电工程移民的行政机构。四川省移民办负责移民搬迁安置和后期扶持工作的管理和监督。其主要职责为:贯彻执行国家和四川省有关移民法规政策,研究制定省级移民法规政策和具体办法措施;组织协调地方政府及有关部门配合项目法人开展实物指标调查、编制移民安置规划大纲和移民安置规划;审查移民安置规划大纲,审核移民安置规划和移民后期扶持规划;指导地方政府开展移民搬迁安置的组织实施;协调有关同级行业主管部门开展城(集)镇、工矿企业、专项设施迁建、复建;指导地方政府实施移民后期扶持规划;按照国家库区基金征收使用管理办法,审查市(州)、县(市、区)编制的库区基金使用规划;指导地方政府组织实施移民干部业务及移民群众技能培训。

2005年,四川省人民政府出台《四川省人民政府关于进一步加强大型水利水电工程移民管理工作的通知》(川府发〔2005〕7号),明确了四川省大型水利水电工程移民管理工作的管理模式。建设征地移民工作实行省人民政府全面负责,县为基础、分级负责的管理方式,即省人民政府根据国务院投资主管部门批准的大型水利水电工程移民安置规划,负责做好全省的征地移民工作。也是在该时期内,以瀑布沟水电站为典型标志,新的移民政策、修编与配套的政策密集出台。

4.3.2.2 长江干流及金沙江下游流域

该时期内,流域以长江三峡作为代表性工程。长江三峡工程首次提出移民工作采用"统一领导、分省(直辖市)负责、以县为基础"的管理体制,实行移民任务与资金"双包干"的管理机制。实践证明,这套新型的建设管理体制和机制,理顺了政府、企业和市场之间的关系,是一种有效的组织形式。"统一领导、分省(直辖市)负责、以县为基础"的管理体制,既明确了中央领导的权威,又充分调动了地方政府在移民工作中的积极性,有力保障了三峡工程移民搬迁安置工作有序推进。国务院三峡工程建设委员会是长江三峡工程建设移民工作的领导决策机构。国务院三峡工程建设委员会移民管理机构负责三峡工程建设移民安置工作。湖北省、四川省(重庆市直辖后调整为由重庆市负责)政府负责本行政区域内长江三峡工程建设移民安置工作,并设立长江三峡工程建设移民管理机构。

根据《重庆市实施〈长江三峡工程建设移民条例〉办法》(2002年6月7日重庆市第一届人民代表大会常务委员会第四十次会议通过),市政府负责本市行政区域内长江三峡工程建设移民工作。市政府移民行政部门,负责本辖区内的移民综合管理工作。市政府有关行政部门应按照职能分工,各负其责,认真做好移民管理工作。

案例：发展期重庆市移民局主要职责

重庆市移民局负责三峡工程重庆库区移民搬迁安置工作，编制移民安置实施规划，审查区（县、自治县）移民年度计划和项目投资计划，审核和监管项目使用计划，安排和管理移民资金和物资，处理移民搬迁安置规划中的遗留问题；组织协调移民外迁、对口支援和经济合作等工作；审核三峡工程重庆库区文物保护搬迁年度计划，承担移民概算资金中安排的环境保护和高切坡治理资金的管理工作；负责三峡工程重庆库区移民后期发展扶持工作，编制规划并组织实施，使用和管理三峡库区基金，审核监管重大扶持和发展项目；负责三峡工程重庆库区移民信访工作，协助库区、区（县、自治县）做好移民稳定工作；负责三峡工程重庆库区移民宣传工作，组织协调对外宣传、新闻发布工作和重大宣传活动；负责三峡工程重庆库区移民就业培训工作；负责三峡工程重庆库区移民资金使用的监督检查和区（县、自治县）移民机构正职领导干部任期经济责任审计工作，会同有关部门对移民工程质量进行监督检查。

1993年三峡工程动工以后，湖北省委、省政府在原民政厅移民处的基础上组建湖北省三峡工程移民开发局（同时挂牌湖北省移民开发局），对口国务院三峡工程建设委员会有关部门，负责全省三峡工程坝区、库区移民工作。

案例：移民安置发展期湖北省移民开发局主要职责

贯彻执行国家和湖北省关于水利水电工程移民的政策法规和措施，提出有关建议和意见，负责水利水电工程移民安置工作的管理和监督；受湖北省政府委托，负责审批移民安置规划大纲，指导、协调工程建设业主和地方政府做好工程占地和淹没区实物指标调查工作；负责审核移民安置规划，参与项目法人对水利水电工程项目的申报和审批；负责申报和审批年度移民搬迁安置计划，安排年度外迁移民工作任务，组织协调移民搬迁安置；组织协调、指导移民工作的阶段性验收和竣工验收；组织编制和审核移民后期扶持规划、后期扶持项目和库区、安置区扶持资助项目年度计划；组织开展对全省水库移民后期扶持政策执行的指导、监督、检查和评估工作；负责管理各项移民专项资金，对其拨付使用实行监督检查，接受国家的稽查和审计；组织协调移民工程监理工作，制订年度监理计划，组织实施综合监理；配合省直有关部门管理好各类专项配套资金，促进移民库区及安置区经济和社会发展；负责移民工作的宣传、教育、培训、外事、信访工作；负责三峡工程移民后续工作的综合管理协调。

在基层层面，三峡工程移民安置管理是政府行为，各区（县）均形成了在政府主导下，移民部门、其他职能部门、乡镇人民政府以及移民群众、社会单位参与的联动机制。省市及区县人民政府作为移民安置工作的责任主体，负责移民安置政策、办法的制定与落实，对移民安置工作承担主体责任，区（县）、乡（镇）人民政府具体负责组织实施移民安置工作，形成了"政府主导，职能部门、业主单位各负其职，社会单位、移民群众参与"的联动机制。在移民安置实施过程中，区县政府职能部门按各自职能分工对移民迁建实行行业管理；移民部门根据移民政策进行综合管理；移民工程建设根据市场经济要求，推行了项目法人制、招标投标制、建设监理制，全面引入社会咨询单位、监理单位参与移民建设；在移民安置方式、途径选择上，充分尊重移民意愿。

农村移民安置根据不同项目的类别及特点，有针对性地实施管理。具体来说，针对不同类别和性质的农村移民安置项目，以合同管理方式实施管理。按合同管理对象，包括了以移民户、以村组和以项目实施主体为合同管理对象3种。其中，以移民户为合同管理对象，包括移民户生活安置、生产安置，管理侧重于移民安置程序和补偿资金兑付管理；以村组为合同管理对象，主要涉及移民生产安置，村组副业、集体土地和房屋补偿，村组销号等，管理侧重于移民安置程序和补偿资金兑付管理；以项目实施主体为合同管理对象，对一些建设规模大、投资大的农村移民工程，如居民点基础设施、库周交通等外路、桥梁需委托项目法人来实施。管理内容包括前期工作开展情况，招标投标和建设监理情况，实施过程中的进度、质量、投资控制情况，项目竣工验收与补偿销号情况，管理工作侧重于项目基本建设程序管理。

城（集）镇迁建中，基础设施建设以县（市）人民政府和乡（镇）人民政府为主体，按照移民补偿投资包干、用地面积包干、移民安置任务包干、迁建结合发展的原则组织实施。一般根据需要成立新城建设管理委员会或新城建设指挥部，承担组织、协调和管理工作，负责对在建的和尚未移交给职能部门管理的已建市政工程设施进行管理和维护。在集镇的迁建过程中，各迁建集镇都成立了迁建指挥部，突出政府的主导作用。新城建设管理委员会或迁建指挥部不得作为项目法人，但可根据基础设施建设项目的类别和性质，代表政府承担项目法人组建的工作。

专业项目复建中严格执行"法人责任制、招投标制、工程监理制和合同管理制度"的管理机制，保证了复建任务的顺利完成。库区各区县移民行政主管部门和项目法人根据迁复建项目实施计划和承担该项设计的资质要求，按项目类别性质、投资规模，委托有相应资质的设计单位承担设计任务。全额移民投资的迁复建项目设计，按照规定的补偿投资额度和审批权限，分级报移民行政主管部门审批；部分使用移民资金的迁复建项目设计，报建设行政主管部门或行业主管部门审批。

项目法人按基本建设程序要求做好项目的前期工作，在取得初步设计批复文件后，由项目法人向同级移民行政主管部门申请列入移民投资年度计划。全额移民投资的迁复建项目列入年度移民投资计划后，由移民行政主管部门按规定权限审发施工许可证；部分使用移民资金的迁复建工程项目开工，由建设行政主管部门或规定的行业主管部门审发施工许可证。

迁复建项目列入年度移民投资计划后，移民行政主管部门与项目法人签订项目迁复建协议和项目复建补偿销号合同。项目法人必须严格执行移民投资计划，不得擅自调整和变更。个别项目因特殊情况确需调整投资计划的，必须报移民行政主管部门批准。迁复建项目的地质勘探、设计、施工和工程监理，按规定组织招投标。

招投标工作由项目法人或项目法人委托有关职能部门或专门机构按国家有关规定组织实施，接受同级移民行政主管部门和建设行政主管部门的指导和监督。迁复建工程项目建设必须加强施工现场管理。承担工程项目建设的施工企业，必须具备与其建设项目施工要求相应的资质等级。在工程项目建设施工中，禁止层层转包。

迁复建工程项目严格实行工程监理。监理单位严格按照工程项目的设计要求和国家、部颁技术规定规范标准，进行全程监理，认真负责地进行工作，确保工程质量和工期，严格控制工程造价，并定期向移民行政主管部门报送详细的工程监理情况。

移民行政主管部门对迁复建项目进行检查、监督。项目法人、施工企业和监理单位必须接受监督和检查，如实反映情况和提供有关资料。

迁复建工程项目竣工后，项目法人按项目管理程序规定提供全部竣工资料，向移民行政主管部门和行业主管部门报送竣工验收报告。

工程竣工验收，按国家颁发的《建设项目（工程）竣工验收办法》的有关规定执行；全额移民投资的迁复建工程项目的竣工综合验收，由移民行政主管部门负责组织，相关部门参与；部分使用移民资金的迁复建工程项目竣工验收，由建设行政主管部门或行业主管部门负责组织，移民行政主管部门参加。工程验收鉴定结果和资料需及时向上一级有关部门报告。当迁复建移民补偿资金拨付完毕后，同时为迁复建项目补偿销号。

4.3.2.3 沅江流域

2002年，湖南省第九届人民代表大会常务委员会第三十二次会议审议通过了《湖南大中型水库移民条例》。该条例第三条规定：移民工作实行政府领导、部门主管、分级负责、县为基础的管理体制。

案例：沅江流域湖南省移民安置实施管理职责

1995年9月7日，湖南省机构编制委员会印发《关于设立湖南省移民开发局的复函》（湘编〔1995〕6号），明确湖南省移民工作领导小组办公室改设为湖南省移民开发局，为省人民政府办公厅归口管理的副厅级事业单位，是从事移民工作协调、移民区开发管理与综合服务的机构，也是省移民工作领导小组的办事机构。1996年8月9日，印发了《湖南省机构编制委员会关于省移民开发局机构编制方案的通知》（湘编〔1996〕24号），明确湖南省移民开发局工作职责，内设4个处室，配事业编制45名（含机关后勤服务编制6名），其中局长（副厅级）1名，副局长（正处级）3名，总会计师（正处级）1名，副处级领导职数4名。1997年2月18日，湖南省人事厅印发《关于省移民开发局实施国家公务员制度范围问题的复函》（湘人函〔1997〕3号），核定湖南省移民开发局国家公务员职位39个。

2000年12月，湖南省人民政府办公厅印发了《湖南省人民政府办公厅关于印发省移民开发局职能配置、内设机构和人员编制规定的通知》（湘政办发〔2000〕95号），对省移民开发局职能职责进行补充完善，具体明确省移民开发局职能职责主要为10个方面。

（1）贯彻执行党和国家的移民工作方针、政策，研究拟定全省移民工作法规、规章和政策，经批准后组织实施。

（2）适应社会主义市场经济需要，探索开发性移民的新机制，总结推广典型经验，抓好开发性移民工作。

（3）综合编制移民安置规划。负责新建大型水利水电工程移民安置规划的初审，协同有关部门制定重点移民区开发中长期规划；制订并组织实施年度安置、开发计划；按规定管理由移民经费开支的移民开发工程项目，督查验收移民开发工程项目。

（4）会同有关部门拟定移民资金管理办法；按有关规定管理移民资金，指导全省移民机构的财务会计工作；会同有关部门对移民资金使用情况进行监督检查；负责移民资金收缴等工作的政策和业务指导；负责移民开发有关的统计工作。

（5）负责协调处理三峡库区迁入湖南省移民的有关工作，指导其生活安置、生产和开发工作。

（6）负责省直有关部门和各市州有关移民工作协调；会同省直有关部门做好移民对口帮扶工作。

（7）负责移民口粮补贴款的发放与管理工作。

（8）负责移民信访接待工作，协调、指导市州、县（市、区）做好库区、移民安置区社会稳定工作。

（9）指导全省移民区移民工作干部和移民区基层骨干的培训。

（10）承办省委、省政府交办的其他事项。

4.3.2.4 乌江流域

1. 移民管理模式

20世纪90年代初至21世纪初，为做好西电东送水电工程水库移民工作，理顺移民工作关系，贵州省委、省政府提出了"党委统一领导，政府全面负责，移民部门指导协调，相关部门密切配合，全社会共同参与"的移民工作管理思路。进入21世纪后，贵州省在移民工程项目管理模式上探索和创新出专业项目复建工程返包模式，概括起来讲就是"地方政府管民生，电站业主管工程"的协作机制。工程返包模式充分发挥了地方政府和电站业主各自的优势，避开了各自的不足，取长补短，扬长避短，符合新形势下移民工作的需要，达到"双赢"的目的。2001年6月，贵州省委、省政府出台了《关于进一步加强贵州省大中型水电工程移民工作有关问题的通知》（黔党办发〔2001〕20号），决定实行"省政府统一领导、分级负责、县为基础、业主参与、综合监理"的移民工作管理体制。至此，贵州省移民办公室与省电力公司脱钩，解除了隶属关系，与此同时，充实了地、县移民机构，移民工作重的地（州、市）、县还配备分管移民工作的政府副职，选配政治强、业务精、作风正、有群众观点的得力干部充实移民部门的领导班子。在移民工作任务重的乡（镇），还设置了移民工作站。全省上下建立和健全了比较完善的移民工作管理机构和体制，有力地保障了移民工作的顺利推进。

2. 管理机构设置情况

2001年6月，贵州省委、省政府出台了《关于进一步加强贵州省大中型水电工程移民工作有关问题的通知》（黔党办发〔2001〕20号），明确将贵州省水库移民办公室改为贵州省大中型水电工程移民开发领导小组办公室（简称贵州省移民办），作为贵州省政府直属正厅级事业单位，履行全省大中型水电工程移民开发行的政管理职能。贵州省政府办公厅下发《省人民政府办公厅关于印发贵州省大中型水电工程移民开发领导小组办公室机构编制方案的通知》（黔府办发〔2001〕73号），同时明确贵州省移民办内设综合、移民规划安置、后期扶持处、财务审计4个处室，编制35名；并明确移民任务分别超过2万人的市（州、地）和5000人的县（市、区），各增设1名专管移民工作的副市（州）长和副县长，不占同级政府领导职数。

2001年12月，贵州省机构编制委员会办公室、省移民办联合行文各地、州、市编办、移民办《关于进一步做好移民机构设置工作的意见》（省编办字〔2001〕105号），要求全省9个地、州、市和38个移民任务较重的县（市）都要尽快组建移民工作机构，并明确为政府直属事业单位，配备与工作任务相适应的人员编制，人员列入参照公务员制度管理。2005年，贵州省下放了大中型水电工程移民安置建设项目审批管理权限。

4.3.2.5 黄河流域

黄河流域在1991年国务院颁布《大中型水利水电工程建设征地补偿和移民安置条例》（国务院令第74号）后，进入移民安置实施时期，李家峡等水电站按照该条例规定由县级以上地方人民政府负责实施，按工程建设进度要求组织搬迁，妥善安排移民生产和生活，工程竣工后，由该工程的主管部门会同移民安置点县级以上地方人民政府对移民安置工作进行检查和验收。《水电工程建设征地移民工作暂行管理办法》（计基础〔2002〕2623号）颁布后，黄河流域移民安置实施工作实行"政府负责、投资包干、业主参与、综合监理"的管理体制。地方各级人民政府在省级人民政府的领导下负责做好本行政区的建设征地移民工作，并可根据需要设置相应的移民机构，代表本级人民政府配合项目法人和设计单位开展建设征地移民安置的前期规划设计工作，会同项目法人和设计单位，编制本行政区的建设征地移民安置实施规划和建设征地移民安置实施年度计划，负责组织建设征地移民安置项目的具体实施，其具体职责由地方人民政府进行规定。如2002年为了与上级单位更好地衔接，同时更好地服务于直岗拉卡、康扬、公伯峡等国家重点水电工程，尖扎县支援李家峡国家重点水电工程办公室更名为支援黄河上游水电工程建设办公室。

4.3.2.6 澜沧江流域

这一时期，移民安置项目的实施主要是以投资包干为主。具体的实施是按水电站主体工程施工总进度要求，由云南省移民办公室负责组织将水库淹没区内的移民按期搬迁出库外。项目业主按省移民办公室提出的年度用款计划，按时拨付移民资金，并配合参与移民工程竣工验收工作，主要实施的项目为大朝山水电站。

2002年，国家计划委员会出台的"计基础〔2002〕2623号"明确水电工程建设征地移民实施工作实行"政府负责、投资包干、业主参与、综合监理"的管理体制。小湾水电站、景洪水电站在移民安置实施初期，水电站项目业主与云南省移民局签订了投资包干协议，但后来随着实施期间资金的逐渐突破，加之国务院令第471号规范了移民安置工作管理体制，移民安置不再实行投资包干，小湾水电站、景洪水电站原签订的投资包干协议也没有执行。

移民安置实施的项目，均实行项目管理，农村移民安置、乡（镇）迁建项目由县移民局（办）负责，专项设施根据权属范围，由相应移民部门委托行业主管部门负责。各县（区）编制的下一年度实施计划，于上一年10月底前报州（市）移民主管部门审核。移民安置工程施工图设计实行限额设计。由项目责任单位委托有资质的设计单位设计，由上一级移民主管部门组织专项审查核准后方可拨款开工。跨县外迁安置的移民，由移民区与移民安置区县人民政府签订安置协议，根据协议办理移交手续。

4.3.3 设计咨询管理

1993年,根据电力工业部《关于调整水电工程设计阶段的通知》(电计〔1993〕567号),将设计阶段调整为预可行性研究、可行性研究(等同初步设计)、招标设计、施工详图,移民设计管理遵从水电工程设计管理的统一规定。

针对设计管理程序,国务院令第74号规定:"没有移民安置规划的,不得审批工程设计文件、办理征地手续,不得施工。"承担实施规划编制任务的设计单位要派代表驻移民安置实施现场负责设计交底并配合做好移民安置规划的实施;在移民安置实施中发生重大设计变更的,设计单位应分析原因并提出处理意见,经移民监理单位签署意见后按有关规定逐级上报审批。

这一时期,部分项目开始尝试实物指标调查成果权属人签字认可,在规划设计深度上相对于探索期逐步加深,提出了编制移民安置实施规划的要求。

1991—2006年期间移民安置设计管理主要规定详见表4.3-1。

表4.3-1　　　　　　1991—2006年期间移民安置设计管理主要规定

政策条例	颁布时间	颁布责任主体	设计管理主要规定
《大中型水利水电工程建设征地补偿和移民安置条例》(国务院令第74号)	1991年	国务院	第十条　水利水电工程建设单位,应当在工程建设的前期工作阶段,会同当地人民政府根据安置地的自然、经济等条件,按照经济合理的原则编制移民安置规划。移民安置规划应当与设计任务书(可行性研究报告)和初步设计文件同时报主管部门审批。没有移民安置规划的,不得审批工程设计文件、办理征地手续,不得施工
《水电工程建设征地移民工作暂行管理办法》(计基础〔2002〕2623号)	2002年11月30日	国家发展和改革委员会(原国家计划委员会)	第十条　建设征地移民安置规划设计是水电工程设计的重要组成部分,项目法人应按照有关规程规范的要求组织设计等有关单位做好相应阶段的建设征地移民安置规划设计工作。 第十一条　承担建设征地移民安置规划设计工作的设计单位必须具有国家认可的水电工程勘测设计的资质。 第十二条　建设征地移民安置规划应由受项目法人委托的设计单位会同地方政府进行编制,报国务院投资主管部门审批。建设征地移民安置规划未获批准的,不得开工建设。 第十三条　工程开工后,必须依据批准的建设征地移民安置规划编制建设征地移民安置实施规划,并报省级人民政府批准。移民安置实施规划较原审批的移民安置规划发生重大变更的,应按有关规定逐级上报审批。 第十四条　建设征地移民安置规划经国务院投资主管部门审批后3年尚未开工建设的工程,应重新组织编制建设征地移民安置规划,按原审批程序进行审批。 第十五条　工程开工后,承担建设征地移民安置实施规划编制任务的设计单位,要派设计代表驻移民安置实施现场,负责设计交底,并配合做好移民安置规划的实施工作。在移民安置实施中,需要发生重大设计变更的,设计单位应分析原因并提出处理意见,经移民综合监理单位签署意见后,按有关规定逐级上报审批

续表

政策条例	颁布时间	颁布责任主体	设计管理主要规定
《四川省人民政府关于进一步加强大型水利水电工程移民管理工作的通知》（川府发〔2005〕7号）	2005年3月4日	四川省人民政府	承担移民安置规划设计的单位必须具有国家认可的水电工程勘测设计及相关专业设计的资质，可行性研究阶段所提交的移民规划设计、概算和移民迁建安置评估报告应达到与枢纽工程设计同等深度。 移民安置规划应会同地方政府进行编制，报初步设计审批部门批准。未经批准不得开工建设。工程开工后，必须依据批准的移民安置规划编制实施规划，报省人民政府批准。 实施规划有重大变更的，应按规定逐级上报审批。承担实施规划编制任务的设计单位要派代表驻移民安置实施现场负责设计交底并配合做好移民安置规划的实施。在移民安置实施中发生重大设计变更的，设计单位应分析原因并提出处理意见，经移民监理单位签署意见后按有关规定逐级上报审批。 参与移民前期规划、实物指标调查、社会稳定评估和移民迁建安置实施规划设计的单位和主持评审的单位，对其提交、审定的技术成果承担相应的经济、法律责任。征地移民安置规划审批后3年尚未开工建设的，应重新组织编制，按原审批程序报批

4.3.3.1 大渡河流域

为加强水利水电工程建设征地和移民的管理，四川省出台了《四川省人民政府关于进一步加强大型水利水电工程移民管理工作的通知》（川府发〔2005〕7号）等文件，对设计单位资质、前期移民安置规划编制组织方式、移民安置规划调整等事宜进行了规定，相关政策条例、管理办法的出台，促使设计管理工作日趋规范，该时期设计单位主导地位有所加强。大渡河流域水电站移民安置规划设计主要由成都院承担，咨询、审查服务基本上由水电总院承担。

4.3.3.2 长江干流及金沙江下游流域

该时期内，流域形成了以三峡工程为代表的设计咨询管理模式。

为确保三峡工程移民安置规划编制的进度和质量，规划编制及实施均按照三峡工程移民管理体制的要求，实行统一领导、分级管理。国务院三峡工程建设委员会移民局负责协调和监督，并组织全库区的规划管理工作；两省（直辖市）分别负责其辖区内的移民安置规划管理工作，组织省（直辖市）库区移民安置规划的编制，协调和检查监督规划工作的实施；跨省（直辖市）专业项目和中央直属企业复建规划由有关主管部门会同有关单位完成；库区有关县（市、区）负责其辖区内移民安置规划的编制与实施管理。

三峡工程移民安置规划编制工作的技术负责单位为水利部长江委长江院，担负着配合地方政府做好县（市、区）移民安置规划的技术把关、两省（直辖市）移民安置规划的编制任务，即包括长江三峡工程水库淹没处理及移民安置规划报告汇总编制工作，以及三峡工程全库移民迁建进度及分年投资规划专题报告的编制。根据《长江三峡工程建设移民条例》，水利部长江水利委员会会同湖北省、重庆市人民政府，负责编制《三峡工程水库淹没处理及移民安置规划大纲》，报国务院三峡工程建设委员会审批。湖北省、重庆市人民政府根据《三峡工程水库淹没处理及移民安置规划大纲》，负责组织本行政区域有关县（市、区）人民政府编制并批准有关县（市、区）的移民安置规划，并分别汇总编制本省

（直辖市）的移民安置规划，协调和检查监督规划工作的实施，包括分省移民安置规划的编制及分县移民安置规划的统筹，报国务院三峡工程建设委员会备案。国务院三峡工程建设委员会移民管理机构对移民安置规划实施情况进行监督。跨省（直辖市）专业项目和中央直属企业迁建规划，由有关主管部门会同有关省（直辖市）在水利部长江委协助下完成。移民安置规划中的单项规划编制以及分县规划汇总原则上由库区各县（市、区）委托，部分专业设施规划由省移民办公室委托；分县规划和分省规划由长江委长江院负责汇总编制。

编制三峡工程移民安置规划以行政委托和经济合同两种方式进行。参加移民安置规划工作的有关单位，应具有相应的资质水平，并有委托方的文件或签订经济合同。委托编制移民安置规划的合同，必须符合《中华人民共和国合同法》和《建设工程勘察设计合同条例》的规定。

案例：三峡工程移民咨询管理

为提高移民安置规划成果质量，国务院三峡工程建设委员会移民开发局颁发了《长江三峡工程水库淹没处理及移民安置规划评估办法》，规定："三峡工程水库淹没处理及移民安置规划必须遵循科学化、民主化的决策程序，在规划报告编制完成后，经过专家评估，方可报送审批，以保证规划成果的准确性、科学性。"咨询评估由国务院三峡工程建设委员会移民开发局或者省、市移民局以及国务院有关部门的管理机构（简称组织咨询单位）负责组织。必要时可以授权省级人民政府有关主管部门组织咨询，或者委托有关单位主持咨询。

1994年4月，国务院三峡工程建设委员会移民开发局颁发《关于成立国务院三峡工程建设委员会移民开发局移民工程咨询中心的通知》（国峡移发〔1994〕19号），三峡移民工程咨询中心作为国务院三峡工程建设委员会移民开发局的直属事业单位，主要负责三峡库区有关移民安置规划成果（含中央直属跨省移民工程及重要单项移民工程）的评估、评审；参与重点移民工程项目可行性研究并组织评估；就移民工作实施过程中重大技术经济问题进行调研、咨询等。三峡库区移民分县移民安置规划，由国务院三峡工程建设委员会移民局移民咨询中心会同省级移民局组织专家进行评估。跨省市和中央有关部委专业项目、大型厂矿的淹没处理规划，由主管单位会同移民咨询中心组织有关专家进行评估。

主要咨询评估形式有2种，即会议评估和函审。采用会议评估时，由组织咨询单位或主持咨询单位聘请同行专家7~15人组成咨询委员会。咨询委员会到会专家不得少于应聘专家的4/5，咨询结论必须经委员会2/3以上多数专家或者到会专家的3/4以上多数通过。采用函审时，由组织咨询单位或者主持咨询单位聘请同行专家5~9人组成函审组。提出函审意见的专家不得少于应聘专家的4/5，结论必须依据函审组专家3/4以上多数的意见形成。

1992—1999年，在三峡工程初设阶段移民规划设计过程中，国务院三峡工程建设委员会移民开发局移民工程咨询中心和有关主管单位组织开展了上百起咨询评估活动，对数百项移民安置规划进行了评估评审，促进了规划成果质量的优化和提高。在三峡工程实施阶段和三峡工程移民政策"两个调整"过程中，移民工程咨询中心、中国国际工程咨询公司开展了大量咨询评估工作，特别是移民安置规划及投资概算调整咨询评估以及地质灾害规划设计咨询评估工作。全国众多行业的知名专家组成的评审专家组，对三峡工程移民规划与设计严格把关。国务院三峡工程建设委员会办公室移民工程咨询中心和有关的研究机构还根据国务院三峡工程建设委员会办公室、湖北省、重庆市以及三峡库区地方政府的要求开展了移民安置中的热点、难点问题以及有关政策的调研与咨询工作，提出许多有益的建议与对策。多年来，在移民工程咨询工作制度建设的探索和实践中，国务院三峡工程建设委员会办公室移民工程咨询中心、有关主管单位积累了大量经验和成功案例，为三峡工程移民决策起到了良好的参谋作用。

案例：隔河岩、高坝洲、水布垭等水电站移民规划、设计、咨询、审查

隔河岩工程：1990—1991年，根据移民搬迁安置过程中出现的新情况新问题，长江委编制了《隔河岩水库移民安置规划补充报告》，对原概算进行调整，经国家能源投资公司审核，国家计委于1992年6月进行批复，审定隔河岩水库淹没处理概算为3.2亿元。1997年7月，电力工业部审批，核定隔河岩水库淹没处理概算总投资6.2亿元。

高坝洲工程：1993年，长江设计院编制完成了《清江高坝洲水利枢纽初步设计库区移民安置规划报告》，并通过审查。但由于国家宏观政策调整，高坝洲工程推迟到1997年才开工建设，库区移民搬迁工作开始启动。1998年8月，经湖北省政府同意，清江公司请示国家电力公司对高坝洲工程移民规划进行修编调概，水电总院受国家电力公司委托批复同意修编调概，清江公司及时委托长江设计院开展相关工作。2003年1月，长江设计院编制完成《清江高坝洲水利枢纽水库淹没处理及移民安置规划修编及概算调整报告》（征求意见稿）；7月，湖北省移民开发局组织召开征求意见讨论会；9月，湖北省政府组织审查并同意上报报告送审稿；11月，水电总院在北京审查通过该报告。2004年3月，国家发展和改革委员会批复同意《清江高坝洲水利枢纽水库移民安置规划修编及概算调整报告》。

水布垭工程：1996年，清江公司委托长江设计院开展水布垭工程占地区、水库淹没处理及移民安置规划设计工作，委托湖北省有关专业设计院分别承担专业项目复建和集镇迁建规划的编制工作。长江设计院于1998年汇总编制完成《清江水布垭工程库区淹没处理及移民安置规划报告》。1999年4月，中国水利及新能源发电工程顾问有限公司会同湖北省计委共同主持召开水布垭水利枢纽可行性研究（等同初步设计）报告审查会，基本同意规划报告。2000年4月，长江设计院完成《清江水布垭水利枢纽工程占地及移民安置规划报告》；8月，通过了国家经济贸易委员会委托中国水电顾问集团公司主持的评审。在实施过程中，鉴于工程占地移民规划与工程建设不同步产生的各种问题，水电总院同意对报告进行调整。2006年8月，调整后报告通过评审。在水布垭工程前期勘测设计工作中，清江公司聘请水电总院的专家，对水布垭工程移民规划设计工作进行咨询，专家提出为了不淹恩施城区，应降低水库正常蓄水位5m的建议被采纳后，不仅减少了淹没损失，还减少了7亿元的补偿投资。

4.3.3.3 沅江流域

沅江流域水电站移民安置规划设计主要由中南院承担，咨询、审查服务基本上由水电总院承担。规划设计实行按设计单位"院长及所属单位行政负责人领导的，以院（总工程师）、处（专业总工程师或生产单位总工程师）、室（主任工程师）负责实施的3级技术质量管理"模式,并结合水电工程勘测设计实行项目管理,"以项目为中心,以技术质量管理作保障,以专业管理为基础的项目部与生产单位及专业室相结合的矩阵式管理模式"进行编制。

2001—2002年,中国水利水电建设工程咨询公司对三板溪水电站补充可行性研究阶段水库淹没处理规划成果进行了4次咨询并提出了相关咨询意见。2001年11月19—22日,受国家经济贸易委员会的委托,水电总院在长沙市主持召开审查会,对设计单位编制完成的《三板溪水电站可行性研究补充报告水库淹没处理规划设计专题报告(送审稿)》进行了审查并印发了审查意见。中南院根据审查意见,对该报告送审稿进行了修改、补充和完善后,形成了审定本。

4.3.3.4 乌江流域

为加强水利水电工程建设征地和移民的管理,贵州省出台了《贵州省大中型水利水电工程移民前期工作管理暂行办法》(黔移发〔2011〕45号);重庆市出台了《重庆市人民政府关于贯彻国务院〈大中型水利水电工程建设征地补偿和移民安置条例〉的通知》(渝府发〔2007〕64号)等文件。相关政策条例、管理办法的出台,促使设计管理工作日趋规范。乌江流域水电站移民安置规划设计主要由贵阳院、长江院承担,咨询、审查服务基本上由水电总院承担。

4.3.3.5 黄河流域

该时期内,甘肃省政府先后制定出台了《甘肃省大中型水利水电工程建设征地补偿和移民安置管理办法》等文件。相关政策条例、管理办法的出台,促使设计管理工作日趋规范。黄河流域水电站移民安置规划设计主要由西北院承担,咨询、审查服务基本上由水电总院承担。

4.3.3.6 澜沧江流域

该时期内,流域小湾水电站完成了初步设计阶段建设征地移民安置规划设计。1992年8月,在小湾水电站可行性研究报告通过能源部、云南省的正式审查之后,为了指导编制初步设计阶段的移民安置规划,昆明院编制了《小湾水电站初步设计水库移民规划工作大纲》,征求了云南省计委、省建委与省移民搬迁办公室的意见,并以《关于请转发〈小湾水电站初步设计水库移民规划工作大纲〉的报告》(图4.3-2和图4.3-3)报告云南省人民政府,建议请批转水库淹没涉及县(市)在水库移民规划中组织试行。澜沧江流域水电站移民安置规划设计主要由昆明院承担,咨询、审查服务基本上由水电总院承担。

4.3.3.7 雅砻江流域

二滩水电站库区安置规划的可行性研究始于1979年,与二滩工程枢纽可行性研究同步,相关工作主要由成都院承担。1985—1986年与二滩水电站初步设计同步,制定了"以不降低移民原有生活水平,在本乡就近后靠调整土地安置,平衡后多余人口适当远迁开荒安置。在保证农民基本生活资料的前提下,规划部分乡镇企业,使当地农民在抓好粮食生产的同时,能充分利用当地自然资源,加快发展多种经营,走农、林、牧、副、渔全面发展,农工商综合经营的道路。发展商品生产,增加经济收入的移民安置原则"。在进行了试点和实地调查后,并在1993年经重新核实后的实物量指标的基础上,1993年四川省移民办公室组织省内科研设计单位和攀枝花市、凉山彝族自治州相关地区有关部门的专

ND62-0942-23　长期

KM0342SJ-0161-03（1）

小湾水电站初步设计水库移民规划

工作大纲　（初稿）

能源部
水利部　昆明勘测设计研究院

一九九二年八月

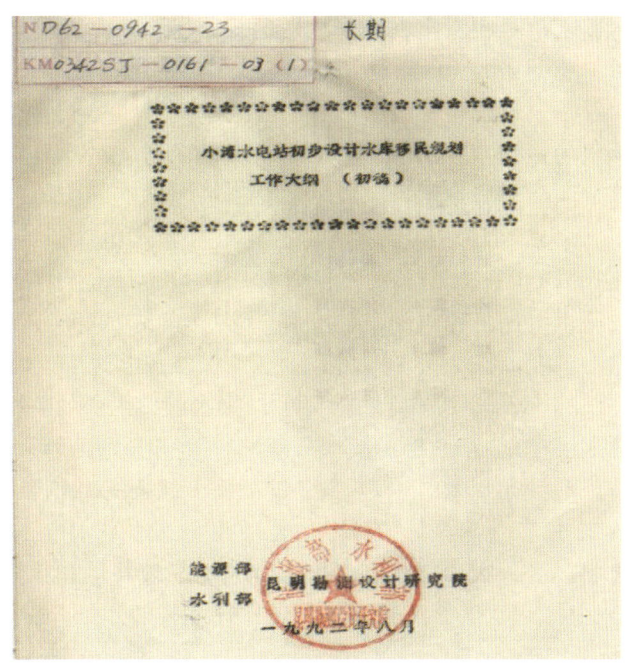

图 4.3-2　小湾水电站初步设计水库移民规划工作大纲封面

目　录

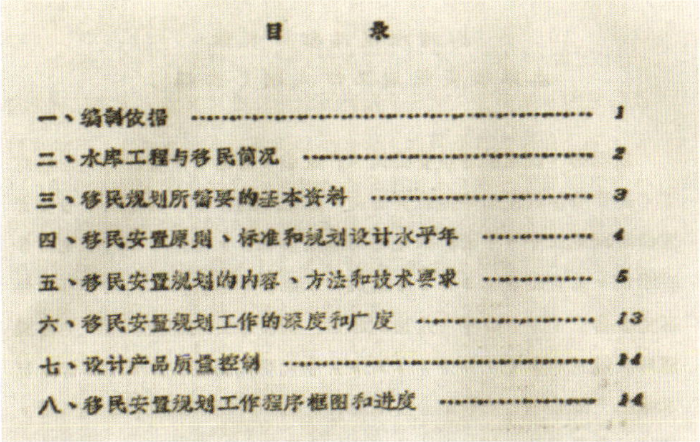

图 4.3-3　小湾水电站初步设计水库移民规划工作大纲目录

家，以及二滩公司有关人员，全面开展了库区移民安置实施规划工作，提出了开发性移民的思路，制定了“以水定土，以土定人”“大分散，小集中”的实施原则。先充分论证环境容量，再定安置人数。实施“搬得出，稳得住，富得起”的移民指导原则。1995 年 7 月完成了科学合理的实施规划上报四川省政府，1995 年 8 月四川省政府上报国家计委。国家计委 1996 年 4 月组织专家实地考察后，于 1996 年 4 月召开有各方专家参加的审查会，并于 1996 年 12 月以“计办建设〔1996〕889 号”批准了二滩水电站水库移民实施规划及相应概算。

在工程开工后，由于国家政策调整、汇率并轨、物价上涨、工程项目增补等因素的影响，集合工程建设的特点和实际进展的具体情况，贯彻后继法规如国家计委要求合理打足投资以及国家计委《关于请尽快上报二滩水电站枢纽工程调整概算和天生桥一级水电站水库移民补偿投资调整概算的函》（计建设〔1997〕22号）、电力工业部水电水利规划设计管理局《转发关于请尽快上报二滩水电站枢纽工程调整概算和天生桥一级水电站水库移民补偿投资调整概算的函的通知》（水电规定〔1997〕0007号）的精神，成都院于1997年对二滩工程进行内外资调整概算编制，完成了《二滩水电站内外资调整概算》（送审本）。1998年1月，国家计委委托中国国际工程咨询公司在二滩水电站工地主持召开了《二滩水电站内外资调整概算》（审查修改本）核查会议；4月2日国家计委以《国家发展计划委员会办公厅关于二滩水电站工程内外资调整概算核定意见的复函》（计办建设〔1998〕204号）、4月3日电力工业部以《关于四川省雅砻江二滩水电站工程内外资调整概算的批复》（电水规〔1998〕306号）分别核定和批复了二滩水电站工程的总投资。

二滩水电站的规划设计历时19年，其水电开发移民安置设计管理遵循了该时期国家关于基建管理的统一规定：如1982年《国家建设征用土地条例》和1986年《中华人民共和国土地管理法》、移民安置规划设计的第一个专业规范《水利水电工程水库淹没处理设计规范》（SD 130—84），及《大中型水利水电工程建设征地补偿和移民安置条例》（国务院令第74号）与《水电工程水库淹没处理规划设计规范》（DL/T 5064—1996）。

4.3.4 监督评估管理

20世纪80年代中期，中国建设项目开始实行监理制度，在建设监理蓬勃发展的背景下，作为水利水电工程重要组成部分的移民工程，也在探讨如何引入监理制度。借鉴建设项目监理的做法，在水库移民工程中，也逐渐引入了监理机制，并在长江三峡、黄河小浪底和万家寨等一批大中型水利水电项目中实施了移民监理。80年代后期，随着社会主义市场经济体制的不断发展和完善，中国的水利水电工程建设体制逐步与国际接轨，并建立了"业主负责制、工程监理制、招标投标制、合同管理制"的管理体制。

改革开放以来，随着世界银行对中国业务的迅速开展，其监测评估的概念也逐渐深入中国移民安置工作中。1990年，福建省水口水电站项目拉开了中国移民监测评估的序幕。水口水电站移民独立监测评估工作实质从1991年开始，至1997年完成，历时7年，由水力发电学会水库专委会组织专家实施，其间共提出9本监测评估报告。

1993年，三峡工程即提出移民监理的概念，1994年开始出台文件，组建移民监理单位。1994年，水利部领导在调整小浪底移民管理体系时，提出了移民监理的思路，决定黄河水利委员会移民局承担小浪底移民安置的移民监理工作。1995年开始筹备，1996年小浪底移民监理单位正式进场开展移民项目监理。

1996年8月，水利部发布的《水利工程建设监理规定》（水建〔1996〕396号）明确：在中国境内的大中型水利工程建设项目，必须实施建设监理，小型水利工程建设项目也应逐步实施建设监理。明确定义水利工程建设监理是指监理单位受项目法人委托，依据国家有关工程建设的法律、法规和批准的项目建设文件、工程建设合同以及工程建设监理合同，对工程建设实行的管理。水利工程建设监理的主要内容是进行工程建设合同管理，按照合同控制工程建设的投资、工期和质量，并协调有关各方的工作关系。

1998年3月，电力工业部发布了《水电工程水库移民监理规定》（电综〔1998〕251

号），移民综合监理作为制度逐步在新的水电工程建设中推行。

1998年，福建棉花滩水库工程开展移民监理。此外，广东飞来峡、湖南江垭等水库工程也都对移民监理进行了尝试。随着各工程移民监理的开展，关于移民监理的理论研究工作也逐步开展。

2000年，根据《世界银行中国贷款项目移民监测评估业务指南》中定义的移民监测评估的主要内容包括：移民知情参与权的实现，移民对自己参与决策权力的实现，移民补偿权力的实现，移民生存和发展权力的实现，移民享受最基本公共产品（义务教育、公共卫生、社会保障）权力的实现，移民分享项目效益权力的实现，移民监督、表达和申诉权力的实现，移民意愿在安置中的体现，移民生产能力的恢复和重建，移民生活水平的恢复和提高，移民获得的帮助和支持等方面。

这一时期监督评估管理仍沿用"业主负责制、工程监理制、招标投标制、合同管理制"的管理体制，移民综合监理的职责不清晰，对于现场工作的推动作用尚未得到充分的体现，多数流域的在建水电站尚未开展独立评估。

4.3.4.1　大渡河流域

在该时期，瀑布沟水电站作为大渡河上的代表性水电站首次引入移民综合监理，由中国水利水电建设工程咨询有限公司承担。在现场工作中，移民综合监理对外迁分散安置的农村移民建房进行了实地监测，以确保分散安置农村移民的建房安全，并及时向有关方面报告了重大事件、问题及相关维稳动态。为了加强大型水电工程移民资金管理，有序地开展移民资金审计工作，及时而不重复地对移民资金进行审计，四川省出台了《关于四川省大型水电工程移民资金审计管理的暂行规定》（川移发〔1995〕33号），对资金审计的组织主体、时限、方式进行了明确。

4.3.4.2　长江干流及金沙江下游

该时期内，流域以三峡移民工程为代表开展移民监督评估管理。

1. 发展历程

1993—1994年，围绕三峡移民工程是推行监理制度，还是推行移民监测评估制度，有关方面进行了相当长一段时间的争论。国务院三峡工程建设委员会移民开发局组织专家对二滩水电站等世界银行贷款项目移民安置管理情况进行考察，认为按世界银行规定分阶段对水库移民安置过程与效果进行监测评估，无法达到对水库移民安置全过程活动和责任机制行为的监测、监督与控制作用，为此借鉴国内外水库移民先进管理经验和中国工程建设领域推行的工程建设监理制的成功做法，首次创造性地提出了三峡移民工程综合监理的构想与建议，得到国务院三峡工程建设委员会的重视并采纳。

1994年4月，经中央机构编制委员会办公室批准，国务院三峡工程建设委员会移民开发局成立了移民工程监理中心，具体负责三峡工程移民监理管理工作。1994年10月，国务院三峡工程建设委员会移民开发局相继颁发《长江三峡工程建设移民监理规定（试行）》《长江三峡工程建设移民监理工程师管理办法（试行）》《长江三峡工程建设移民监理单位管理办法（试行）》等行政法规和部门规章。

1994年10月，国务院三峡工程建设委员会移民开发局颁发《长江三峡工程建设移民监理规定（试行）》，这是中国第一个提出区域性综合监理概念的法规性文件。随后颁发的《长江三峡工程建设移民监理工程师管理办法（试行）》和《长江三峡工程建设移民监理单位管理办法（试行）》等规章制度，正式确定移民综合监理在三峡工程移民工作中的法律地位。综合监理理论、方法及其工作内容在其后的综合监理实践中不断得到完善和拓展。

自1994年明确三峡工程推行移民工程监理制以来，按照国务院三峡工程建设委员会移民开发局的要求，由移民工程监理中心组织长江水利委员会等单位编制《长江三峡工程建设移民工程综合监理大纲》及相关规范性文件，长江委长江水利水电开发总公司着手筹备并组建了移民工程监理部，组织相关专业监理人员率先在三峡工程湖北库区兴山县开展移民监理试点，成为第一支进驻三峡库区的移民综合监理队伍。

为保证三峡移民工程监理工作开端良好并能健康发展，国务院三峡工程建设委员会移民开发局及移民工程监理中心先后举办了多次移民干部与监理人员培训、研讨及考察交流，着手建立三峡工程移民监理规章制度体系并组织实施，保证移民监理有法可依、有章可循。

1995年4月，国务院三峡工程建设委员会在万县移民工作会议上强调，要加强三峡库区移民工程监理工作。1996年，一期水位涉及的宜昌、秭归、兴山、巴东、巫山、奉节、云阳7个县建立了移民综合监理站，开展移民综合监理试点工作，同时，这7个县也开展了移民单项工程建设监理工作。

通过三峡工程一期移民工作和移民监理试点实践，三峡工程移民监理尤其是移民综合监理越来越受到国务院三峡工程建设委员会领导和有关部门重视，切实加强和推进移民监理工作，成为国务院三峡工程建设委员会移民开发局及移民工程监理中心的工作重点。至1997年年底，三峡工程移民综合监理试点工作基本结束，并进入移民监理推广和全面推行阶段。

1998年10月27日，国务院三峡工程建设委员会移民开发局发布的《长江三峡工程建设水库移民综合监理管理暂行办法》（国峡移发规字〔1998〕110号），成为二期移民综合监理工作的指导性文件，三峡工程移民综合监理工作开始进入快速发展新阶段，初步呈现出综合监理理论体系化、监理手段与成果多样化、监理信息反馈手段现代化等特点。

1999年初，湖北、重庆两省（直辖市）将移民综合监理范围由1998年的16个县（区）拓展到20个县（区），移民单项工程建设监理范围进一步拓宽。同年3月5日，国务院三峡工程建设委员会下发《国务院三峡工程建设委员会办公室关于进一步加强三峡工程水库移民综合监理工作的通知》（国三峡委发办字〔1999〕6号），进一步明确移民综合监理任务和工作重点，以及监管职责和内容。

2003年三峡工程二期蓄水验收后，三峡工程进入三期、四期移民阶段，通过对一期、二期移民监理工作的认真总结和不断改进，三峡工程移民监理工作开始进入稳步发展和完善拓展阶段。监理地域范围覆盖三峡库区全部20个县（区），监理项目涉及农村、县城、集镇、工矿、专业设施等专业大类，监理广度涵盖移民前期工作、实施过程、竣工验收和移民后期扶持等全过程，并把移民政策执行、移民进度管理、移民质量管理、移民投资管理、移民任务与移民投资双包干执行等作为该阶段移民综合监理的工作重点。同时，移民监理工作还向相关专项工程领域拓展。在三峡工程二期、三期、四期移民阶段，陆续新增三峡工程地质灾害防治监理、生态环境保护试点示范监理、文物保护监理、库底清理综合监理等，开创了这些工程领域推行监理制度的先河。

2. 综合监理制度体系

三峡工程移民监理从试点到全面推行的过程中，根据建设监理制的理论和原则，结合三峡工程移民的实际，已形成了较完整的规章制度体系和若干具体的管理办法。主要有《国务院三峡工程建设委员会办公室关于进一步加强三峡工程水库移民综合监理工作的通知》（国三峡委发办字〔1999〕6号）、《长江三峡工程建设移民监理规定》（国峡移发〔1994〕89号）、《长江三峡工程建设水库移民综合监理管理暂行办法》（国峡移发规字〔1998〕110号）、《长江三峡工程建设移民监理单位管理办法（试行）》（国峡移发〔1994〕91号）、《长江三峡工程建设移民监理工程师管理办法（试行）》（国峡移发〔1994〕190号）、《长江三峡水库移民工程监理经费使用管理办法（试行）》（国峡移发〔1995〕74号）、《工程建设监理合同》（示范文本）（国峡移发〔1995〕99号）。

由国务院三峡工程建设委员会移民局授权，国务院三峡工程建设委员会移民局监理中心于1998年印发了《长江三峡水库移民综合监理合同》，其合同文件由综合监理委托书、长江三峡水库移民综合监理合同、长江三峡水库移民综合监理合同条件、附件、在实施过程中双方共同签署的补充修正文件组成；还编制了统一的《长江三峡工程水库移民综合监理指标体系》。

案例：三峡工程移民综合监理主要内容

按照《国务院三峡工程建设委员会办公室关于进一步加强三峡工程水库移民综合监理工作的通知》（国三峡委发办字〔1999〕6号），工程移民综合监理工作的基本任务是："本着对国家、对人民、对子孙后代负责的精神，按照移民补偿资金和移民任务双包干的原则以及移民年度计划的要求，公正、科学、及时、准确地对一个县（区）总的及各大类移民工作（工程）质量、进度、实物及投资完成量、生态与环境保护等方面进行监督检查，定期作出实事求是的评价，找出存在的问题，分析原因并提出处理建议。"同时，按照《长江三峡工程建设移民监理规定（试行）》第十一条，移民综合监理主要任务为：依据国务院三峡工程建设委员会移民局、省市移民局、区县移民局批准的规划、设计和投资计划，对施工准备、正式施工至竣工阶段移民工程项目建设情况进行宏观管理，对移民生产安置、搬迁安置进度、质量、投资进行监控，协调建设和安置过程中的矛盾，评价移民安置后的社会经济发展情况。具体来说，移民综合监理工作主要内容包括以下内容：

（1）贯彻执行移民政策法规，保障移民政策在实施过程中不发生走样变形，将补偿资金足额兑付给移民，维护移民合法权益。为此要求在工作中：①正确宣传国家有关三峡工程移民的政策法规、移民安置原则和补偿标准；②督促区（县）落实国家制定的各项移民政策，维护移民群众合法权益；③督促严格执行移民工程项目建设标准、移民安置标准、质量标准以及质量管理和安全生产管理等各项规章制度；④调查分析移民政策执行中的新情况、新问题，提出处理建议；⑤调查了解移民信访反映的突出问题，提出处理建议。

（2）移民安置进度监控，促进在合理的工作周期内妥善安置移民，使移民及时迁出淹没区，为枢纽工程发挥效益创造条件。为此要求在工作中：①检查移民工程项目建设前期工作（如勘察、设计、设计评审）的进展情况；②监测安置区基础设施和移民住房建设实物量完成情况；③评价移民安置区生产和生活条件是否满足移民搬迁安置的要求；④量测核实移民任务完成情况与移民规划、计划的差距；⑤对各大类、各项目迁建进度进行评估，对进度滞后的项目提出加快进度的措施建议。

(3) 移民安置质量监控，促进移民搬迁后达到或超过原有生活水平。为此要求在工作中：①检查移民工程项目建设是否执行建设程序，监测承担移民工程项目建设的勘察、设计、施工、监理单位的资质是否符合要求；②监测移民工程勘察、设计成果质量以及施工工程功能性质量，检查移民工程项目建设是否达到规划设计的质量标准；③监测移民安置区生产生活设施及环境质量状况，了解移民群众对安置方式及安置条件的满意程度；④调查移民搬迁前后生产生活水平变化情况，移民安置是否达到规划标准，并作出阶段性评价和总结评价。

(4) 移民安置资金使用监测，通过使用国家核准的移民补偿投资，完成确定的移民安置任务，为此要求在工作中：①检查移民计划资金到位及完成情况；②检查移民资金使用及管理情况；③检查移民工程项目建设投资结算和决算情况；④抽查移民个人补偿资金兑付情况；⑤根据实际情况，对移民资金计划提出调整建议；⑥检查移民包干投资静态控制、动态管理原则的执行情况，对移民投资效果进行监测分析并提出评价意见；⑦督促严格审查移民安置资格、控制迁建规模或建设标准；⑧对预备费使用项目提出建议。

(5) 移民生产生活水平恢复监测评价，监测移民搬迁后生产生活水平变化，促进移民尽快安置稳定，要求：①对已搬迁农村移民生产生活条件、社会经济状况、移民安置情况及其稳定性等方面进行监测评估；②对城镇占地移民生产安置、搬迁安置、生产经营、就业和培训以及心态情况进行监测评估；③对城（集）镇居民搬迁后的生活条件、基础设施条件、公共服务设施条件以及居民对搬迁后的心态进行监测评估；④对工矿企业职工的就业安置、生活安置情况进行综合评估。

(6) 移民安置信息管理，以满足各级移民管理机构管理要求为目标，要求做到：①建立移民工程项目建设和移民安置信息系统，编制相应的软件程序；②收集移民迁建各大类及建设项目的监理资料，并输入数据库；③根据不同需要，对各项数据进行统计、分析和比较；④提供相关信息，编制移民综合监理报告、专题报告和简报。

三峡工程移民，以县（区、市）为单位实行综合监理。综合监理单位由湖北省、重庆市移民局商国务院三峡工程建设委员会移民局监理中心共同选定。由湖北省、重庆市移民局与之签订委托合同，同时经国务院三峡工程建设委员会移民局监理中心鉴证后生效。综合监理单位接受委托后，着手制定综合监理规划和实施细则，经委托方同意后组织实施。

4.3.4.3 沅江流域

这一时期开工建设的沅江流域三板溪水电站和洪江水电站都引入了移民综合监理，但未开展独立评估。三板溪水电站移民综合监理由长江勘测规划设计研究有限责任公司负责，洪江水电站移民综合监理由水利部规划处江河移民监理公司负责。

4.3.4.4 乌江流域

1998年3月，电力工业部发布了《水电工程水库移民监理规定》（电综〔1998〕251号），移民综合监理作为制度在新的水电工程建设中推行。这一时期乌江流域水电开发建设的洪家渡水电站引入了移民综合监理。2001年2月20日，贵州省移民开发办公室和乌江公司正式委托中国水利水电建设工程咨询公司承担洪家渡水电站水库移民的综合监理工作。洪家渡水电站库区移民安置工作作为试点，第一次在贵州省内实施水库移民综合监理，贯彻国家基本建设制度改革的要求，洪家渡水电站移民综合监理工作的探索在贵州省水电移民实施工作中具有重要意义。移民综合监理部认真、客观地履行监理职责，运用专业的知识和丰富的经验及时反映洪家渡水电站移民安置工作的实施进展情况及存在的问题，并提出了良好的建议，进一步规范了移民安置工作，保障了移民安置的质量和效果。洪家渡水电站在移民监理工作的先行先试取得了良好成效，为乌江流域及国内其他水电站的移民安置工作提供了借鉴经验。

4.3.4.5 黄河流域

该时期，黄河流域开工建设的代表项目为龙羊峡水电站。龙羊峡水电站于1977年开工建设，1987年9月第一台机组发电，1989年12月全部建成。龙羊峡水电站尚未开展移民综合监理和独立评估工作。

4.3.4.6 澜沧江流域

该时期，云南省多个水电站对移民监理进行了尝试，随着各工程移民监理的开展，关于移民监理的理论研究工作也逐步开展。大朝山水电站开始尝试建立移民安置工程监理制度，建设征地所涉及的云县、景东彝族自治县移民办公室委托了北京院负责大朝山水电站移民安置工程监理工作，在工程质量上严管、严控，在移民资金的分配、走向和使用上严格监督，从而促进了大朝山水电站水库移民安置任务的顺利完成。小湾水电站于2005年委托中国水利水电工程建设咨询公司开展综合监理。

4.3.4.7 雅砻江流域

根据世界银行的要求，借鉴世界上类似的大型水电建设项目经验，二滩公司在国内首次引进移民安置监测评估机制，委托四川省移民开发中心进行移民监测评估工作。按世界银行非自愿性移民的原则和要求，二滩公司成立了移民特别咨询团，每年到二滩水电站进行检查，不仅审核文字资料，深入现场走村串户，还选择了550户移民作为样本户进行全过程跟踪调查，准确了解移民搬迁前后收入状况和生活条件的变化，作为世界银行对二滩水电站移民工作评估的依据。1985年盐边搬迁前县城鸟瞰见图4.3-4。

图4.3-4　1985年盐边搬迁前县城鸟瞰

注：照片资料来源于四川省雅砻江二滩水电站初步设计中水库淹没处理和移民安置规划相关报告。

4.4　移民安置完善期

进入21世纪，进行大规模水电开发，移民规模大幅度增加，对移民管理的要求日益提高。该时期各级政府、各单位对移民安置管理工作更加重视，管理规定较为全面，形成了成熟、完善的管理模式。

4.4.1 开发管理

该阶段，随着社会经济的迅速发展，水电开发开始逐步面向社会化，各大流域水电开发"如火如荼"，流域梯级形成滚动开发，各流域公司针对各项目成立项目公司，负责各项目的开发，投资主体多元化。

2006 年，国务院令第 471 号正式颁布。2010 年前后，"国能新能〔2011〕156 号""发改能源〔2012〕293 号"出台重要政策，引导了移民工程建设的发展方向。2011 年，国家能源局发布《国家能源局关于加强水电建设管理的通知》（国能新源〔2011〕156 号），指出"积极探索和试点推广移民工程项目由项目法人、主体设计单位等有社会责任的企业代建和总承包等多种形式，鼓励相关企业尽可能利用当地人工和材料，以加快移民搬迁进度，确保移民工作顺利实施"；2012 年，国家发展改革委出台《国家发展改革委关于做好水电工程先移民后建设有关工作的通知》（发改能源〔2012〕293 号），该文件指出"农村居民点和迁建城市集镇新址场地平整、基础设施以及复建专业项目工程建设，应按基本建设要求进行招投标，也可委托水电工程项目法人、大型国有企业等有实力企业根据批准的移民安置规划代建或者总承包，确保移民工程建设进度、建设质量，有效控制投资，为推进移民搬迁安置创造条件"。部分水电开发单位利用工程管理经验丰富的专业队伍承担移民工程代建和总承包工作，有效地推动了移民安置实施进度。

4.4.1.1 大渡河流域

2006 年，四川省政府出台相关政策鼓励水电开发主体多元化，鼓励有实力的企业承担水电开发的业主角色。随着水电多元开发政策的深化，华能、华电、大唐等发电集团相继承担了大渡河干流水电开发任务，流域水电开发进入多元化发展时期。

案例：国电大渡河公司开发管理模式

国电大渡河公司成立后，针对已建成投产的龚嘴、铜街子水电站，专门成立了龚嘴水利发电厂进行统筹管理；同时，针对后续开发建设的瀑布沟（图 4.4-1）、大岗山、深溪沟、猴子岩等水电站，为有利于专业管理和协调，公司从管理体制、工作机制及地方协调工作机制 3 个方面进行了探索、实践与创新。

（1）征地移民管理体制。实行"项目主体、分级负责"的总分模式，大渡河公司本部设立移民环保部负责公司系统征地移民专业统筹协调、计划管理和检查考核工作，移民环保部下设征地移民处，配置人员 7 人左右；项目公司作为工作主体和责任主体，设立征地移民处，具体负责项目的建设征地与移民安置工作，项目公司征地移民处一般配置 3~5 人。

（2）征地移民工作机制。项目公司作为征地移民工作的责任主体、工作主体，全面负责

图 4.4-1　瀑布沟水电站坝址

征地移民规划设计、实施管理和阶段验收配合与协调工作；国电大渡河公司移民环保部作为专业管理部门，主要负责计划管控、统筹协调、指导服务和检查考核工作，具体牵头组织省（部）级层面的统筹协调工作。

（3）地方协调工作机制。建立分级协调沟通机制。国电大渡河公司本部统筹省委、省政府及相关厅（局）、国家有关部委及各司（局）的协调工作，项目单位根据业务工作需要和公司安排参与配合。项目单位负责市（州）、县（区）及以下地方党委政府和相关部门的协调工作，大渡河公司相关部门给予指导。公司领导按片区协调分工，对片区项目单位的企地协调工作进行指导和督促，并重点对口片区地方党政主要领导和分管领导的协调工作。此外，还与各县（区）建立了四方协调会（业主、地方、设计、监理）机制，主要解决日常工作中存在的问题。

案例：四川大唐国际甘孜水电开发有限公司移民部管理模式

四川大唐国际甘孜水电开发有限公司为利于专业管理和协调，成立了移民部。主要工作内容为：依据国家政策、法规和集团公司、大唐国际有关规定，在公司总经理、分管副总经理的领导下，组织开展建设征地和移民安置（规划、实施）工作，并做好公司内部相关协调工作。搜集研究征地移民政策法规，组织学习交流。根据公司年度节点目标，制订年度建设征地、移民安置工作目标计划等。

4.4.1.2　长江干流及金沙江下游流域

2009年9月27日，中国长江三峡工程开发总公司更名为中国长江三峡集团公司（简称三峡集团）。根据国家授权，三峡集团负责金沙江下游溪洛渡、向家坝、乌东德、白鹤滩四座世界级巨型梯级水电站的开发建设与运营。

三峡集团下设移民工作办公室，主要职责为：负责组织编制移民安置规划大纲与移民安置规划报告，负责枢纽区和库区建设征地手续办理工作，负责水电工程建设征地移民安置补偿投资的管理与控制，签订建设征地移民安置工作协议，参与水电工程建设征地移民安置实施阶段的管理与协调工作，参与移民搬迁安置组织实施工作，组织开展水库影响区库岸地质灾害防治工作等。移民工作办公室设11个内设部门，其中综合管理部、党群工作部、纪检监察部、征地管理部、规划合同部、社会责任与政策研究部等6个部门为管理部门，党群工作部和纪检监察部合署办公；地灾防治部、向家坝工程移民项目部、溪洛渡工程移民项目部、白鹤滩工程移民项目部、乌东德工程移民项目部等5个部门为项目部门。

在金沙江下游开发建设模式中，业主在推动水电站建设中发挥了主导作用，并且通过水电站建设极大地促进了地方经济社会的发展。自金沙江下游水电开发以来，三峡集团秉承"建好一座电站，带动一方经济，改善一片环境，造福一批移民"的"四个一"水电开发新理念，认真履行央企社会责任，积极助推地方经济社会发展。同时积极贯彻党中央、国务院关于扶贫工作的重大战略部署和四川、云南两省的具体工作安排，积极开展移民后续帮扶工作。三峡集团积极支持抗震救灾、扶持教育事业、实施民生项目、扶优扶强特色产业、助力医疗卫生、发展文化体育等各种社会公益慈善活动。三峡集团积极编制金沙江下游电站移民后续帮扶规划，重点打造"爱心帮扶、产业扶持、能力提升、民生保障及和谐库区"等五大项目。

4.4.1.3 沅江流域

该阶段，沅江流域水电开发向项目业主承担开发管理转变，进入多元化发展时期。如安江水电站项目业主为广水安江水电开发有限公司，铜湾水电站项目业主为湖南省湘投铜湾水利水电开发有限公司，清水塘水电站项目业主为湖南清水塘水电开发有限责任公司，大洑潭水电站项目业主为辰溪大洑潭公司，除此之外的其他梯级电站项目业主为五凌电力有限公司。

以五凌公司为例，1995年，公司根据国务院授权，以五强溪、凌津滩电厂为母体电站组建公司，按照"流域、梯级、滚动、综合"的方针，全面负责沅江流域梯级电站的开发、建设与经营，是国内最早的流域公司之一。

为做好水电项目开发管理工作，五凌公司成立各电厂筹建处，代表业主行使工程建设管理职能，实行"小业主、大监理"的管理模式。筹建处一般会成立工程办公室与综合办公室两个部门，分管后勤协调保障与工程建设管理工作，总体工作由公司工程部统筹，筹建处负责组织编制移民安置规划大纲与移民安置规划报告，负责建设征地手续办理工作，负责水电工程建设征地移民安置补偿费用的管理与控制，签订建设征地移民安置工作协议，参与水电工程建设征地移民安置实施阶段的管理与协调工作，参与移民搬迁安置组织实施工作，组织开展水库影响区地质灾害防治工作等。

随着五凌公司的成立，流域水电开发权已由政府统筹转变为项目法人负责。该转变适应了中国社会经济的进步和发展，有利于流域水能资源的统筹利用，有利于流域水电的科学规划，有利于水电项目的有效管理。随着三板溪、挂治、洪江、铜湾、清水潭、大洑潭等梯级电站的相继核准和竣工验收，沅江流域水电开发呈现了国有、民营和股份制"百花齐放"的良好局面。

五凌公司按照"流域、梯级、滚动、综合"的开发方针，经营管理、开发建设沅江干流河段梯级电站。在沅江流域水电项目开发过程中，坚持工程建设与移民安置并重、经济效益与社会效益并重，积极探索和推动实践创新，创造了一些好的经验和典型。特别是在贵州省水电工程征地移民工作中，项目业主与移民管理部门密切配合，结合实践探索，积累了丰富的移民工作经验，在全国率先创新移民安置模式。贵州省率先创新实践了移民工程返包代建机制，对调动移民搬迁积极性、保障移民长远生计、实现移民稳妥安置起到了重要作用，保证了工程的顺利建设，成为全国移民安置管理模式创新的成功典范。这种模式概括起来讲就是"地方政府管民生，电站业主管工程"的协作机制，具体来讲就是在移民工作中，地方政府及其有关部门要按照属地管理、县为基础的原则，把主要工作放在移民的搬迁安置上，把主要精力放在解决移民的民生问题上，集中精力做好移民搬迁安置工作，维护好库区的社会稳定。而电站业主则充分发挥其在工程管理方面的技术优势和经验优势，承担起移民工程中的重大、重要关键项目的建设任务，以确保项目的投资、进度、质量及安全得到有效控制，确保这些项目的实施满足电站建设进度的要求。工程建设中涉及的征地、拆迁等事宜，地方政府负责做好协调服务等工作，尽力提供良好的施工环境，促进项目顺利实施。

4.4.1.4 乌江流域

2006年之后，华电、大唐国际等发电集团相继承担了乌江干流的水电开发任务，流域水电开发进入多元化发展时期。

案例：华电乌江公司开发管理模式

乌江公司在乌江流域梯级开发的实践过程中"争政策、抓机遇"，乌江公司成立后，认真分析公司所处的地位和外部机遇，紧跟形势，审时度势，抢抓国家电力体制改革和西部大开发以及西电东送战略机遇，争取上级公司和地方政府的支持，以市场为导向，充分发挥梯级水电开发的有利条件，全面有序推进流域开发和建设。

(1) 争取流域滚动发展政策。借鉴国际上先进的开发理念，乌江公司率先争取"流域、梯级、滚动、综合"的开发方针和政策。乌江公司成立之初，国家将1983年已经建成的乌江渡水电站和在建的东风水电站交由乌江公司建设和管理，作为乌江公司开发建设和经营乌江干流贵州省境内河段水电站的初始资本，以母体电站的收益和部分折旧作为新项目的资本进行滚动开发，同时明确了股东不分红政策和利润包干政策。国家电力公司（后为中国华电集团公司）和贵州省政府两个股东同意在梯级开发未完成之前不从公司分红，这一发展方针为乌江梯级电站滚动开发奠定了基础、明确了方向、提供了力量，具有决定性的战略意义。

(2) 规范化改制。1992年10月乌江公司成立后，在抓紧东风水电站建设的同时，高度重视其他工程前期施工准备工作，为乌江水电全面开发奠定了良好的基础。

1999年7月，为充分发挥贵州省水电资源优势，贵州省委、省政府与国家电力公司按照党的十五大精神和建立现代企业制度的要求，成立了贵州乌江水电开发有限公司，对公司进行了规范化改制，按专家提出的"让出一个百分点，激活一条江"的建议，明确了产权关系，国家电力公司占51%，贵州省占49%。国家给予公司的优惠政策不变，确定在乌江流域滚动开发期间，股东双方不收取投资收益，公司形成的利润除按照国家财政部要求上缴的3000万元所得税外，其余全部用于乌江流域水电滚动开发。至此，乌江公司经营机制得到完善，为企业注入了强大的生机和活力，从而掀开了加快乌江水电开发的进程。

乌江公司改制后，按照"抓住机遇，加快乌江流域水电开发；深化改革，推进现代企业制度建立；加强管理，努力提高企业经济效益；再展宏图，创建一流水电开发公司"的公司思路，把"企业效益是否提高，发展是否加快"作为检验改制是否成功的主要标准，将目标定位在"开发"上，提出向管理要效益，形成成本倒逼机制，成功地走出了一条降低成本、挤出资本金、加快流域滚动开发的新路子，企业面貌发生了根本变化，为中国流域滚动开发积累了成功经验。

2002年12月29日，国家电力体制改革，乌江公司原属国家电力公司51%的股份，整体划转给中国华电集团公司。

(3) 西部大开发和西电东送。乌江水电站开发是西电东送工程中被定为带动贵州省经济和社会发展的富民兴黔的重大工程。贵州省政府及时协调、落实和解决水电站开发工程中涉及的水库移民、环保、水资源和土地资源等重大问题，从而保证乌江梯级水电站顺利实施。

乌江公司高度重视梯级水电站工程的前期工作，提前开展施工准备，使乌江上游梯级水电站很快具备开工建设条件。2000年，中国首批西电东送工程——洪家渡水电站、乌江渡水电站扩机工程同时开工建设。同时，乌江公司及时提出了把构皮滩水电站（3000MW）作为贵州省西电东送的重点水电站建设工程，加快做好处于乌江下游的构皮滩、思林、沙沱等水电站的前期工作，顺势形成"大开发"的态势。

4.4.1.5 黄河流域

随着水电多元开发政策的深化，青海省三江水电开发股份有限公司、国家电投集团黄河上游水电开发有限责任公司、甘肃电投能源发展股份有限公司等相继承担了黄河上游干流水电开发任务，流域水电开发进入多元化发展时期。

4.4.1.6 澜沧江流域

1999年6月，云南省小湾水电工程前期工作筹备处成立；2001年2月，云南澜沧江水电开发有限公司成立；2002年12月，云南澜沧江水电开发有限公司原属于国家电力公司系统的股权划归中国华能集团有限公司，公司更名为云南华能澜沧江水电有限公司。澜沧江公司本部设有规划发展部、计划部、基本建设部、财务部、安全环保部、机电部、物资部、征地移民办公室等，全面负责公司水电开发建设管理工作。各梯级电站由二级机构负责，主要有小湾、景洪、糯扎渡、功果桥、苗尾、大华桥、黄登、托巴、里底、乌弄龙等水电工程建设管理局，华能澜沧江上游水电有限公司，果多水电工程建设处等。

4.4.1.7 雅砻江流域

作为国家授权开发雅砻江水能资源的唯一业主，雅砻江公司根据雅砻江水能资源四阶段开发战略，坚持科学规划、全面推动、突出重点、压茬开发。

1. 主要建设管理措施

雅砻江公司紧紧围绕"流域化、集团化、科学化"的发展思路，秉持"流域统筹，和谐发展"的理念，在全面总结锦屏等为代表的下游项目建设管理经验的基础上，针对两河口和杨房沟水电站的特点，结合水电基建行业和电力市场环境的深刻变化，积极探索EPC总承包建设模式，以技术创新为动力大力推动工程信息化、智能化建造，流域开发取得重大进展。

2. 开辟了国内百万千瓦级大型水电站采用设计施工总承包进行建设的先河

为控制项目建设成本、提升管理效率和效益，在全面总结雅砻江下游梯级电站先进建设管理经验的基础上，公司积极探索水电项目管理新模式，经过长期的调研、分析和精心筹划，推进了杨房沟水电站采用EPC建设管理模式，开始了水电工程EPC建设管理的探索与实践。由公司领导牵头，抽调公司内部专家组成团队开展了EPC招标文件的编审，在参照国家《标准设计施工总承包招标文件》（2012年版）有关格式条款的基础上，结合大型水电工程建设管理特点和自身实际，集思广益，通过多层次内部审查和外部专家咨询，保障了招标文件成果的合规性、科学性和合理性，形成了一套完整的适合大型水电项目EPC建设管理模式的招标文件，为项目顺利实施奠定了坚实的基础。

3. 积累了大型移民代建工程设计施工总承包模式建设管理经验

两河口移民工程规模大，根据地方政府委托，为充分发挥公司和地方政府各自优势，雅砻江公司开展了等级道路、库周交通及输变电等移民复建项目的代建工作。由于移民代建工程区域深入涉藏地区，涉及范围广、战线长、协调管理难度大，根据代建项目的特点，雅砻江对部分项目采用了设计施工总承包模式进行建设。经过5年半的努力，两河口移民代建 EPC 总承包项目主体工程已完工，满足了蓄水阶段移民安置专项验收，为实现下闸蓄水里程碑目标提供了有力支撑，积累了大型移民代建工程设计施工总承包模式建设管理经验。

4.4.2 实施管理

2006 年 7 月，国务院颁布了《大中型水利水电工程建设征地补偿和移民安置条例》（国务院令第 471 号），形成了现有的"移民安置工作实行政府领导、分级负责、县为基础、项目法人参与"的管理体制。

2011 年 5 月，国家能源局颁布《关于加强水电建设管理的通知》（国能新能〔2011〕156 号），对做好建设征地移民安置管理从落实地方政府责任、移民安置实施、建设单位参与、设计管理和综合监理、移民安置技术管理和政策研究、移民干部培训和移民生产技能培训、建立移民突发事件应急管理机制等提出明确要求。

在此基础上，各流域、各省级政府因地制宜，制订了符合自身情况的实施管理模式。

4.4.2.1 大渡河流域

《〈大中型水利水电工程建设征地补偿和移民安置条例〉实施办法》（四川省人民政府令第 268 号）、《四川省大中型水利水电工程移民资金管理暂行办法》（川府发〔2010〕43 号）、《四川省人民办公厅转发省扶贫移民局四川省大中型水利水电工程移民工作管理办法（试行）的通知》（川办函〔2014〕27 号）等相关政策及四川省移民局颁发的相关文件对管理体制、资金管理、年度计划管理、变更管理等移民安置实施管理工作作了进一步细化和明确。

在 2016 年 7 月通过的《四川省大中型水利水电工程移民工作条例》中，规定大中型水利水电工程移民工作遵循开发性移民方针，坚持以人为本、科学合理、规范有序的原则，实行"政府领导、分级负责、县为基础、项目法人和移民参与、规划设计单位技术负责、监督评估单位跟踪监督"的机制。

1. 机构与职责

在工作组织上，建立了沟通有效、权责分明的责任分工体系，明确了移民实施管理工作的责任主体。移民安置实施管理有关各方职责如下。

（1）省、市（州）、县（市、区）人民政府。负责本行政区域内大中型水利水电工程移民工作的组织和领导，建立移民工作协调机制，组织协调本行政区域内移民工作中的重大问题。

县（市、区）人民政府负责实施大中型水利水电工程移民安置、移民资金管理和使用、移民政策宣传、社会稳定维护等工作。

乡（镇）人民政府、街道办事处应当积极配合上级政府及有关部门履行移民工作职责，并指导村民委员会、居民委员会等基层群众自治组织开展移民工作。

（2）各级移民管理机构。省人民政府移民管理机构负责监督管理大中型水利水电工程移民工作，审核移民安置规划，指导、协调和监督移民安置，监督管理移民资金使用，组织开展移民安置验收。

市（州）人民政府移民管理机构负责监督管理本行政区域内的大中型水利水电工程移民工作，指导、协调和监督移民安置实施，监督管理移民资金使用。

县（市、区）人民政府移民管理机构负责本行政区域内的移民具体工作。

（3）项目法人。负责移民安置规划大纲和移民安置规划的编制工作，落实移民资金，参与移民工作。

在此时期，流域公司将移民工作逐步转移到各项目主体，流域公司负责征地移民专业统筹协调、计划管理和检查考核工作，项目公司作为工作主体和责任主体，具体负责项目的建设征地与移民安置工作。

（4）规划设计单位。负责移民安置相关规划设计，对设计成果质量负责，参与移民工作。

（5）监督评估单位。移民安置综合监理单位负责移民安置全过程的监督，参与移民工作，独立评估单位负责移民安置、移民生产、移民生活水平等评价工作。

（6）移民。移民个人、农村集体经济组织及迁建或者复建的机关企事业单位依法享有相应权利并履行相关义务。

（7）协调管理。为解决移民工作中的问题，确保移民安置工作顺利推进，瀑布沟水电站率先实行了轮值协调会制度。2008年11月，四川省政府在落实瀑布沟移民工作中，提出了由四川省移民办公室牵头，雅安市和国电大渡河公司双方轮流主持协调会，设计、监理单位参加，就瀑布沟移民工作中存在的困难和问题进行沟通协调。该制度打破了管理矛盾的僵局，完善了管理体制的缺陷，为其他水电站移民工作提供了借鉴和参考，后来的双江口水电站建立轮值会制度，丹巴、康定地区移民工作建立了四方会议制度。自此，流域水电移民实施管理建立了职责分明、沟通畅通、合作高效的省、市（州）和县分级沟通协调机制。

2. 年度计划管理

批准下达的年度计划是移民安置工作实施进度控制及资金使用、项目法人移民资金拨付、移民安置年度计划考核的重要依据。根据《四川省大中型水利水电工程移民安置年度计划工作规范》规定，移民安置年度计划管理工作内容主要分为年度计划编制审核、年度计划下达及分解、年度计划监督检查和年度计划调整4个方面。

（1）年度计划编制审核。项目法人在每年10月初向省扶贫移民局提出下一年度移民安置计划建议，编制移民安置任务及资金计划建议书，并抄送市、县级移民管理机构，作为市、县级移民管理机构编制年度计划的基础。

（2）年度计划下达及分解。12月下旬，移民安置处将全省移民安置任务及资金计划汇总表报省移民局移党组审议，通过后，于次年1月上旬报省政府。省政府分管领导签批后，省移民局分市（州）下达移民安置任务及资金计划。

根据下达的移民安置任务及资金计划，市、县级移民管理机构提出细化分解方案。

（3）年度计划监督检查。每年7月初，移民安置处组织综合监理等单位对市（州）移民管理机构、县级人民政府执行移民安置任务及资金使用情况进行半年监督检查。

次年1月，移民安置处会同计划财务处组织项目法人、综合设计、综合监理，根据下达的年度计划对市（州）级移民管理机构、县级人民政府及移民管理机构移民安置任务完成情况及资金使用情况进行监督检查。

（4）年度计划调整。各级地方人民政府应严格执行移民安置年度计划，经批准的年度计划原则上不作调整。确需调整的，由县级移民管理机构编制年度计划调整方案，综合设计和综合监理提出书面调整意见，市（州）移民管理机构审核后，于10月初上报省扶贫移民局。

(5)移民安置处会同计划财务处对上报的调整方案进行审核，经局党组审议后，报省政府分管领导批准。

3. 资金管理

在2010年1月出台的《四川省大中型水利水电工程移民资金管理暂行办法》（川府发〔2010〕43号）中，规定资金管理实行政府领导、分级负责、县为基础、全面监管的管理体制。各级移民管理机构是本级拨付、使用、管理移民资金的责任主体，是本辖区移民资金监管的责任主体，移民项目实施单位是其使用、管理移民资金的责任主体，对其使用、管理的移民资金负责。

在瀑布沟水电站资金管理中，移民资金由国电大渡河公司根据《四川大渡河瀑布沟水电站建设征地移民安置任务及补偿投资包干协议》和四川省移民办公室下达的建设征地移民安置实施年度计划，按照移民安置实施进度分期拨付省移民机构，再由省移民机构按项目实施进度和移民综合监理意见及时拨付给下级人民政府和有关实施单位。移民资金的使用监督主要通过政府各级审计和稽查机构进行监督。国电大渡河公司通过配合国家和省级审计部门、移民综合监理报告和参与移民工作，对移民工程的质量、进度、资金使用等情况进行检查监督。

各级政府及其移民管理机构必须严格执行国家批准的概算及分解概算，大型水利水电工程移民资金由省移民管理机构根据国家批准的概算（包括调整概算）分解到市（州）、县（市、区）；每年根据分解概算和移民工作进度要求，审定下达大型水利水电工程移民资金使用计划（预算）；各级移民管理机构和移民资金使用单位应严格执行资金计划。

4. 质量管理

移民安置实施质量涉及移民的切身利益，质量管理主要有3项控制措施：一是移民综合监理和独立监评对移民安置质量进行监理和评估；二是地方政府对移民安置质量的监督控制；三是业主会同地方移民机构进行检查督促。在质量管理方面，瀑布沟水电站针对蓄水后库区移民安置场地的工程质量与工程安全，提出在汉源县新县城、移民集镇和居民安置点开展工程安全监测设计和专业监测施工的方案，以掌握各主要滑坡在雨季和水库蓄水后的安全状态，主要移民安置场地和公共基础设施在水库蓄水后的安全状态，为移民工程安全运行提供服务，并实现通过监测达到反馈设计、指导施工的目的，该做法为全国首创，为双江口、猴子岩、黄金坪等水电站所借鉴。

5. 移民工程建设管理

至2010年前后，随着"国家能源〔2011〕156号""发改能源〔2012〕293号"等重要政策、文件的出台，引导了移民工程建设的发展方向。至此，移民工程建设及管理逐步转变为"政府委托电站开发业主""政府委托设计单位承担"以及"移民个人房屋由移民自建，基础设施、专业项目可实行代建"的模式。

案例：移民安置完善期移民工程建设管理模式

1. "政府委托电站开发业主"建设管理模式

该模式主要是指项目业主通过招标的方式，选择社会专业化的项目管理单位（代建单位），负责项目的投资管理和建设组织实施工作，项目建成后交付使用单位的制度。如瀑布沟水电站实施的项目业主代建汉源新县城模式，龙头石水电站实施的项目业主代建等级公路、库周交通模式。

随着国务院令第 471 号的出台，瀑布沟工程探讨和实施了由政府委托电站开发业主代建移民工程（如汉源新县城）的建设模式，地方政府作为移民工程的责任主体，邀请国电大渡河公司作为代建方，以概算包干的形式与国电大渡河公司签订代建协议，明确代建的范围、项目、工期等，由代建方自主选择有资质的施工单位完成代建任务并交付地方政府。

国电大渡河公司承担援建汉源新县城场平等工程项目（图 4.4-2 和图 4.4-3）。这种建设模式极大地推动了移民工程建设，有力地促进了移民安置工作，实现电站按计划下闸蓄水。代建管理过程中，各方积极成立了轮值协调会机制、现场协调会机制、质量安全监督机制和节点目标奖励机制。

图 4.4-2　汉源新县城一

图 4.4-3　汉源新县城二

（1）轮值协调会机制：即由国电大渡河公司和雅安市地方政府轮流主持会议，设计、监理单位参会，沟通、协调、解决电站移民工作中存在的问题和困难。

（2）现场协调会机制：由代建工作领导小组与地方政府建立的月度协调会机制，援建项目部与新县城建设安置指挥部建立的周协调例会机制，旨在全力协调设计供图、资金保障、验槽工作程序等工作，同时督促新县城建设安置指挥部定期召开设计联络会，督促设计单位加快设计供图，提高现场服务质量，加快设计问题的解决速度。

（3）质量安全监督机制：汉源新县城建设安置指挥部成立的由工程项目部、质量监察部和质监站组成的检查组，巡视并监督工程施工质量和安全，对违规施工和出现质量问题的部位给予停工整改、通报批评和罚款处理。

（4）节点目标奖励机制：援建项目部通过设立质量、进度工作节点目标奖励，对按时完成相关工作节点的单位进行资金奖励。

瀑布沟水电站代建管理模式详见图 4.4-4。

项目实践证明，项目业主代建模式具有协调有力、科学组织、合理安排、措施及时等优势，其主要成功经验包括以下方面：

（1）有效控制工期。工期的有效控制表现在：一是减少了项目等待时间，项目业主作为代建方和投资人代表，能够为加速移民工程进展和顺利实现下闸蓄水等节点目标。二是加速了设计问题的解决，采取定期协调机制，定期召开协调会议，将各方召集起来，集中

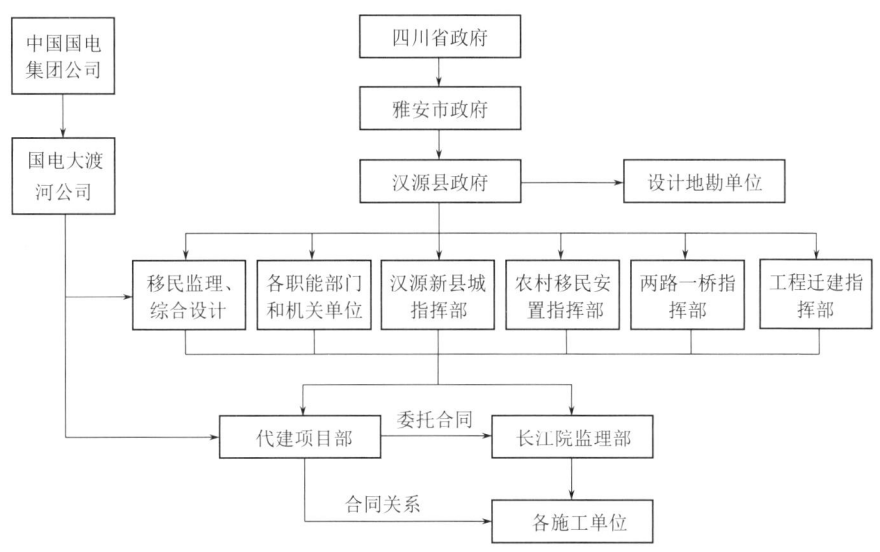

图 4.4-4 瀑布沟水电站代建管理模式

解决矛盾,降低影响程度。三是科学合理组织,提高效率,选择优秀的施工单位,采取大规模机械化作业,制订切实可行的施工组织设计和施工进度计划,科学合理规划,采取激励措施,提高功效,缩短工期。

(2) 有效控制造价。造价的有效控制表现在:一是设计源头造价控制,代建过程中,电站开发业主加强了对移民安置的规划设计管理,通过选择合理、经济的设计方案,进行投资优化,控制工程造价。二是实施过程造价控制,代建项目部作为专业项目管理机构,熟悉整个建设流程,通过制订全程项目实施计划,设计风险预案,协调参加单位,科学组织,合理安排工作,控制工程造价。

2. "政府委托设计单位承担"建设管理模式

以设计单位为主体的代建管理模式实行设计、施工管理、采购一体化,把资源最有效地组合到工程建设项目上来,减少管理环节,集中优秀的专业管理技术人员,采用先进的科学管理方法,真正地体现风险与效益、责任与权力、过程与结果的统一性。流域典型项目如大岗山水电站实施的由设计单位代建得安集镇的模式、猴子岩水电站实施的由设计单位代建桥梁、对外连接道路的模式。

得安集镇为大岗山电站规划的移民安置点之一,工程区有省道 S211、海螺沟旅游线及通村公路通过,交通方便。该工程采用设计单位代建管理模式,于 2012 年 8 月启动土建施工招标工作,2012 年 12 月进场,在建项目主要包括垫高防护工程、土地整理工程、引水工程、道路工程和居民区建设工程。

在代建过程中,设计单位充分发挥综合专业优势,在进度控制、质量控制、技术控制、造价控制等 4 个方面进行了管理和把控,成立了高效精干的项目管理团队,涵盖了包括项目管理、合同管理、采购管理、移民综合设计、地质勘察、工程设计等方面的专业人员,通过设计与施工的深度融合,充分应对了工程建设条件和外围环境复杂的困难,在工程进度、质量和投资的控制上体现了独有的优势。

3. "移民个人房屋由移民自建,基础设施、专业项目可实行代建"建设管理模式

2016年9月1日,《四川省大中型水利水电工程移民工作条例》(NO:SC122711) 施行。该条例明确规定:"移民集中安置的,县(市、区)人民政府应当组织开展安置点、城(集)镇基础设施及相关配套工程建设。工程建设完成后,按照规定移交使用。农村移民分散安置的,其住房应当由移民自主建造;农村移民集中安置的,其住房应当统一规划,自主建造。农村集中安置点基础设施、城(集)镇、工矿企业、水利、交通、电力和电信等移民工程项目,按照国家和四川省有关规定可以实行代建。"此模式的实施,对规避移民搬迁入住风险、控制投资和把控进度起到了至关重要的作用,是适应本阶段大渡河流域乃至四川省水电开发的模式。

4.4.2.2 长江干流及金沙江下游流域

该时期,流域以金沙江下游水电开发为主,成立了金沙江下游移民安置工作协调领导小组进行统筹协调。同时,在工作中各梯级电站移民安置实施管理坚持地方政府是移民工作"三个主体"、省级政府对移民工作负总责的模式。

案例:金沙江下游移民安置工作协调机制

2010年,为了落实《国家发展改革委办公厅关于印发溪洛渡和向家坝水电站移民工作协调会议纪要的通知》(发改办能源〔2009〕1112号)精神,加强对金沙江下游水电移民工作的指导和协调,确保移民工作顺利开展,保障电站顺利建设,国家能源局正式成立了金沙江下游水电移民工作协调领导小组及办公室。协调领导小组由国家能源局牵头,成员包括水电水利规划设计总院、四川和云南两省人民政府、国家发展和改革委员会(能源局)、移民机构、溪洛渡、向家坝水电站移民所涉及州(市)政府、中国长江三峡集团公司和设计单位;协调领导小组办公室设在水电水利规划设计总院,主任由国家能源局新能源司副司长史立山担任,常务副主任由水电水利规划设计总院副院长王斌担任,副主任分别由四川、云南两省和中国长江三峡集团公司三方代表担任。金沙江下游梯级电站均为巨型电站,涉及移民众多,基础设施复杂,且跨了四川、云南两省,移民工作难度非常大。国家层面的协调小组及办公室有效地协调了各方利益,为金沙江下游梯级电站移民工作推进起到了十分重要的指导和协调工作,是金沙江下游梯级电站移民工作的重要组织保障。

案例:金沙江下游移民工程实施管理模式

金沙江下游梯级电站向家坝、溪洛渡、白鹤滩、乌东德水电站移民工作坚持地方政府是移民工作的"三个主体",省级政府对移民工作负总责。四川和云南两省政府高度重视两个水电站的移民工作,把推进移民工作作为省政府重点工作,实行年度目标考核责任制,并建立了专项督查制度和干部下派蹲点制度。在工作中充分发挥两省移民主管机构的政策把关、业务指导和综合协调服务作用。两省政府和两省移民主管机构加强与业主中国长江三峡集团公司的联系,保持了省内各市(州)之间的协调平衡,维护了移民政策的连续性和统一性。高度重视移民干部特别是基层移民干部的业务培训,开展多种形式的移民业务培训交流,让基层移民干部吃透移民政策,更好地做好移民群众的政策宣传和思想工

作，为移民顺利搬迁打下基础。在实施管理中，两省政府实行新的管理模式，包括：①县城、集镇及居民点总承包，该模式主要是指项目业主通过招标的方式，选择社会专业化的施工总承包单位，负责项目的建设组织实施工作，项目建成后交付使用单位的制度。2010年9月，四川省政府决定对向家坝库区的屏山新县城和6座集镇的基础设施及安置房，选择本省内有实力、有资质的国有施工企业实行总承包建设。随后云南省政府也将向家坝库区的绥江新县城和5座集镇的基础设施及安置房实行总承包建设。溪洛渡、白鹤滩、乌东德水电站也探讨和实施了由施工总承包建设居民点的建设模式。②实行重大移民项目代建制，该模式主要是指项目业主通过招标的方式，选择社会专业化的项目管理单位（代建单位），负责项目的投资管理和建设组织实施工作，项目建成后交付使用单位的制度。向家坝和溪洛渡库区部分控制性、关键性和对移民投资有重大影响的公路桥梁一直到2010年末能启动建设，严重制约了两个水电站按期下闸蓄水。考虑到地方政府的工程管理能力和组织力量，从确保水电站按期蓄水发电的大局出发，为充分发挥中国长江三峡集团公司在工程建设管理方面的优势、快速推进工程建设、掌握主动，2010年经中国长江三峡集团公司与两省政府协商，决定对两个水电站库区部分控制性的"三桥七路"等交通专项实施代建。③引进专业项目管理公司参与移民项目的建设管理工作。考虑地方政府特别是县级政府技术管理力量薄弱的实际情况，经与四川省有关各方协商，由中国长江三峡集团公司会同四川省移民局、四川省建设厅共同委托四川省内有资质、有实力的大型项目管理公司参与或代表县级政府对县城、集镇和部分专项工程建设实施专业化的业务指导或项目管理（县政府的技术"高参"），同时经四川省建设厅授权代为履行省质监总站的职能，加强了移民工程项目的质量、进度、安全现场管理和控制。

4.4.2.3 沅江流域

1. 移民管理模式

这一时期沅江流域建设的大中型水电工程较多，随着国家、地方各项配套政策规定逐渐完善，逐渐形成了现有的移民安置工作实行"政府领导、分级负责、县为基础、项目法人参与"的管理体制。在运行机制上，湖南省、贵州省移民工作管理方式不断创新，先后建立了移民前期工作管理制度、移民工作目标管理责任制度、移民工作调度会议制度、移民安置建设项目管理制度、移民安置监督评估制度、移民安置风险评估制度、移民长期补偿制度、移民工程项目返包制度、移民后期扶持机制、移民信访管理制度、移民档案管理制度、移民资金使用管理制度、移民资金稽查审计制度、移民安置验收管理制度、移民安置工作技术服务管理制度等一系列覆盖工作方方面面的规定或办法，湖南省、贵州省移民工作步入制度化、规范化、程序化、法制化轨道。沅江流域新建大中型水电工程建设征地移民安置工作管理模式见图 4.4-5。

2. 管理机构设置及职责分工

以湖南省为例，《湖南省大中型水库移民条例》规定：省人民政府移民管理部门负责全省的移民工作，指导、协调、检查、督促下级人民政府移民管理部门的移民工作。

湖南省政府办公厅"湘政办发〔2014〕88号"规定：有移民安置工作任务的市（州）人民政府组织领导本行政区域内移民安置工作；有移民安置工作任务的县（市、区）人民政府是移民安置工作的工作主体、实施主体和责任主体，负责本行政区域内移民安置工作的组织实施。

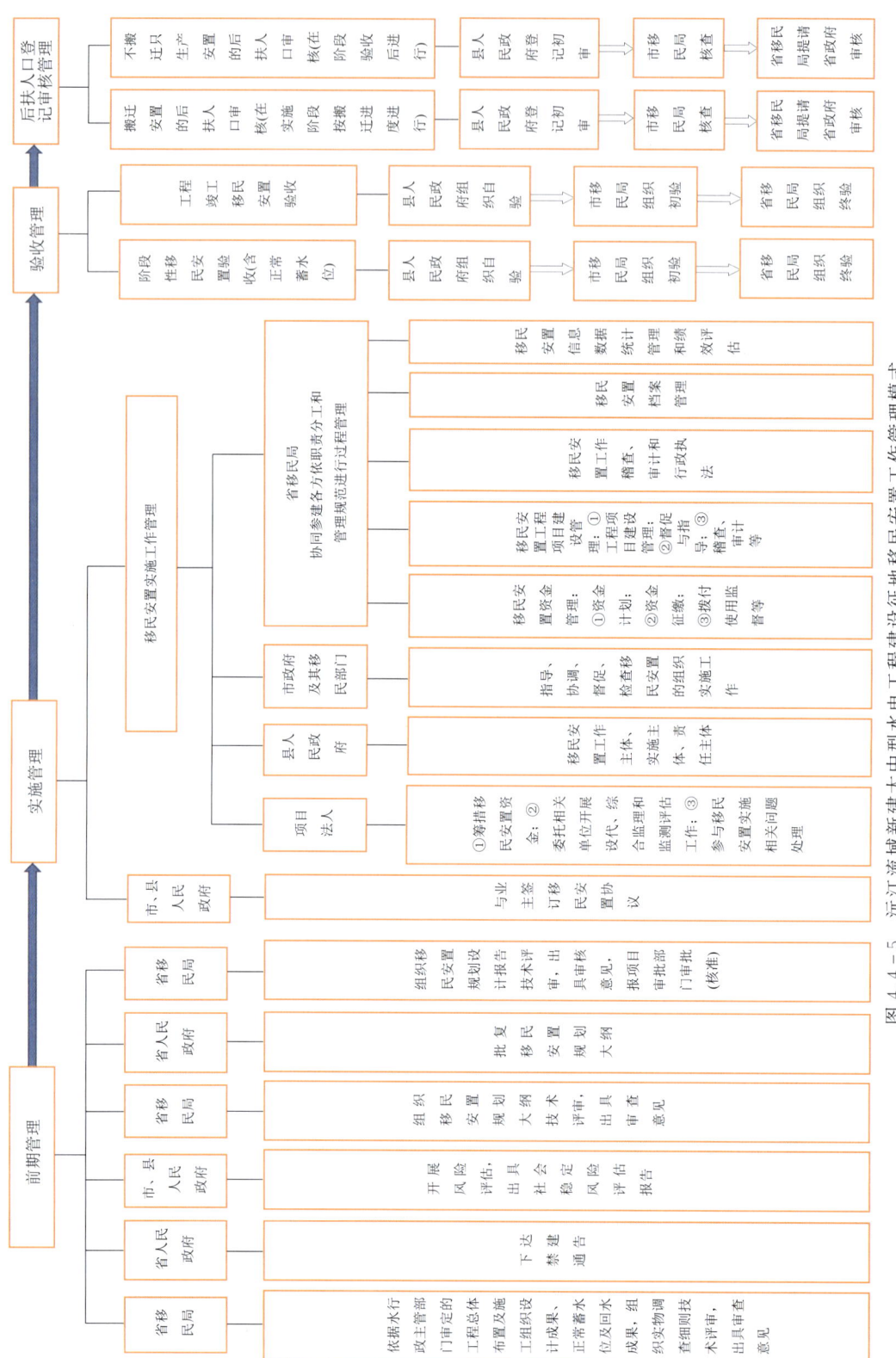

图 4.4-5　沅江流域新建大中型水电工程建设征地移民安置工作管理模式

湖南省移民安置工作的职责分工如下。

（1）省移民主管部门。

1）推动贯彻实施国家和湖南省有关水库移民工作的法律法规、政策标准，研究拟定全省移民工作法规，经批准后组织实施。

2）负责组织审查本行政区域内大中型水库建设征地实物调查细则，按管理权限审查移民安置规划大纲，审核移民安置规划设计报告及规划调整报告。

3）受省政府委托，作为监管方与跨市（州）行政区域的大中型水库及属国家、省重点工程的大型水库的项目法人、有关市（州）人民政府签订移民安置协议。

4）按有关规定管理淹没补偿费，审批下达参与签订移民安置协议的大中型水库移民安置项目资金年度计划。

5）督促签订协议的大中型水库项目法人筹措淹没补偿费，按审批的项目资金年度计划和实施进度及时拨付淹没补偿费。

6）会同有关部门对大中型水库淹没补偿费使用情况进行监督、检查和审计。

7）按管理权限主持移民安置的阶段性验收和竣工验收。

8）组织本行政区域内移民干部业务培训。

9）协调处理移民安置工作中的重大问题，及时向上级和有关部门反映移民安置工作中出现的问题，协助本级和下级人民政府做好库区和移民安置区社会稳定工作。

10）组织对市（州）移民安置工作的绩效考核。

（2）市（州）移民主管部门。

1）研究拟定本行政区域的移民安置管理实施办法。管理、指导、协调、检查和监督本行政区移民安置工作。及时向上级和有关部门反映移民安置中出现的问题，妥善处理有关问题。

2）指导、协调县（市、区）人民政府配合项目法人编制实物指标调查细则、移民安置规划大纲、移民安置规划报告，并对上述文本提出书面审查意见。

3）对于省移民主管部门作为监管方的大中型水库，应协助市（州）人民政府与项目法人签订移民安置协议，并协助市（州）人民政府与县（市、区）人民政府签订移民安置实施协议。受市政府委托，作为监管方与管理权限内的大中型水库的项目法人、有关县人民政府签订移民安置协议。

4）根据移民安置规划和项目法人的年度移民安置计划建议，在与项目法人充分协商的基础上，按管理权限组织和审核本行政区移民安置项目及资金年度计划。

5）编报移民安置实施进度及资金使用统计报表。

6）会同项目法人共同委托有专业的单位开展移民安置监督评估工作。

7）管理、拨付本行政区内淹没补偿费。监督、检查本行政区内淹没补偿费管理使用情况，配合有关部门对淹没补偿费管理使用情况的审计工作。

8）按照管理权限负责本行政区内的移民工程项目建设管理工作。

9）指导下一级人民政府及移民主管部门对移民安置进行阶段性验收和竣工验收的自验工作；组织有关单位对本行政区域内移民安置进行阶段性验收和竣工验收的初步验收工作。

10）组织开展本行政区域内的移民安置执法和移民干部的培训工作。

11）负责本行政区域内移民来信来访调处工作，配合有关部门及时处理突发事件并做好库区、移民安置区的社会稳定工作。

（3）县（市、区）移民主管部门。

1）研究拟定本行政区移民安置工作管理实施办法。管理、指导、协调、检查和监督本行政区移民安置工作。及时向上级和有关部门反映移民安置中出现的问题，妥善处理有关问题。

2）协助县（市、区）人民政府提出移民安置初步方案；配合项目法人编制实物指标调查细则、移民安置规划大纲和移民安置规划。配合项目法人和县级人民政府进行实物指标调查、复核、分解和公示工作；协助县人民政府确认实物指标调查成果。

3）根据批准的移民安置规划和实物指标进行细化分解，并协助县政府在有关村、组和权属单位公布补偿范围、补偿标准以及安置方案。

4）协助县（市、区）人民政府与上一级人民政府及项目法人签订移民安置实施协议；协助县级政府与乡（镇）人民政府签订移民安置责任书；指导乡（镇）人民政府与村组签订征地补偿协议，与移民户签订搬迁安置协议，并做好移民与安置点的对接工作。

5）编报移民安置项目资金年度计划，按批准的年度计划，协助县政府完成本行政区的移民安置实施任务；编报移民安置实施进度和资金使用统计报表。

6）根据批准的移民安置规划，拨付和使用移民资金，接受有关部门的检查和审计。

7）按照国家基本建设程序组织实施移民工程项目建设，并组织移民安置工程竣工决算审计。

8）接受移民监督评估机构的监督，配合做好相关工作。

9）协助项目法人和土地管理部门办理土地征收（用）手续。

10）协助县（市、区）人民政府进行本行政区域内移民安置阶段性验收和竣工验收的自验工作。

11）组织本行政区域内移民安置执法和移民生产技能培训工作。

12）深入宣传国家有关移民方针、政策，做好移民来信来访工作，及时向上级和有关部门反映移民安置中出现的问题，妥善处理移民安置工作中出现的问题、矛盾和突发事件，维护库区和安置区的社会稳定。

案例：项目业主（五凌电力有限公司）代建移民工程

由于五凌电力有限公司开发的沅江流域各水电站大都是上下游相连或互为相邻，为保持各项目间补偿平衡、标准统一，防止移民和地方政府间相互攀比，公司在建大中型水电工程的移民工作采用集中管理模式。各单位主要职能如下。

（1）计划发展部：主要负责可行性研究阶段的移民设计报告及相关核准文件的编制与审查。

（2）工程管理部：负责组织在建电厂和已建电厂的建设征地及移民工作，组织实施规划阶段的移民设计与专项报告的编制与审查。负责移民超标准、超规划、超概算项目方案审查；组织协调重大移民问题处理，联系省级及以上政府部门；组织协调已建电厂遗留问题。

（3）电厂筹建处：负责库区移民现场工作及省级以下项目文件的手续办理；协调督促省级以下地方政府的协调。

4.4.2.4 乌江流域

2013年6月13日沙沱水电站最后一台机组发电后，乌江梯级水电开发实现完美收官。自西电东送工程以来，贵州省委、省政府高度重视乌江流域水电开发移民管理工作，2001年，贵州省委、省政府出台《关于进一步加强全省大中型水电工程移民工作有关问题的通知》（黔党办发〔2001〕20号）确立了"省政府统一领导，分级负责、县为基础"的移民工作管理体制，为加强移民工作目标管理责任，贵州省主要实施双向目标考核制度，即由上级和下级政府分管领导、移民部门主要负责人签订"双向"目标责任书。同时省政府建立了移民工作例会调度制度等一系列工作制度，使全省移民工作逐渐走入制度化、正规化、规范化的轨道，有力保障了电站建设的顺利进行，确保了西电东送工程大局。在乌江流域梯级电站开发中，有移民任务的各县（区）政府是移民工作的基础，各县（区）均成立了电站工程建设协调指挥部，统一指挥电站建设中的征地拆迁、移民安置问题。在移民工作中各县（区）人民政府的主要领导亲自挂帅，靠前指挥，协调解决移民工作中出现的问题；分管领导常驻扎一线，现场指挥督办，以重点难点工作的突破来推动各项移民工作的全面落实。同时各县及乡（镇）均委派政治素质好、作风优良、基层工作经验丰富、善于做群众工作的人员投身移民搬迁安置工作中，通过细化工作措施、落实责任分工，保证了各水电站移民工作中"领导到位、责任到位、工作到位"，有力推动了乌江流域水电建设移民管理工作。在业主参与方面，乌江公司作为乌江流域水电开发的业主单位，积极履行业主职责，按照国家政策及时调整移民征地补偿、安置费用和优惠政策，通过加强与地方各级政府的沟通和协调，乌江流域各库区移民工作开展扎实、顺利，各水电站得以按期或提前实现蓄水发电，取得了较好的社会效益和经济效益。

在管理机构设置方面，2006—2014年贵州省移民管理机构演变见表4.4-1。

表4.4-1　　　　　　　2006—2014年贵州省移民管理机构演变

年份	机 构 演 变	相 关 文 件
2006	贵州省移民开发办公室规划安置处更名为贵州省安置处，并增设规划处和政策法规处	《关于贵州省移民开发办增加内设机构和人员编制等事项的批复》（贵州省编办发〔2006〕176号）
2009	贵州省大中型水电工程移民开发领导小组办公室更名为贵州省水利水电工程移民局，为贵州省政府直属正厅级事业单位	
2010	设8个处（室），分别为办公室（人事处）、业务一处、业务二处、业务三处、业务四处、政策法规处、财务审计处、稽查处	
2014	贵州省水利水电工程移民局更名为贵州省水库和生态移民局，为贵州省人民政府正厅级直属事业单位	《中共贵州省委贵州省人民政府关于省人民政府职能转变和机构改革的实施意见》（黔党发〔2014〕3号）

注：贵州省的移民管理实行简政放权，2011年颁布的《贵州省大中型水利水电工程移民安置建设项目管理暂行办法》下放了大中型水利水电工程移民安置建设项目和100万元以下移民后期扶持项目的审批管理权限，以及同一市、州、地行政区域内中型水利水电工程移民安置大纲、长期补偿试点、移民安置验收等项目的审批和实施管理权限。

在职责分工方面，从移民安置规划设计阶段来看，国务院令第471号公布后，移民安置工作正式实行"政府领导、分级负责、县为基础、项目法人参与"的管理体制，强调了政府的领导作用。实物指标调查由项目法人会同工程占地和淹没区所在地的地方人民政府实施；移民安置规划大纲、移民安置规划由项目法人编制；县级以上地方人民政府负责移民安置规划的组织实施。

从移民安置实施阶段来看，县级以上地方人民政府负责移民安置规划的组织实施，实施的依据是主体设计单位编制并经审核的移民安置规划。各级政府各部门的职能如下。

1. 贵州省政府

贵州省实行省政府统一领导、分级负责、县为基础、项目法人参与的移民工作管理体制。省政府对全省移民工作全面负责，主要职责是：①根据国家有关政策和规定，制定本省的政策和规定；②领导、组织和协调建设征地移民安置工作；③发布停建令；④授权移民机构与水电工程项目法人签订移民安置协议；⑤监督移民资金的使用；⑥及时处理移民工作中出现的重大问题；⑦组织或授权有关部门进行移民验收。地方各级人民政府在省政府的领导下，负责做好本行政区的建设征地移民工作，并根据需要设置相应的移民机构，配合项目法人开展移民安置前期规划设计工作，组织和实施本辖区内的移民搬迁安置，维护库区和移民安置区社会稳定。

2. 贵州省水库和生态移民局

为提高行政效能，优化发展环境，贵州省人民政府法制办公室组织对贵州省教育厅等部门实施的行政权力进行了全面清理、依法确认。经省人民政府审查批准和授权，公布了贵州省水库和生态移民局权利清单和责任清单，见表4.4-2和表4.4-3。

表4.4-2 贵州省水库和生态移民局权利清单

序号	权力事项	法 律 依 据	职权类别
1	移民安置规划大纲及规划的审批、审核	《大中型水利水电工程建设征地补偿和移民安置条例》（国务院令第471号）；《省人民政府办公厅关于调整省直机关继续实施的非行政许可审批项目目录的通知》（黔府办发〔2014〕2号）	非行政许可
2	移民后期扶持规划及项目核准	《大中型水利水电工程建设征地补偿和移民安置条例》（国务院令第471号）；《省人民政府办公厅关于对非行政许可审批事项保留取消下放管理权限转变管理方式的通知》（黔府办发〔2011〕88号）	行政服务
3	移民安置验收	《大中型水利水电工程建设征地补偿和移民安置条例》（国务院令第471号）；《省人民政府办公厅关于移民工作管理权限有关问题的函》（黔府函〔2011〕2号）；《省人民政府办公厅关于对非行政许可审批事项保留取消下放管理权限转变管理方式的通知》（黔府办发〔2011〕88号）	行政服务

续表

序号	权力事项	法 律 依 据	职权类别
4	大中型水库库区基金征收	《大中型水利水电工程建设征地补偿和移民安置条例》(国务院令第471号); 《国务院关于完善大中型水库移民后期扶持政策的意见》(国发〔2006〕17号); 《财政部关于印发〈大中型水库库区基金征收使用管理暂行办法〉的通知》(财综〔2007〕26号); 《省人民政府关于研究我省库区基金征收有关工作的会议纪要》(黔府专议〔2011〕111号); 《省财政厅、移民局、物价局关于进一步做好大中型水库库区基金征收工作的通知》(黔财企〔2012〕16号)	行政服务
5	移民资金使用检查	《大中型水利水电工程建设征地补偿和移民安置条例》(国务院令第471号); 《审计署关于内部审计工作的规定》(审计署令第4号)	行政服务
6	移民安置项目稽查	《大中型水利水电工程建设征地补偿和移民安置条例》(国务院令第471号); 《省人民政府办公厅关于印发贵州省水库和生态移民局主要职责内设机构和人员编制的通知》(黔府办发〔2014〕13号)	行政服务
7	扶贫生态移民项目审批及实施	《中共贵州省委贵州省人民政府关于省人民政府职能转变和机构改革的实施意见》(黔党发〔2014〕3号); 《省人民政府办公厅关于印发贵州省水库和生态移民局主要职责内设机构和人员编制的通知》(黔府办发〔2014〕13号)	行政服务

表4.4-3　　　　　　　　贵州省水库和生态移民局的责任清单

序号	职权类别	权力事项	责任事项	承担内设机构
1	非行政许可类	移民安置规划大纲及规划的审批、审核	(1) 受理阶段:公布应提供的资料;一次性告知需完善的资料;在规定时间内作出是否受理决定(不予受理的说明理由)。 (2) 审查阶段:审核有关资料,组织或委托现场查勘;组织或委托技术评审。 (3) 决定阶段:审核评审意见;提出审批、审核意见;形成审批、审核批复文件。 (4) 送达阶段:邮寄或来人领取文件,进行发文登记。 (5) 事后监管责任:监督有关单位实施,检查实施效果;提出指导意见和建议	规划计划处、水利移民处、水电移民处
2	行政服务类	大型及跨市(州)中型水库下闸蓄水和竣工阶段移民安置验收	(1) 受理阶段:公布应提供的资料;一次性告知需完善的资料;在规定时间内作出是否受理决定(不予受理的说明理由)。 (2) 审查阶段:审核有关资料,组织或委托现场查勘;组织或委托技术评审。 (3) 决定阶段:召开验收会议;听取有关意见;形成验收书面意见。 (4) 送达阶段:邮寄或来人领取文件,进行发文登记。 (5) 事后监管:督促有关单位落实验收意见	水利移民处、水电移民处

续表

序号	职权类别	权力事项	责任事项	承担内设机构
3	行政服务类	大中型水库移民后期扶持规划审批	(1) 受理阶段：公布应提供的资料；一次性告知需完善的资料；在规定时间内作出是否受理决定（不予受理的说明理由）。 (2) 审查阶段：审核有关资料；组织技术评审。 (3) 决定阶段：审核评审意见；提出审核意见；形成批复文件。 (4) 送达阶段：邮寄或来人领取文件，进行发文登记。 (5) 事后监管：督促有关单位实施，检查实施效果；提出指导建议意见	后期扶持处、财务审计处、规划计划处
4	行政服务类	大中型水库库区基金征收	(1) 准备阶段：公开征收政策规定、标准、方式及时间要求。 (2) 审核阶段：通过未按时缴纳的发电企业申报库区基金。 (3) 决定阶段：开具《非税收入开单通知书》。 (4) 送达阶段：通知来人领取《非税收入开单通知书》。 (5) 事后监管：督促发电企业返回库区基金入库银行回单	财务审计处、规划计划处
5	行政服务类	移民资金使用检查	(1) 准备阶段：成立检查小组、制订检查方案，印发检查通知。 (2) 实施阶段：收集资料；检查财务凭证、账簿、财务档案等财务收支活动资料；撰写检查报告。 (3) 决定阶段：征求被检查单位意见；形成检查决定；印发检查决定。 (4) 送达阶段：邮寄或来人领取文件，进行发文登记。 (5) 事后监督：督促被检查单位整改问题	财务审计处
6	行政服务类	大中型水利水电工程移民安置项目稽查	(1) 准备阶段：制订稽查方案；成立稽查工作组；下发稽查通知。 (2) 实施阶段：核实有关资料；现场调查及抽样检查。 (3) 决定阶段：听取有关意见；形成稽查报告；提出处理建议意见。 (4) 送达阶段：转送或邮寄、来人领取文件，进行发文登记。 (5) 事后监督：督促有关单位及当事人落实处理决定	项目稽查处
7	行政服务类	扶贫生态移民项目审批及实施	(1) 受理阶段：公布应提供的资料；一次性告知需完善的资料；在规定时间内作出是否受理决定（不予受理的说明理由）。 (2) 审查阶段：审核有关资料；组织技术评审。 (3) 决定阶段：审核评审意见；提出审核意见，形成批复文件。 (4) 送达阶段：邮寄或来人领取文件；进行发文登记。 (5) 事后监管：督促有关单位实施；检查实施效果；提出指导意见和建议	生态移民处

权利清单和责任清单的公布，明确了贵州省水库和生态移民局的职责，也规定了其权限范围。一来保证了其职能的发挥，避免了移民部门"失位""缺位"的现象，也避免了在发生问题时各单位、各部门互相推卸责任的"踢皮球"现象。同时，对于权力的限定也杜绝了"越位"行为的发生，可以有效制止执法不当、过度执法等行为，更能够从体制上消除部分官员贪污腐败的活动空间。

贵州省遵循《大中型水利水电工程建设征地补偿和移民安置条例》（国务院令第471号）的相关原则，建立了"政府领导、分级负责、县为基础、项目法人参与"的水电工程移民管理体制。其中：贵州省人民政府负责全省范围内大中型水利水电工程移民的组织和领导工作，并下设贵州省水库和生态移民局代为行使相关职能和权力；贵州省各地市人民政府主要是在省政府的领导下，做好本行政区域内大中型水利水电工程移民的监督和管理工作，在市级政府的授权下成立市（州）移民机构负责本行政区域内大中型水利水电工程移民指导、协调、监督工作；贵州省各县级人民政府是移民工作的"实施主体"，在县级人民政府的授权下成立县移民局负责本行政区域内大中型水利水电工程移民的组织和实施工作。在具体的运行过程中，贵州省各级地方人民政府和移民管理机构围绕水利水电工程移民管理活动的三个阶段展开具体职能分解，具体见表4.4-4。

4.4.2.5 黄河流域

甘肃省出台了《甘肃省大中型水利水电工程建设征地补偿和移民安置管理办法》，对管理体制、资金管理、年度计划管理、变更管理等移民安置实施管理工作作了进一步细化和明确。

进入市场经济时期，移民工作任务越来越重。西北地区部分省（自治区）成立了省级移民主管机构，如新疆、宁夏；部分省份省级移民管理部门则设在国土、水利等职能部门，如青海、甘肃。县级根据移民任务情况设置移民管理机构，大部分水电站项目开发公司先后设置了专门的移民管理工作岗位，在子公司也设立了移民工作部门，更加重视移民工作，并逐渐深入参与移民前期及实施工作。

青海省于2007年6月正式成立了青海省移民安置局，为省国土资源厅直属机构，局机关为事业编制，内设4个处。青海省涉及移民的海南藏族自治州、海东市、黄南藏族自治州、海西蒙古族藏族自治州、西宁市、海北藏族自治州及辖区内各县分别成立了移民管理部门（移民安置局、支黄办），涉及移民的20个县已有9个县建立了独立的移民机构，同时各州（市）、县水库移民后期扶持工作领导小组由各级政府主要领导任组长，分管移民工作，各移民机构分别设立了局长（主任）、副局长（副主任），设立了财务、工程及办公室等科室，落实了责任人，基本做到了行政管理有序、组织机构健全、人员配备合理、业务分工明确。

4.4.2.6 澜沧江流域

这一时期，澜沧江中游糯扎渡水电站、功果桥水电站和上游苗尾、大华桥、黄登、里底、乌弄龙、托巴等水电站进入实施阶段，管理模式基本一致。

1. 移民工作领导小组模式

为保证水电站工程建设的顺利进行，加强移民工作管理力度，澜沧江中游糯扎渡水电站、功果桥水电站和上游苗尾、大华桥、黄登、里底、乌弄龙、托巴等涉及的州（市）、县（区）成立移民工作领导协调小组，并由分管领导为组长负责项目移民工作，由移民局

表 4.4-4　　　　　　　水利水电工程移民管理机构职能分解表

移民安置阶段	移民行政管理机构	行政服务职能	非行政许可职能
移民安置规划阶段			
实物指标调查阶段	省级人民政府	负责颁发"停建令",并组织涉及的地市、县(区)、乡镇人民政府及相关部门召开动员大会	
	省级移民管理机构		负责审核封库令的相关申请材料,确认大型及跨(州、市)的中型水利水电工程的实物指标调查大纲
	地市级人民政府		确认除省移民局权限外的其他中型水利水电工程项目的实物指标调查大纲
	县级人民政府	负责在建设征地涉及的镇、村公布"停建令",会同项目主管部门测设界桩并办理相关手续;负责会同专业设计单位、政府相关部门及群众代表组成实物指标调查工作组;实物指标调查结束后,还要负责实物指标调查结果的行政确认及张榜公布	
	县级国土、电力、交通、发展改革委、教育、通信、农业等部门	国土部门提供用于实物调查的基础资料以及地类和面积量算工作;电力、交通、教育、通信等部门则负责提供专项设施和城(集)镇调查的基础调查资料	
移民安置规划大纲编制及审批阶段	省级人民政府		负责对大型和跨市(州、地)的中型水利水电工程项目的移民安置规划大纲进行审批
	省级移民管理机构		负责会同有资质的专业机构对移民安置规划大纲进行审查,并对大型和跨市(州、地)的中型水利水电工程项目的移民安置规划大纲进行审批,报人民政府备案
	地级人民政府	负责对设计单位编制的移民安置规划大纲提出相关意见	
	县级人民政府	负责会同设计单位共同完成移民安置规划大纲的编制,并负责配合完成大纲编制过程中的意见征询工作	
	县级国土、电力、交通、发展改革委、教育、通信、农业等部门	负责提供相应职能部门的社会经济基础资料	

续表

移民安置阶段	移民行政管理机构		行政服务职能	非行政许可职能
移民安置规划阶段	移民安置规划编制阶段	省级移民管理机构		负责大中型水利水电工程的审查和审核
		地市级人民政府	配合设计单位针对移民安置规划大纲的编制提出相关意见	
		县级人民政府	负责会同设计单位共同完成移民安置规划的编制，并负责配合完成大纲编制过程中的意见征询工作	
		县级国土、电力、交通、发展改革委、教育、通信、农业等部门	配合移民安置规划编制单位做好农村移民安置部分、城（集）镇迁建部分、专项项目迁建部分、水土保持和环境影响等篇章的编写	
	移民安置协议的签订	省级移民管理机构	负责同电站业主单位签订移民安置任务及投资包干协议	
		地市级移民管理机构	负责在市级人民政府授权下，代表市级人民政府与省移民办公室签订移民安置任务及投资包干协议，并与本地区所辖县（市、区）签订移民工作责任、资金分包协议	
		县级移民管理机构	负责在县级人民政府授权下代表县（市、区）级人民政府与上级移民部门签订移民安置任务和资金包干协议	
移民安置实施阶段		省级移民管理机构	负责组织各市（地、州）人民政府、县级人民政府及移民管理机构编制移民安置实施规划；负责组织库区地、州、县（市、区）及电站设计单位编制移民安置实施年度计划及资金使用年度计划；负责按国家审查批准的移民安置实施规划及补偿投资完成移民安置任务；负责移民资金的落实、使用管理和拨付工作，按计划及时向地（州、市）、县（市、区）拨付资金；负责对移民资金的使用进行全面监督检查，并配合国家和省有关部门对移民资金使用的审计；负责移民安置实施的项目管理，主持重要或重大移民安置项目的设计评审、招投标和验收工作；负责指导、协调、检查和监督地（州、市）人民政府（行署）、县级人民政府及移民机构的移民安置工作，及时处理移民安置工作中出现的问题；负责组织有关部门、业主、设计及监理单位，对移民安置进行检查验收，编制检查验收报告；负责协助业主单位办理水库淹没土地征用手续，组织有关部门及时处理移民突发事件	

续表

移民安置阶段	移民行政管理机构	行政服务职能	非行政许可职能
移民安置实施阶段	地级移民管理机构	负责配合设计单位完成本行政区内移民安置实施规划的编报工作；负责组织完成本行政区内的移民安置实施任务；负责组织编制本行政区内移民安置实施年度计划及资金使用年度计划，并编报实施进度及资金使用的统计报表；负责本行政区内移民资金的拨付、监督、检查工作；负责配合有关部门对移民资金使用的审计；负责按照项目管理权限做好项目管理工作；负责指导、协调、检查和监督本行政区内移民安置工作，及时向上级和有关部门反映移民安置中出现的问题，并妥善处理有关问题；负责审核、汇总并编报本行政区内移民安置验收报告；负责接受移民监理，配合做好相关工作；负责协助业主单位办理土地征用手续，并及时处理突发事件	
移民安置实施阶段	县级移民管理机构	负责与设计单位共同完成本行政区移民安置实施规划和实施计划的编制；负责与设计单位共同编报本行政区移民安置实施年度计划及资金使用年度计划，并组织编制实施进度和资金使用统计报表；负责完成本行政区的移民安置实施任务；负责本行政区移民资金的管理（包括分解、兑现和结算）；负责移民资金的使用和管理工作，接受有关部门的检查和审计；负责按项目管理权限做好项目管理工作；负责国家有关移民方针、政策的宣传，做好移民群众思想政治工作，及时妥善处理移民安置工作中出现的问题和矛盾，维护库区和安置区的社会稳定；负责接受移民综合监理，配合做好相关工作；负责编制本行政区移民安置的检查验收报告；负责协助业主单位办理土地征用手续	
移民安置竣工验收阶段	省级移民管理机构	负责大型及跨市（州、地）中型水利水电工程移民安置阶段性验收	
移民安置竣工验收阶段	地市级人民政府	负责大型及跨市（州、地）中型水利水电工程移民安置验收的初验及跨市（州、地）外的中型水利水电工程项目的阶段性验收	
移民安置竣工验收阶段	县级人民政府	负责大型及跨市（州、地）中型水利水电工程移民安置验收的自验及跨市（州、地）外的中型水利水电工程项目的阶段性验收的自验	

续表

移民安置阶段		移民行政管理机构	行政服务职能	非行政许可职能
后期扶持阶段	后期扶持规划的编制及审批阶段	省级人民政府		主要负责后期扶持规划的审批
		省级移民管理机构		后期扶持方式审批
		地市级人民政府		负责后期扶持规划的审核
		县级人民政府	负责后期扶持规划的编制	
	后期扶持规划实施阶段	省级人民政府		负责审核全省后期扶持移民人口的动态变化情况
		省级移民管理机构	负责协同省财政部门向市（州、地）财政部门拨付后期扶持资金	负责项目年度计划的审查；负责会同相关部门对100万元以上（含100万元）的移民后期扶持项目进行审批及最终验收；负责审查年度项目实施的工作总结、项目资金决算和年度统计报表
		地市级人民政府		负责本行政区域范围内后期扶持移民人口的审核和报批
		地市级移民管理机构	负责检查、汇总项目年度计划，并上报省财政厅和移民管理机构；负责上报年度项目实施的工作总结、项目资金决算和年度统计报表；负责协同市（州、地）财政部门向县（市、区）财政部门支付后期扶持资金	负责30万元以上（含30万元）100万元以下的移民后期扶持项目的审批及最终验收
		县级人民政府		负责项目年度计划的审查
		县级移民管理机构	负责本行政区域范围内后期扶持移民人口的核定和报批工作；负责会同财政部门编制项目年度计划并上报市（州、地）移民和财政部门；负责上报年度项目实施的工作总结、项目资金决算和年度统计报表；负责会同财政部门下发后期扶持资金	负责30万元以下的移民后期扶持项目的审批及最终验收
	后期扶持监测阶段	省级移民管理机构	负责委托有资质的单位对选定的监测评估点进行监测，并将监测评估情况上报国家有关部门	
		地市级移民管理机构	负责向监测评估机构提供后期扶持监测评估的相关数据和文件	
		县级移民管理机构	负责向评估机构提供后期扶持监测评估的相关数据	

负责技术归口管理，负责移民政策的把握和宣传，移民文件的整理和管理，国土、林业、建设、公安等部门作为成员单位协助开展征地手续办理、移民安置管理、移民工程管理等工作。

2. 移民工程实施总承包模式

结合国家对移民工程管理模式创新的支持，上游苗尾、大华桥、黄登、里底、乌弄龙、托巴等水电站移民安置实施阶段，对移民工程采用了总承包模式，即对居民点基础设施工程、道路工程等移民工程采取了总承包模式，由地方政府委托单位总承包负责居民点的基础设施工程和交通复建工程的施工。

案例：黄登水电站实施管理模式

1. 规划设计

（1）工作组织。黄登水电站移民安置规划设计工作，是在云南省移民局的指导和监督下，由澜沧江公司组织，昆明院会同建设征地涉及的地方人民政府及相关职能部门共同完成。

为保证建设征地移民安置规划设计工作的有序、顺利开展，黄登水电站建设征地涉及的怒江傈僳族自治州兰坪白族普米族自治县和迪庆藏族自治州维西傈僳族自治县人民政府分别成立了由移民局、涉及的各乡（镇）等职能部门组成的黄登水电站建设征地移民安置工作协调领导小组；同时，两县建设征地移民安置工作协调领导小组、相关行业主管部门抽调了相关技术人员和澜沧江公司、昆明院共同组成了黄登水电站建设征地移民安置联合工作组负责开展具体工作。

（2）职责分工。为了顺利开展黄登水电站建设征地移民安置规划设计工作，明确了参与工作各方的职责及分工，具体如下。

1) 云南省移民局：负责指导、协调、检查、监督移民安置规划工作；组织对《调查细则》《移民规划大纲》的审查以及《规划报告》的审核。

2) 怒江傈僳族自治州、迪庆藏族自治州人民政府：两州人民政府负责指导、协调、检查、监督移民安置规划工作；参与规划设计中重大问题的研究；参与实物指标调查分解，并对调查成果签章确认；参与移民安置规划报告听取移民和安置区居民意见工作；对移民安置总体规划提出意见，对移民安置规划大纲、规划报告签署意见。

3) 兰坪白族普米族自治县、维西傈僳族自治县人民政府：两县人民政府负责向设计单位提供合法、有效的基础资料；负责规划设计中的协调工作，保障设计工作的顺利开展；组织实物指标调查分解、公示，并对调查成果签章确认；提出初步移民安置方案；参与移民安置方案可行性的论证，以政府文件形式对方案进行确认；组织移民安置规划大纲和移民安置规划报告听取移民和安置区居民意见工作；对移民安置规划大纲和移民安置规划报告签署意见。

4) 澜沧江公司：负责组织实物指标调查、移民安置规划大纲和规划报告的编制工作；会同有关方面研究规划设计中的重大问题；协调相关各方的关系；参与实物指标调查工作，并对实物指标调查成果签字确认；参与移民安置规划报告听取移民和安置区居民意见工作。

5）昆明院：负责开展具体的实物指标调查、移民安置总体规划设计、移民安置规划大纲、移民安置规划报告的编制工作和设计工作中的技术归口管理工作，主要包括：负责实物指标调查，参与移民安置方案的选择，负责移民安置方案可行性的论证，负责生产安置人口、安置标准、安置目标、搬迁安置人口规模等技术指标的确定；参与移民和安置区居民意愿调查；负责移民安置规划大纲编制，负责移民安置规划报告的编制。

2. 移民安置实施

移民安置机构设置有：①云南省移民局；②怒江傈僳族自治州、迪庆藏族自治州移民局；③兰坪白族普米族自治县、维西傈僳族自治县移民局；④澜沧江公司征地移民办公室；⑤昆明院移民分院；此外兰坪白族普米族自治县涉及乡镇设置了移民工作站，负责日常移民安置工作。

3. 专业项目复建管理模式

黄登水电站专业项目管理模式分为两种：对于电力线路、通信线路等专项工程由州一级移民局委托电网公司和通信网络公司（项目权属单位）按规划设计自行实施；对于移民安置工程（居民点和道路桥梁工程）采取代建制，由地方政府委托主设单位实施代建，主设单位全程参与项目的设计与实施。

4. 设计、监理、评估

黄登水电站建设征地移民安置实施过程中综合设计、综合监理与独立评估单位全程参与。移民安置规划审定，移民安置工作开始实施后，成立了黄登水电站建设征地移民安置综合设计代表处、综合监理部和独立评估机构。综合设计代表处负责移民安置实施过程中的设计交底、设计变更处理等事项，综合监理部负责监督实施进度、实施质量和移民资金的拨付和使用等，独立评估机构监督评估移民在搬迁前后的生活变化等。

5. 资金管理模式

严格按照国家有关规定和《云南省水利水电移民资金管理办法（试行）》执行。在移民资金管理方面要求做到以下3点。

（1）日常管理规范化。在资金拨付、记账、报账、核算等日常工作方面必须按有关规定，规范管理、严格要求、扎扎实实做好财务基础工作，把移民资金纳入法制化、规范化轨道。

（2）建立监督检查制度。云南省移民局每年应对移民资金的兑现情况、使用情况进行检查，发现问题及时整改。

（3）资金使用公开化。移民资金是群众关注的焦点，有关单位必须定期公开资金使用情况，接受群众监督、接受社会监督。对补偿费的到位情况、兑现情况以及集体项目资产的使用情况等进行公开，以保证资金的及时兑现与合理利用。

4.4.2.7 雅砻江流域

为解决移民工作中的问题，确保移民安置工作顺利推进，雅砻江流域创造了一种新的管理模式。以两河口水电站为例，在地方政府和项目业主的精心组织管理下，在移民综合设计和综合监理的积极配合下，建立了"设计、监理工作月例会""四方协调会"等工作例会制度，采取了"四方联合办公模式""问题清单工作模式""精准搬迁工作模式""移民子女就学优先模式"等一系列工作措施；项目业主更是加强了设计管理工作，定期与设计单位召开双月例会，管控设计工作进度和质量。通过工作模式创新,实现了对移民安置工作进度和质量的有效管理,促进了两河口水电站移民安置工作的顺利完成,为两河口水电站成为四川省移民安置工作的"样板工程"奠定了坚实的基础。

资金管理方面,四川省扶贫和移民工作局每年年底召集雅砻江公司、成都院、北京院、甘孜藏族自治州扶贫和移民工作局以及四县扶贫和移民工作局,研究两河口水电站的来年资金计划。雅砻江公司按进度将移民补助补偿资金划拨至省局,省局再划拨至州局,州局再划拨至县局,县局再按搬迁进度兑付给移民户,专账管理,专户运行。定期进行专项检查,移民安置完成后还将进行专项审计。

4.4.3 设计咨询管理

水电工程移民安置规划设计工作分为前期规划阶段和移民安置实施阶段,前期规划阶段又分为规划阶段、预可行性研究阶段、可行性研究阶段,技术管理重点针对可行性研究及移民安置实施阶段。在可行性研究阶段要求科学确定建设征地范围,省级人民政府发布停建公告、实物指标调查、编制移民安置规划大纲、移民安置规划报告等;《水电工程建设征地移民安置规划设计规范》(DL/T 5064—2007)及配套规范明确了规划设计深度;地方政府对不同成果需要逐级确认。伴随水电开发进程加快,移民政策、法规进一步完善,补偿补助标准进一步提高,更加重视移民前期规划设计工作,设计管理更加规范,主体设计单位的技术归口作用得到强化。《关于加强水电建设管理的通知》(国能新能〔2011〕156号)强调加强设计管理工作,发挥主体设计单位和综合监理职能,主体设计单位要全面负责移民安置规划设计及移民工程勘测设计等工作;《国家发展改革委关于做好水电工程先移民后建设有关工作的通知》(发改能源〔2012〕293号)强调坚持统一规划、有序实施、政策衔接、确保稳定的原则,统筹制订移民安置规划方案及工程建设方案,科学确定移民安置周期和工程建设周期,优先实施移民安置,做到移民安置进度适度超前于工程建设进度,严格移民安置实施管理,做好移民政策有效衔接,确保移民安置质量,保障移民长久生计和长远发展。经批准的移民安置规划是实施移民工作的基础依据,规划设计深度和质量直接影响移民搬迁安置的顺利实施和移民工作的效果,需要高度重视移民安置规划设计工作,强化主体设计单位的技术责任。设计单位要按照现行法律法规政策和技术标准,组织精兵强将,优先安排移民安置规划设计工作。主体设计单位要充分发挥在移民安置实施过程中的技术牵头和设计归口作用,全过程做好综合设计工作,向移民安置实施单位和移民综合监理单位说明勘察、规划、设计意图,及时解决移民安置实施中出现的规划设计问题。发挥技术归口单位作用,要进一步加强规划设计技术指导,强化服务意识,做好移民工作的技术咨询服务工作,充分发挥技术咨询对设计的指导作用,全面提升移民工作技术水平和工作质量。要优先安排水电工程移民规划设计方面的审查,对有必要并具备条件的,要提前审查正常蓄水位选择、施工总布置规划、建设征地范围地质勘测专题等报告,及时组织对移民安置规划大纲、移民安置规划报告等进行审查;没有完成或落实移民安置规划设计工作的,不予审查工程可行性研究报告。要加强对移民安置实施阶段的技术指导,及时组织对移民安置重大设计变更的审查,加强对移民实施过程的技术管理和控制。

4.4.3.1 大渡河流域

大渡河流域以瀑布沟水电站最为典型。

1. 强化主体设计单位技术责任，发挥技术归口作用

在瀑布沟水电站移民安置实施阶段初期，各移民单项工程设计委托由县人民政府负责委托，各移民单项工程设计单位规划设计成果往往出现标准不统一、移民工程之间不能有效衔接、综合规划和单项规划不一致等问题，瀑布沟水电站实施阶段开创性地提出主体设计单位技术归口的概念，由主体设计单位组织相关专业和具有相应设计资质、专业技术力量强的城镇规划、地质勘察等协作单位，成立设计团队并常驻现场，全面负责开展建设征地移民安置综合规划和单项移民工程勘测设计工作。

根据《研究瀑布沟水电站汉源库区内安移民工作的会议纪要》（省政川府函〔2007〕108号）要求，确认成都院全面负责移民安置实施规划设计和技术归口工作。对此，设计单位在进一步加强瀑布沟水电站移民项目部的基础上，又组建了汉源县新县城市政项目部和汉源县城房建项目部，常驻现场，全面展开各项勘测设计工作；按照基本建设程序要求，及时提供设计成果；配合地方政府及各项目责任单位解决建设项目中的相关设计问题。

案例：瀑布沟水电站强化主体设计单位技术责任，发挥技术归口作用

"瀑布沟群体事件"发生后，按照瀑布沟移民安置勘测设计项目多级管理制度，四川省移民办公室和雅安市、成都市、乐山市、眉山市、绵阳市、德阳市6个市移民局，以及汉源县、石棉县分别委托了上百家设计单位展开了农村、集镇、县城、专项等众多项目的实施规划设计及单项设计。由于原设计单位在规模、标准控制和项目衔接方面未能与移民安置政策充分结合，出现标准不统一、移民工程之间不能有效衔接、综合规划和单项规划不一致等问题。在此情况下，2007年9月雅安市委、市政府向省政府专题报告请求主体设计单位成都院全面牵头瀑布沟水电站移民实施阶段综合规划和各项移民工程规划设计工作，为加快工作进度，简化工作程序，移民工程规划设计可由主体设计单位直接承担，不再开展设计招标工作。2007年11月2日，四川省政府召开专题会议研究布置了瀑布沟水电站移民相关工作，并根据《研究瀑布沟水电站汉源库区内安移民工作的会议纪要》（省政川府函〔2007〕108号）会议纪要，对各项工作提出了要求，同意并要求成都院全面牵头瀑布沟水电站移民规划设计工作。

由于汉源县各项移民工程项目多、涉及专业面广，受人力资源、部分专业资质方面的限制，成都院按照具有相应设计资质、专业技术力量强的要求进行比选，提出协作单位并上报省移民办同意后，分别委托自贡城市规划设计院、同济京奥公司、四川省地勘院、四川省中机工程勘察设计研究院、四川农业大学、西南大学、三峡大学、四川省农科院、四川省交通设计院，以及4家资产评估事务所等单位协助开展规划设计工作。移民工程相关设计工作合同的签订方式为地方政府作为甲方，同时委托成都院和相关工程具体设计单位完成规划设计工作（简称"多乙方合同"）。

瀑布沟水电站创新实行主体设计单位技术归口的管理模式为双江口、猴子岩、长河坝、黄金坪等水电站提供了参考，为《关于加强水电建设管理的通知》（国能新能〔2011〕

156号)、《国家发展改革委关于做好水电工程先移民后建设有关工作的通知》(发改能源〔2012〕293号)中相关技术管理规定的编制出台提供了实践经验。国家、四川省相继出台一系列设计管理办法,大渡河流域移民安置各阶段的设计管理工作日渐规范,"重工程、轻移民"现象得到一定程度的改变。

2. 规范设计变更管理

瀑布沟水电站建设征地移民安置实施过程中,移民安置项目变更较多。为顺利推进移民安置工程建设,规范、及时处理设计变更,基于在变更处理方式方面积累的丰富实践经验,编制出台了《瀑布沟水电站移民安置设计变更处理细则》,对设计变更的处理原则、变更性质界定、审批程序进行规范。

案例:瀑布沟水电站设计变更管理经验

设计变更的处理原则:变更后不降低工程的质量标准,也不影响工程完建后的功能恢复与管理;变更设计技术可行,安全可靠;变更有利于施工实施,变更后的费用及工期是经济合理的,不会因施工工艺或施工方案的变更导致合同价格的大幅度增加;变更尽可能不对后续施工产生不良影响,不会因此而导致合同控制性工期目标的推迟;变更对施工工期及工程费用虽有较大影响,但有利于提高工程效益。

按照水电站建设征地移民安置变更性质、变更费用及影响,将移民变更分为一般变更和重大变更。一般变更是指变更投资累计较审定概算投资变幅不超过5%,或无重大设计方案、施工方案、技术标准等的变更;重大变更是指对设计方案、技术标准等的重大调整变化,或造成的投资较审定概算投资变幅超过5%的变更。

对于一般设计变更,由相关实施单位提出设计变更文件,报移民综合监理部和综合设计。综合设计须在收到设计变更文件的2个工作日以内,提出相应审核意见报综合监理部,移民综合监理部须在收到综合设计审核意见后的2个工作日以内具文答复,并报下次例会纪要备案或转下次监理例会一并审查,以监理例会纪要明确审查结果。

对于重大设计变更,由相关实施单位提出设计变更文件,报移民综合监理部和综合设计。综合设计需在收到设计变更文件后的3个工作日以内,提出相应审核意见报综合监理部。移民综合监理部需在收到综合设计审核意见后的4个工作日内提出监理意见,四川省移民办公室组织中国水利水电建设工程咨询有限公司、国电大渡河公司、成都院、综合监理、地方政府等有关方面参加技术审查,提出技术审查意见,四川省移民办公室出具批复意见。

瀑布沟水电站设计变更管理经验为双江口、长河坝、黄金坪等水电站移民变更工作提供了参照,为《四川省人民办公厅转发省扶贫移民局四川省大中型水利水电工程移民工作管理办法(试行)的通知》(川办函〔2014〕27号)、《四川省大中型水利水电工程移民安置设计变更工作规范》等相关政策的出台提供了实践依据。相关政策的出台进一步优化了变更管理处理方式,变更管理工作更加高效、规范。有关设计变更流程见图4.4-6和图4.4-7。

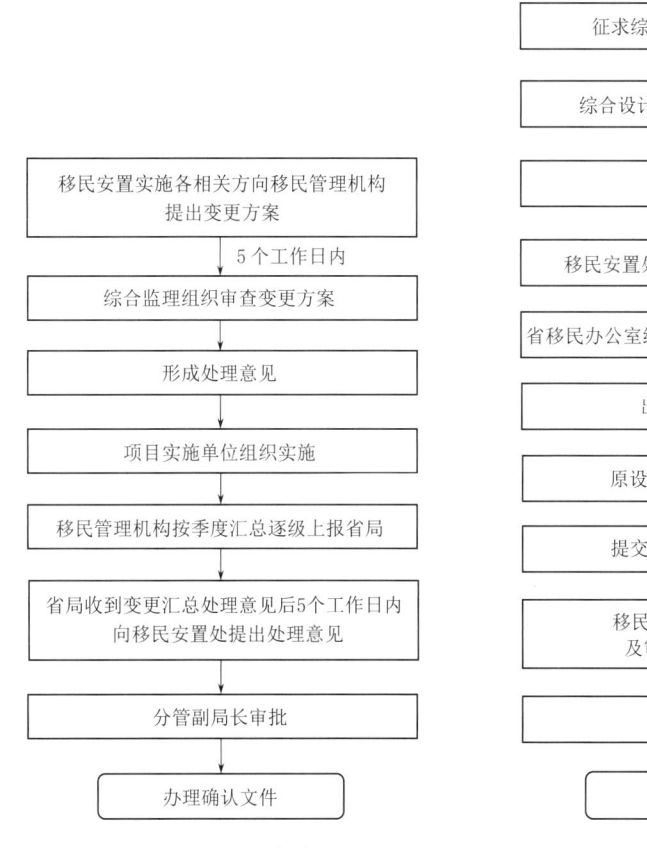

图 4.4-6　一般设计变更流程　　图 4.4-7　重大设计变更流程

3. 注重前期设计管理的规划衔接

流域梯级水电站注重前期设计管理工作的规范化，双江口、猴子岩等水电站对前期设计工作的组织形式及程序进行了优化，实行政府领导、分级负责、县为基础、项目法人参与的组织形式，提高了前期设计效率与质量。长河坝、黄金坪水电站作为大渡河干流相邻相继开发的梯级电站，在移民安置规划过程中，在环境容量分析与安置方案制订方面，注重相互之间的统筹衔接，避免了实施期间的交叉扯皮，提高了规划质量与实施效率。

瀑布沟等水电站在主体设计单位技术归口、设计变更处理等方面积累了丰富的经验，为其他水电站的移民设计管理工作提供了参考，为《四川省扶贫和移民工作局关于印发〈四川省大中型水利水电工程移民安置实施阶段设计管理办法〉的通知》（川扶贫移民发〔2013〕444号）的出台提供了实践经验。随着国家、四川省相继出台一系列设计管理办法，移民安置各阶段的设计管理工作日渐规范。目前，流域水电移民安置实施阶段相关各方的设计管理分工明确、职责清晰，确保了移民设计行为的规范，保障移民安置实施工作有序推进。四川省大中型水利水电移民安置实施阶段相关各方的设计管理职责详见表 4.4-5。

表 4.4-5　四川省大中型水利水电移民安置实施阶段相关各方的设计管理职责

序号	相关各方	设计管理职责
1	省扶贫和移民工作局	（1）负责大型水利水电工程移民安置实施阶段设计工作的委托。 （2）负责大中型水利水电工程移民安置项目规划调整和重大设计变更协调和审批工作。 （3）审查和确认大型水利水电工程移民安置综合设计工作大纲。 （4）协调处理移民安置实施阶段设计工作中的重大问题。 （5）组织对大型水利水电工程移民安置综合设计工作的年度考核。 （6）指导、监督中型水利水电工程移民安置实施阶段设计工作
2	市级移民管理机构	（1）负责中型水利水电工程移民安置实施阶段设计的委托。 （2）负责大型水利水电工程移民安置项目规划调整和设计变更审核上报；负责中型水利水电工程移民安置项目规划调整和重大设计变更审核上报、一般设计变更审核工作。 （3）审查和确认中型水利水电工程移民安置综合设计工作大纲。 （4）组织移民安置市属项目实施单位配合移民安置实施阶段设计工作。 （5）协调处理移民安置实施阶段设计工作中的重大问题。 （6）组织中型水利水电工程移民安置综合设计工作的年度考核。参与大型水利水电工程移民安置综合设计工作的年度考核
3	县级移民管理机构	（1）配合做好移民安置实施阶段设计工作。 （2）协调处理移民安置实施阶段设计工作中的有关问题。 （3）负责移民安置项目规划调整和设计变更的申报。 （4）参与对移民安置综合设计工作的年度考核
4	项目法人	（1）参与对移民安置实施阶段设计工作的监督和管理。 （2）参与移民安置项目规划调整及设计变更工作相关问题的协调处理。 （3）参与综合设计工作的年度考核
5	综合监理单位	（1）商移民安置综合设计单位对移民安置项目规划调整、重大设计变更和一般设计变更进行界定。 （2）对移民安置项目规划调整和重大设计变更提出监理意见。 （3）负责组织一般设计变更的现场处理。 （4）参与移民安置综合设计单位的年度考核
6	设计单位	（1）移民安置综合设计。对移民安置单项工程设计成果进行技术把关和归口管理；协助编制移民安置年度计划；对提出的移民安置项目规划调整和设计变更出具意见；参与移民安置监督评估工作的年度考核。 （2）单项工程设计。负责单项工程施工图设计；负责设计成果技术交底和现场服务；负责编制单项工程设计变更文件

在咨询管理方面，为加强和规范大型水利水电工程建设征地移民安置咨询服务工作，2014年10月，四川省扶贫和移民工作局出台了《四川省大型水利水电工程建设征地移民安置咨询服务工作管理办法（试行）》的文件，对不同阶段的咨询服务内容、咨询服务方式及成果进行了明确规定，详见表 4.4-6 和表 4.4-7。

咨询服务活动应根据实际情况采取评审（咨询）会议、专家独立评审、协调会议、现场咨询服务等方式，并提供相应的咨询服务成果。

表 4.4-6　　　　　四川省水利水电工程不同阶段咨询服务内容一览表

不同阶段		咨询服务内容
大型水利项目审批阶段	项目建议书、可行性研究、初步设计阶段	工作策划、建设征地处理范围确定、实物指标调查、移民安置规划大纲编制、移民安置规划编制等工作中的技术咨询以及征地补偿和移民安置政策措施相关咨询
大型水电项目核准（审批）阶段	预可行性研究、可行性研究阶段	
移民安置实施阶段	移民安置规划经批准后开始实施至竣工验收	（1）截流、蓄水等工程建设关键节点相应的移民安置计划及规划设计文件咨询。 （2）项目或者区域总体规划调整，迁建城市、集镇、农村居民点规划调整，移民单项工程初步设计变更及企业处理变更成果评审。 （3）移民补偿补助项目细分及标准动态管理技术咨询。 （4）截流、蓄水及竣工等阶段移民安置专项验收技术支持。 （5）对项目政策调整研究成果进行咨询；参与省扶贫移民局组织的重大事项研究、协调及突发事件处置，提供必要技术支持

表 4.4-7　　　各咨询服务方式相对应的服务内容及成果提供方式详情一览表

咨询服务方式	咨询服务内容	咨询服务成果
评审（咨询）会议	项目审批（核准）阶段，建设征地处理范围确定、实物指标调查以及移民安置规划大纲、移民安置规划等综合性设计文件、征地补偿和移民安置政策措施等的咨询	咨询服务成果以评审意见或咨询报告的形式提供
	移民安置实施阶段，截流、蓄水等工程建设关键节点相应的规划设计，移民搬迁安置关键节点计划，项目或者区域总体规划调整，迁建城市、集镇、农村居民点规划调整，标准较高、规模较大、功能较多、社会影响大的单项工程初步设计及变更，企业处理规划设计变更，移民补偿补助项目细分及标准动态管理，移民安置专项验收，项目政策调整研究等的咨询	
专家独立评审	（1）标准较低、规模较小、专业单一、社会影响小的单项工程初步设计及变更的咨询。 （2）水文、地质等专业勘察成果的咨询。 （3）技术性参数的咨询。 （4）其他适合专家独立评审的咨询	咨询服务成果以评审意见或咨询报告的形式提供。 突发事件处置时，需专家提供技术支撑的，专家可以以书面材料形式直接提供咨询服务成果
协调会议	（1）涉及工作进度、分工协作事项的咨询。 （2）界河项目政策执行问题的咨询。 （3）新问题、特殊问题处理的咨询。 （4）需紧急处理事项的咨询。 （5）重大事项协调。 （6）其他需要协调的咨询	以协调会议纪要的形式提供。 涉及项目设计变更、费用变化的，主体设计单位应编制支持性设计文件

续表

咨询服务方式	咨询服务内容	咨询服务成果
现场咨询服务	(1) 突发事件。 (2) 移民安置期间超设计标准的自然灾害损失应急处理。 (3) 其他必须现场咨询服务的事项	以咨询意见或会议纪要的形式提供。 涉及处理措施、费用变化的，主体设计单位应编制支持性设计文件

在严格贯彻国家、四川省的相关移民政策及咨询评审管理规定的基础上，瀑布沟水电站在移民安置实施过程中，要求对重大方案及方案变更进行咨询评审，以确保方案的合理性和科学性。现阶段，由于内外部条件的变化，相关设计成果经常需要调整、变更或者重编。其中调整报告是在实施阶段由业主委托，移民主管部门组织审查；变更报告是在实施阶段由政府申请，移民主管机构审查；重编报告一般是在可行性研究阶段由业主委托，原审查机构审查。

4.4.3.2 长江干流及金沙江下游流域

该时期内，以金沙江下游流域向家坝、溪洛渡、白鹤滩、乌东德等水电站为典型代表。

1. 规划、设计管理

溪洛渡、向家坝、白鹤滩、乌东德等水电站在设计管理过程中，充分发挥了技术归口的作用，加强对水电移民政策的研究，对遇到的新问题新困难及时研究并提出政策措施建议；通过设计联络会、现场设代的方式，在移民安置实施过程中加强技术指导，做好移民工作的咨询服务工作。对于出现的重大变更，及时组织开展审查，加强技术管理。有关移民综合设计工作流程详见图 4.4-8 和图 4.4-9。

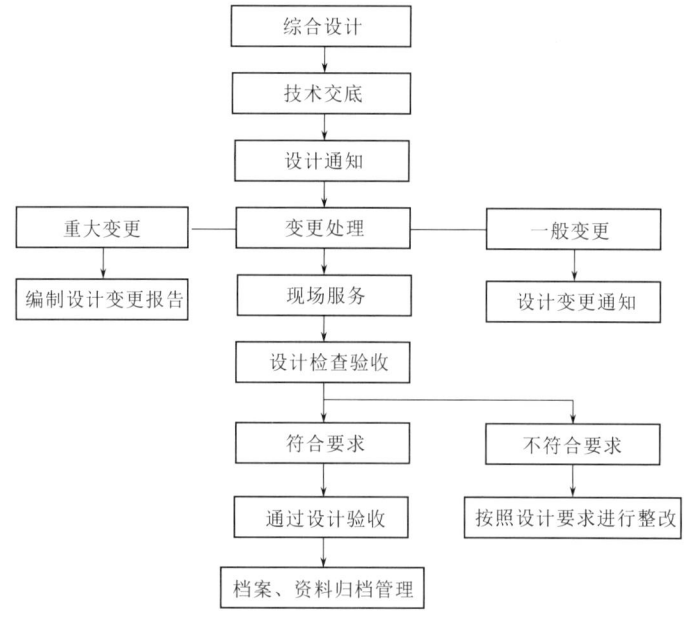

图 4.4-8 溪洛渡水电站移民综合设计工作流程

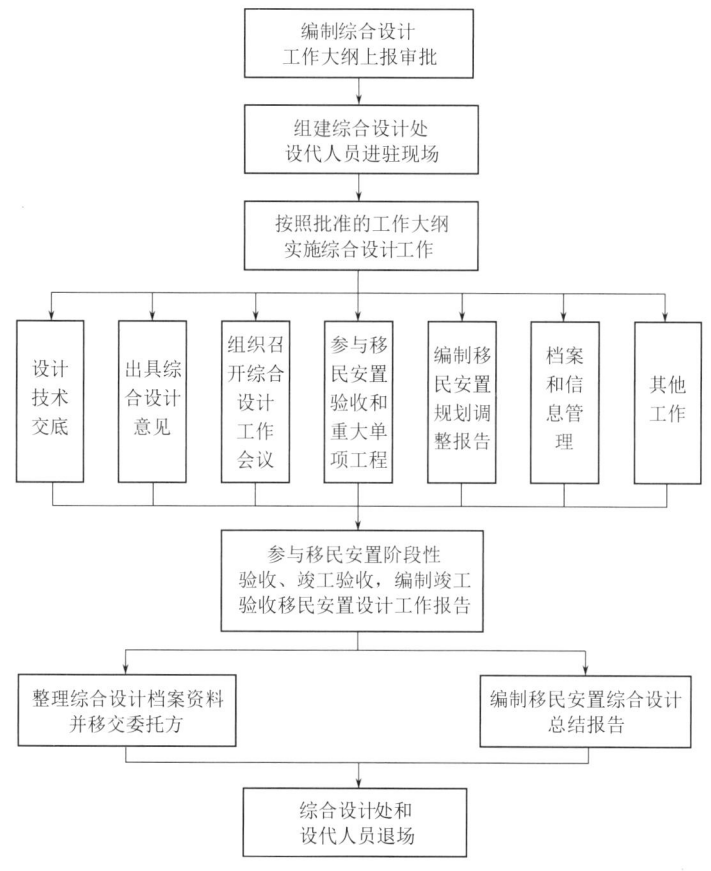

图 4.4-9 综合设计工作流程

案例：溪洛渡水电站移民安置规划设计管理

四川、云南两省政府分别与中国长江三峡集团公司签订了移民搬迁安置工作协议。四川省扶贫和移民工作局、云南省移民局分别代表四川、云南两省政府组织开展溪洛渡水电站移民安置实施规划设计工作，同时委托成都院作为主体设计单位，负责溪洛渡水电站建设征地移民安置实施规划和主要移民单项工程的全阶段勘测设计任务，负责对省移民局另行委托编制的黄华—码口四级公路、通信设施、等级水准点、文物古迹迁移保护等项目进行技术归口设计，承担实施规划总报告编制和移民安置综合设计工作。在移民安置实施过程中，主体设计单位积极参与地方移民政策研究，通过库区实物指标复核、单项设计报告编审、现场设代服务、设计变更处理、配合国家审计等措施确保设计工作合规、有序开展，充分发挥了设计归口的作用。

案例：向家坝水电站移民安置规划设计管理

向家坝水电站与溪洛渡水电站建设征地移民安置实施工作均处于国家移民政策新老交替时期，在设计管理方面两者大体相同。由四川、云南两省委托中南院作为主体设计单位,承担向家坝水电站建设征地移民安置实施规划和主要移民单项工程的全阶段勘测设计任务,承担实施规划总报告编制和移民安置综合设计工作。

在移民安置实施规划设计工作中,为了保证向家坝水电站建设和移民安置实施的需要,按照向家坝水电站移民安置工作总体计划和库区移民安置规划分批编制、最后汇总的原则开展工作,中南院编制了大量的单项大纲、总体规划报告,完成了移民工程的初步设计和施工图设计。移民安置各项规划设计工作于2012年8月完成。

案例:乌东德水电站移民安置综合设计工作方法

实施方案及施工图设计成果审查参与制:参与移民安置实施方案和单项工程施工图设计成果技术评审,主要从规划符合性、设计文件的完整性、设计深度、方案的合理性、技术标准的合规合理性等提出意见。

(1)移民安置验收参与制:根据规程及有关管理办法,综合设计单位应参加主要移民单项工程项目的验收,对工程验收的评价和存在的问题,综合设计应提出意见;须参加移民安置阶段验收和竣工验收,提出综合设计工作报告。

(2)规划调整和设计变更分类分级处理制:根据规程及有关管理办法,对批准的移民安置规划在方案(调整)、项目(增减)、投资(变化)等方面进行调整、修改和优化工作;变更分为重大设计变更和一般设计变更,采取分类分级按相应程序处理。

(3)综合设计成果分类表达制:在移民综合设计的全过程中,对移民安置实施的进展情况、存在的问题、综合设计对某一问题的反映和建议等,主要以书面方式表达。根据实施过程中问题类别、重要性、来源、反馈对象等不同,综合设计可分别以设计通知单、设计报告、技术评审单、设计意见、设计函件及设计月(季)报、简报等不同处理方式表达,及时报送委托方、州(市)、县政府及移民局(办)等。

(4)移民安置实施联席会议制:移民安置实施阶段工作内容复杂,涉及面广。在明确各方职责的基础上,为保证实施工作顺利进行,参与工作的各方须安排专门人员,组成有关移民安置实施组织机构,定期召开联席会议。移民安置实施阶段联席会议由中国长江三峡集团公司、省移民主管机构、市(州)政府、长江设计院、综合监理等单位派员组成。联席会议主要负责解决实施过程中的关于重大方案调整、设计标准调整等重大问题。必要时可由省移民主管机构委托有关咨询单位组织进行咨询。联席会议解决不了的问题报金沙江下游水电移民工作协调领导小组协调解决。

(5)专家组顾问咨询制:在移民综合设计工作期间,可根据移民安置实施工作情况,针对实施过程中发生的重大问题,可不定期邀请专家赴现场调研,并征求其意见和处理建议,以供决策。

2. 咨询评审管理

在严格贯彻国家、四川省的相关移民政策及咨询评审管理规定的基础上,向家坝、溪洛渡、白鹤滩、乌东德水电站在移民安置实施过程中,要求对重大方案及方案变更进行咨询评审,以确保方案的合理、科学。现阶段,由于内外部条件的变化,相关设计成果经常需要调整、变更。变更报告是在实施阶段由政府申请,移民主管机构审查,过程中由水电总院和中国水利水电建设工程咨询有限公司对各个单项移民实施规划报告进行咨询和审查，加强过程的技术把关和指导。金沙江下游移民安置工作协调办成立专家组进行经常性的移民政策业务指导，提升了移民干部的业务水平，维护了移民政策的连续性和严肃性。

3. 规划审批

向家坝、溪洛渡水电站移民安置规划由水电总院会同两省移民主管部门审查后，中咨公司进行评估，国家发展和改革委员会核准。各单项移民安置实施规划设计报告经省级移民机构组织水电总院和中国水利水电建设工程咨询有限公司进行咨询审查，由省移民主管部门批准后交由地方政府组织实施。

乌东德、白鹤滩水电站移民安置规划大纲由水电总院会同两省移民主管部门进行审查核定，由地方政府进行行政确认后，省级人民政府进行批复，作为编制移民安置规划的基本依据。移民安置规划由水电总院会同两省移民主管部门进行审查核定，之后由两省移民主管部门进行批复，作为移民安置实施的依据。

2020年，国家审计署对向家坝、溪洛渡、乌东德、白鹤滩4个水电站进行专项审计后提出了中国长江三峡集团有限公司与地方政府出资争议影响部分移民安置工作，党中央、国务院作了重要指示批示。国家发展和改革委员会高度重视，认真贯彻，及时编制工作方案报国务院同意后组织落实。2021年5月14日，国家发展和改革委员会召开会议，明确了通过4个水电站移民安置规划调整（含移民投资概算调整）方式解决争议资金问题的思路、原则、方法和时限要求，对相关工作进行了安排部署。向家坝、溪洛渡2个水电站在已开展实施规划700余次移民单项工程设计或设计变更专题技术评审的基础上，按照编制移民安置规划大纲，调整移民安置规划的思路推进；白鹤滩、乌东德2个水电站按照《大中型水利水电工程建设征地补偿和移民安置条例》要求，调整移民安置规划大纲、移民安置规划的思路推进。此后，水电总院安排200余次会议对调整规划的技术文件进行了咨询、评审、审查工作，现场累计投入专家的工日超过4000人日次。经过不懈努力及多次沟通协调，水电总院于2022年5月按时完成金沙江下游4个水电站移民安置规划调整审查工作。

4.4.3.3 沅江流域

湖南省于2015年出台的《湖南省大中型水库移民安置规划设计技术评审工作管理办法》对全省大中型水库建设项目移民安置规划设计成果技术评审行为进行了规范，水库建设项目移民安置规划设计成果包括水库建设项目征地移民实物调查细则、移民安置规划大纲、移民安置规划设计报告和移民安置规划调整报告等。

案例：《湖南省大中型水库移民安置规划设计技术评审工作管理办法》出台

《湖南省大中型水库移民安置规划设计技术评审工作管理办法》进一步明确了技术评审组织形式及工作职责，评审委员会由省移民局、省直有关部门、有关市（州）人民政府和县（市、区）人民政府及其移民主管部门、项目法人代表及专家组成。该办法对省移民局专家库的建设与管理、专家组及专家工作职责、项目评审专家组构成等作出了明确规定。专家库应在省移民局门户网站公示，构成人员每两年更新一次。这些规定将有效保证参与技术评审活动专家的相应专业工作能力，以及满足评审工作需要的专家人数和专业构成，保障了专家工作的独立性和客观性，有利于切实发挥专家在技术评审中的技术把关作用。

《湖南省大中型水库移民安置规划设计技术评审工作管理办法》全面梳理和公开了建设征地实物调查细则、移民安置规划大纲、移民安置规划、移民安置规划调整报告技术评审须提供的资料，以及技术评审的主要内容，评审的工作程序与基本要求、评审期限规定，并明确了工作节点的量化要求，同时，为地方和项目建设单位办事提供了目录、程序清单及操作指南，有利于地方和项目建设单位做好技术评审准备基础工作、落实评审意见，有利于相关单位衔接配合，有利于促进整个技术评审工作效率的提升。

4.4.3.4 乌江流域

这一时期乌江流域的思林、沙沱水电站在设计管理过程中，更加规范地执行法律法规，在移民安置实施过程中加强技术指导，做好移民工作的咨询服务，对于出现重大变更，及时组织开展审查，加强技术管理，各项规定详见表4.4-8。

表4.4-8　　　　　21世纪以来贵州省移民安置设计管理主要规定

主要规定	颁布时间	颁布责任主体	设计管理主要规定
《贵州省大中型水利水电工程移民安置建设项目管理暂行办法》（黔移发〔2011〕38号）	2011年11月	贵州省水库和生态移民局	第十二条　项目法人应按相关规定委托有资质的设计单位开展项目勘测设计工作。项目设计应遵照审定批复的意见，执行国家或行业标准和技术规范。承担项目设计工作的设计单位对设计成果实行终身负责制。项目设计文件完成后，项目实施管理单位应及时组织评审，必要时上级移民管理机构、水利水电工程项目法人、水库设计单位派员参加。未经评审批准的项目，一律不得实施。 第十三条　项目开工前，设计单位应按设计合同约定，向施工、工程监理、移民监督评估单位做设计技术交底工作，说明设计意图，解释设计文件，委派设计代表常驻现场，及时解决施工中出现的设计问题。 第十四条　建设项目应当按照经审批的设计方案实施，保持设计文件的稳定性和完整性。确需变更的，按本办法第八条的规定办理
《贵州省大中型水利水电工程移民前期工作管理暂行办法》（黔移发〔2011〕45号）	2011年11月	贵州省水库和生态移民局	第四条　大中型水利水电工程移民前期工作程序和各阶段设计深度应满足《大中型水利水电工程建设征地补偿和移民安置条例》和有关规程规范要求。 第五条　建设征地实物调查、移民安置规划大纲和移民安置规划编制，由项目法人或项目主管部门委托具有相应资质的设计单位承担。 第六条　建设征地实物调查、移民安置规划大纲和移民安置规划应与工程建设方案的比选和论证工作相协调，以便确定技术可行、经济合理、社会和谐、生态保护的工程建设方案。建设征地实物调查、移民安置规划大纲和移民安置规划的编制内容应与工程最终确定的方案相一致。 第八条　建设征地实物指标是编制移民安置规划大纲和移民安置规划以及计算和兑现移民补偿资金的基本依据。调查成果应当全面、真实、准确。调查工作必须依法进行，做到客观、公开、公平、公正。 第九条　设计单位是实物调查的技术归口管理单位，对实物调查工作负总责。有关县级人民政府参与配合并负责组织、协调等工作。 第十条　建设征地实物调查应在工程建设征地范围确定的基础上进行。建设征地范围包括枢纽工程建设区、水库淹没区、水库影响区、输配水区。

续表

主要规定	颁布时间	颁布责任主体	设计管理主要规定
《贵州省大中型水利水电工程移民前期工作管理暂行办法》（黔移发〔2011〕45号）	2011年11月	贵州省水库和生态移民局	第十四条　移民安置规划大纲应在工程项目建议书或工程预可行性研究报告阶段批准后，实物调查完成的基础上进行编制。 第十五条　移民安置规划大纲由项目法人或项目主管部门委托具有相应资质的设计单位会同移民区和移民安置区县级人民政府编制。 第十六条　移民安置规划大纲应当根据工程占地和淹没区实物调查成果以及移民区、移民安置区经济社会情况和资源环境承载能力编制。 第十七条　移民安置规划大纲主要包括移民安置的任务、去向、标准和农村移民生产安置方式以及移民生活水平评价和搬迁后生活水平预测、移民后期扶持政策、淹没线以上受影响范围的划定原则、移民安置规划编制原则等内容。 第十八条　在编制移民安置规划大纲时，应当充分听取移民区和移民安置区县级以上地方人民政府的意见；应当广泛听取移民和移民安置区居民的意见，必要时，应当采取听证的方式。项目法人或者项目主管部门应当将移民区和移民安置区县级以上地方人民政府对移民安置规划大纲的意见，以及征求群众意见情况作为附件，随移民安置规划大纲一同上报。 第二十条　移民安置规划应根据审查批准的移民安置规划大纲，在工程可行性研究阶段进行编制。必要时，在移民安置实施前，应当依据审查批准的移民安置规划编制移民安置实施规划或实施计划。 第二十一条　移民安置规划由项目法人或项目主管部门委托具有相应资质的设计单位，会同移民区和移民安置区县级人民政府编制。移民安置实施规划或实施计划由移民区和移民安置区县级人民政府负责编制，设计单位参与和配合（具体职责应在有关委托协议中明确）。 第三十条　实行规划设计终身负责制和审查责任制。移民安置规划和社会稳定风险评估的编制、审查、审核单位，对其提交的设计文件以及审查、审核意见承担相应的经济、行政、法律责任。 第三十二条　经批准的移民安置规划大纲是编制移民安置规划的基本依据，应当严格执行，不得随意调整或者修改。由于国家政策、工程选择、规模等建设方案发生较大变化确需调整或修改的，应报原审批机关批准。 第三十四条　经批准的移民安置规划，由项目法人或项目主管部门报项目审批或核准部门。 第三十五条　经批准的移民安置规划是组织实施移民安置工作的基本依据，应当严格执行，不得随意调整或者修改。确需调整和修改的，应重新编制专题报告报原审核机关重新审核。 第三十六条　实物调查完成后超过5年项目未获批准或核准的，应当报原审批机关申请对实物进行复核或重新调查。移民安置规划大纲审批后超过3年项目仍未核准或实施的，应重新编制移民安置规划大纲并按规定程序报批

4.4.3.5　黄河流域

这个时期，黄河流域水电开发进程不断加快，移民政策、法规也进一步取得完善，水电工程开发建设过程中更加重视移民规划设计工作，设计咨询管理基本上执行国家层面政策,并通过省级层面出台政策对职责分工进行了补充完善。如青海省 2007 年出台《青海省大中型水利水电工程建设征地补偿和移民安置工作职责分工》,进一步明确移民安置规划大纲、移民安置规划评审时各行业主管部门、项目法人、地方政府等单位职责分工。在设计评审方面,基本上委托水电总院具体承担技术服务工作。

4.4.3.6 澜沧江流域

该时期流域内建设的水电工程主要包括糯扎渡、功果桥、苗尾、黄登等水电站。

1. 规划设计

工作组织层面,在云南省移民开发局的指导和监督下,由澜沧江公司组织并参与,设计单位会同建设征地涉及的地方人民政府及相关职能部门共同完成。建设征地涉及的相关行业主管部门、移民局和澜沧江公司、设计单位共同组成了水电站建设征地移民安置联合工作组(主要是可行性研究阶段规划设计和实物指标调查工作组)负责开展具体工作。

2. 审查、咨询、评审

实物指标调查细则,一般由省移民管理机构组织咨询,经项目业主、地方政府讨论确认后执行,作为开展移民安置规划编制和实物指标调查工作的依据。移民安置规划设计大纲由水电水利规划设计总院会同省移民局进行审查、云南省人民政府进行批复,作为编制移民安置规划的基本依据。移民安置规划由水电水利规划设计总院会同省移民局进行审查,省移民局下发审查意见。

3. 变更、调整

在 2016 年以前主要设计变更的依据为 2011 年出台《云南省大中型水利水电工程建设征地移民安置实施阶段设计变更管理办法》。2016 年,为加强云南省大中型水利水电工程建设征地移民安置实施阶段设计变更管理工作,规范设计变更行为,维护移民安置规划的严肃性,云南省移民开发局再次印发了《云南省大中型水利水电工程建设征地移民安置实施阶段设计变更管理办法》,进一步明确了云南省境内由国家和云南省审批(核准)的大中型水利水电工程建设征地移民安置实施阶段设计变更管理适用本办法,提出了设计变更要符合工程建设强制性标准的规定。设计变更的分类、分级未进行调整,分类分为实物指标变化、移民安置规划方案调整和移民工程设计变更三类,以批准的移民安置规划和移民安置年度计划为基准,依据设计变更内容、资金等变化幅度,设计变更分级为一般设计变更和重大设计变更。

案例:糯扎渡水电站移民安置规划设计审查、咨询与变更管理

根据糯扎渡水电站移民安置规划设计,概算成果计列了项目技术经济评估审查费,可行性研究阶段和初步设计阶段相关咨询评审由云南省移民开发局(省搬迁安置办公室)和华能澜沧江水电股份有限公司协商使用,实施阶段相关咨询评审多由市、县移民开发局(市、县搬迁安置办公室)使用,其中可行性研究阶段和初步设计阶段审查单位由水电总院会同云南省移民主管部门开展,实施阶段施工图审查单位多由行业主管部门负责。

(1)水电总院审查。糯扎渡水电站可行性研究阶段的移民安置规划报告的审查由水电总院负责。移民工程项目在建设过程中由于移民意愿等方面的原因,出现了较多的设计变更项目,为规范移民安置工作,完善有关程序,2014年9月,普洱、临沧两市移民开发局委托昆明院开展糯扎渡水电站水库淹没影响区移民工程变更补充勘察设计,2016年基本完成设计变更工作,并由水电总院负责审查。在设计变更开展的同时启动了糯扎渡水电站建设征地移民安置规划修编报告的编制工作,截至2022年尚未审查。

(2)云南省移民开发局组织审查。糯扎渡水电站移民工程的咨询评审由云南省移民开发局委托云南省移民开发技术服务中心组织审查,主要涉及居民点基础设施、集镇迁建、专业项目等,部分项目云南省移民开发局根据审查意见进行了批复,作为地方政府实施移民工程的依据。

(3)云南省移民开发局组织咨询。部分项目根据《糯扎渡水电站移民安置工作协调组会议纪要》(云南省移民开发局会议纪要第18期,2010年12月21日)规定"糯扎渡水电站核准前移民安置项目的初步设计成果,由云南省移民开发局组织咨询并出具专家咨询意见,设计单位按照咨询意见修改完善后的设计成果,可作为地方政府开展工作的依据,云南省移民开发局不再针对每次咨询意见进行批复"。

(4)行业主管部门审查。按照糯扎渡水电站移民安置协调组会议要求,移民项目的水土保持和环境保护的审查权限由市级行业主管部门和市移民部门联合组织审查,审查后地方直接按照审查情况开展工作。

4.4.4 监督评估管理

该阶段,一系列规章制度、条例和规范的出台,明确了国家对移民安置实施和水库移民后期扶持实行全过程监督评估的管理模式,进一步规范了移民综合监理、独立评估工作,保证了移民综合监理、独立评估工作的有序开展。

4.4.4.1 大渡河流域

《大中型水利水电工程建设征地补偿和移民安置条例》出台以后,大渡河上的双江口、猴子岩、长河坝、黄金坪、泸定、大岗山、龙头石、深溪沟、安谷等水电站都相继实行了移民综合监理和独立评估制度,具体详见表4.4-9。

表4.4-9　　大渡河流域移民综合监理和独立评估工作开展情况表

序号	水电项目	综合监理	独立评估
1	双江口	中国电建集团华东勘测设计研究院有限公司,2013年开展工作	中国电建集团北京勘测设计研究院有限公司,2015年开展工作
2	猴子岩	中国电建集团贵阳勘测设计研究院有限公司,2012年开展工作	中国电建集团北京勘测设计研究院有限公司,2016年开展工作
3	长河坝	中国电建集团北京勘测设计研究院有限公司,2009年开展工作	长江工程监理咨询有限公司(湖北),2015年开展工作
4	黄金坪	长江工程监理咨询有限公司(湖北),2010年开展工作	中国电建集团贵阳勘测设计研究院有限公司,2015年开展工作
5	泸定	中国水利水电建设工程咨询北京有限公司,2008年开展工作	中国电建集团华东勘测设计研究院有限公司,2015年开展工作

续表

序号	水电项目	综合监理	独立评估
6	硬梁包	四川省移民工程建设监理有限责任公司，2015年开展工作	长江工程监理咨询有限公司（湖北），2021年开展工作
7	大岗山	长江勘测规划设计研究院有限公司，2011年开展工作	中国电建集团西北勘测设计研究院有限公司，2014年开展工作
8	龙头石	四川省移民工程建设监理有限责任公司，2006年开展工作	
9	瀑布沟	中国水利水电建设工程咨询公司，2004年开展工作	中国水利水电建设工程咨询公司
10	深溪沟	四川省移民工程建设监理有限责任公司，2007年开展工作	
11	枕头坝一级	中国电建集团西北勘测设计研究院有限公司，2011年开展工作	四川二滩国际工程咨询有限责任公司，2011年开展工作
12	枕头坝二级	中国电建集团西北勘测设计研究院有限公司，2021年开展工作	中国电建集团成都勘测设计研究院有限公司，2021年开展工作
13	沙坪一级	中国电建集团成都勘测设计研究院有限公司，2021年开展工作	中国电建集团西北勘测设计研究院有限公司，2021年开展工作
14	沙坪二级	中国电建集团西北勘测设计研究院有限公司，2011年开展工作	中国电建集团昆明勘测设计研究院有限公司，2015年开展工作
15	沙湾	四川省移民工程建设监理有限责任公司，2008年开展工作	四川省移民工程建设监理有限责任公司，2008年开展工作
16	安谷	中国电建集团成都勘测设计研究院有限公司，2010年开展工作	四川省移民工程建设监理有限责任公司，2015年开展工作

以安谷水电站为例，自2010年6月进场以来，严格按照委托方的有关要求，始终坚持"主动作为、靠前监理、解决问题、推进工作"的理念，完善了各项综合监理规章制度，在原四川省移民局和中水圣达公司的强力支持下迅速构建了各种现场工作和协调平台，形成了以综合监理现场检查及现场协调会议为主体的工作机制，成功地依据审定的《监理实施细则》和移民安置规划设计文件，围绕安谷水电站移民安置的任务目标，在总体进度、质量监督、安全管理、投资控制等方面开展全方位综合监理工作，特别是在水电站先移民后建设、移民居民点建设、截流验收、蓄水验收和弃渣造地等方面，及时协调有关各方妥善处理了各类移民问题，化解了矛盾，促使各方达成共识，有力推进了移民安置工作进度、保证了移民安置工作质量，为安谷水电站提前蓄水发电作出了积极的贡献，充分体现出了综合监理的现场作用，现已成为安谷水电站移民安置工作实施过程中不可或缺的一方。

案例：安谷水电站移民综合监理创新监理服务理念

1. 强化技术力量，塑造权威平台

为了确保安谷移民综合监理的现场服务效果，从一开始便高度重视综合监理的团队建设和技术优势建设工作。一方面,派出有重点移民经验的设总担任该项目的移民综合监理总监,抽调长期从事移民规划设计、综合设计设代、有着丰富移民工作经验及现场协调处理能力的10名工程师组建现场综合监理机构。另一方面,由国内拥有较高声望和影响力的移民、工程、造价、地质等专业的专家组成安谷移民综合监理专家咨询组,负责对现场重大问题进行专题研究,建立快速反馈的机制,确保了现场把握政策的准确性、处理问题的灵活性,为及时处理各类移民实施中出现的各种疑难问题、强力推动移民安置工作提供了坚强的技术保证。由此综合监理通过扎实的工作赢得了各方信任,成为安谷水电站不可或缺的重要参建一方,也成功地使得综合监理现场协调会成为解决移民实施过程中日常问题的主要平台,为实现综合监理的作用打下了良好的基础。

2. 主动作为,敢于担当

移民综合监理始终牢记自身肩负的工作职责,主动作为,敢于担当。在移民安置工作面临难题、停滞不前的时候,移民综合监理以推进工作为首要任务,坚持原则,不避风险,攻坚克难。

2014年3月,在孙坝3组、孙坝4组、孙坝5组、肖店1组等居民点基础设施和房建工程建设进度严重滞后,工作推进难度大,已严重制约安谷水电站下闸蓄水目标的实现。针对上述情况,移民综合监理加强现场巡查力度,每周2次到现场对施工单位人员、机械设备等配置数量是否满足现场施工进度要求进行监督检查,并就实施过程中出现的具体问题连续召开了3次综合监理现场协调会,针对进度中的瓶颈问题分析其制约因素,提出解决方案和措施,明确各方的任务和期限,有效推进了居民点建设。到2014年11月,居民点完建并具备搬迁入住条件,水电站顺利实现下闸蓄水目标。

3. 靠前监理,提前介入

移民综合监理对各项移民安置工作始终保持高度关注,掌握现场动态,对可能出现的问题进行预判,靠前监理,提前介入,确保现场工作中出现的各类问题能够及时得到妥善处理,保障移民安置工作的顺利推进。

安谷水电站弃渣造地工作开展前期,由于沙湾区城市建设规划范围与安谷水电站弃渣造地范围存在交叉重叠部分,沙湾区政府要求将其重叠部分用于城市建设,变更原规划的弃渣造地方案,并提出对这部分生产安置移民按照城市拆迁政策采取社保方式进行安置。移民综合监理知晓上述情况后,提前与沙湾区移民局以及沙湾区政府进行沟通交流,多次到沙湾区与该区移民局局长以及分管移民的副区长等进行沟通协调,帮助其分析问题,使沙湾区政府认识到移民安置工作同样是地方政府的重要工作职责,水电站移民能否得到妥善安置,关系到整个库区社会的稳定和谐;沙湾区拟对这部分移民按照城市拆迁政策采取社保方式进行安置的变通处理方式存在较大的政策风险,并且同一个库区采取两种截然不同的安置政策可能导致移民间的相互攀比,造成整个库区社会的不稳定。因此建议沙湾区政府按照审定的规划方案先行开展弃渣造地工作,妥善安置好移民,待开展城市建设时再按照城市拆迁有关政策开展征地工作。综合监理通过靠前监理、提前介入,促使沙湾区政府最终同意按照原规划方案开展弃渣造地工作,确保了弃渣造地工程于2014年6月全面启动并迅速推进,为水电站下闸蓄水目标的顺利实现奠定了基础。

4. 综合协调，高效畅通

移民综合监理始终保持与四川省移民局、乐山市移民局、地方政府和移民部门、项目业主以及设计单位良好的沟通协调关系，利用多层次会议平台，提升解决问题的能力，建立了一个高效、畅通的沟通协调机制。

2014年，在水电站蓄水验收期间，由于少部分移民遗留问题尚未妥善解决，地方政府认为移民安置不具备验收条件，不同意启动验收工作，但根据水电站主体工程总体建设进度要求，验收工作迫在眉睫，如不按期验收，可能导致水电站主体工程建设进度整体推迟一年。针对上述情况，综合监理积极开展协调工作，统一各方思想，对地方政府提出的问题逐一梳理并提出处理意见，协调中水圣达公司积极落实，并组织召开省级层面的验收工作专题协调会，在此基础上敦促地方政府启动自验收工作。通过有关各方的有效沟通，水电站建设征地移民安置相关问题得到了妥善解决，按期实现了下闸蓄水发电的节点目标。

5. 勇于探索，积极创新

移民综合监理在现场实际工作过程中利用成都院的技术力量优势，积极进行探索和技术创新，在遇到新问题、难点问题时提交到公司内部进行共同研究讨论，借助公司移民专家丰富的工作经验，拓宽工作思路、创新工作方法，力争最大限度地发挥移民综合监理作用，促进移民安置工作的顺利实施。

2011年，安谷水电站未获得国家发展和改革委员会核准，"先移民后建设"工作时间紧、任务重、压力大，先期实施困难大，移民实施各方面临巨大的挑战。在此情况下，为强力推进移民安置工作，综合监理通过每周1简报，每10天1个协调会的方式，积极与乐山市人民政府督查办配合，逐项目逐问题进行现场综合协调、化解矛盾、解决问题，推进工作，取得了显著成效，由此在全国范围内率先实现了综合监理单位与市级人民政府督查部门共同督查推进移民实施工作的新模式。通过上述工作，极大地扭转了安谷水电站建设初期移民安置工作进展缓慢的局面，为"先移民后建设"目标任务的顺利完成打下了坚实的基础。

4.4.4.2　长江干流及金沙江下游流域

该时期内，乌东德、白鹤滩水电站采取移民综合监理和独立评估同步模式。

1. 综合监理

乌东德、白鹤滩水电站的移民综合监理，以行政区划为单位，分别由四川、云南两省移民管理机构与项目法人共同委托。

白鹤滩水电站综合监理于2018年开展工作，云南省部分分为4个标段，其中中国水利水电建设工程咨询昆明有限公司负责巧家县大寨镇、白鹤滩镇部分村；中国电建集团成都勘测设计研究院有限公司负责巧家县白鹤滩镇部分村；中国水利水电建设工程咨询西北有限公司负责巧家县金塘镇、崇溪镇、蒙姑镇；长江工程监理咨询有限公司（湖北）负责东川区、会泽县、禄劝彝族苗族自治县8个乡（镇）。四川省部分分为2个标段，其中中国水利水电建设工程咨询北京有限公司负责宁南县；长江工程监理咨询有限公司（湖北）负责会东县及西昌市、德昌县、会理市等外迁安置市（县）。

乌东德水电站综合监理于2016年开展工作，云南省部分分为3个标段，其中中国水利水电建设工程咨询昆明有限公司负责禄劝彝族苗族自治县及武定县；中国电建集团中南勘测设计研究院有限公司负责元谋县及永仁县。四川省部分分为3个标段，其中中国电建集团成都勘测设计研究院有限公司负责会理县；中国电建集团西北勘测设计研究院有限公司负责会东县；中国电建集团贵阳勘测设计研究院有限公司负责攀枝花市的东区、仁和区、盐边县和钒钛区。

综合监理单位在移民安置实施过程中及时发现、报告和协调处理相关问题，对移民安置实施质量、进度和资金的使用管理进行监督控制；对移民安置信息管理进行监督检查，对相关合同备案与履约情况进行检查；对移民安置实施工作进行现场协调督导。

2. 独立评估

乌东德、白鹤滩水电站的独立评估，也是以行政区划为单位，分别由四川、云南两省移民管理机构与项目法人共同委托。

白鹤滩水电站独立评估云南省部分分为3个标段，其中中国电建集团贵阳勘测设计研究院有限公司负责巧家县大寨镇、白鹤滩镇部分村；中国电建集团北京勘测设计研究院有限公司负责巧家县白鹤滩镇部分村；中国电建集团中南勘测设计研究院有限公司负责巧家县金塘镇、崇溪镇、蒙姑镇，曲靖市会泽县，昆明市东川区和禄劝彝族苗族自治县。四川省部分分为2个标段，其中中国电建集团西北勘测设计研究院有限公司负责宁南县；长江勘测规划设计研究有限责任公司负责会东县及西昌市、德昌县、会理市3个外迁安置市（县）。

乌东德水电站独立评估于2016年开展工作，云南省部分均由中国电建集团北京勘测设计研究院有限公司负责。四川省部分分为3个标段，其中中国电建集团昆明勘测设计研究院有限公司负责会理县；长江工程监理咨询有限公司（湖北）负责会东县；中国电建集团中南勘测设计研究院有限公司负责攀枝花市的东区、仁和区、盐边县和钒钛区。

监督评估单位对移民安置实行全过程独立评估，重点是对移民生产生活水平的影响和恢复、移民权益保障、移民安置实施效果、区域经济社会发展等情况进行综合评价，发现移民安置过程中的薄弱环节，并提出整改意见和解决方案；采取定期与不定期巡查、抽查和全面检查、现场督导等形式发现移民安置实施中的有关问题，并通过现场协调、专题会议等方式协调处理发现的问题。

4.4.4.3 沅江流域

沅江流域白市、托口、安江、铜湾等水电站都相继施行了移民综合监理制度，白市、托口水电站开展了独立评估工作。

白市水电站及托口水电站综合监理于2008年开展工作，独立评估于2020年开展工作，其中白市水电站综合监理及独立评估贵州省部分由长江勘测规划设计研究有限责任公司承担，湖南省部分由湖南省水利电力工程建设监理咨询有限公司承担；托口水电站综合监理及独立评估湖南省部分由湖南省湘怡移民工程监理咨询有限公司、湖南省水利电力工程建设监理咨询有限公司承担；贵州省部分由长江水利水电开发集团（湖北）有限公司承担，于2007年开展工作；安江水电站及铜湾水电站综合监理由湖南省湘怡移民工程监理咨询有限公司承担，于2007年开展工作。

4.4.4.4 乌江流域

乌江流域洪家渡、索风营、构皮滩、思林、彭水、沙沱等水电站实行了移民监理和独立评估。其中洪家渡水电站移民安置综合监理单位为水电水利规划设计总院，独立评估单位为中国电建集团贵阳勘测设计研究院有限公司；索风营水电站移民安置综合监理和独立评估单位均为中国电建集团贵阳勘测设计研究院有限公司；构皮滩水电站移民安置综合监理和独立评估单位为长江勘测规划设计研究有限责任公司；思林水电站移民安置综合监理和独立评估单位为长江勘测规划设计研究有限责任公司；彭水水电站移民安置综合监理和独立评估单位为江河水利水电咨询中心；沙沱水电站移民安置综合监理单位为中国电建集团贵阳勘测设计研究院有限公司，独立评估单位为中国电建集团华东勘测设计研究院有限公司。

案例：沙沱水电站移民监理实施

沙沱水电站是乌江流域水电梯级规划的第9级水电站，也是乌江流域贵州境内开发的最后一级水电站，被称为乌江开发的"圆梦工程"。乌江沙沱水电站建设征地移民安置工作实行"政府领导、分级负责、县为基础、项目法人参与"的管理体制，在贵州省水库和生态移民局的监督指导下，铜仁市人民政府负总责，市生态移民局牵头，市直属有关部门按职责分工监督协调，沿河土家族自治县、德江县、思南县三县人民政府具体组织实施。移民搬迁安置从2011年全面启动，实际完成生产安置人口12122人，搬迁安置人口13184人。库区各县人民政府结合移民意愿及工作实际，采取逐年货币补偿、一次性补偿和自谋职业相结合的方式，其中采取一次性补偿的由涉淹户自行调整土地，移民的生产生活得到有效恢复。

为了完善移民工作管理体制，提高移民安置质量和效果，业主乌江公司和贵州省移民办及时引进了移民监理机制，由贵阳院承担沙沱水电站移民综合监理工作。在开展移民综合监理工作的过程中，贵阳院充分发挥专业技术优势，当好贵州省水库和生态移民局、项目法人的参谋，积极配合铜仁市及各县移民管理部门做好移民安置实施工作，参与沙沱水电站建设征地移民搬迁安置工作中各项问题的协调。贵阳院移民综合监理在进度、质量、资金、信息管理、综合协调等方面充分发挥自身的技术优势，有效保障了沙沱水电站移民实施工作，使移民生产安置、搬迁安置、实物指标补偿补助、专项复建工程建设、阶段性验收和竣工验收等工作顺利开展，为水电站工程建设创造了良好条件，为征地移民安置提供了技术支撑。

贵阳院移民综合监理单位不断改进工作方法、丰富综合监理成果，移民综合监理工作规范化程度不断提高。对征地补偿和移民安置资金拨付、使用和管理，各级审计、监察机关和财政部门都加强了管理，对移民资金的有关负责人实行责任审计；同时加强了对移民搬迁进度、移民安置质量、移民资金的拨付和使用情况以及移民生活水平恢复情况进行监督评估。在沙沱水电站移民监理工作中，监理部采取多种措施，采用新的技术手段，及时、准确、全面地反映和提供了沙沱库区、省（市）和县（区）移民搬迁安置情况信息。

2011年11月，贵州省水库和生态移民局颁布了《贵州省大中型水利水电工程移民安置建设项目管理暂行办法》（黔移发〔2011〕38号），明确提出了水电站开展移民监督评估管理要求。管理办法明确移民监督评估单位必须跟踪项目实施的全过程，包括施工招投标、项目年度计划的制订、工程款支付、设计审查、设计变更、建设进度、施工质量、施工安全、竣工验收等，并承担相应责任；监督评估单位在监理工作中对设计和施工存在的问题，应及时以书面形式通知施工单位、设计单位、项目法人和移民管理机构，并提出处理意见。项目法人原则上应依据监督评估单位签署的意见拨付工程款，并报监督评估单位备案。

4.4.4.5 黄河流域

该时期，黄河流域的拉西瓦、黄丰、积石峡、羊曲等水电站都实行了移民综合监理和独立评估制度，其中拉西瓦水电站移民综合监理和独立评估由中国电建集团北京勘测设计研究院有限公司负责，2013 年开展工作；黄丰、积石峡、羊曲水电站由中国电建集团成都勘测设计研究院有限公司负责，其中积石峡水电站于 2010 年开展工作，黄丰水电站于 2013 年开展工作，羊曲水电站于 2015 年开展工作。

4.4.4.6 澜沧江流域

云南省于 2011 年出台《云南省大中型水利水电工程建设征地移民安置独立评估工作管理办法》《云南省大中型水利水电工程建设征地移民安置综合监理工作管理办法》，针对各方职责、综合监理工作内容及程序、独立评估工作内容及指标、工作程序及方法、监督管理模式等作出明文规定。这一时期，澜沧江流域乌弄龙、里底、托巴、黄登、大华桥、苗尾、功果桥等水电站均实行了移民综合监理和独立评估制度。

乌弄龙水电站移民综合监理由中国电建集团北京勘测设计研究院有限公司于 2014 年开展，独立评估由中国电建集团华东勘测设计研究院有限公司于 2014 年开展；里底水电站移民综合监理由中国电建集团北京勘测设计研究院有限公司于 2011 年开展，独立评估由中国电建集团北京勘测设计研究院有限公司于 2011 年开展；托巴水电站移民综合监理由中国电建集团华东勘测设计研究院有限公司于 2018 年开展，独立评估由中国电建集团西北勘测设计研究院有限公司于 2018 年开展；黄登水电站移民综合监理由中国水利水电建设工程咨询北京有限公司于 2010 年 5 月开展，独立评估由中国水利水电建设工程咨询北京有限公司于 2014 年 12 月开展；大华桥水电站移民综合监理由中国电建集团西北勘测设计研究院有限公司于 2014 年 9 月开展，独立评估由中国电建集团西北勘测设计研究院有限公司于 2014 年 9 月开展；苗尾水电站移民综合监理由中国水利水电建设工程咨询昆明有限公司于 2011 年 1 月开展，独立评估由中国水利水电建设工程咨询昆明有限公司于 2011 年 1 月开展；功果桥水电站移民综合监理由中国电建集团华东勘测设计研究院有限公司于 2010 年开展，独立评估由中国电建集团华东勘测设计研究院有限公司于 2010 年开展。

4.4.4.7 雅砻江流域

该时期内，雅砻江流域的两河口、卡拉、杨房沟、官地、桐子林等水电站都实行了移民综合监理和独立评估制度。

以两河口为例，两河口水电站移民综合监理由北京院、贵阳院、长江工程监理咨询有限公司 3 家单位承担，其中北京院负责雅江县、贵阳院负责新龙县和理塘县、长江工程监理咨询有限公司负责道孚县。综合监理在工作中主要履行以下 3 个方面的职能。

（1）控制和指导。以移民安置规划设计报告和省局下达的年度工作计划、资金计划为依据，对移民搬迁安置、兑现补偿项目和移民单项工程建设项目完成进度、质量和效益进行评判、干预和纠正，确保移民安置、补偿兑现和移民工程建设按照既定的标准和进度落到实处，为整个水电开发工程的有序推进提供保障。

（2）沟通协调。借助其为省局代言、密切联系各方的优势，在利益相关方不能达成一致意见时，通过监理例会、工作例会和专题会议等会议形式，或是电话沟通、函件、走访、约谈等方式，使各方形成共识，维护各方的合法权益，进而促进移民安置工作的顺利推进。

（3）信息反馈。移民综合监理受省局的委托开展工作，对移民安置工作进展情况、存在的问题，以及对工作的意见、建议等，以监理报告（月报、季报、年报、专题报告和监理总结报告等）、监理文件、各类统计报表、监理日志和记录文件等形式向省局报告，为其决策提供依据。

第 5 章
移民安置实施效果

随着构建社会主义和谐社会理念的不断深化，水电工程建设对地方经济社会发展的贡献也逐步显现，有直接效益的贡献也有间接效益的贡献，有短期收益的贡献也有长期收益的贡献，除对本地区的经济有带动效应外，对跨区域也有辐射作用。其主要体现在改善基础设施建设、加快地方城镇化发展步伐、促进产业结构调整、改善社会公共事业、提高生产生活水平、推动环境保护、增加地方财税收入等方面。

5.1 移民安置实施总体效果

5.1.1 移民安置滥觞期、探索期

中华人民共和国成立后，全国水电项目建设如火如荼，新安江、刘家峡、狮子滩等大型水电工程相继开工建设，产生了较大数量的移民。由于当时整个社会经济落后，工商业不发达，库区水、电、路等基础设施很少；移民家庭财产少，生产关系和经济关系简单，加之移民讲政治、觉悟高、思想单纯，服从大局意识强，积极支援国家重点工程建设。因此，这一时期水电移民工作主要靠思想宣传和动员，以行政方式组织实施，安置地积极接收移民，主动帮助移民融入当地生产生活，搬迁安置措施相对简单。

鉴于当时经济发展水平有限，技术基础薄弱，管理体制尚未建立，加之对移民安置工作的复杂性、艰巨性认识不足，早期水电移民安置工作普遍存在"重工程、轻移民""重搬迁、轻安置"的思想，部分水电工程缺乏科学合理的移民安置规划，移民安置处理简单，主要以行政手段动员移民搬迁和安置，具体做法上以后靠安置、大农业安置为主，划片指定安插，人均耕地标准偏低，又缺乏后期生产生活扶持，导致移民生产资料不足、生产水平较落后，生活较困难，产生了许多遗留问题，在一定程度上影响了安置区经济发展和社会稳定。

为解决水电移民遗留问题，1981年6月，电力工业部、财政部印发了《关于从水电站发电成本中提取库区维护基金的通知》（电财字〔81〕第56号），确定建立库区维护基金，提取标准为每度电（扣除厂用电）1厘钱，主要用于库区移民的生产、生活的困难补助，库区移民人畜饮水、提水灌溉工程和交通设施的维护等。为加大水电移民遗留问题处理力度，1985年，中央财经领导小组决定建立库区建设基金。库区建设基金坚持"适当集中，保证重点，统筹安排，专款专用"的原则，重点用于贫困移民所需的基础设施项目建设、生产项目开发，解决水库移民问题所必需的规划费、科技推广费、支付代征库区建设基金手续费，以及经财政部批准的其他专项支出。1986年7月，国务院办公厅批准并转发了水利电力部《关于抓紧处理水库移民问题的报告》，该报告指出"有关部门和地方人民政府要以认真负责的态度抓紧解决遗留问题，同时做好新建工程的移民安置工作，要把水库移民安置工作同库区开发建设结合起来，切实

加强领导，分级负责，全面规划，积极妥善地处理好水库移民问题"。随着库区建设基金的建立和《关于抓紧处理水库移民问题的报告》的批复，全国拉开了集中处理水利水电移民遗留问题的大幕，各地制订了较详细的实施规划方案，增加了资金投入，加大了对水电移民遗留问题的处理力度，移民生产生活水平逐年稳步提高，基础设施得到较大改善，遗留问题基本得到解决。

案例：刘家峡水电站移民安置实施遗留问题处理

刘家峡水电站是黄河上第一座也是中国第一座百万千瓦级装机的水电站，水电站于1958年9月开工，1968年10月蓄水，1975年6月全部投产。

受该时期经济社会发展水平和政策局限影响，为保证1968年蓄水，约2.95万移民的搬迁安置工作于1967年8—10月完成，占移民人数的90%，其余10%的移民在1970年前分两期完成迁移。刘家峡水电站移民生产安置方式为农业安置，主抓粮食生产，人均收入恢复过程缓慢。

刘家峡水库周围黄河谷地两岸有宽展的台塬，由于气候干旱，充分开发利用受到限制，作为移民安置区，发展水利就成为移民安置效果好坏的决定性因素。水利工程建成后，安置区粮食产量成倍增长，如永靖三塬电灌工程于1973年建成后，不但解决了迁入移民户和当地居民的生产生活问题，扩大的环境容量又可接纳部分山区和东乡县返迁回永靖的移民。刘家峡水库移民安置区呈现出渠道纵横、粮油稳产、林木果园繁茂的繁荣景象。

安置在电灌区的移民电灌费一直难以解决。为扶持移民恢复和发展生产，水库移民迁移前，1966年，水利电力部和全国物价委员会作出安排，对移民安置区农业排灌电价给予特殊优待，扬程在300m以上每度1分钱，扬程在200～300m每度2分钱，扬程在100～200m每度3分钱，一直保留至1980年。即使如此，实际执行中仍有困难，1980年以前部分电费从移民费中支付，拖欠部分于1980年全部核免。水利电力部、财政部以"水电财字〔82〕第8号"规定：1981—1990年农业排灌用电电费由库区维护基金解决，要求从1991年起，电费全部由社队自负。

5.1.2 移民安置发展期、完善期

该时期以三峡工程，金沙江向家坝、溪洛渡、白鹤滩、乌东德水电站，大渡河瀑布沟、大岗山、安谷、猴子岩水电站，乌江银盘、沙沱水电站，黄河黄丰、积石峡水电站，沅江白市、托口、三板溪水电站，雅砻江二滩、锦屏一级、锦屏二级水电站，澜沧江糯扎渡、功果桥水电站等为代表的特大型以及众多大中型水电工程相继开工建设，中国水电开发迎来了建设高峰，水电移民数量剧增，安置任务十分繁重。该时期中国进入经济高速发展时期，水电开发建设环境发生了较大变化，开发主体多元化，地方经济发展需求和移民诉求增多。

面临大量的移民任务和空前复杂的局面，从中央到地方都高度重视移民工作，及时修订、出台了一系列的政策法规和规程规范，结合安置实践，不断总结经验、创新理论。随着《大中型水利水电工程建设征地补偿和移民安置条例》（国务院令第74号、第471号）、

《国务院关于完善大中型水库移民后期扶持政策的意见》(国发〔2006〕17号)等法规政策文件的发布,96规范和07规范的颁布,以及"先移民后建设"水电开发方针的提出,公众参与、过程咨询、移民综合设计、监督评估、后期扶持等机制的不断完善,使中国的移民安置工作逐渐走向成熟化和制度化,大幅提升了移民安置实施效果。

5.1.2.1 改善库区基础设施,实现跨越式发展

大中型水电工程大都位于偏远山区,逢山开路、遇水架桥、修建电力、保障通信是水电开发前期工作的重点,在为水电勘探、建设创造基础设施条件的同时也极大地改善了地方落后的交通状况,库区基础设施项目的恢复重建和出资建设促进了地方发展,都为当地经济社会的更快发展提供了较好的硬件设施保障;反过来,地方政府从招商引资角度,也积极对现有生产生活基础设施进行扩容新建,以满足众多管理、施工人员进驻所带来的生产生活需求。

1. 电站枢纽工程建设,提高了地方基础设施整体水平

水电工程是国民经济的重要基础设施,是以发电、灌溉、航运、防洪、供水等为目的的综合性工程,具有显著的社会经济效益和环境效益。水电站的建设,需要大量物资、人员,水电站所在地一般公路路网不发达,水电前期筹建时,需要进行对外交通等基础设施建设,担负施工期间外来物资、人员流通的运输任务,以及水电站运营期的通行任务。水电开发同时还是大规模的经济建设活动,本身又需要有其他方面发达的基础设施来支撑,这就要求其在开发建设的同时,加强当地交通、电力、通信等相关基础设施建设,从而使一个地区基础设施在整体上得到提高。

大中型水电站建设极大地促进了地方基础设施整体水平的提高,据统计,党的十八大以来,大中型水电站建设共搬迁移民54万人,复建处理等级公路约2150km,复建处理10kV以上电力线路约3038km,上述项目的建设实施极大地促进了当地基础设施水平的整体提升,为当地人民群众生产生活水平的提高提供了坚实的保障。

2. 移民安置工程建设,促进了库区基础设施网络完善

水电工程建设前,库区大部分基础设施不健全。道路狭窄甚至部分地区存在不通路的情况;电力设施落后,部分库区电力供应不足,部分库区群众仍未用上电;库区饮水安全保证率较低,部分群众饮水靠沟渠水、山塘水,存在遇天旱供水不足等问题。

通过移民安置工程建设,特别是大量农村居民点、集镇的建设,分散居住农业人口的逐步集中,通过统一规划解决了通电、通水、通路,广播、电视、电信网络覆盖问题,加快推进了当地路网、电网、水网、信息网、污水和垃圾处理等基础设施建设。库区交通设施在按照"原规模、原标准或恢复原功能"原则规划建设的基础上,地方结合经济发展对建设标准适当提高,移民资金与地方资金相结合,道路等级明显提高,路网布局更加优化,移民群众的出行更加便利,地方交通运输条件全面改善;库区的电网得到了恢复和发展,电网布局更加优化,变电站容量和10kV及以上输配电线路较搬迁前大幅增加,全面提高了库区用电的可靠性,改善了用电质量;通过供水工程的配套,实现用水入户,保证率提高,饮用水水质达标。根据党的十八大以来大中型水电站移民安置实施效果对比情况的不完全统计,库区移民安置搬迁工程实施后,大部分库区的基础设施都大幅改善,如广电网络覆盖率较搬迁前提升17%,达到了96%;

农村移民通电率较搬迁前提升17%,达到了96%;城镇居民供电可靠率较搬迁前提升约16%,达到了99.9%;通水率较搬迁前提升23%,达到了99%;道路覆盖率较搬迁前提升24%,达到了96%;具体见图5.1-1。

上述库区移民搬迁安置工程的建设,极大地完善了当地区域的基础设施网络,也让当地非移民群众得到了基础设施改善带来的实惠。

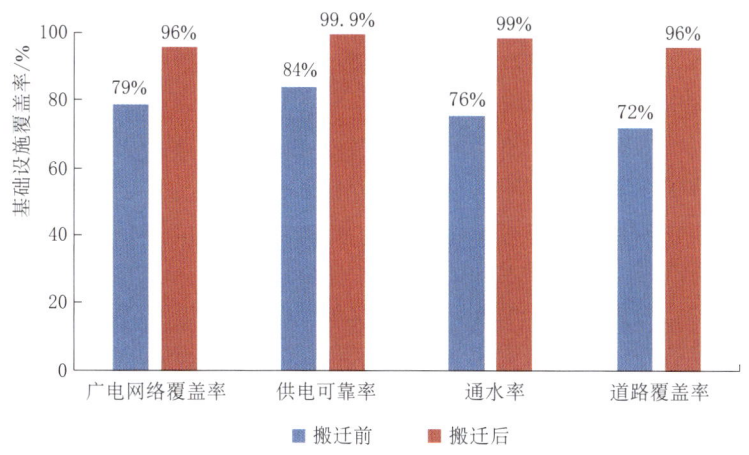

图 5.1-1　主要流域典型项目移民安置前后基础设施覆盖率对比

3. 地方政府以水电建设为契机,进一步推动地区的基础设施建设

水电开发作为一项高强度的投资活动,在带来巨大直接经济效益的同时,通过乘数效应带动宏观经济发展,促进地方经济振兴和繁荣,而地方经济的发展反过来又会推动其基础设施完善、提升。

水电工程建设后,库区基础设施条件较之前有了跨越式发展,通过水电站建设运营带动当地经济、相关税收及财政收入的稳定增长,同时促进地方加大对其他非移民区域的基础设施和重点事业的投入,并同步推进库区文旅、农旅等旅游资源开发和特色工业园区建设,为移民搬迁后生产生活提供基础保障,将区域的整体基础设施水平提升一个台阶。

案例:三峡工程促进库区基础设施大跨越

三峡工程从移民搬迁发展至2020年,库区基本形成"公、铁、水、空"一体化立体综合交通体系,库区范围内高速公路通车里程1499km,铁路营运里程1874km,宜昌三峡国际机场和重庆万州五桥机场年输送旅客量分别达90万人和14.5万人。

移民安置复建工程共建成3500km县际公路、2400km乡镇公路和3100km通村道路,库区长江干流县(区)均修建长江大桥;通过建设,长江干流航道等级从Ⅲ级提升到Ⅰ级,支流通航等级提升,万吨级船队可直达重庆,沿江县城(城市)、集镇均建有港口码头,宜昌、万州、涪陵建成了集装箱、滚装、散货、液货等专业化港口码头,货运吞吐能力是1992年的5倍以上。库区供电设施、电网建设标准大幅提高,供电能力是1992年的4.4倍;供水综合生产能力是1992年的4倍以上;广播电视和邮电通信设施、传输网络更新换代，已形成无线、有线、卫星三位一体、互为补充、交叉服务的网络，上述移民安置项目的建设实施，无疑使库区总体基础设施水平实现了大跨越。

5.1.2.2　加快城镇化发展步伐，促进城乡统筹

城镇化是中国工业化和现代化进程中十分重要的一个环节，也是社会主义建设的一项重要内容，水电站建设过程中通过大量的城镇化集中安置，不仅极大地改善了以往移民分散居住基础设施整体性打造不足的问题，也为移民提供了更多的外部信息和就业机会、更好的教育医疗环境，加快了中国城镇化发展步伐。

1. 电站工程建设，促进了当地城镇化建设

水电站建设区域多为山区，基础设施、经济基础都比较薄弱，再加上长期受二元经济结构的影响，城镇化发展的动力不足。通过水电工程的建设与运行，逐步实现了库区基础设施和经济体系相互关联，极大地促进交通、电力、通信、产业及服务等网络完善，提升了城镇综合服务功能。

上述项目的实施主要是随着水电站的开发建设，大量资金、物资、人员涌入坝址区，使得工程所在区域的人口增加，商业活跃，城镇规模增大，城镇功能日益完善。随着水电站开工建设，技术、文化、消费理念等传入水电站周边区域，促进了当地社会、文化和思想观念的改变，当地群众眼界宽了、思路活了。一些过去商品经济意识相对较弱的村民通过开办餐馆旅店、从事农副产品生产营销、参与水电站建设、输送建材和提供生活后勤保障等途径，增加了收入，盖起了洋楼，购买了小汽车，用上了电视、冰箱、手机等家电设施，生产生活发生了巨大变化。水电站建设期间，数以万计的建设服务大军要求具有相应城镇功能的人居环境，数十亿元乃至数百亿元资金的投入提供了强大的地方需求，在水电站建设带来巨大商机的刺激下，迅速发展成为为水电站服务的集镇、街场，随着水电站建设，在坝址附近多数会出现一个新的城镇，促进了当地城镇化建设。

2. 移民安置项目的实施，极大地推动了农村移民城镇化进程

水电工程具有淹没范围大、移民人数多等特点，水电站建设区生产用地相对稀缺，可开垦耕地资源有限，难以满足传统大农业安置需要；同时，淹没所造成的不仅是经济损失，还面临社会关系的重组等问题。因此，将农村移民安置与中国城镇化进程相结合，是破解土地调剂开发难度大、产业发展受限难题的最优解决方案。

通过移民安置对搬迁新集镇的重新定位、科学规划，不仅大幅提升了集镇的基础设施水平和公共服务功能水平，加快了小城镇的建设步伐。同时，库区移民安置区和移民新集镇建设还可以促进农村生产生活方式的变革，使许多村民从第一产业中解放出来，投入到商贸、建筑、物流等第三产业，有力促进了经济社会的发展。

据统计，党的十八大以来投产的大型水电工程，共计完成整体迁建 2 座县城、84 座集镇，还有 4 座城市和县城局部受影响采取防护等措施。向家坝水电站库区淹没的绥江、屏山两县城迁建后，旧貌换新颜；县城整体道路规划、水电保障率、人均用地、公共基础设施、公共服务水平都较老县城有极大提升。白鹤滩水电站库区巧家县城局部受淹，结合防护在县城周边安置移民约 4 万人，三峡集团和云南省政府协商，决定结合移民搬迁安置建设巧家县新型特色旅游城镇，如今移民安置区已建成，移民安置区整体风貌和建设水平均有极大提升，与老城区形成鲜明对照，新安置区的基础设施等有了极大提高。

白鹤滩水电站巧家县和瀑布沟水电站汉源县城迁建后风貌详见图5.1-2和图5.1-3。

图5.1-2　白鹤滩水电站巧家县迁建北门居住区

图5.1-3　瀑布沟水电站汉源县城迁建后夜景

案例：汉源县城复建，推进城市建设步伐

汉源县位于四川省雅安市南部，县城原址地处滑坡地带，20世纪60—90年代曾先后发生多次大规模泥石流灾害，造成众多人员伤亡，县城居民长期处在山体滑坡的巨大威胁之中。同时，老县城缺乏系统规划，市政基础设施建设落后，多年来的发展进程十分缓慢。

瀑布沟水电站建设涉及汉源县城。相关方充分考虑城市的配套设施、功能需求、环境条件、城市定位及发展规划等因素后确定了县城复建方案。新县城规划思路为因地制宜、结合地形、紧凑集中、组团布局，以"搬迁城市、形成产业、服务生活、提高城市品质、造就滨湖山水园林城市"为指导思想进行规划。新县城的面积是老县城的1.7倍，常住人口由以往的2万多人增加到3万余人，道路、电力、供水、医疗等基础设施覆盖率均达到了99%以上。新县城城市功能完善、配套设施齐全、阳光明媚、环境宜人，已成为大渡河中下游地区的一颗明珠，极大地推进了城市建设步伐，加快了汉源县经济社会的发展。

5.1.2.3 促进了产业结构调整，优化了生产力布局

水电开发不仅极大的促进区域基础设施水平，同时也对经济结构调整的推动、区域间经济的协调发展、当地投资环境的改善、地方GDP和财政收入的贡献、流域内及周边地区可持续发展能力的支撑，都有着巨大的贡献。

1. 水电工程建设促进了二三产业发展，产业结构优化

电站建设是一项巨大的基础设施投资，促进了当地电力工业、建材业、建筑业、旅游业、服务业等第二产业和第三产业的发展；水电站建设所带来的巨大的人流、物流、资金、信息的冲击，搬迁后生产、生活环境的改变，加快了移民群众就业观念的转变，从过去的一味依赖土地的思想转变为脱离土地开始从事其他工作的观念，加速了劳动力向非农业转化的趋势，增加了区域内产业从业人口，改善了区域总体消费格局，促进了产业结构的调整和优化。

2. 库区企业的关停并转、迁复建，使得经济布局更趋合理

库区企业的关停并转、迁复建，为经济结构的转型发展提供了难得的机遇。原有规模小、设备陈旧、污染环境、亏损严重、竞争力差的企业，通过搬迁的机会在获得相应补偿赔付后对企业进行了关破重组、技改迁建，一批重点企业做大盘强，结构得到优化，企业形象得到提升，区域产业得以更新换代和升级。同时，水能资源开发和移民资金的杠杆作用，吸引大量的人流、物流、信息流和资金流注入库区，带动工矿业、农林牧业、旅游业的发展，提高产品技术含量和加工层次，引导"高、新、特、优"产业崛起，这些又能带动商业、服务业及整个第三产业的发展，从而促进地区产业结构升级。

案例：三峡工程促进地方经济持续健康发展

2013年，三峡库区19县（区）地区生产总值5708.26亿元，人均国内生产总值3.94万元，分别是1992年的37.6倍和40.4倍，年均增长18.85%和19.26%，高于同期全国年均增长水平（15.63%，14.83%）；公共财政预算收入360.23亿元，是1992年的39.3倍，年均增长率19.11%，高于同期全国年均增长水平（17.78%）；社会固定资产投资总额5056.10亿元，是1992年的110.8倍，年均增长25.13%，高于同期全国年均增长水平（21.06%）；社会消费品零售总额1860.61亿元，是1992年的29.7倍，年均增长17.53%，高于同期全国年均增长水平（11.34%）。

库区产业结构得到优化升级，一二三产业比重由1992年的39∶31∶30调整到2013年的10∶55∶35。第一产业特色发展，结构不断优化，基本形成以柑橘、茶叶、榨菜、畜牧等为支柱的特色农业产业体系。第二产业大幅提升，产业聚集程度逐渐提高，基本形成以电子、食品、机械、化工、建材等为支柱的工业产业体系。2013年，库区实现规模以上工业总产值7907.49亿元，是1992年的89.9倍，年均增长率23.89%。第三产业稳

步发展，逐步形成了集生态、休闲、观光于一体的旅游产业和运输、包装、流通加工、配送等为主的复合型物流产业。2013年，库区旅游人数1.30亿人次、旅游总收入531.47亿元，分别是2008年的4.2倍和5.7倍，公路、水运货物运输量分别为2.92亿t、1.25亿t，分别是2008年的2.2倍和2.1倍。

接收外迁移民安置省（直辖市）按照不低于当地平均水平的标准，为移民调整落实耕地，外迁移民人均耕地达到1.08亩。各地积极组织党员干部、生产能手对移民进行结对帮扶。安徽、山东、江苏、湖北、江西等省对移民开展粮食、蔬菜、畜禽种植养殖技术培训，并通过小额贷款等形式扶持移民扩大生产规模。浙江、上海、广东、福建、湖南、重庆、四川等省（直辖市）以"移民培训就业工程"为载体，实施职业技能和职业教育培训，提升移民就业创业能力。

5.1.2.4 改善社会公共事业，提高了民生保障水平

通过移民安置实施，促进了库区各项社会公共事业的发展，逐步完善了移民利益保障体系。

1. 改善社会公共事业

（1）库区教育水平不断提高。针对受征地影响的部分学校原教学条件相对较差，按"三原"原则新建学校虽然可以达到搬迁前的水平，但难以满足进一步提高当地教育水平及地方经济发展的需求，"百年大计、教育为先"，通过转变思路及完善配套技术标准等措施，移民安置规划中均按当时的行业标准对义务教育设施进行配置。如瀑布沟、向家坝等水电站均按中小学设计相关规程规范进行迁建规划设计，项目业主也积极履行社会责任，承担了迁建学校标准提高所增加的费用。结合移民搬迁安置教育设施进行改善后，地方政府加大教育投入，完善教学设施，加强师资力量，提供了现代化的教育环境。与此同时，各地政府开始注重科技文化事业的建设，促进了文化教育的共同发展；主要表现在学龄人口入学率的提高、大专文化程度人数的增长、劳动力平均受教育年限的增加、科技成果数量的逐年增长、体育事业和文艺表演内容的日益丰富等。此外，通过加强移民劳动力就业技能培训和职业教育，提高移民素质，增强移民就业能力。

（2）库区卫生事业快速发展。搬迁前，库区医院卫生室少、床位少、房屋结构差的问题比较突出，特别是农村就医极为不便。移民搬迁安置后，迁建安置点的就医条件明显改善，部分安置点配有卫生室。城镇的医院迁建也取得了很大成绩，床位数大幅增加，房屋质量显著提高，移民群众看病难问题极大缓解。

（3）库区文化体育事业蓬勃发展。库区依托搬迁复建规划，结合地方移民群众生活需求，配置了一些博物馆、公共图书馆、文化馆，在移民安置点配置有文化书屋，体育场地设施建设和健身器材配置趋于完善。

2. 移民利益保障措施体系逐步完善

中华人民共和国成立以来，随着水电工程的建设，越来越多农村土地被征收，农民失去土地也就失去了生活的基本保障。为了帮助移民恢复生产生活，实现移民"搬得出、稳得住、逐步能致富"，国家出台了一系列有关水库移民安置的政策，并将政策法规落到实处，确保移民利益有保障。

（1）逐步完善移民安置的政策体系。1991年，国务院出台了《大中型水利水电工程

建设征地补偿和移民安置条例》（国务院令第74号），结束了水库移民工作无专用法规可依的局面。2006年7月和2017年，国务院对国务院令第74号条例进行修订，修订后的条例补偿标准明显提高，移民管理体制逐步完善，工作程序进一步规范，并调整了后期扶持制度，加强了监督管理，切实维护了移民合法权益。2006年，国务院出台了《关于完善大中型水库移民后期扶持政策的意见》，对全国大中型水库农村移民实行统一的后期扶持政策，按照每人每年600元的标准，连续扶持20年，为水电移民生活进一步提供保障。

（2）各项政策落到实处。在水电工程移民规划、实施全过程中，均充分保障了移民的参与权、知情权、财产权、自主权等个人权利。在移民安置规划过程中，补偿补助标准根据建设征地区依法出台的相关补偿政策及实际情况制定，并同时考虑物价上涨、政策调整等因素对标准实行动态管理机制，确保移民个人财产价值体现不偏离，建得起房、发展得稳，个人利益不受侵害。相关补偿由市（县）扶贫移民局与移民户签订补偿协议后及时足额兑付，不得拖延和截留。在移民安置点建设过程中，引进移民代表参与监督机制，保障移民群众的参与权、监督权，确保移民满意，安置点建成后能按期入住。在信访工作上，各级地方成立专门的信访机构，移民信访渠道的畅通、合理诉求得到及时解决，化解了大部分移民社会矛盾，确保了库区社会稳定。

案例：向家坝水电站建设大幅改善库区教育、医疗条件

库区学校的复迁建在"三原"原则基础之上，按行业标准及库区实际情况进行扩建，彰显了对教育事业的重视，让库区教育事业得以优先发展。共新建迁建学校51所，建筑面积达51.27万m^2，比搬迁前增加了3倍。库区共迁复建医疗卫生机构17所，规划建筑面积比搬迁前增加了3.6倍，其中：屏山县妇幼保健院业务用房面积增加了7.5倍，屏山县人民医院业务用房面积增加了近4倍，医疗条件明显改善。

以四川省屏山县、云南省绥江县为例，屏山县金江中学建筑面积达2.63万m^2，比搬迁前增加了近9倍；绥江县城关中学、屏山中学、金江中学新建了足球场，县城中小学均建设了室内外运动场，其他学校均建设了学生食堂、医务室，有效缓解了长期以来制约屏山教育发展的瓶颈，促进了库区教育事业的快速健康发展。

5.1.2.5 提高生产生活水平，促进库区移民及周边农民脱贫致富

搬迁前，中国六大主要流域水电站移民人均住房面积约$37m^2$，框架、砖混结构比重约11%，搬迁后移民人均住房面积增加至约$45m^2$，增幅约22%，框架、砖混结构比重增加至约60%，详见图5.1-4。

水电站建设前，库区移民受制于自然环境，生产方式较为粗放，库区群众大量种植山坡地、望天田，靠天吃饭，部分库区甚至还存在刀耕火种轮耕地的原始生产方式，广种薄收，生产方式较为落后。国家实行开发性移民方针，通过移民生产资料配置充足、生产设施的配套完善、补偿资金的兑付、后期扶持措施到位等措施，移民安置后生产生活水平较搬迁前显著提高。

首先，经科学合理规划，多渠道多形式安置移民，促使移民从第一产业转向第二产业和第三产业，移民安置区的建设促进农村生产生活方式的变革，使许多移民从第一产业中

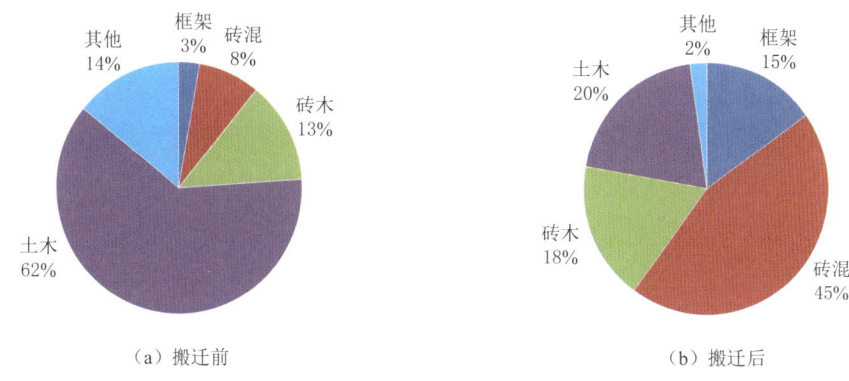

图 5.1-4　主要流域典型项目移民安置前后移民住房结构对比情况

解放出来，投入到商贸、建筑、物流等二三产业的发展，而水电工程建设项目带来的移民安置基础设施工程建设，也为当地提供了更多的就业机会，从而提高了人均收入水平和生活水平。搬迁后，中国六大主要流域水电站移民人均收入约5322元，较搬迁前3033元增长约75%。

其次，实施后期扶持政策，开展资金扶持和项目扶持，解决移民安置后的后续发展问题，加快移民脱贫致富步伐。

案例：向家坝水电站移民安置提升移民生产生活水平

库区搬迁前，农村房屋结构以砖混、砖木结构为主，库区搬迁后，高质量的砖混、框架结构房屋比重明显提高；搬迁后县城移民人均住房面积为 $64.12m^2$，较搬迁前增加 $34.89m^2$，集镇移民人均住房面积为 $49.87m^2$，人均住房面积增加了 $34.89m^2$。库区搬迁前，居民居住环境和条件总体较差，饮用水源水质得不到保障，以井水、山泉水为主，生活污水自行排放，生活垃圾未集中处理，且电力、交通、通信等配套设施不完善，库区搬迁后，用水、用电、污水排放、垃圾处理、交通出行等较搬迁前均有很大程度改善，移民满意度较高。总体来说，各迁建集镇政治、经济和文化等功能均得到了恢复并较搬迁前有较大提升。

向家坝水电站纳入规划处理的企业共356家，根据企业性质、规模等状况的评价，确定对企业的处理方案，通过迁复建、货币补偿等方式，对受淹没影响的企业进行重新选址、复建或者货币补偿，从而恢复了企业的生产条件，或者补偿了企业的损失，保障了后期企业的正常经营。随着水电站的建设和库区城（集）镇上百万平方米安置房、工业园区的建成，有力地促进和带动制造业、新型原材料加工业、建筑建材业、机械加工、物流、金融、餐饮娱乐、劳动就业等配套产业和服务业，以及农副产品等生活物资供应形成巨大的需求，产生强大的乘数效应，使相关产业得到发展壮大。

搬迁前，库区经济发展落后，移民劳动力从业类型单一，就业情况一般。农村移民以青壮年在外务工为主，集镇移民大多在本地从事第三产业。搬迁后，二三产业经营的移民经营户总量和经营性收入较搬迁前有所增加，集镇移民基本恢复生产，就业机会也有所增加。随着库区移民补偿补助资金的到位和就业形势的好转，居民人均收入和储蓄存款得到了大幅度增加。以屏山县、绥江县为例，2015年屏山县居民可支配收入19933元，较2008年年均增长24.13%，增长率较全市平均水平高6.86%；农民人均纯收入9801元，较2008年年均增长25.7%，增长率较全市平均水平高2.8%。2015年绥江县居民可支配收入20622元，较2008年年均增长16.69%，增长率较全市平均水平高1%；农民人均纯收入5299元，较2008年年均增长30%，增长率较全市平均水平高4.4%。

5.1.2.6 优化能源供给，推动库区环境保护

水电是清洁、廉价、可再生的绿色环保能源，与煤炭、石油、天然气等化石能源相比，水电资源年年再生，理论上只要水流不断将永远发电。因此世界上绝大多数国家都是优先发展水电，水电产业的兴起也对经济的增长作出了重要贡献。

据资料报道：整个20世纪，人类已经消耗了1420亿t石油、2650亿t煤。截至2020年，全球已探明的石油剩余可采储量仅为1400多亿t，按2020年的产量，静态保障年限仅40年；天然气的剩余可采储量为198.8万亿m^3，静态保障年限仅为60年；世界煤炭的储量虽然多一些，但是如果按2020年的消费速度，在一百多年以后也将枯竭。所以，要实现人类社会的可持续发展，必须要将世界的能源结构尽快地转变到以可再生能源为主。可再生能源主要有风能、太阳能、水能和生物质能，此外还有一些像潮汐、地热等，但所占比重较少。水电是当今技术比较成熟、可以进行大规模开发的可再生能源。水力发电的水量主要靠河流和降水，虽然具有随机性，但是通过建造水库，水量可以积聚、储存，因此水电可以在一定的时间阶段内被人为控制。水力发电的这一优点使其除了提供可再生的清洁能源外，还具有水电机组的启动、停机迅速，可用来调整负荷，在电网中进行调峰、调频和作为事故备用。

在环境方面，随着全球工业化进程的加快，能源的生产与消费规模急剧增加，环境排放污染严重，煤炭燃烧造成酸雨的二氧化硫、粉尘等有害气体，尽管已经可以通过技术得到控制。但是，由于化石燃料和石油衍生能源在燃烧后，产生大量的二氧化碳、甲烷、氧化亚氮等温室气体，尚无有效的解决方法。这些气体吸收太阳辐射并阻止这些辐射由大气层向地外空间发散，能量的长期积聚造成了全球气候不断升温。研究表明，当等效二氧化碳浓度达到一定数值时，气候变化将导致全球水循环的加剧，对区域性水资源产生重大影响，对局部农业、林业生产也将造成严重后果，引发频繁的自然灾害，直接威胁人类的生存环境。在这种形势下，利用清洁的水力发电是减少温室气体排放的明智选择。通过能源优化供给，减少了对传统能源的依赖，库区砍树烧火、空气污染等现象得到较好的控制，森林覆盖、城镇绿化等得到较大幅度提高，生态环境不断改善。

案例：三峡工程移民安置区生态环境不断改善

库周森林覆盖率由1992年的27.47%提高到2013年的47.26%，林种树种逐步优化，森林生态系统服务功能不断提升；迁建城镇绿化面积较1992年大幅增加，县城（城市）建成区绿化覆盖率38.92%。水土流失面积减少，库区轻度以上侵蚀面积由1992年的5.41万km^2下降到2012年的2.34万km^2，侵蚀模数由1992年的3725t/(km^2·a)下降至2012年的1448.6t/(km^2·a)，为轻度土壤侵蚀水平。未出现预测的因水库淹没耕地、

移民和城镇迁建，可能会加剧植被破坏、水土流失和生态恶化的现象。

5.1.2.7 增加地方财税收入，拉动区域经济发展

大中型水电工程基本都位于经济欠发达的偏远地区，在水电开发初期及以前，地方政府财政税收来源主要来自区域内零星商业、矿产资源企业等，规模较小，纳税较低。但在水电资源开发过程中和水电站建成投产后，都会涉及许多税收项目，水电工程建设年度缴纳的建安税、印花税、水资源费、砂石资源费、森林植被恢复费、临时占用林地补偿费、耕地占用税、耕地开垦费等，水电站建成后需要缴纳的增值税、企业所得税等一系列税费在地方年度财政税费收入贡献中都占有重要的支柱地位，为地方政府财政税收的大幅增长作出了重要贡献，成为当地经济持续发展的支撑力量。同时，水电站建设还可带来巨大的资金流、信息流、物流和人流，在带动相关产业发展的同时开辟更多的税源，提供更多的税收间接贡献，增强地方财政实力。水电工程建设期及运行期所涉主要税费情况详见表5.1-1。

表 5.1-1　　　　　　　　水电工程建设期及运行期所涉主要税费情况表

	项　目	税费性质	税　率	缴纳地点	备注
建设期	营业税	地税	建筑及安装税率3%，设计、监理税率5%	工程所在地	已改增值税
	设备、材料增值税	国税	17%	企业核算地	
	企业所得税	国税	25%	核算地及分支机构所在地	
	城市维护建设税	地税	7%，5%，1%	一般在工程项目所在地	比照营业税、消费税、增值税
	教育费附加税	地税	3%	一般在工程项目所在地	比照营业税、消费税、增值税
	地方教育附加	政府性基金	1%	在工程项目所在地	比照营业税、消费税、增值税
	印花税	地税	3‰，5‰	就地纳税	
	资源税	地税	0.5~20元/(t 或 m³)	自由开采所在地	
	耕地占用税	地税		各级国土行政主管部门	
	耕地开垦费	政府性基金		各级国土行政主管部门	
	森林植被恢复费	政府性基金		各级林业主管主管部门	
	河道采砂管理费	政府性基金		各级水行政主管部门	
	车船使用税、养路费	政府性基金		交通稽查部门	

续表

项目		税费性质	税率	缴纳地点	备注
运行期	增值税	国税	17%	企业核算地	
	企业所得税	国税	15%	核算地及分支机构所在地	
	水资源费	政府性基金		各级水行政主管部门	
	大中型水库库区基金	政府性基金	不高于0.008元/(kW·h)	财政部门	用于库区基础设施建设及移民
	大中型水库移民后期扶持基金	政府性基金	从销售电价加价中征收，1.9~8.3厘/(kW·h)	财政部门	
	城市维护建设税	地税	7%、5%、1%	一般在工程项目所在地	比照营业税、消费税、增值税
	教育费附加税	地税	3%	一般在工程项目所在地	比照营业税、消费税、增值税
	地方教育附加	政府性基金	1%	在工程项目所在地	比照营业税、消费税、增值税

从水电产业的开发和生产特点来看，水电站建设过程中的税收贡献主要是建安营业税及各项附加税费，属地方税种，由省级以下财政获得，其应税额一般占总投资的60%左右，这是一笔最直观的开发收益。在大型水电站投产运营后，发电企业贡献的增值税及企业所得税均属于国税，根据税收分配制度，企业所得税的40%、增值税的25%部分留归省级及以下地方财政。水电生产过程中几乎不消耗任何原材料，没有中间产品税收抵扣，而且生产周期长，每个水电站至少可以持续生产30~50年，源源不断地为地方财政贡献税收。

案例：托口水电站建设和移民迁建工程增加地方财税收入

托口水电站年均发电量21.31亿kW·h，正常蓄水发电后可年创税收约1.5亿元。2014年3月至2016年年底实现销售收入20.98亿元，缴纳税费税金4.16亿元，其中在洪江市缴纳税金3.05亿元。

根据库区各县统计数据，在财政一般预算收入中，税收主要来源于托口水电站建设和移民迁建工程。2015年，洪江市地方税收入6.2亿元，相较2006年地方财政收入1.4亿元增加5.8亿元，同比增长近5倍。

水电站建设后移民安置区经济实现持续、协调、稳步增长，产业结构得到进一步优化，经济规模进一步扩大。在托口水电站移民工程建设期间（2006—2013年），淹没影响区各区县经济发展速度明显加快，特别是水电站坝址和移民搬迁安置重点所在的湖南省怀化市洪江市，GDP增长速度均快于湖南省和全国平均水平；2013年以后各区县GDP增长速度较2012年及以前年度有所放缓。托口水电站建设期间地区生产总值增长率情况详见表5.1-2。

表 5.1-2　　　　　　　托口水电站建设期间地区生产总值增长率情况表

年份	GDP 增长率/%			
	洪江市 (水电站建设区域)	怀化市	湖南省	全国
2004	10.0	10.7	12.1	10.1
2005	9.5	11.6	11.6	11.3
2006	14.8	15.0	12.8	12.7
2007	17.9	12.6	15.0	14.6
2008	15.1	13.0	13.9	9.6
2009	13.6	13.7	13.7	9.2
2010	15.0	14.8	14.6	10.6
2011	14.3	14.2	12.8	9.5
2012	12.7	12.0	11.3	7.7
2013	10.3	10.3	10.1	7.7
2014	7.4	5.1	9.3	7.3
2015	7.0	8.5	8.6	6.9

5.2　移民安置实施效果典型案例

5.2.1　黄河流域

黄河流域水库移民安置工作开展 50 多年来，顺利完成了刘家峡、盐锅峡、八盘峡、龙羊峡、李家峡、公伯峡、苏只、康扬、黄丰、拉西瓦等水电站移民搬迁安置任务，大力推动了地方经济和社会发展。

1. 通过修建水利工程等措施，满足了移民的生产和生活需要

生产条件是移民生产和生活恢复的前提和保证。黄河流域的水电站主要淹没对象均位于农牧区，农牧业生产是农牧民重要的生活来源和保障。为了让移民搬迁后在当地能安稳地生活下去，有稳定的经济收入来源，在各个移民安置规划中充分考虑了移民搬迁后的生产发展途径，生产安置主要坚持以土为本、大农业安置为主的原则，并选择水土资源条件好、交通便利、经济较为发达的地方进行安置。在移民生产安置过程中，严格按照规划的标准调整划拨生产用地，大面积开展土地整理，积极进行水利设施配套，加强移民生产技能培训，拓宽移民就业门路，帮助指导移民发展生产，促进移民增收致富，移民生产安置成效显著。在龙羊峡、李家峡、公伯峡、拉西瓦水电站的移民安置中，通过土地平整、修建水利灌溉设施、撤销国有农牧场、调剂耕地或草山、采取防护措施等方式获得了大量的土地资源，这在一定程度上满足了大部分移民的生产和生活需要。

以青海省为例，根据移民样本村监测统计成果，搬迁后的 2014 年与搬迁前的 2013 年比较，仅一年时间，样本村渠道增加 5km，将原来 20 世纪八九十年代已经安装、很多已经陈旧或无法正常运转的泵站及水闸设备全部进行了更换，通过对上述设施设备的更新改造，极大地改善了当地的灌溉条件，提高了相应设施的综合利用率。青海省移民样本村搬

迁前后农田水利设施变化情况详见表 5.2-1。

表 5.2-1　　　　青海省移民样本村搬迁前后农田水利设施变化情况表

序号	州（市）	县	样本村/个	搬迁前				搬迁后			
				渠道/km	泵站/座	水闸/个	综合利用率/%	渠道/km	泵站/座	水闸/个	综合利用率/%
	合　计		22	206	50	45		211	50	45	
1	海南藏族自治州	共和县	6	94	19	10	63	94.5	19	10	94
		贵德县	5	42	8	34	56	43	8	34	87
		贵南县	4	24	3	1	58	25.5	3	1	92
2	海东市	化隆回族自治县	5	20	11		67	20	11		88
3	黄南藏族自治州	尖扎县	2	26	9		78	28	9		89

2. 扶持措施到位

除了从规划角度保障移民生产水平提高移民收入外，当地政府和水电开发企业也在积极思考，采取各种措施渠道帮助进一步保障和提高移民收入水平，如通过承包工程、运输渣料额外获取收入，为移民从事商业、餐饮等开设绿色通道，在同等条件下优先录用移民子女，不定期进行生产技能培训，发展移民村特色旅游等。通过这些移民帮扶措施，使移民生存技能得到进一步提高，收入水平的持续增长得到保障。青海省移民样本户搬迁前后收入构成详见表 5.2-2 和表 5.2-3。

表 5.2-2　　　　青海省移民样本户搬迁前后收入构成表

序号	州（市）	县	时期	人均耕地/亩	人均住房面积/m²	收入合计/(元/月)	农业收入/(元/月)		工副业收入/(元/月)		其他收入/(元/月)
							种植业	养殖业	小计	其中：打工	
	平均水平		搬迁前	2.03	24	5991	1198	1438	2636	2037	719
			搬迁后	2.05	30	6980	1396	1745	3001	2653	838
1	海南藏族自治州	共和县	搬迁前	1.87	26	6059	1212	1454	2666	2060	727
			搬迁后	1.88	35	7131	1426	1783	3066	2710	856
		贵南县	搬迁前	2.02	16	5454	1091	1309	2400	1854	654
			搬迁后	2.01	21	6574	1315	1643	2827	2498	789
		贵德县	搬迁前	2.31	29	6566	1313	1576	2889	2232	788
			搬迁后	2.3	32	7549	1510	1887	3246	2869	906
2	海东市	化隆回族自治县	搬迁前	1.74	23	5995	1199	1439	2638	2039	719
			搬迁后	1.81	29	6980	1396	1745	3001	2652	838
3	黄南藏族自治州	尖扎县	搬迁前	2.23	27	5884	1177	1412	2589	2001	706
			搬迁后	2.23	32	6676	1335	1669	2871	2537	801

表 5.2-3　　　　　青海省大中型水库移民样本户搬迁前后收入变化表

项　　目		搬迁前	搬迁后	搬迁前后对比	
				增加	增幅
人口/人					
人均年纯收入/元		5992	6982	990	17%
种植业	收入/元	1198	1396	198	17%
	占比/%	20	20	—	—
养殖业	收入/元	1438	1746	308	21%
	占比/%	24	25	—	—
工副业	收入/元	2636	3001	365	14%
	占比/%	44	43	—	—
	其中：打工收入/元	2037	2653	616	30%
	打工占比/%	34	38	—	—
其他	收入/元	719	838	119	17%
	占比/%	12	12	—	—

3. 移民安置点的合理规划，使移民的生活条件得到极大改观

过去移民群众居住地交通、水利等基础设施较为不便，黄河流域水电开发后，农村移民的生活条件得到极大改观，他们的居住条件甚至优于镇区居民，移民安置点已成为当地的亮点工程，过往外地游客、地方媒体无不交口称赞安置点漂亮、整洁、大气。如今，只要沿黄河流域走一走就会发现，黄丰水电站的甘草滩居民点、拉西瓦水电站的夏什尕居民点和过马营居民点、公伯峡水电站的夏藏滩安置区和甘都农场安置区，均修建于区域主干道旁，交通出行便捷。这些居民点靠近区域主要城镇，方便享受社会公益设施，就医上学便利；基础设施完善，电网已接入居民点，用电质量得到充分保障；饮用水源经过水质水量检测合格，经过自来水厂净化、消毒输送至移民户家中；广播电视电信进入千家万户，随时掌握了解社会发展各类信息。随着移民安置工作的推进，还有大批居民点正在规划建设中，这些待建居民点将按照社会主义新农村、幸福美丽新村的建设要求进行建设，社会主义新农村、幸福美丽新村的政策要求将得到严格贯彻。搬迁后移民住房情况见图 5.2-1～图 5.2-4，移民整体住所和学校建设情况见图 5.2-5 和图 5.2-6。

通过对 22 个样本村的调查，搬迁前移民人均住房由 $24m^2$ 增加到搬迁后的 $30m^2$（青海省移民样本户搬迁前后住房变化情况详见表 5.2-4），房屋结构改善为以砖混结构为主。搬迁后，样本村村组通电率达 100%，户户通电率达 100%，适龄儿童入学率达到 100%，加入新农合比重为 100%。

黄河流域不但有许多水电站的移民居民点体现了移民安置实施的效果，有些县城也因水电建设获得了大量的移民安置工程投入，如甘肃省永靖县。自 1958 年以来，先后在永

图 5.2-1 过马营安置区房建工程

图 5.2-2 过马营安置区道路和暖廊工程

图 5.2-3 夏什朵移民安置区远景

图 5.2-4 夏什朵移民安置区房建工程

图 5.2-5 永靖新县城

图 5.2-6 永靖县移民中学

靖县境内建成了刘家峡、盐锅峡、八盘峡 3 座水电站，总装机容量达 204.2 万 kW（刘家峡 135 万 kW、盐锅峡 47.2 万 kW、八盘峡 22 万 kW），总发电量 78.1 亿 kW·h（刘家峡 46.5 亿 kW·h，盐锅峡 21.7 亿 kW·h、八盘峡 9.9 亿 kW·h）。永靖县素称"河州北乡"，是国家对外开放的第一批县份之一，是国家扶贫开发重点县，也是刘家峡、盐锅峡、八盘峡 3 座水库的重点移民县。

表 5.2-4　　　　　　青海省移民样本户搬迁前后住房变化情况表

序号	州（市）	县	人均面积/（m²/人）	
			搬迁前	搬迁后
	合　　计		24	30
1	海南藏族自治州	共和县	26	35
		贵德县	29	32
		贵南县	16	21
2	海东市	化隆回族自治县	23	29
3	黄南藏族自治州	尖扎县	27	32

4. 带动了当地旅游资源开发，帮助移民脱贫致富

以炳灵水电站为例，炳灵湖景区黄河水电展览馆布展工作基本完成，大坝码头游客服务中心全面建成，吧咪山、抱龙山综合开发，太阳岛欢乐城、金龙湾假村项目建设进展顺利。太极湖景区启动恐龙国家地质公园开发，黄河宾馆建成投入使用，黄河夜游及亮化工程完成规划设计。组建成立甘肃黄河三峡旅游投资开发有限公司，搭建融资平台，加快资源开发。加大旅游宣传推介力度，组织开展采摘节、啤酒节等特色旅游节会，全年游客人数和旅游收入分别增长 21% 和 24%，各族群众依靠本地旅游资源脱贫致富。

5. 促进了地方产业发展，增加移民就业岗位

以龙羊峡水电站为例，龙羊峡建设征地涉及青海省海南藏族自治州共和县和贵南县，两县均为以牧业为主、农牧结合的多民族聚居县。水电站建设期间，修建大坝、厂房需要水泥、木材、钢材等建筑材料，还有施工机械设备、发输变电设备等。另外，建设期数万人的劳动力投入，要消耗大量的生活消费品，如粮食、蔬菜、瓜果、肉类、蛋品，以及其他生活用品和服装等纺织用品。由于投入大量的人力、物力和资金等供给因素，促进了省内外建材、机械、农业及第三产业等有关部门或相关产业的发展。

据不完全统计，龙羊峡水电站施工期（1978—1989 年）每年提供直接就业人员 15000 人左右，运行期（1987—2020 年）提供就业人员 4000 人左右，不仅提高了当地的就业率水平，而且增加了移民收入。

5.2.2　乌江流域

乌江流域移民安置工作经历了 1982 年以前的"滥觞期"（乌江渡水电站）、1982—1991 年的"探索期"（东风、普定水电站）、1991—2006 年的"发展期"（洪家渡、引子渡、索风营和构皮滩水电站）、2006—2020 年的"完善期"（彭水、思林水电站），随着国家和贵州省相关法规政策的出台，以及有关方面在移民安置实施及遗留问题处理工作中的共同努力，移民安置工作取得了很大成就。加快了流域城镇化建设进程，促进了移民生产力提高、生产结构优化，增加了移民经济收入，加快了基础设施配套建设并改善了移民人居环境。

1. 加快了流域城镇化建设进程

城镇化是衡量地区社会管理水平的重要指标之一。伴随着中国城镇化水平的稳步提升，乌江流域水电工程在进行大型水电工程建设的同时，也在大力推动着当地的城镇化建设。作为中国水电大省之一的贵州，近年来从政策上鼓励和引导移民城镇化安置。构皮滩、洪家渡、思林等水电工程都有一定数量的农村移民进城镇安置。

在兴建水电站的过程中，项目建设方在当地投入大量的资金、改善交通运输条件、提供廉价电力，使一些水电站周围形成了新的城镇及工业区，促进了当地工业经济发展。有些县（市）迁往水电站所在地，如构皮滩水电站所在地的构皮滩镇，形成了新的政治、经济中心；由于水库周围供水、供电的便利条件，贵州乌江梯级水电站的"龙头"洪家渡水电站周围已经成为贵州省重要的新兴工业区；思南县文家店、三道水和瓦窑牛角岩新集镇随着思林水电站建设开发而发展。

乌江流域水电梯级开发，推动本地区城市化进程，使得邻近城镇的城区人口增加，商业活跃，城市规模增大，城市功能日益完善，对本区域的辐射能力加强。水电站的建设促进和保证了当地财政收入、生产总值和城镇化率的稳步增长，带动了当地经济快速健康发展，提高了当地居民的社会化水平与生活质量。

2. 促进了流域内生产力提高和生产结构优化

第一，在土地数量变化方面，乌江流域调整和补充开垦了耕地，据长序列统计，移民人均耕园地面积呈现增加趋势。人均耕园地面积的增加，有利于移民发展农业，保证移民后的经济收入，有利于社会稳定。乌江流域移民人均耕园地面积长序列值详见图 5.2-7。

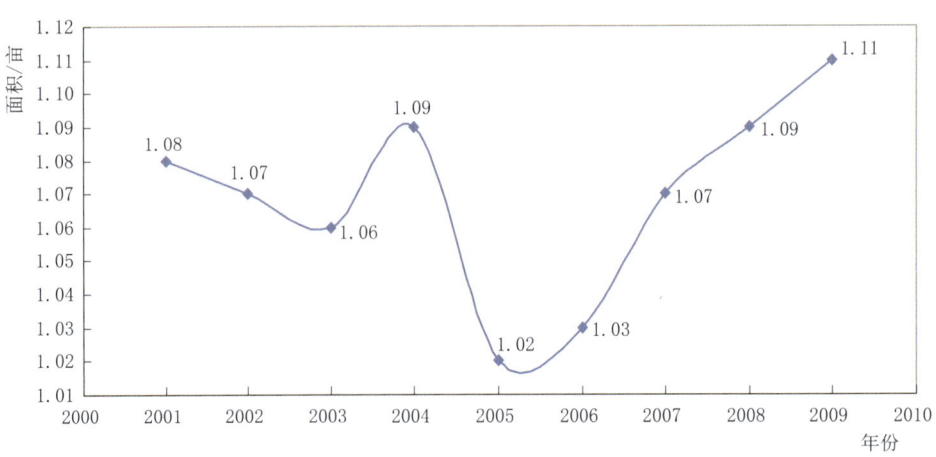

图 5.2-7　乌江流域移民人均耕园地面积长序列值
注：资料来源于河海大学编制的《乌江梯级电站社会及移民可持续性评价专题报告》（2012 年 7 月完成）。

第二，移民搬迁以后，促进了中低产田的改良和耕作技术的革新，通过土地改造和配套生产设施的建设，既保证了原来生产水平不降低，也推进了乌江流域现代农业的可持续发展；同时，现代农业的发展加速了农民的社会化过程，促进了当地产业结构的调整与优化，越来越多的农民开始进城打工，推动了该流域的城镇化进程。

3. 增加了移民经济收入

乌江流域梯级电站建设促进和保证了当地财政收入、生产总值的稳步增长。伴随着贵州省的财政收入、国内生产总值和城镇化率的提高，乌江流域各县单纯依靠加大基础设施投入以增加财政收入的发展模式得以逐步改变，各县依托水电站建设的契机，努力发展与之相关的第三产业，经济发展模式和道路逐步规范化和可持续性。乌江流域水电站移民人均纯收入呈上升趋势（图5.2-8）、恩格尔系数逐渐下降（图5.2-9）。移民搬迁后，生产力上升，因生产结构逐步优化，移民纯收入增加，生活条件不断改善。

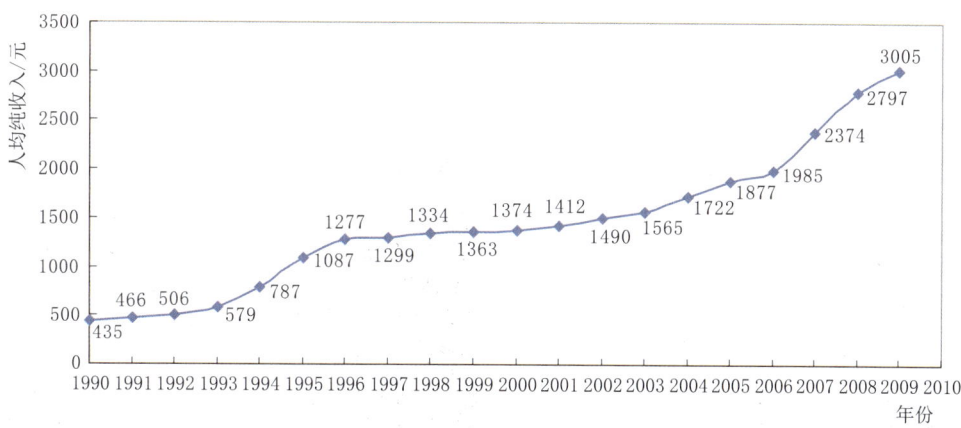

图 5.2-8　乌江流域移民人均纯收入指标长序列值

注：资料来源于河海大学编制的《乌江梯级电站社会及移民可持续性
评价专题报告》（2012 年 7 月完成）。

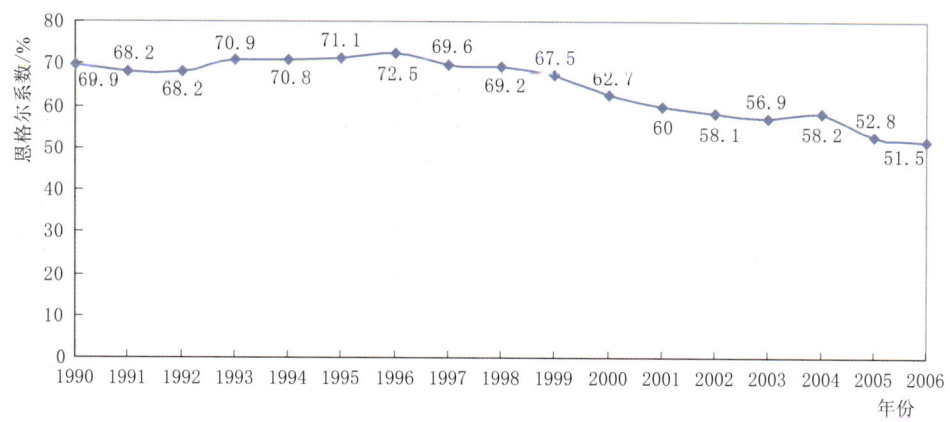

图 5.2-9　移民恩格尔系数指标长序列值

注：资料来源于河海大学编制的《乌江梯级电站社会及移民可持续性
评价专题报告》（2012 年 7 月完成）。

4. 加快了基础设施配套

乌江流域梯级电站建设，移民搬迁安置点基础设施得到完善，包括安置点道路工程、饮用水工程、电力设施、文化教育设施以及公共卫生设施，这些基础设施的建设有利于城镇化步伐加快。

（1）库区交通得以发展。搬迁前，乌江流域移民大多居住在山地或丘陵地带，交通十分不便，交通道路多为土石路面。搬迁后，移民的交通状况有了显著改善，移民安置地一般选择在交通发达的平原或距离县城很近的地方，安置地主次街道硬化率高。乌江梯级电站的建设从前期筹备、项目施工直至建成运行，整个过程都将促进交通基础设施的发展、完善。公路里程的增加和公路状况的进一步改善为当地公路交通的发展提供了基础条件，移民在搬迁后距公路更近，交通设施详见图 5.2-10～图 5.2-13。

图 5.2-10　库区道路

图 5.2-11　库区路桥

图 5.2-12　码头工程

图 5.2-13　思渠大桥

（2）改善了库区百姓饮水条件。搬迁前，大多移民用水主要为井水、泉水，水质未经过检测。搬迁后，移民的用水情况得到了极大改善，采用了标准的自来水系统，在水质上有保障，方便了移民的生活用水，自来水用户比重大幅度上升，详见图 5.2-14 和图 5.2-15。

图 5.2-14 灌溉工程

图 5.2-15 供水工程

（3）电网系统得到完善。乌江流域梯级电站的建设促使移民安置点的电力建设得到发展。2000—2012年的13年间，新增水电装机容量640.5万kW，水电总装机容量达754.5万kW，翻了3番，乌江水电总发电量达到1782亿kW·h，移民安置后架设（复建）10kV以上输电线路约558km。梯级电站电网比单个电站的辐射范围要大，不仅仅是电源，而且包括输变电线路和设备的建设，使得电网网络体系完善，增加居民生活用电数量，并促进流域经济社会发展。

（4）文化教育条件大有改善。建立和完善移民地区义务教育和职业技术培训体系，加大对移民及移民子女的教育培训力度，使移民和移民子女的受教育程度赶上当地平均水平，为移民稳定脱贫奔小康打好基础。从适龄儿童入学率来看，搬迁前，1990年流域内移民适龄儿童入学率是91%，随着时间的逐步推移，流域内适龄儿童入学率逐渐走高，到2007年达到98%以上，适龄儿童入学率指标长序列值详见图5.2-16。

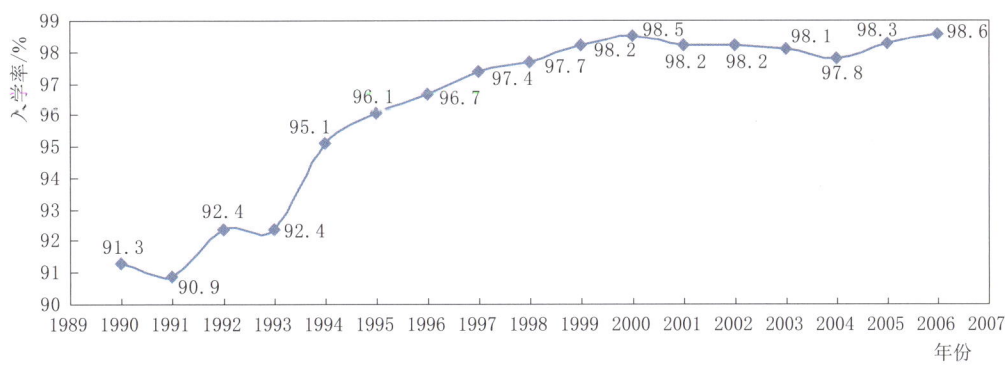

图 5.2-16 适龄儿童入学率指标长序列值
注：资料来源于河海大学编制的《乌江梯级电站社会及移民可持续性评价专题报告》（2012年7月完成）。

据调查，搬迁前，学校校舍和教室简陋，师资力量不足，且由于移民大多居住在山区、半山区，村落较分散，学生读书距离远，严重影响了移民的受教育程度。搬迁后，安置点靠近集镇，村内有小学、中学等，教育服务有很大改善，如构皮滩水电站工程部分安置在雍阳镇的移民,移民搬迁前就学平均出行距离为 33km;移民搬迁安置在雍阳镇后,就学平均出行距离为 1.1km,且雍阳镇地处瓮安县城,就学设施等较库区都相对完善,瓮安县第一小学、第二小学、第三小学、茅坡小学、花桥小学、云星小学,瓮安县第一中学、第二中学、第三中学、第四中学等都为移民子女就学提供了系统和良好的学习环境。瓮安县城和瓮安中学建设情况详见图 5.2-17 和图 5.2-18。

图 5.2-17　瓮安县城

图 5.2-18　瓮安中学

此外,加强移民地区科技推广,大力开展移民就业技能培训和移民向非农产业及城镇转移就业培训,增强移民进城和到经济发达地区的就业能力。自 2005 年起,从移民后期扶持资金中提取 11% 作为专项资金,用于移民地区科技推广和移民职业技术培训。以沿河土家族自治县 2014 年一份样本户技能培训情况为例,在被调查的 144 户样本户中,有 28 户移民样本户表示参加当地政府组织的劳动培训比较多,占被调查总户数的 20%;114 户移民样本户表示参加当地政府组织的劳动技术培训一般,占被调查总户数的 79%,详见图 5.2-19。

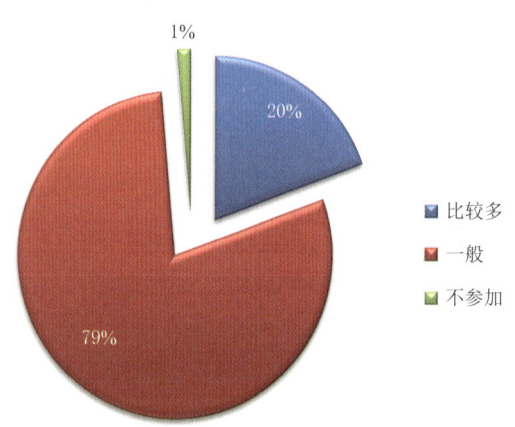

图 5.2-19　沿河土家族自治县移民样本户
技能培训情况示意图
注:资料来源于华东勘测设计研究院有限公司编制的
《乌江沙沱水电站 2014 年度移民安置独立
评估报告》(2015 年 6 月完成)。

(5)公共卫生设施建设得以快速发展。移民在搬迁后距医院更近,享受卫生医疗资源增加。第一,在当地疾控部门的指导下,积极采取有针对性的措施,加强和完善传染病疫情检测报告系统,预防和控制疾病,加强卫生监督监测,改善卫生状况,预防和控制介水传染病及食物中毒,建立监测网络,开展长期系统的疾病和卫生监测,建立医疗急救系统,应对突发公共卫生事件,加强人群健康教育,提高群众自我预防能力,切实保护了施工队伍和库区人群的健康。第二,乌江流域所在县(市)医疗卫生事业发展迅速,卫生资源总量增加、结构优化,医疗设施情况详见图 5.2-20 和图 5.2-21。

图 5.2-20 瓮安人民医院

图 5.2-21 余庆人民医院

以遵义县、沿河土家族自治县、黔西县 3 县为例，自 2000 年以来县域内医疗卫生事业发展迅速，医疗机构数量、医疗工作人员数量、卫生机构病床位数量呈现出普及化、精细化、专业化的发展趋势，详见图 5.2-22～图 5.2-24。

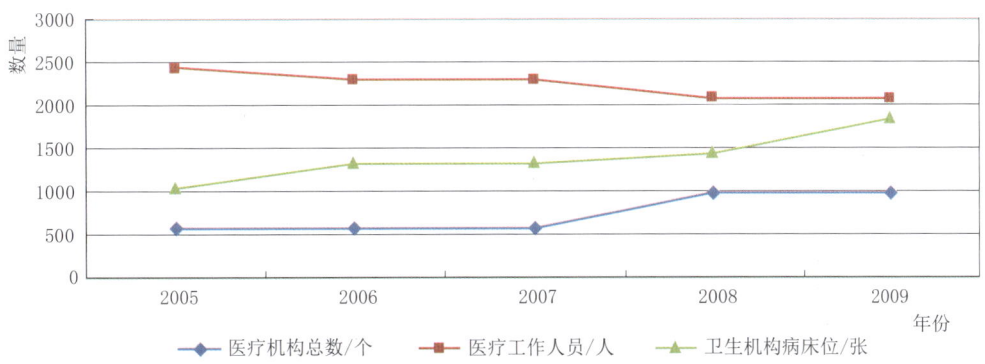

图 5.2-22 遵义县医疗卫生事业发展情况
注：资料来源于河海大学编制的《乌江梯级电站社会及移民可持续性评价专题报告》（2012 年 7 月完成），下同。

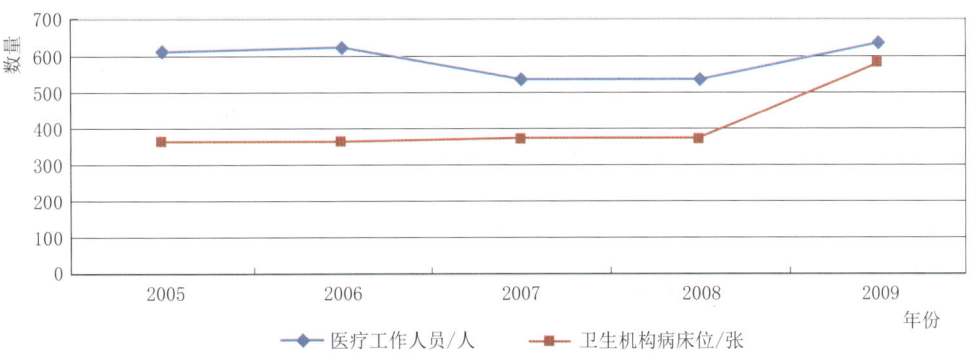

图 5.2-23 沿河土家族自治县医疗卫生事业发展情况

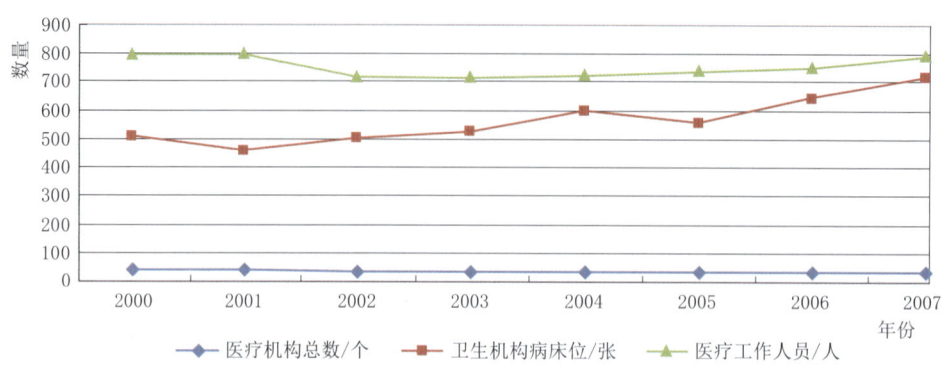

图 5.2-24　黔西县医疗卫生事业发展情况

（6）移民人居环境改善明显。移民搬迁以后，大部分移民家庭的住房房屋面积都有所增加，住房结构大有改善，房屋主房结构搬迁前以土木结构为主，砖混和框架结构比重较低，搬迁以后房屋的质量较以前有了很大提升，基本上以砖混结构为主，房屋周边环境及基础服务设施的质量也得到了改善。同时，作为家庭资产的房屋，其质量的改善对移民家庭财产的增加也起到了一定的积极作用，这在某种程度上也解释了部分地区"争做移民"的现象，搬迁前后对比详见图 5.2-25～图 5.2-27。

图 5.2-25　搬迁前移民房屋照片

图 5.2-26　银盘水电站大青移民新村

图 5.2-27　构皮滩镇安置点

5.2.3 沅江流域

沅江流域水电工程移民涉及面广，移民搬迁强度大；环境容量小，安置难度大；库区经济社会发展滞后，移民贫困面大。1990年左右，受国家政策和移民安置指导思想的局限，农村移民主要依靠就地后靠安置为主，库周后靠移民达80%以上，移民安置后耕地面积减少、质量下降，人地矛盾非常突出。随着国家和湖南省移民政策的不断完善，2000年以后实施的沅江流域的大中型水电站移民中，安置情况总体较好，安置地水、电、路、文、教、卫、商等条件比原住地明显提高，配套建设的教育、医疗、卫生设施逐步齐全，就医上学便利，文化娱乐生活丰富，移民开始享受广播、电视、电话、交通等现代设施的服务。生产生活条件明显改善，为移民的长远发展创造了有利条件，移民生活环境呈现跨越式变化，移民普遍感到满意。

总体而言，经过几个时期的努力，沅江流域移民安置实施促进了流域基础设施建设，带来了良好经济社会效益并提高了当地居民生产生活水平，呈现出欣欣向荣的新景象。

1. 加快流域基础设施建设发展步伐

水电建设给工地和区域内外带来大量物资运输和人员的流动，相应地发展和改善了交通设施。沅江流域水电工程建设给湖南基础设施建设带来了良好的发展契机，财政收入的稳定增长确保了民众生活和社会的快速发展，同时也加大了对基础设施建设和重点事业的投入，大多数外迁移民安置区的水、电、路、文、教、卫的问题已基本解决，加快了地区建设速度，建成了交通、水利、通信等一大批重大基础设施项目，有效提高了基础设施建设水平，使城乡面貌焕然一新。

（1）库区交通运输条件改善。沅江流域内梯级电站的建设从前期筹备、项目施工直至建成运行，整个过程都促进了交通基础设施的发展、完善，加快了包括公路、铁路、水路等模式的立体交通运输网络的形成。

从以前的地区公路总量较少、公路等级较低、通行条件差、通行能力低，到现在的通航设施建设完善、通航建筑物标志明显，城间、城乡间、乡（村）间能行驶汽车的公共道路总量快速增加，桥梁密度增加，渡口宽度加大，使湖南境内沅水航道得以延长，船舶货运组织方式优化，各种运输工具实际运送的货物（旅客）数量增加，千吨轮船经沅水抵达沿河、德江、思南、石阡等地，经济走廊的价值倍增。交通运输的四通八达，便利了移民群众的日常出行，有利于加快农

图 5.2-28　库区复建桥梁

产品商品化的推进、移民收入的增长、旅游业的发展，促进了地区之间的交流与合作。库区交通运输桥梁、道路、航运建设详见图 5.2-28～图 5.2-30。

（2）库区供电能力得到改善。库区建设前，由于电力设施的落后，部分村民的日常

图 5.2-29 库区道路

图 5.2-30 库区航运

用电成了问题，基本生活条件得不到保障。搬迁之后的电力设施在不断地完善和优化，电站容量的扩大以及电网布局的更加合理化使库区生活便利，不仅移民用电得到充分的保障，用电质量也实现了质的飞跃，如三板溪水电站的开发，沅江下游河段的电源点，无论是经济指标、地理位置还是电能质量都有了巨大的改善，该地区梯级电站的建立，以其电能质量优、调节性能好的优势，较好地解决了当地电网电源结构，也进一步缓解了当地汛期调峰困难以及枯水期电力不足的问题。

（3）减轻库区防洪压力。水电站建设前，洪水的泛滥、防洪措施建设的落后，导致财产、人员、物资、特殊文物和设施的损失惨重，生活环境遭受破坏。沅江流域梯级水电站建成后，流域防洪对象主要分为两段：一是尾闾地区，其防洪任务主要以五强溪、凤滩等水电站的防洪库容结合堤防的方式解决；二是安江河段，其两岸为冲积平原内的城镇与农田，防洪问题可通过上游水库结合堤防方式解决，整体防洪效益愈发明显，城镇居民生活得到保障。

（4）促进库区水利设施建设。虽然流域水源总量充足，水能资源丰富，但仍存在部分供水水源缺乏的地区。主要是民族聚居区和边远贫困地区，其交通不便，村寨分散，河谷深切，相对高差较大，村寨居住的地理位置高，沅江水电工程的建设使这些水源缺乏的地区获得便利，通过安装普及自来水或集中供水点、修建新水厂（图 5.2-31），丰富了水源获取渠道，起到了调节水量的作用，保证维持其生活用水量。同时，严格控制库区和移民安置区饮用水质，防止出现各项指标的超标情况，有效改善和提高了当地居民的生活质量与生活水平。

图 5.2-31 库区复建水厂

2. 经济发展水平得到提高

沅江水电开发步伐的加快，极大地推动了水电站周边地区和全省经济发展，推动了湖南省经济结构调整和资源优化配置，带动了当地居民经济结构形式的多样化，也为保障湖南电网的安全、稳定运行，以及改善沅江流域生态环境发挥了重要作用，带来了良好的社会效益。

据 2012 年的调查统计，沅江流域水电工程农村移民人均住房面积 36.8m^2，比搬迁前人均 28.3m^2 增加 8.5m^2，增加率达 30%，农村移民建购房中 90% 以上为砖混结构。城（集）镇安置的移民人均住房面积 39m^2，比搬迁前的 25m^2 增加 14m^2，增幅为 56%，95% 以上的房屋为砖混结构。安置地水、电、路、文、教、卫、商等条件比原住地明显提高，生产生活条件明显改善，为移民的长远发展创造了有利条件，移民普遍感到满意，移民新址详见图 5.2-32 和图 5.2-33。

图 5.2-32　托口水电站移民新址

图 5.2-33　白市镇移民新址

（1）促进地方经济综合实力的发展。水电站建设后，地方财政出现飞跃增长，税收主要来源于托口水电站建设和移民迁建工程，经测算，托口水电站年均发电量 21.31 亿 kW·h，正常蓄水发电后可年创税收约 1.5 亿元。2014 年 3 月至 2016 年年底实现销售收入 20.98 亿元，缴纳税费税金 4.16 亿元，其中在洪江市缴纳税金 3.05 亿元。移民安置区经济呈现持续、协调、稳步增长，产业结构得到进一步优化，同时，经济规模也在不断扩大，特别是托口水电站建设，地区 GDP 增长速度赶超湖南省和全国平均水平。

水电站建设不间断地带动相关产业的发展，制造业、新型原材料加工业、物流、金融、餐饮娱乐、劳动就业等配套产业和服务业以及农副产品的供应产生巨大需求，在提升第二产业比重的同时，极大地促进了第三产业的发展，对于产业结构的升级起到了良好的作用。

(2) 促进库区整体消费水平的增长。水电站建设过程中，大量外来人员的日常必需消费（餐饮、住宿）促进地方消费水平的增长，建设吸引外来投资，带来的是人力和资本的注入，有力地推动了当地社会消费。工程建设在促进基础设施建设、产业发展的同时，潜移默化地增加了居民收入，间接促进消费，托口水电站建设促进了建材和工业发展，推动集镇发展更上一层楼。

(3) 民生发展结构得以改变。库区建设过程带来了不同的机遇和发展，有利于移民发展结构产生根本性的变化，随着招商引资工作的进行，一批房地产、建筑、零售、餐饮住宿、休闲娱乐企业的入驻，为居民二次创业增加了机会，以托口镇为例，丰富的劳动力资源和便利的区位吸引了众多企业的驻足，如怀化老板投资 2000 多万元建设益民购物广场，常德老板投资建设托口粮油物流中心等。居民收入增加使生活方式出现改变，大额消费和负担财产（贷款利息）支出对商业发展起到极大的促进作用。

3. 社会公共事业的脉络得以优化

库区建设从方方面面完善了城市公共设施，优化库区发展脉络，提高了当地居民生产生活水平，推动了地方文化教育事业的发展，促进了地方社会管理水平的提高。

(1) 教育设施持续改善。随着水电站的建设，库区新建了学校，完善了一系列的教育设施，搬迁后的教育环境优于搬迁之前的水平，适龄儿童及时入校，为移民文化水平的提升提供了坚实的后盾，为库区教育事业的发展注入动力，库区整体文化水平有所提高。托口镇共新建学校 35 所，托口镇复建移民中小学校见图 5.2-34。

图 5.2-34　托口镇复建移民中小学校

(2) 医疗条件大幅改善。受搬迁前的条件限制，民众面临看病时间长、医院条件差等突出问题。搬迁后，安置地的医疗条件得到明显改善，居民点设置卫生室，极大地方便民众就医，医疗机构床位大幅增加，医疗设备现代化水平提高，看病流程简化、效率得到提高。以托口水电站为例，库区共复建医疗卫生机构 55 所，其医疗条件和规划建筑面积较原地区大幅增加，其中，洪江市托口镇中心卫生院新建的住院楼（图 5.2-35）配备的硬件设施和人员技术水平有质的提升。

4. 移民生产生活条件得以改善

（1）农村移民生产生活水平得到质的改善。搬迁之前的农村，发展落后，生产设施不足以满足生产需要，以种地为生的人口占据大多数，住房以砖木结构为主，饮水来自山涧，污水自由排放，生活垃圾未进行处理。建设征地后，以土地开发结合长期实物补偿的方式保障移民正常生活的同时，改变发展路径，带动第三产业和劳务输出，增加移民收入，使移民生活环境得到改善，住房面积增加，住房结构改善为以砖混结构为主，供水基本实现自来水，生活垃圾进行集中处理，污水处理后进行排放。托口水电站湖南库区部分移民新旧房屋对比见图 5.2-36。

图 5.2-35　托口新镇医院

(a) 旧房屋

(b) 新房屋

图 5.2-36　托口水电站湖南库区部分移民新旧房屋对比

（2）城镇移民生产生活条件更加完善。城镇移民安置后，生产条件得到基本恢复，为各个产业发展提供了便利的条件，如托口新集镇农贸市场（图 5.2-37），完善了基础设施，扩大了商业覆盖范围，保障了移民生产生活条件。

5.2.4　大渡河流域

大渡河流域水电开发始于 20 世纪 60 年代，发展至 2020 年已历经半个世纪，流域集地域、民族、宗教、移民群体的差异性等因素于一身，水库移民安置工作复杂繁琐。大渡河流域移民安置工作高峰期在发展和完善期，移民安置工作越来越得到国家、地方政府、项目业主等各方的高度重视，移民安置政策、补偿政策和变更等管理模式不断丰富和完善。经过 10 余

图 5.2-37　托口新集镇农贸市场

年的发展,已度过了曾经矛盾重重的困难时期,构建了如今企地合作共赢、相互促进的和谐景象,携手合作的广度、深度持续加深,已形成"你中有我我中有你、相互依存协同发展"的水电开发新局面。

1. 移民生产生活水平显著提高

(1) 生产资料合理配置。大渡河流域山高坡陡,耕地大部集中于河坝地区,随着水电站的梯级滚动开发,越来越多的耕地被淹没,在编制移民规划时均遵循配置耕地的质量不低于原有水平的原则,通过土地开发整理,完善引接灌溉水源、灌排系统、生产道路等建设较高质量的农田,保障了耕地产出。如大渡河长河坝、黄金坪水电站部分移民按照规划1.2亩/人的农业安置标准配置土地,不低于原有耕地平均水平,在区域重镇——姑咱镇通过配置人均 $12m^2$ 商铺,以进集镇安置的方式安置移民,也在一定程度上促进了当地城镇化水平的提高,详见图 5.2-38。

(2) 生产配套设施完善。长河坝、黄金坪水电站投入上亿元资金在章古山开发整理土地 500 余亩,修建引水管道从 10 余 km 外的羊厂沟引接水源(图 5.2-39),保证了土地灌溉,同时采取搭建蔬菜大棚,修建滴灌、喷灌的现代农业灌溉方式打造"生态农业",确保地力远高于淹没耕地水平,土地产出满足规划目标要求;姑咱安置点规划依托当地较强的消费能力发展生态商圈,确保移民的保底收入不低于原有水平并随着经济社会的发展持续提高。

图 5.2-38 姑咱镇铺面安置

图 5.2-39 羊厂沟引水管道

(3) 扶持措施到位。除了从规划角度保障移民生产水平、提高移民收入外,当地政府和水电开发企业也在积极思考,采取各种措施和渠道进一步保障和提高移民收入水平,如进入水电企业务工、承包工程、运输渣料额外获取收入,为移民从事商业、餐饮等开设绿色通道,在同等条件下优先录用移民子女,不定期进行生产技能培训,发展移民村特色旅游等。通过这些移民帮扶措施,使得移民生存技能得到进一步提高,收入水平的持续增长得到保障。大渡河水电开发企业从切实履行社会责任、营造和谐的企业发展氛围的角度出发,吸纳了当地移民群众从事力所能及的后勤服务、施工辅助等工作,帮助移民及当地村民提高收入水平。

(4) 生活条件得到大幅改善。移民居民点已成为当地建筑的亮点工程,交通出行较为便捷,房屋建设错落有致、道路宽敞,呈现的是一幅依山傍水、山清水秀的画卷,充分展现出一片欣欣向荣的社会主义新农村景象。广大移民住进宽敞明亮的独栋小别墅、单元楼新居,个别具备条件的还配套修建了地下、地面停车场。

通过对搬迁新集镇的重新定位、科学规划,提升了集镇的功能,加快了小城镇的建设步伐。同时,库区移民安置区和移民新集镇建设还可以促进农村生产生活方式的变革,使许多村民从第一产业中解放出来,投入商贸、建筑、物流等第三产业的发展,有力促进经济社会的发展。如长河坝水电站、黄金坪水电站部分移民规划进入姑咱集镇居住区安置,辅以4300m^2商铺、242个地下停车位等生产安置措施,一方面通过住房商铺租赁等发展商业餐饮休闲、对外经营停车场解决了移民生产安置问题,提高了移民收入;另一方面改善了姑咱集镇停车难的现实问题,进一步奠定了姑咱集镇区域重镇的地位,显著提升了中心集镇的功能。

2. 区域经济社会发展水平显著提高

(1) 交通条件改善明显。据初步统计,大渡河流域水电工程移民安置迁(复)建二级公路73km、三级公路320km、四级公路203km、乡村道路(可通车)230km,大量交通设施的新建,形成了以省道S211和S306为主线、区间连接道路为支线的发达交通网络,复建道路路线较原道路更加顺直,大量村组具备了通车条件,大大改善了大渡河流域交通状况,使出行更为方便、快捷;此外,通过线型优化、增设隧道和桥梁,避让了地质灾害,使出行更加安全。特别是省道S211公路石棉县至丹巴县路段基本进行了全路段的抬高复建,路线长度较原道路缩减幅度约10%,节约了出行时间,同时,复建道路桥隧占比约30%,原道路以前频发的行人(车)被落石击中的交通事故大大减少,安全保障明显提高,详见图5.2-40和图5.2-41。

图5.2-40 省道S211复建公路　　图5.2-41 通信设施复建

(2) 用电、通信条件改善明显。水电开发之前,大渡河流域周边居民用电、通信条件较差,大量村组还生活在"通信基本靠吼"的条件下,用电主要依靠自建微型电站,部分村落甚至不通电。水电开发后,移民安置新(迁)建电力线路达1200km以上、通信线路达1600km以上,通电率、通信信号覆盖率几乎达到了100%。随着社会经济发展,电力设施设备和技术得到了极大完善和提高,使用电保障率得到了提高,区域用电条件改善明显。流域内村组条件较好的区域还实现了通网，在信息爆炸时代，水电工程移民安置对区域通信条件的改善，对区域经济、社会的发展起到了重要作用，详见图5.2-42和图5.2-43。

图5.2-42　移民安置前的微水电　　　　　图5.2-43　农网改造

（3）城乡居民用水安全得到根本保障。大渡河流域除干流外的支沟众多，区域居民饮用水主要接引附近沟水水源，部分未经沉沙、消毒等处理，多雨季节引至用户的饮用水浑浊不堪、水质较差，严重影响身体健康；枯水季节，由于水源有限，争水抢水等影响社会稳定和谐的事件时有发生，居民用水安全得不到保障；水电开发移民安置点建设必须妥善解决移民及沿线相关居民的用水安全问题，保障生产生活用水量足质优。通过检测水质水量确保水质安全、水量充沛，修建拦挡坝取水、清水池沉淀、水厂过滤消毒等措施，保障了饮用水的安全和稳定，进一步提升城乡居民的生活品质。如姑咱镇取水口上移工程，依托水电企业全额出资700余万元，实施后将彻底解决姑咱镇约3万人枯期水量不足、汛期水质浑浊的问题，功在当代、利在千秋，改造前后的饮水设施对比见图5.2-44。

(a) 改造前　　　　　　　　　　　　　(b) 改造后

图5.2-44　改造前后的饮水设施对比

(4) 产业结构优化调整效果明显。由于区位限制,多年来大渡河流域地方经济发展缓慢,工矿企业总体上呈现规模小、分布散、能耗高、污染大、效益差的特点,产业提升乏力。水电站建设实施的工矿企业补偿方案,根据各淹没影响工矿企业类型、规模及运行状况,分别采取了不同的处理方式,对于停产、半停产、未投产、停建、转产和出租运行的企业,进行一次性补偿;对有一定规模、效益好、市场前景广的地方经济支柱型重点企业,进行搬迁复建;对其他规模小、有一定市场或有转型和调整空间的企业采取补偿,通过在统一规划的工业园区重组复建,大大提升了企业竞争力,企业营收按比例稳定增长,安置解决了大量农村富余劳动力,如瀑布沟水电站以冶炼类企业为重点建设的万里工业园区、以食品类企业为重点建设的甘溪坝工业园区等。

(5) 绿色农业经济得到了快速发展。在水电开发初期,大渡河流域基本延续着自给自足的原始农耕习惯,农产品产量不高、品种单一,没有外来大量需求,种植业规模化、集约化不明显。随着水电开发移民安置工作的深入,通过土地开发整理措施,大大改善了耕种条件,提高了农产品的产量,伴随着旅游经济发展和交通条件的改善,为农产品的规模化经营创造了条件,一大批以生态农业、观光农业为主题的移民安置生产区的建成,为区域绿色农业经济的发展创造了有利条件。截至 2020 年,大渡河流域已形成了以汉源花椒、泸定樱桃等为代表的特色农产品产业链,形成了以汉源桃花节、九襄梨花节、金川梨花节为代表的绿色农业观光旅游带,详见图 5.2-45 和图 5.2-46。

图 5.2-45 汉源县甘溪坝工业园区

图 5.2-46 金川梨花节观景

5.2.5 澜沧江流域

澜沧江流域属多民族聚居地区,环境容量相对较差,水库移民安置难度较大,澜沧江流域水电移民安置工作历经 30 余载,移民安置从最初的农业安置为主至 20 世纪的以安置环境容量为前提,向逐年货币补偿等多渠道安置方式转变。为妥善安置移民,有关各方克服各种困难,与时俱进、创新安置方式,较好地安置了移民,保障澜沧江流域水电开发顺利进行,为澜沧江流域库区安定团结、和谐社会建设作出了贡献。

1. 加快了地方基础设施建设

依托水电开发,积极改善水电站及周边区域的公路、桥梁、集市等基础设施,建设经济发展大通道、致富路，成为助推周边县（市）经济快速发展的"引擎"。澜沧江流域水电开发、移民安置，极大地带动了地方经济社会发展，推动和改善了周边交通道路、通信广播、供电供水、集镇等基础设施建设。华能澜沧江水电有限公司具有承担社会责任的传统，长期致力于正确处理好项目开发与地方基础设施建设的关系，坚持不懈地加大对地方的支持力度，在水电站库区及周边区域加大投入进行基础设施建设，极大地改善了农村基础设施条件。

以水电开发移民搬迁安置为契机，积极改善移民安置区和库周区域的公路、桥梁、电力、人畜饮水、农田水利、通信广播电视、集市等基础设施。居民点经过统一规划建设，基础设施配套齐全，村容村貌得到较大改善；移民居民点已完全做到通路、自来水、生活用电入户，通信广播电视全覆盖等，相比搬迁前距离学校、医疗站所、文化站点、集市更近，提高了移民出行的便捷度。移民搬迁安置极大地改善了移民的基础设施条件，也让当地非移民群众得到实惠。

（1）道路交通得到快速发展。移民搬迁前，库区移民村庄大多不通公路，少部分村庄虽然有公路，但公路等级低，路面窄，坑洼不平，通行能力较弱。澜沧江库区交通闭塞是制约库区经济社会发展的主要因素。普洱、临沧和西双版纳依托澜沧江航道发展对内对外贸易，由于码头和停靠点严重不足，制约了当地人流、物流和区域经济社会的发展。

澜沧江中下游移民安置道路建设充分与地方交通道路发展相结合，将原来晴通雨阻的简易乡村道路提高到等级公路或机耕路，通过对原有交通基础设施的复建和新建，使地方的通行条件在水电站建成后普遍得到了提高。移民搬迁实施建设公路交通项目情况详见表5.2-5和图5.2-47～图5.2-52。首先，水电站进场公路及其相关公路建设促进了库区公路建设。如10多年前漫湾水电站进场公路的建设成为云县除国道外第一条三级路，改善了途经区域的交通条件，活跃了物流、人流、信息流。其次，水电站建设抬高了水位，扩宽了水面，水电开发规划建设的航道和码头使水电站库区形成了方便快捷的水上高速公路，为航运发展奠定了基础；库区跨江桥梁建设改善了两岸群众的出行条件。随着航运停靠点、码头等航运基础设施条件的改善，水上交通优势更好地促进了地方运输和旅游的发展。

表5.2-5　　　　　　　　澜沧江中下游移民建设公路交通数量

序号	项目	单位	合计	水电站移民建设					
				漫湾	漫湾二次搬迁	小湾	景洪	糯扎渡	功果桥
1	新（改）建等级公路	km	1020	36		173	42	769	
2	新建道路和库周交通	km	278	11	17	89	15	82	64
3	新（改）建码头	个	18	1		1	9	5	2
4	新建渡口停靠点	个	35	6				25	2
5	公路交通投资	万元	11.91	0.06	0.06	6.81	1.41	1.70	1.87

图 5.2-47　永保桥

图 5.2-48　沿江公路

图 5.2-49　苗尾库区段沿江公路

图 5.2-50　黄登水电站库区江门口大桥

图 5.2-51　黄登水电站复建的小格拉吊桥

图 5.2-52　溜筒江大桥

（2）农田水利得到发展。水利是农业的命脉，移民搬迁前，库区水利设施很少，存在大量望天田，生产用水难以保障，农业生产受气候、降水影响较大。澜沧江中下游移民安置，兴建了大量农田水利工程，不仅解决了移民农业生产灌溉用水，而且还使周边非移民群众受益，移民安置促进了地方农田水利发展。澜沧江中下游移民生产安置配套农田水利数量详见表 5.2-6，设施详见图 5.2-53～图 5.2-56。

表 5.2-6　　　　　　澜沧江中下游移民生产安置配套农田水利数量表

序号	项　目	单位	合计	水电站移民生产安置配套农田水利				
				漫湾	漫湾二次搬迁	小湾	景洪	糯扎渡
1	水库（坝塘）	万 m³(座)	1821.16 (22)	56 (1)		621.2 (11)	137.86 (2)	1006.1 (8)
2	渠道（倒虹吸）	km	506.85	39.04	6.9	405.8	22.11	33
3	防洪堤（河道治理）	m³	7709			7709		
4	水窖（水池）	万 m³	3.7			3.7		
5	灌溉面积	亩	89292	3286	1443	55476	14656	14431
	其中移民受益面积	亩	32456	1686	1443	17670	5266	6391
6	农田水利投资	万元	44475	555	237	18090	8279	17314

图 5.2-53　小湾水电站巍山彝族回族自治县配套塘坝

图 5.2-54　小湾水电站南涧彝族自治县配套水窖

图 5.2-55　小湾水电站巍山彝族回族自治县笔架山移民生产安置配套建设的蓄水塘

图 5.2-56　小湾水电站安置点移民生产区建设的灌溉渠道

如华能澜沧江公司资助 7500 万元建成由于缺乏资金而停建 13 年的引洱（海）入宾（川）工程北干渠，改造乌稍干渠解决了 4 万多亩农田灌溉用水困难的问题。如澜沧江公司出资 1.25 亿元，建设普洱市泡猫河水库、金竹林水库、柏木箐水库、幸福水库、四五大沟、大沙坝水库、白沙田水库等骨干农田水利工程，解决了移民生产灌溉用水，极大促进了移民安置区农田水利发展。

（3）供电供水通信广播电视得到发展。移民搬迁实现了通电、通水、通路，广播、电视、电信网络覆盖到居民点；生活用电、用水入户，保证率提高，饮用水水质达标，移民普遍用上电话、手机，开通了有线电视，家家户户用上电视。相比搬迁前，居民点公用基础设施明显提高，同时附近非移民也从中受益，移民安置在一定程度上促进了当地公共基础设施发展。通过移民安置连续跟踪独立评估调查，纵向来看，搬迁安置后，移民供电供水通信广播电视设施条件显著改善；横向对比，移民供电、供水、通信、广播电视设施条件明显高于非移民。

2. 加快地方城镇化发展

云南省城镇化水平整体偏低，澜沧江中下游流域多为山区，经济基础薄弱，再加上长期受二元经济结构的影响，城镇化发展的动力不足。

澜沧江中下游水电站移民搬迁将库区移民迁入有接受安置条件的集镇，一方面改善了移民居住生活环境，另一方面利用移民带来的建设资金改善了集镇基础设施，增加了集镇规模。如小湾水电站凤庆县移民迁入营盘集镇，外迁耿马县孟定集镇、勐撒集镇；保山市昌宁县迁入湾甸集镇。糯扎渡水电站思茅区将移民迁入龙潭集镇（图 5.2-57），景谷县迁入碧安集镇、民乐集镇、永平集镇；澜沧县迁入糯扎渡集镇、上允集镇，双江县迁入贺六集镇。功果桥水电站云龙县将移民迁入旧州镇。

图 5.2-57　糯扎渡水电站澜沧县龙潭集镇街场

随着水电站开工建设，大量先进思想、先进技术、先进文化传入水电站周边多民族聚居区，促进了当地社会、文化和思想观念的进步，当地群众眼界宽了、思路活了、挣钱路子多了。一些过去毫无商品经济意识的农民通过开办餐馆旅店、从事农副产品生产营销、参与水电站建设、输送建材和提供生活后勤保障等途径，增加了收入，盖起了洋楼，购买了小汽车，用上了电视、冰箱、手机等，生产生活发生了巨大变化。家住鲁羌集镇的移民坐在自家开的小店里这样说："是电站的建设改变了当地百姓的生活，农村变集镇，生活水平提高了几十倍，我们起码提前 20 年过上了城市生活。"

3. 促进地方产业结构调整，提升地方人均收入

澜沧江中下游库区农村经济结构单一，生产方式落后。移民搬迁安置后，从广种薄收粗放的耕作方式转变为精耕细作的生产方式，移民种植结构进行调整变化，由以种养殖业为主变为以种养殖业、林业和外出打工为主。从传统粮食作物变为以经济作物

为主,这些作物对种植技术和管理水平要求较高,使得移民生产水平比搬迁前有了一定提高。

水电站建设带来巨大的人流、物流、资金、信息的冲击,搬迁后生产、生活环境的改变,移民群众的就业观念发生了转变。从过去的一味依赖土地的思想转变为脱离土地照样能挣钱的观念,劳动力逐渐向非农业转化。移民的劳动力从事非农产业的比重上升,外出打工的比重上升,谋生手段不断走向多元化。移民独立评估监测显示,移民搬迁安置后,从事非农劳动时间增加,移民利用农闲季节外出打工,或就近从事商业、服务业等,约有10%的移民已不再从事农业粮食生产,转变为从事林业、畜牧业、服务业、建筑、加工、运输等职业,非农收入占总收入的比重逐年提高。

以澜沧江中下游水电站为例,根据移民样本户监测统计结果,多数水电站移民搬迁后收入均大幅度上涨。移民的收入水平持续好转,每年的增长幅度均略高于全省平均水平,这主要由于水电移民安置实施以后,通过大量的补偿资金使移民拥有了原始资金可以作为创业的启动资金,复建基础设施等提供就业机会等使移民收入增加,澜沧江中下游移民搬迁前后人均收入情况对比详见表5.2-7。

表 5.2-7　　　　　澜沧江中下游移民搬迁前后人均收入情况对比表

序号	项　目	单位	水　电　站					
			漫湾	漫湾二次搬迁	小湾	景洪	糯扎渡	功果桥
一	搬迁前							
1	人均纯收入	元/年	230	1200	1153	2056	2453	4130
	其中经济作物收入占比	%	16	14		73	78	1.3
	非农收入占比	%	0	16		21	16	69
二	搬迁后(2012年)							
1	人均纯收入	元/年	3720	4243	4255	4845	4346	4688
	其中经济作物收入占比	%	19	26	42	86	83	8
	非农收入占比	%	12	17	36	29	24	78

4. 促进了地方文教卫事业的发展

(1) 提高文教卫基础设施建设水平。移民搬迁前,澜沧江中下游库区边远偏僻,交通不便,经济落后,文教卫等社会事业相对落后。校舍破旧,几乎没有教学设备,就学路程较远,移民孩子上学难;卫生设施设备简陋,缺少集体办公、文化、娱乐场所。移民搬迁安置按照《镇规划标准》,结合地方发展对移民社会事业进行配套建设,新建的学校教学楼全部按照国家标准框架结构进行建设,配套设施齐全;配套建设卫生院(室)、村、组集体办公用房,文化活动室等场所,以及民族宗教设施等。移民搬迁改善移民就学条件,解决移民看病难等问题,安置地当地居民也从中受益,当地文教卫等社会事业通过移民搬迁安置得到发展,丰富了移民群众的精神文化生活。华能那澜希望小学和华能糯扎渡希望小学见图5.2-58和图5.2-59。

(2) 移民综合文化素质得到提高。水电站建设移民搬迁带来了先进生产力和先进文化,促进移民社会、文化和思想观念的进步。改变了不讲卫生、人畜混居等陈规陋习,传

图 5.2-58 华能那澜希望小学　　　　图 5.2-59 华能糯扎渡希望小学

统生活方式产生变革，改变环境的同时也改变了人的思想观念，一些愚昧落后的思想观念发生了显著变化，卫生意识、环境保护意识明显增强。移民通过各种新闻媒体，及时了解当前的形势和发生在身边的事情；大多数移民更多关注农技信息、科学文化，关心子女的教育、培养，舍得在子女的教育上投入。移民独立评估监测显示，在移民的家庭消费结构中，教育支出所占全年消费比重增加较大。移民群众的思想观念进一步开放，市场经济意识和商品观念深入人心；民主法治意识逐步增强，民主维权意识、政治敏锐性不断增强。移民越来越了解自己具有知情权、参与权、申诉权、监督权等权力。

(3) 移民安置促进新农村建设。2006 年中央一号文件《关于推进社会主义新农村建设的若干意见》正式公布，建设社会主义新农村是中国现代化进程中的重大历史任务。澜沧江中下游库区由于社会经济发展落后，当地政府财力有限，新农村建设较为缓慢。澜沧江公司积极响应国家号召，居民点按照社会主义新农村要求进行统一规划、统一建设。当地政府把握水电站建设、移民搬迁安置的重要契机，积极推进移民新农村建设发展。澜沧江中下游已建成的居民点场地平整、布局整齐、街道硬化、雨污分流、绿化亮化、基础设施配套齐全、环境优美。移民新村和搬迁之前的老村庄有天壤之别，住房条件、居住环境和基础设施的改善和提高有目共睹、有口皆碑，移民群众是满意的，移民新村和非移民村形成鲜明对比。移民新村基本已达到新农村"生产发展、生活宽裕、乡风文明、村容整洁、管理民主"的标准，成为当地新农村建设的样板和典范。

5.2.6 长江干流及金沙江下游流域

长江干流及金沙江下游流域的水电工程移民，从 20 世纪 80 年代开始至 2020 年，经历了国家计划经济时期、改革开放时期等不同阶段，经历了移民规划理论方法从探索、形成到发展完善的认知过程。虽然 20 世纪 90 年代以前的水电站工程移民受当时国家财力、社会认识、移民规划理论不完善等多方面因素的影响，造成了一些遗留问题，但随着国家的重视、后期扶持资金的投入、对遗留问题的不断处理，以及地方政府的帮扶，移民逐步摆脱了发展困境。长江干流及金沙江下游流域的水电工程移民安置实施总体取得了较好成效。各水电站建设极大地促进了地方经济社会发展，在完成移民搬迁安置规划任务的基础上，移民生产生活水平显著提高，收入达到或超过当地平均水平，基础设施条件明显改善，大部分城镇建设实现了跨越式发展，社会总体和谐稳定。

1. 促进城乡基础设施快速发展

（1）库区交通网络得到完善。长江干流及金沙江下游流域的水电工程基本都位于偏远的山区，经济基础薄弱，地方发展落后，属于欠发达地区。由于历史原因和自然条件局限等，大部分地区交通不发达，道路狭窄。移民安置实施后，根据当时行业标准并结合地方经济发展需求，对建设标准适当提高，移民资金与地方资金相结合，路网布局更加优化，道路等级普遍提高，移民群众的出行更加便利，地方交通运输条件全面改善（图5.2-60）。完善的交通体系为巩固、扩大对外交流提供了保障，促进了地区投资环境的改善。库区的高等级公路、铁路、机场从无到有，长江黄金水道优势进一步凸显，促进了"公、铁、水、空"一体化综合交通体系的形成。

（a）三峡库区童庄河大桥　　　　　　　　（b）乌东德库区皎平渡大桥

图5.2-60　长江干流及金沙江下游水电工程库区交通设施复建情况

（2）库区供电能力、电网标准大幅提高。淹没前，库区电力设施落后，特别是20世纪80年代的库区，电力供应不足，大部分村民未用上电。搬迁后，库区的电网得到了恢复和发展，电网布局更加优化，变电站容量和10kV及以上输配电线路较搬迁前大幅增加，全面提高了库区用电可靠性，改善了用电质量，农村移民通电率达到100%，城镇居民供电可靠率在99.9%以上。

（3）库区城乡水利设施得到增强。长江干流及金沙江下游流域为重丘山区，山高坡陡，多为靠天吃饭的望天田，灌溉设施缺乏，土地产出不高。在移民生产安置的过程中，通过土地整治、测土施肥、完善田间渠系等措施，安置地的灌溉条件得到增强，土地产出和耕种效率得到提高。水利条件的改善，为农作物的数量和种类增长提供了条件，尤其是在那些水资源时空分布严重失衡的地区。移民供水工程的实施，保证了移民安置区的生产生活用水，解决了饮水安全问题，用水保证率也得到提高；库区城镇水厂及供水管网建设，供水设施不断完善，水量、水压、水质保障率不断提高，城镇居民喝上了放心水。向家坝水电站四川、云南库区共复建城（集）镇外部供水设施13处，水源水量、水质较搬迁前大大改善，保证了移民生产生活用水安全；金沙江下游4座水电梯级集中居民点全部实现水厂供水，自来水入户率100%。

（4）库区邮电通信、广播电视事业迅速发展。邮电通信设施更新换代，程控交换容量扩展，传输网络更加完善，覆盖面大大提高。特别是三峡库区已形成无线、有线、卫星三位一体，互为补充、交叉服务的广播电视传输覆盖格局，从落后的"摇把子"时期一跃跨入现代化通信时代,金沙江下游4座水电梯级集中居民点实现有线电视入户率100%。

2. 城镇化水平不断提高

长江干流及金沙江下游流域,搬迁前均属于发展滞后的地区之一,受社会经济发展水平的约束,城镇化水平很低,库区居民以农业生产为主,二元结构十分典型。移民工程实施后,部分农村移民进入城镇安置,带动了农村人口向城(集)镇流动;城(集)镇迁复建不仅恢复了城(集)镇原有功能,而且扩大了移民迁建建成区面积,推动了城(集)镇的跨越式发展,整体面貌焕然一新,当地城镇化率明显提高。

(1)城(集)镇规模成倍增长。受淹城(集)镇在迁建过程中,综合考虑自然、政治、经济、社会环境,从有利于发挥城(集)镇的综合功能出发,正确处理近期和远期、迁建与发展的关系,对城(集)镇适当提高标准和扩大规模建设。如长江三峡工程,2013年,三峡库区12座县城(城市)建城区面积259.2km^2,常住人口282.45万人,分别是1992年39.73km^{2}和78.81万人的6.52倍和3.58倍,人均建设用地面积从50.4m^{2}增加到91.8m^2。重庆市开州区(原开县)搬迁后建成区面积达到14.43km^2,移民群众生活环境得到极大改善,见图5.2-61。

图5.2-61 重庆市开州区搬迁后县城全貌

(2)城(集)镇功能跨越式提升。大规模的移民工程建设,使库区城(集)镇面貌发生了深刻变化。城(集)镇迁建新区布局合理、功能齐全、配套完善,初具现代风貌。库区一批小城镇迅速崛起,产业和人口向城(集)镇集聚进程明显加快。20世纪80年代建成的葛洲坝水电站,将宜昌这个沿江小城变成具有相当工业基础的中等城市,地区生产总值得到飞速增长,人民生活得到根本改变。长江三峡工程的建设,带动了万州、涪陵等区域性中心城市快速发展,辐射能力显著增强。

(3)城镇化率明显提高。大量的移民被集中安置在城镇及其周边,形成了若干有利的区位节点,使资金、技术、人口向这些点位聚集提供动力,实现了农业人口向非农业人口的转变,同时也带动非农业产业向城镇集聚,形成人口聚集、财富聚集、技术聚集、服务聚集。向家坝水电站云南库区农村移民以城镇化安置为主,占69%。1992—2013年,三峡库区的城镇化率由10.68%提高到52.18%,已接近全国城镇化率

（53.7%），以平均每年增长1.98个百分点的速度发展，高于全国同期平均发展速度（每年增长1.25个百分点）。

（4）城乡面貌显著变化。城（集）镇搬迁复建了大量受淹交通、电力、广播、通信等专项设施，有效保护了受淹文物古迹，使库区基础设施、公共服务设施和人居环境显著改善，移民生活水平明显提高，城乡面貌发生了巨大变化。移民工程建设也使这些区域中心道路条件得以改善，文、教、卫等社会公共设施条件得到提升，居住环境不断优化，移民安置推进了城镇化的进程，城镇化也进一步为移民安居乐业提供了条件。金沙江绥江县城搬迁前后对比见图5.2-62。

（a）搬迁前

（b）搬迁后

图5.2-62　金沙江绥江县城搬迁前后对比

3. 社会公共事业明显改善

（1）库区教育水平不断提高。移民搬迁安置需要新建与完善一系列教育设施，为了方便安置区学龄儿童就学，地方政府在搬迁复建的基础上，加大教育投入，增建教学楼，扩建新校区，完善教学设施，加强师资力量，提供了现代化的教育环境；与此同时，各地政府开始注重科技文化事业的建设，促进了文化教育的共同发展。主要表现在适龄人口入学率的提高、大专及以上文化程度人数的增长、劳动力平均受教育年限的增加、科技成果数量的逐年增长、体育事业和文艺表演内容的日益丰富等。以向家坝工程为例，库区共新建迁建学校51所，建筑面积达51.27万 m^2，比搬迁前增加了3倍。金沙江屏山新县城学校见图5.2-63。

图5.2-63　金沙江屏山新县城学校

（2）库区卫生事业快速发展。搬迁前，国家、地方受财力的限制，对淹没区建设投入较少，导致库区医疗机构编制床位少、房屋结构差的矛盾比较突出，特别是农村就医条件极为不便。移民搬迁安置过程中，迁建安置点的就医条件明显改善，部分安置点配有卫生室。城镇的医院迁建也取得了很大成绩，床位数大幅增加，房屋结构设计标准显著提高，移民群众看病难的问题有所缓解。以长江三峡工程为例，2013年，三峡库区医疗工作人员6.05万人，卫生机构病床位6.56万张，分别是1992年搬迁前（3.41万人、2.22万张）的1.77倍、2.95倍。

（3）库区文化体育事业蓬勃发展。库区依托搬迁复建规划，结合地方移民群众生活需求，配置了博物馆、公共图书馆、文化馆，在移民安置点配置有文化书屋，体育场地设施建设和健身器材配置趋于完善。如三峡库区到2013年公共图书馆藏书达393.46万册，库区公益性体育场馆总建筑面积约60万 m^2，体育场地总面积约860万 m^2，较搬迁前发生了翻天覆地的变化。

4. 经济综合实力得到较快提升，旅游效益逐步扩大

移民工程对当地和相关地区社会经济发展具有明显的拉动作用，特别是对中国欠发达地区尤为显著。移民工程具有投资巨大、人数众多、产业关联度高、建设时间长、涉及区域广等特点，是国民经济发展的基础设施。移民工程对社会经济发展的拉动作用体现在：对当地和相关地区经济总量增长的贡献，对中央和地方财税的贡献，对当地就业状况的改善、对当地人民文化素质的熏陶和提高，对当地扶贫攻坚的作用，对加速促进当地城镇化的作用，对推进当地经济结构调整的作用等。

（1）地区经济总量快速增长，地方财政实力显著增强。以长江三峡工程为例，1992—2013年，长江三峡工程库区（不含重庆主城区）生产总值由152亿元增加到5708亿元，年均增长率为18.85%；人均生产总值由974元增加到39431元，年均增长率为19.27%；公共财政预算收入由9.14亿元增加到360.23亿元，年均增长率为19.12%。上述3项指标年均增长率均超过同期湖北省、重庆市和全国平均水平。乌东德水电站所在地区原来经济社会发展滞后，乌东德水电站工程投资大，可拉动区域性相关产业发展，新增就业机会，改善工程周边地区交通运输条件；建设期间平均每年可增加就业人数约 7 万人。水电站建成发电后，地方财政每年增收约 13.5 亿元。

（2）旅游资源得以开发，旅游效益逐步扩大。长江三峡、清江山水蕴藏着丰富的自然文化资源。金沙江下游位于横断山区多民族聚居地，几乎涵盖了所有陆地景观类型，民族风情异彩纷呈，革命遗迹和红色旅游名胜众多，自然、人文和农业生态旅游资源都具有鲜明的地域特色。在库区移民搬迁的带动下，城镇、交通等迅速发展，再加上自身具有良好的旅游资源内在条件，为旅游业的发展奠定了良好的基础。如清江画廊（图 5.2-64）2012 年被评为国家 5A 级景区，游客人数逐年增加，2018 年接待游客近千万人次，效益逐年提高。

图 5.2-64　隔河岩水电站库区清江画廊

（3）生产力布局更趋合理，产业结构逐步优化。工业企业的关停并转、迁复建，为经济结构的转型发展提供了难得的机遇。原有规模小、设备陈旧、污染环境、亏损严重、竞争力差的企业，借搬迁之机进行了关破重组、技改迁建，一批重点企业做大盘强，结构得到优化，企业形象得到提升，区域产业得以更新换代和升级。同时，水能资源开发和移民资金的杠杆作用，吸引大量的人流、物流、信息流和资金流注入库区，带动工矿业、农林牧业、旅游业的发展，提高产品技术含量和加工层次，引导"高、新、特、优"产业崛起，这些又能带动商业、服务业等第三产业的发展，从而促进地区产业结构升级。以向家坝水电站为例，2008—2015 年，屏山县三产业结构比例由 50.49∶22.28∶27.23 调整为 36.9∶35.3∶27.8，绥江县三产业结构比例由 24∶32∶44 调整为 20.7∶21.4∶57.9，二三产业比例提高，产业结构实现优化升级。

5. 改善移民生产生活条件

（1）移民生产条件基本恢复。生产条件是移民生产和生活恢复的前提和保证。长江干流及金沙江下游流域的水电站主要淹没对象大多位于农村，农业生产是农民重要的生活来源和保障。为了让移民搬迁后在当地能安稳地生活并逐步致富，在移民安置规划中均充分考虑了移民搬迁后的生产发展途径，生产安置主要坚持以土为本、大农业安置为主的原则，并选择水土资源条件好、交通便利、经济较为发达的地方进行安置。在移民生产安置过程中，严格按照规划的标准调整划拨生产用地，开展土地整理，配套水利设施，加强移民生产技能培训，拓宽移民就业门路，指导移民发展生产，促进移民增收致富，移民生产安置成效显著。搬迁后人均耕地面积一般大于原有水平，土地质量总体高于搬迁前，土地平均产出大于搬迁前，农业生产条件满足了移民生产发展的需求。高坝洲库区长阳县外迁移民人均耕地在 1.27 亩以上，集中安置点移民耕地达 1.7 亩以上；库区移民人均耕地 1.19 亩，达到了当地居民的人均拥有量。土地资源紧张的向家坝四川库区，通过土地开发等多种途径使农村移民人均耕园地达到 0.9 亩，基本恢复了原有水平。

流域各水电站结合当地的社会资源条件和移民意愿，在大农业安置的基础上，采取了复合安置、城镇化安置、养老保险安置、外迁安置、自行安置等多元化的安置方式，一方面缓解了人多地少的现实矛盾；另一方面也满足移民意愿，保证了移民的顺利搬迁安置。与搬迁前相比，搬迁后移民选择的空间和职业类型更加多元化。移民不再被土地所束缚，而是在用于满足基本生存土地资源的基础上选择更加灵活多样的生计模式。随着教育培训的增强，移民自我发展能力也在不断增强，移民的就业前景将更加广阔。

多数移民基本适应新的生产环境和生产方式。根据市场需求，移民大力发展高效特色农业，农业收入有所提高。特别是在各级政府的帮扶下，通过生产安置方案的落实、生产开发项目的实施，促进了移民多种经营的发展，改善了移民收入结构。各地大力实施的移民培训，提升了移民技能，促进了移民劳动力转移就业，增加了移民务工收入。移民收入总体水平和收入结构都发生了较大变化。搬迁后农村移民现阶段收入来源主要来自种植业、务工和后期扶持。

（2）移民生活条件显著改善。移民搬迁建设过程中，移民安置区的道路、供水、供电、通信、有线电视、绿化、环卫污水处理等基础设施按规划标准和要求进行了建设，安置点内外道路通畅、路面硬化、环境整洁，方便了移民生产生活。

1）居住房屋。移民通过统建、分散自建、购买房屋等多种形式，房屋结构、住房面积、居住环境都有了很大改善。葛洲坝库区农村通过新建和改造，人均增加住房面积 4.55 m^2；高坝洲库区长阳县移民共建（购）房屋 2285 栋，建筑面积 33.51 万 m^2，人均住房面积 42.6 m^2，较搬迁前增加较多，结构以砖混为主，质量更好。三峡库区的住房总面积、人均住房面积也有了很大提升，城市居民分别增长 46.26% 和 62.82%，农村居民分别增长 79.26% 和 26.17%。向家坝库区移民搬迁后住房面积稍有提高，但砖混、框架结构比例明显提高，居住条件明显改善。乌东德库区为高山峡谷区，搬迁前土木结构房屋达 80% 以上，搬迁后全部为砖混结构，居住条件和居住安全得到明显改善和加强。详见图 5.2-65 和图 5.2-66。

图 5.2-65 乌东德水电站移民搬迁后的新居

2) 生活用水。移民的用水情况得到极大改善，通过从集镇上接通自来水，或是修建蓄水池，改变了以井水、山泉水、江河水（或山坪塘水）为主的状况，保证了饮水安全。葛洲坝库区通过修建人畜饮水池92处、提水泵站4处、引水渠14条，铺设饮水管道2.15万 m，保证了移民的用水；水布垭工程移民户80%修建了蓄水池，水管安装入户。

图 5.2-66　云南巧家天生梁子安置点新貌

3) 交通出行。搬迁前，库区大多数移民居住在山地或丘陵地带，交通十分不便。乡村道路绝大部分是土石路面，部分村庄甚至要通过坐船才能到县城。居民点内大多为泥土路，群众出行时，经常"晴天一身土、雨天两腿泥"。搬迁后，移民的交通状况显著改善，不仅道路质量比搬迁前好，而且道路宽度增加。特别是改革开放后建设的水电站，移民的安置点一般选择在交通便利或距离县城很近的地方，移民村统一规划了对外连接路，移民村主次街道普遍硬化，大部分移民可以乘坐公交车出行，交通十分便利。

4) 村容村貌。库区村落是千百年来自然形成的，没有统一规划。普遍存在生活垃圾随意堆放、生活废水任意排放现象，人们的环保和卫生意识比较薄弱。随着移民搬迁安置规划的实施，以及新农村建设的配套措施，移民新村村容整洁，移民村还铺设了完善的排水排污管道，实行雨污分流，专门建有污水处理设施，垃圾有固定的收集点，安排专人负责清运，人们的环境卫生意识明显提高，卫生状况较搬迁前有了很大进步，基本达到幸福美丽新村的入住条件。乌东德水电站建设的移民安置点公共服务中心详见图 5.2-67。

图 5.2-67　乌东德水电站建设的移民安置点公共服务中心

5) 公共服务设施。搬迁前，移民大多居住在山区、半山区，村落比较分散，交通不便，学生就读距离较远，读书很不方便。库区学校教学条件较差，师资力量不足。移民村内的医疗条件较差，卫生所房屋破旧、设施简陋、卫生人员匮乏，难以满足正常医疗保健需求；受距离远、交通不便等因素影响，移民只有生了大病，才会去乡镇卫生所或县（市）级以上的医院。搬迁后，移民村按移民安置规划新建了学校,学生可就近入学,十分方便。为加大对移民的帮扶,教育部门把移民新村学校纳入校安工程,加大了投资力度,并从当地学校中选拔优秀教师配备到移民村学校,充实了师资力量。搬迁后移民子女的受教育条件得到极大改善。多数移民新村距离乡镇卫生所、县(市)级医院较近,移民就医条件得到明显改善,全面实现了公共服务均等化。

第 6 章
移民安置实践创新

中华人民共和国成立前，中国水电事业处于萌芽阶段，当时修建的水电站多为引水式电站，如云南省昆明市郊螳螂川上的石龙坝水电站（1912年建成）、三峡地区最早的水电站瀼渡电厂（1944年建成）等，少数建有调节水库，但蓄水规模都不大，有的不存在淹没，有的淹没对象单纯、处理简单，没有查询到移民安置相关记载。中华人民共和国成立后，百废待兴，水电事业从开始起步到逐步发展，改革开放以来，随着经济社会发展的需要，水电建设迅猛发展，众多重大工程相继建成，建设技术日新月异。中国已从水电弱国，发展成为世界水电大国和水电强国。伴随着中国经济社会和水电事业的发展，水电移民事业也经历了从无到有，从摸索中起步，在实践中发展，到如今政策成体系、规划成系列、管理有规章、实施有遵循。水电移民事业在实践中创新、在创新中发展，70多年的水电移民实践经验和理论创新，与所处的时代背景紧密相连，是中国水电事业的宝贵财富。

6.1　移民安置滥觞期

中国水电移民事业的兴起是在中华人民共和国成立之后。这一时期建成的代表性水电工程有长江上游的葛洲坝工程，黄河上游的刘家峡、青铜峡、三门峡、盐锅峡、八盘峡水电站，新安江上的新安江水电站，乌江干流上的乌江渡水电站，大渡河干流上的龚嘴水电站等。这一时期新中国刚刚建立，尽管经济还比较困难，但人民群众当家做主、建设国家的热情高涨。水电移民工作主要靠思想工作、政治动员和大力宣传，以行政方式组织实施，安置地积极接收移民，主动帮助移民融入当地生产生活，人均耕园地较为宽裕，搬迁安置措施简单。由于当时的经济发展水平有限，技术基础薄弱，加之对移民安置工作的复杂性、艰巨性认识还不足，普遍存在"重工程、轻移民"现象，没有形成专用的移民安置政策，缺少完善细致的移民安置规划，产生了一些遗留问题。尽管问题较多，但也有许多可取之处，这些经验为以后中国水电移民事业的发展奠定了基础。

6.1.1　安置政策实践创新

6.1.1.1　树立征地需补偿、移民要安置的基本思想

1953年12月5日，政务院发布的《国家建设征用土地办法》提出"国家建设征用土地的基本原则是：既应根据国家建设的确实需要，保证国家所必需的土地，又应照顾当地人民的切身利益，必须对土地被征用者的生产和生活有妥善的安置"。该办法规定了被征用土地的补偿费，规定："在农村中由当地人民政府会同用地单位、农民协会及土地原所有人（或原使用人）或由原所有人（或原使用人）推出代表评议商定。一般土地以其最近三年至五年产量的总值为标准，特殊土地（指茶山、桐山、鱼塘、桑园、竹林、果园、芦苇地、荒山等）得酌情变通处理之。如另有公地可以调剂，亦须发给被调剂土地的农民以迁移补助费"；"被征用土地上的房屋、水井、树木等附着物及种植的农作物，均应按公平

合理的代价予以补偿"。对坟墓迁移、名胜古迹保护等也作了具体规定。由此可见,虽然中华人民共和国成立之初,百废待兴,国家经济十分拮据,但仍然对土地被征用者给予了补偿,尽管补偿标准不高;对土地被征用者进行了安置,可能安置得未必妥善,但对土地被征用者(对于水电工程来说就是水电移民)从一开始就确立了征地需补偿、移民要安置的基本思想,树立了有偿征地,并对因征地而影响到人民群众生产生活的要有妥善安置的基本理念。这对水电移民事业开好头、起好步、定好调至关重要。

6.1.1.2　形成发现问题及时、纠正错误坚决的良好作风

这一时期的移民安置虽有明确的政策依据,但由于受到"大跃进"和"人民公社"等特殊历史条件的影响,在相当长时期,许多水电工程仓促上马,水库淹没处理和移民安置简单粗糙,水库淹没补偿受到"一平二调"(一平二调是"平均主义""无偿调拨"的简称,出现在中国农村人民公社化运动的初期)的影响比较严重,部分水库补偿标准偏低,在动员移民安置方式上主要靠行政手段,在安置移民的具体做法上,不重视调查研究,强行划片指定安插,造成的实际结果就是"迁而不安"。"一平二调"给广大的水电移民造成了损害,引起了中央重视,1961年6月19日中共中央发出了《关于坚决纠正平调错误,彻底退赔的规定》,让在"一平二调"中受害最严重的水利水电工程移民群众得到比较合理的补偿。1964年4月30日国务院批转水利电力部《关于认真制订水库移民安置规划,争取及早完成安置任务的意见》,进一步纠正了"一平二调"在水利水电工程移民安置上的错误做法。这一时期通过调查研究、统筹规划,逐步处理前期水电移民安置遗留的问题,逐步落实各项移民政策,纠正移民工作的失误,总体来说发现错误及时,纠正错误坚决。这一有错就改、实事求是的良好工作作风,一直贯穿在中国水电移民工作之中,如后期的瀑布沟"10·27"事件、洪家渡"4·26"事件、永善县外迁移民返迁问题等的妥善处理无不体现了这一良好作风。

6.1.1.3　确立充分发挥地方主动性,因地制宜安置移民的基本思路

在纠正"一平二调"错误后,水电移民继续执行以农业安置为主、就近安置、适当外迁的方针和不降低移民原有生产、生活水平的原则,土地补偿以最近2~4年的产量总值为标准。由于当时经济水平普遍不高,生产力水平有限,国家财力不足,要完成数量众多的移民任务,因地制宜地利用好有限的资源、充分发挥地方政府的主动性和积极性就十分重要。地方政府根据地方经济社会的具体情况,因地制宜地采取安置措施,灵活制定切合实情的安置政策。如浙江省在新安江水电站移民安置中提出了"国家不浪费,移民不吃亏"的政策口号,安置方式上提出"分散插队,山区居民移山区,平原地区移平原"的原则。湖北省在1964年成立省级移民机构后,提出了"就地安置,重建家园,依靠群众,自力更生,国家扶助,发展生产"的移民方针,具体做法是:"就地安置,靠山吃山,靠水吃水,争取粮食三五年够吃有余,同时大力发展多种经济"。又如"一五"计划期间中共安徽省委提出了"就近迁移安置,扩大山区生产,组织互助合作,解决群众长远生产生活"的移民工作方针,移民安置实施中,通过实地调查,采取库周后靠、投亲靠友和适当外迁的方式进行安置;1976年安徽省又提出"谁受益、谁负担,谁主办、谁负责"的原则,由工程主建单位同受益区共同组织安置移民。这些具体办法都体现了充分发挥地方政府主动性和能动性,因地制宜,切合实际采取多种措施是当时安置移民的基本思路。

6.1.1.4 建立库区维护基金，解决库区实际困难

该时期由于国家经济还不富裕，各方面建设都在陆续开展，工程建设资金紧张，没有多余的资金用来安置移民。即便如此，移民支援国家建设的热情很高，积极响应政府号召，不计个人得失，为了工程早日建成，主动配合搬迁。但移民搬迁之后，由于生活安置不够周到，加之当时生产力水平不高，移民生活出现困难，各种矛盾逐渐暴露，引起了移民返迁等问题。为了解决库区移民的实际困难，1981年6月19日财政部、电力工业部联合发文《关于从水电站发电成本中提取库区维护基金的通知》（电财字〔81〕第56号）。库区维护基金系按照各水电站的厂供电量（即发电量减厂用电量）每度1厘计提，列入发电成本的维护基金。库区维护基金由大区电管局和省属电力局集中掌握，按照量入为出、专款专用的原则，根据库区存在的实际问题安排使用。具体使用方法，由电管（电力）局决定。为了调剂余缺，电力工业部可根据实际情况从各单位提取的库区维护基金中集中30%~50%，具体比例由电力工业部另行核定。库区维护基金的年终结余，可结转下年继续使用。库区维护基金应用于解决水电站在蓄水投产后运行、使用过程中出现的问题，凡是按照设计应由基本建设投资中解决库区移民安置、土地征购、防护工程和交通设施等费用，均在基本建设投资中解决，不得在库区维护基金中开支。库区维护基金主要用于：由水库运行造成库区移民生产、生活困难的补助；水库防护工程的维护；库区移民的人畜饮水、提水灌溉工程和交通设施的维护。库区基金的使用应精打细算，讲求实际效果，每年应当编制预算、决算，对于较大工程，需要发包给施工单位施工的，电力工业部应负责督促检查。库区维护基金是解决水电站库区维护的专用基金，任何地区、部门、单位都不得挪作他用。

6.1.2 规划设计实践创新

6.1.2.1 注重实物指标调查

1953年12月5日，政务院发布的《国家建设征用土地办法》和1958年1月6日国务院公布施行的《国家建设征用土地办法》都规定对土地被征用者的被征用土地进行补偿，必须对土地被征用者的生产和生活有妥善的安置。为了做好补偿和安置工作，实物指标调查是关键，这从一开始就引起政府和相关部门的重视。

（1）组织有力、分工明确。实物调查的组织领导形式，是由设计单位为主，地方政府配合，如毛家村水库由昆明院在地方政府的配合下于1956年完成初步设计阶段的实物调查，新安江水电站是由上海水力发电勘测设计局（现华东院的前身）在地方政府的配合下于1954年完成实物调查，葛洲坝工程则是由长江流域规划办公室（1989年更名为水利部长江水利委员会）在宜昌市和三三〇指挥部配合下于1977年最终完成实物调查。

（2）重视专业人才培养。中央直属设计院从20世纪50年代中期就开始配备水库移民方面的技术人员，业务骨干基本出自燃料工业部水电建设总局勘测处经济调查科南京大学训练班。该训练班于1954—1955年到南京大学开展为期一年的专业学习和专业培训。1953年，燃料工业部水电建设总局勘测处成立社会经济调查队，队员包括毕业于南京大学的范与立、刘鸿茹、朱志仁、周善庆、高文治、董先珠、王春梅、王超然、丁宝庆，毕业于四川大学的王祖铎、宋乐天、刘祖全、黄礼等。1954年9月，根据国家建设需要，

社会经济调查队分成了2个队：一队由范与立担任队长，主要负责支援西南地区电站的水库调查工作；二队由王超然担任队长，主要负责继续新安江水库的调查工作。到1956年初，一队又在全国招聘了一批人员充实到了工作队伍当中，包括了后来的陈宗义、饶忠立、熊爵昌等人。

流域委设计院也都设立了专业组一级的组织机构，专业从事水库移民规划设计工作。长江流域规划办公室于1950年就成立了3个经济调查队，主要任务是调查流域规划阶段各开发方案水库区的淹没指标，1956年又成立水库专业组，由长江流域规划办公室总工程师何之泰、李镇南直接领导，聘请国内知名经济学家做指导，1957年又聘请苏联专家米德维捷娃来长江流域规划办公室长期指导水库移民工作。米德维捷娃为长江流域规划办公室水库移民专业技术人员编制了一套包括水工、施工、地质、造价、工业、农业、考古、区域规划、水库清理、库区调查、政策结合等内容的培训材料，制定了水库淹没指标调查表格100种，亲自讲授水库经济有关基础理论，为长江水利委员会水库移民专业的建设和发展奠定了良好基础。

6.1.2.2 确定水库淹没处理的设计洪水标准

中华人民共和国成立初期的水利水电工程水库淹没处理，没有统一的技术标准，水库淹没区范围（即建设征地范围）界定没有明确规定，划定的范围随意性较大，移民的界定因而也存在随意性，如重庆市长寿县狮子滩水库淹没区为校核洪水位及其浸没线，考虑了洪水和浸没的影响；而同时期的贵州红枫水库则按1240m高程线平水"一刀切"确定淹没影响范围，而毛家村水库工程则执行了《水利水电工程水库淹没处理设计规范（研究班定稿）》的水库范围及设计标准，在1964年4—8月现场测量埋设水库淹没线和移民永久界桩。由此可见，早期的水库淹没区范围存在标准不统一和平水"一刀切"的现象，没有认真考虑回水影响和不同的淹没对象防洪标准不一样的问题。

葛洲坝工程结合自身淹没特点，对水库淹没处理范围进行了深入研究，葛洲坝库区征地范围的确定，没有采取简单地按坝前水位高程平水确定淹没影响范围，而是考虑回水影响，针对不同的淹没对象分别确定不同的淹没处理线，比较科学地制定了水库淹没处理设计标准。1971年8月确定的水库淹没处理设计标准为：移民及专项设施处理干流以坝前正常蓄水位66m加2m风浪及浸没影响接1954年型洪水回水曲线作为淹没处理线，支流以河口相应水位按20年一遇洪水曲线作为淹没处理线；土地淹没处理干流以坝前正常蓄水位66m加2m风浪及浸没影响接1958年型洪水回水曲线作为淹没处理线，支流以河口相应水位按5年一遇洪水曲线作为淹没处理线。葛洲坝工程库区征地范围的确定，针对不同淹没对象有明确的洪水设计标准，人口和专项设施的洪水标准高于土地，并在此基础上还考虑了回水影响和风浪及浸没影响，是以平水水位线与回水曲线组合的外包线来确定淹没处理线的，这种组合方式比较科学合理，此种确定水库淹没影响范围的方法和标准，对以后的水利水电工程征地范围的确定将产生深远影响，之后的规范基本沿用这一方式。

6.1.2.3 开展技术标准研究

当时农村社会经济水平较低，物质基础薄弱，移民财产较少，城（集）镇规模小，工商业也不发达，基础设施基本空白，建设征地移民补偿本着"国家不浪费，群众不吃亏"的原则处理。因此，涉及的移民实物指标相对简单，移民安置规划以实物调查、测算补偿投资和指定安置去向为主，规划设计过程中也不需要专门编制移民安置规划报告。但经过近10年的实践，这种早期简单粗放的移民安置工作带来的遗留问题逐渐暴露，让水库移民的主管部门即原水利电力部认识到，只进行实物调查和补偿，不重视淹没处理的移民工作存在诸多弊端，需要有一套较为完整的水库淹没处理技术标准来规范移民安置。1962—1964年，原水利电力部水电建设总局组织编制了《水利水电工程水库淹没处理设计规范》，并形成了《水利水电工程水库淹没处理设计规范（研究班定稿）》，包括总则、水库淹没处理设计所需的基本资料、水库范围及设计标准、各项处理设计的基本原则与主要内容、各项淹没补偿投资及分担原则、设计阶段与设计要求、附则等7章内容，基本涵盖了水库淹没处理的范围确定、实物调查、规划设计、补偿投资估算和投资分摊等方面。该技术标准未正式发布，但在20世纪60—70年代的水电工程建设征地移民安置规划设计中，被作为技术标准得以应用。如以礼河毛家村水库工程在1964—1970年的技施设计阶段，就执行了《水利水电工程水库淹没处理设计规范（研究班定稿）》。

6.1.3 实施管理实践创新

6.1.3.1 注重思想政治工作，组织有力，宣传到位

中华人民共和国成立后，百废待兴，尽管困难重重，但人民群众洋溢着翻身解放当家作主的喜悦心情，建设国家的热情空前高涨，"一五""二五"期间许多重大工程相继铺开，这一时期兴建了新安江、刘家峡、狮子滩等大型水利水电工程，这一时期的移民工作，十分注重思想工作，充分发挥各级党组织会做思想政治工作、善于宣传发动群众的优势，在库区和安置区通过多种形式开展思想政治工作和宣传发动工作：一是党员干部和移民群众结对谈心，结成互助组，做移民的贴心人；二是库区乡村通过连续不断地广播宣传、标语宣传，教育干部群众正确处理国家利益和个人利益的关系；三是组织文艺宣传小分队深入库区乡村开展文艺宣传活动，把国家政策、工程意义、先进人物等以人民群众喜闻乐见的形式编成文艺节目，如相声、小品、快板、评书、话剧、戏曲等，到库区乡村巡回演出；四是树立典型人物、宣传典型人物、学习典型人物，对在移民搬迁安置中表现突出的人物进行表彰。

6.1.3.2 党政机关带头搬迁，充分发挥社会主义优越性

水电工程所在地，无论是党政机关干部，还是普通人民群众，都视工程为国家建设的需要，都以重大工程建在身边而倍感自豪，都愿意为工程建设尽一份力。为支援水电工程建设，库区党政机关带头搬迁，发挥带头作用。广大移民以战争年代支援前线的革命精神来支援工程建设，坚决服从大局，到安置区去艰苦创业，重建家园。安置区人民以饱满的热情，像对待亲人一样迎接移民，主动腾出房屋让移民暂住，一砖一瓦地帮助移民建新房；安置地政府主动调出土地安置移民，帮助移民恢复生产，手把手地传授当地的生产技能，充分发挥了社会主义优越性，也体现了移民和安置地原居民"为国家、舍小家"的高尚品格和无私奉献精神。

案例：葛洲坝工程移民安置实践经验

葛洲坝工程是长江干流上建设的第一个水利水电工程，限于当时的政治经济条件，移

民安置工作比较简单，但还是有时代特色值得总结。

1. 组织发动有力，广泛宣传到位，注重思想政治工作

1970年6月，葛洲坝工程开始筹建，移民搬迁亦匆匆上阵，需要动迁的单位和移民心理准备不足。为了保证工程的顺利进行，地方各级党政领导机关分别召开干部、党员和群众大会，大力宣传兴建葛洲坝工程的伟大意义，教育干部群众正确处理国家利益和个人利益的关系。广大移民表示以战争年代支援前线的革命精神来支援工程建设，坚决服从大局，到安置区去艰苦创业，重建家园。

2. 党政机关带头搬迁，充分发挥社会主义优越性

在移民动迁过程中，各级党政机关带头搬迁。宜昌二高等机关学校争先恐后，夜以继日，只用了一个多星期就迁出了工区，宜昌县委、县政府、人民武装部及县直属机关不讲条件、不讲价钱，仅用46天的时间，全部迁至小溪塔重建新县城。移民安置过程中，安置区政府依靠基层组织，注意发挥社会主义优越性，运用集体经济的优势，积极总结经验，并迅速推广，很快恢复壮大了集体经济。

3. 因地制宜进行库区开发建设

一是发挥地区优势，发展柑橘生产。葛洲坝库区的气候条件适宜种植柑橘，为了帮助库区后靠移民在耕地减少后能较快恢复发展生产，增加移民收入，地方政府贯彻"就地安置、重建家园，依靠群众、自力更生，国家扶助，发展生产"的移民方针，和"靠山吃山"的具体办法，利用移民补偿投资，引导库区移民把荒山草坡开发成水平梯田，大力发展柑橘生产，让库区移民较快地恢复生产，并且有了较大发展。

二是扬长避短，广开生产门路。宜昌县小溪塔镇渔业新村党支部在安置移民、开发生产门路方面扬长避短，进行了大胆尝试。他们在抓好种养业、解决温饱的基础上，根据本村毗邻县城的有利地理位置，大胆引进人才、资金和技术，兴办印刷、运输、建筑等骨干企业，并在库区率先普及了沼气。

三是加强城镇建设，促进库区经济发展。葛洲坝工程淹没大小集镇14座，其中全迁和小部分迁建的各5座，大部分迁建的有4座。为了做好这些集镇的搬迁复建工作，1972年开始成立了有地区、县和工程指挥部领导参加的集镇选址规划组，对集镇选址进行了大量工作，具体规划由各县负责组织。集镇建设促进了机关事业和企业的兴旺，带动了库区经济的发展。

四是注重农田基本建设，基本做到淹地还田。根据湖北省革命委员会1971年7月下达关于葛洲坝"库区移民安置，应本着淹地还田的原则。既要解决移民的生活和住房问题，又要解决移民生产建设问题，从根本上把移民安置好"的批示精神，库区移民工作提出了"以建促安"的方针。对外迁的移民，生产条件和住房解决于移民动迁之前，移民由外迁改为后靠，也注意在移民建房的同时，由安置区组织改田造地和小型水利设施配套等农田基本建设，保证了移民安置的土地基本不减少、质量基本不下降。

案例：新安江水电移民安置实践

为解决上海等地用电问题，国家决定开发新安江水电，新安江水电开发列入"一五"重点基建项目。新安江水电站建成后，形成的水库将淹没2座县城，以及浙江49个乡镇

和安徽6个乡镇。受淹耕地33万余亩，受淹房屋26万余间，将有23万多人离开故土，迁移他乡，经受重建家园的艰辛。中共中央华东局经过认真研究后向中央报告："新安江水力发电工程按一级开发，需移民20多万人，这是一项重大的任务，虽然分期施工将可使移民工作有6年左右的时间去分批有计划地进行，将可减少进行中的困难，但20多万人的移民绝不是一件轻而易举的工作"。

新安江水电站工程浩大，迁徙人口众多，在中华人民共和国成立后尚属首次。1954年11月15日，国家政务院批准撤销衢州区专员公署，改设建德区专员公署。建德区专员公署驻建德县，管辖原属嘉兴专区的于潜、昌化和原属金华专区的建德、淳安、遂安、分水、桐庐、寿昌及原属衢州专区的开化和省直属的富阳、新登，共11县。在大坝所在地新设建德区专员公署，新的区域管理模式为新安江水库移民奠定了体制保障。

新安江水电站工程能否成功，在于23万多移民的妥善安置。浙江省委分析认为有利形势很多，农村已基本走上了合作社，而且是高级社，土地都已经是集体所有了。从调查的情况来看，建德地委在工区移民试点中分散插队的做法普遍受到移民方和接受方的欢迎。最后定下了新安江水库移民的方针、任务、政策和初步方案。

方针：分散插队，山区居民移山区，平原地区居民移平原。

任务：浙江部分共移21万人，建德专署提出安置7万人，金华专区安置6.5万人，嘉兴专区安置7.5万人。

政策：国家不浪费，移民不吃亏，每人平均补偿不得突破558元。

1957年6月25日，浙江省委常委会通过《关于新安江水库移民安置工作的初步方案》，该方案确定："一、移民安置区为建德、金华、嘉兴三个专区的29个县，移民安置后每人能保持一亩以上的耕地；二、安置以分散插队，继续从事农业生产为主，转入工业、手工业、交通运输业为辅，并照顾原有职业、生产习惯适当安置的方针；三、安置方式分散插队17.8万人，就地后靠1.65万人，新城镇1.41万人；四、安置进度，1957年6714人，1958年28246人，1959年48799人，1960年121863人；五、淳安县城迁至排岭；遂安县城迁至汾口；茶园、港口两镇合并迁至建德白沙乡；威坪镇迁至唐村"。

国务院经过1年多的协商后，从当时的国力出发，在1956—1957年间已经搬走了近2万新安江水库移民之后，国务院下发《关于新安江水电站移民投资指标问题的批复》，该批复中规定房屋复建费以每人$15m^2$计算，造价按$18元/m^2$计算，每人平均270元；迁移费每人平均按50元计算；土地补偿费50%按3年产量计算，其余50%按2年产量计算，移民土地补偿指标每人应控制在96元，行政管理费每人8元，每个移民的投资指标可控制在478元以内。

6.2 移民安置探索期

该时期国家开始重视水利水电移民工作，一是从法规上规定了征用土地必须履行的法定程序和征地补偿的办法，1982年5月14日经全国人民代表大会批准国务院颁布《国家建设征用土地条例》；二是首次颁布了水利水电移民安置的技术规范，1984年12月31日水利电力部颁布《水利水电工程水库淹没处理设计规范》（SD 130—84）；三是提出了变单纯安置补偿为开发性移民的政策，1986年7月29日国务院办公厅批准并转发了水利电力部《关于抓紧处理水库移民问题的报告》，该报告明确提出："水库移民工作必须从单纯安置补偿的传统做法中解脱出来，改消极赔偿为积极创业，变救济生活为扶助生产。要使移民安置与库区建设结合起来，合理使用移民经费，提高投资效益，走开发性移民的路子"；四是加强移民遗留问题处理，《关于抓紧处理水库移民问题的报告》要求"有关部门和地方人民政府要以认真负责的态度抓紧解决遗留问题，同时做好新建工程的移民安置工作，要把水库移民安置工作同库区开发建设结合起来，切实加强领导，分级负责，全面规划，积极妥善地处理好水库移民问题"。这一时期代表性水电工程有：清江干流上的隔河岩水电站、大渡河干流上的铜街子水电站、乌江干流上的东风水电站、黄河干流上游龙羊峡水电站、沅江干流上的五强溪水电站、澜沧江流域的漫湾水电站等。这一时期既有新建水电工程的移民安置，又处理了一批老水库遗留的水库移民问题，移民安置工作取得了新成绩，安置政策得到了贯彻实施。同时，这段时期也是中国"开发性移民"方针从萌发到提出的重要历史时期，三峡工程早期研究论证开始探索"开发性移民"方针，"隔河岩移民模式"和五强溪水电站移民安置检验了"开发性移民"方针，奠定了中国水利水电移民贯彻开发性移民方针的基础，实现了变单纯安置补偿为开发性移民的重大政策转变。

6.2.1 安置政策实践创新

6.2.1.1 移民安置政策从无到有，政策体系开始形成

1978年12月，以党的十一届三中全会为标志，中国进入了改革开放和经济建设新的历史时期，高度统一的计划经济体制开始向社会主义有计划商品经济转型。水利水电建设迎来了加快发展的春天，一大批大中型水利水电工程相继开工建设，移民安置规模大幅度提高，而农村家庭联产承包责任制的广泛实施，使土地所有权和承包经营权分离，农村集体经济组织不再经营土地，在征地中既要对土地所有者支付补偿费，又要对土地承包者进行安置。形势的发展变化，要求移民安置必须从法律制度上予以保证。通过30年的移民工作实践和经验教训的总结，以1982年国务院颁布的《国家建设征用土地条例》为标志，国家开始了对水库移民进行专项法规的研究和制定工作。

1986年，中国第一部土地管理和征收法律——《中华人民共和国土地管理法》规定："集体所有的土地可以由集体或者个人承包经营，土地的承包经营权受法律保护；国家征用土地应支付土地补偿费、安置补助费，以及土地附着物和青苗补偿费，补偿标准按该耕地被征用前三年的平均年产值计算，土地补偿费为3～6倍、安置补助费为2～3倍，土地附着物和青苗补偿标准由各省规定；大中型水利水电工程建设征用土地的补偿费标准和移民安置办法，由国务院另行规定"。1985年，中央财经领导小组召开会议，专题研究水库移民问题，决定从1986年1月1日起，中央直属水库水电站电费收入中按每度提取4厘钱，设立库区建设基金，集中用于这些水库的移民遗留问题处理。1986年7月，国务院办公厅转发了水利电力部《关于抓紧处理水库移民问题报告的通知》（国办发〔1986〕56号），该通知规定："在有条件而且尚有水库移民遗留问题的地方，可根据国务院发布的《水利工程水费核订、计收和管理办法》，在水费外附加库区移民扶助金。收取标准可由当地人民政府确定，但不得超过水费的十分之一"。文件明确指出水库移民安置是水利水电

工程建设不可分割的组成部分，妥善处理好移民问题是保证工程正常施工和正常运行的必要条件。水库移民工作必须从单纯安置补偿的传统做法中解脱出来，改消极赔偿为积极创业，变救济生活为扶助生产，走开发性移民的路子。从此中国正式确立了对水库移民实行开发性移民的方针，以及"谁主管、谁负责、谁受益、谁承担"的原则。1988年1月，全国人大审议通过并颁布了《中华人民共和国水法》，明确规定"国家兴建水工程需要移民的，由地方人民政府负责妥善安排移民的生活和生产，安置移民所需的经费列入工程建设投资计划，并应当在建设阶段按计划完成移民安置工作"。经过政策调整，水电移民安置补偿标准在逐步提高，以乌江流域移民安置补偿补助标准为例，1982—1986年新建工程农村移民安置补偿补助费人均一般为3000～3500元，1986—1990年又增加到4000～7000元，移民安置补偿补助标准呈逐步提高趋势。

6.2.1.2 探索处理移民遗留问题

为解决早期水电移民遗留问题，国家出台了相关政策，从政策层面和遗留问题实际处理上都做了有益的探索。1986年7月29日，国务院办公厅批准并转发了水利电力部《关于抓紧处理水库移民问题报告的通知》（国办发〔1986〕56号），该通知指出"有关部门和地方人民政府要以认真负责的态度抓紧解决遗留问题，同时做好新建工程的移民安置工作，要把水库移民安置工作同库区开发建设结合起来，切实加强领导，分级负责，全面规划，积极妥善地处理好水库移民问题"。随着库区建设基金的建立和《关于抓紧处理水库移民问题的报告》的批复，全国由此拉开了集中处理水利水电移民遗留问题的大幕，各地加大了对水电移民遗留问题的处理力度，制订较详细的实施规划方案，增加了资金投入，乌江渡水电站就是这一时期较好地集中处理移民遗留问题的典型。

案例：乌江渡库区完善规划加大投资，集中处理移民遗留问题

乌江渡水电站位于贵州省遵义市乌江渡镇上游3km的乌江干流上，工程于1970年4月动工，1979年11月蓄水，1983年竣工。水库淹没耕地20888亩，搬迁安置1807户10630人，安置方式以大农业安置、后靠安置为主，移民安置的基本要求是：人均耕地1亩，亩产粮食不低于300斤，移民的人均口粮不低于当地居民平均水平。为了达到这个基本要求，移民安置提出开荒地变田、坡改梯等措施来提高单产，计划修建山塘水库和引水渠道，扩大灌溉面积7700亩，使移民安置后达到人年均口粮600斤。1982年全库区10630人的移民安置任务完成，但移民人均耕地、亩产水平和人年均口粮等均未达到安置目标，同时交通、教育、医疗等公共服务也未能跟上，移民安置后遗留诸多问题，主要存在"六难、三差、四落后"。"六难"是：用水难、行路难、吃饭难、就医难、用电难和上学难；"三差"是：环境条件差、农田水利差和居住条件差；"四落后"是：经济发展落后、科学技术落后、生产落后、生活落后。

为妥善处理乌江渡水电站移民遗留问题，1985—1987年贵州省利用从水电站提取的库区维护基金，采取了以下措施：一是解决后靠安置人口过密的问题，对后靠安置人均耕地低于0.5亩的移民村组进行二次搬迁安置，库区共二次搬迁安置406户2390人；二是对水库蓄水后诱发地震、库区部分房屋倒塌、耕地陷裂严重的移民进行搬迁；三是恢复重建一批生产、生活急需的供水、电力、道路、医院和学校等基础设施；四是帮助移民解决一部分生产资料，如种子、化肥、农药等；五是加强对移民进行实用技术培训，提高科技兴农水平；六是邀请专家到安置区考察论证项目，帮助库区进行有效开发建设。

此外，还加强了安置规划和资金投入。1988年库区各县移民办公室在深入移民安置区各村组调研的基础上，编制了各县1988—1994年处理库区移民遗留问题和脱贫致富的总体规划，以及1988年扶持生产实施计划。1985—1994年10年间，按发电量实际到位库区维护基金2000多万元，水利部安排库区建设基金1000多万元，10年间库区实际到位资金3000多万元。通过实施一系列的移民遗留问题处理项目，乌江渡水电站库区移民生产生活水平逐年稳步提高，基础设施得到较大改善，移民的"六难"基本得到解决。

6.2.1.3　首次颁布移民安置规划设计规范

经过近30年的水电工程移民实践，无论是移民工作的领导者和管理者，还是移民专业技术人员，都认识到了编制移民安置规划的重要性，都感到急需制定一部规范，来规范统一规划设计的内容和深度，使全国的移民安置统一政策标准。1983年，水利电力部发布《关于征求对〈大中型水电工程水库淹没处理和移民安置办法（初稿）〉意见的通知》（水电计字第241号）向有关方面征求《大中型水电工程水库淹没处理和移民安置办法（初稿）》意见，这为编制移民安置规划设计规范提供了政策依据。1984年，水利电力部制定和颁布了《水利水电工程水库淹没处理设计规范》（SD 130—84）；1986年，又制定和颁布了《水利水电工程淹没实物指标调查细则》和《水库库底清理办法》，对水库淹没处理范围的确定、淹没实物指标的调查、移民安置规划和补偿投资概算的编制工作等，进行了具体规定和全面规范，结束了过去水库淹没处理和移民安置无法可依、无章可循的历史，使移民前期工作开始步入了制度化、规范化和科学化的轨道。

6.2.1.4　探索开发性移民

开发性移民方针的提出，对中国水电移民安置而言是一个重大的指导思想转变，三峡工程早期研究论证对探索开发性移民、促使这一重大政策出台有重要贡献。

三峡工程是一项举世瞩目的巨大工程，三峡水库淹没涉及范围广，淹没指标数量大，库区移民妥善安置被认为是三峡工程成败的关键，受到党中央和国务院的高度重视，长江流域规划办公室成立之初就重视三峡工程移民，将移民与工程同步研究。工程方面以陆水水电站和葛洲坝水电站作为三峡工程建设的实战准备，以便积累经验指导三峡工程建设。水库移民方面针对三峡工程移民的安置方向和途径，进行了多方面的研究、探索和典型规划与试点。通过三峡工程移民的早期研究论证，逐步树立起开发性移民的指导思想，直接促进了开发性移民方针的出台，改变了中国水利水电移民的政策导向，开创了移民工作的新时代。

20世纪60年代，长江流域规划办公室主任林一山为解决三峡水库移民问题，提出了"柑橘上山安置移民"的设想，为此在三峡库区创建了"长办三峡园林场"进行试验。1978年10月26日，林一山在给国务院《关于三峡水库移民问题的报告》中，向中央建议采用"移民工程"的办法解决三峡水库移民安置问题。1980年，长江流域规划办公室会同四川省云阳县政府以该县为典型，开展移民规划试点。林一山提出以调整农业结构、发展柑橘林果栽培为主要内容进行方案设计，主导思想是先建后安、以建促安。规划开荒造地建果园，淹一亩造二亩果园来安置移民。

1984年9月，国务院三峡工程筹备领导小组第二次会议提出把安置性移民改为开发性移民。会议指出"变单纯安置性移民工作为开发性移民工作，组织移民充分利用三峡地区优势，发展商品经济，发展各种类型的专业户和地方乡镇企业，努力勤劳致富"，这是总结了30多年来水电建设的经验提出的方针。1985年2月8日李鹏同志在三峡省筹备组成立大会上讲话指出："三峡工程碰到最大的一个问题，就是移民问题。……经过与沿江的地、市、县同志商量后，都认为这是一种可取的办法，就是将安置性的移民改成开发性的移民，从而能比较好地解决这个问题，使得移民的钱能够花到实处，能够见效"。

1985—1992年，开展了8年开发性移民试点。为摸索开发性移民经验，使三峡水库大规模移民顺利进行，国务院决定，从1985年开始在三峡库区开展开发性移民试点工作。一是农业开发，共完成改土建园面积9867hm^2，其中定植柑橘4000hm^2，种植茶叶500hm^2、桑树281hm^2、沙田柚256hm^2，另有红果、葡萄、枇杷、桃子、李子、梨子、板栗等其他果树340hm^2，除去返还荒地原主，大部分可以用于安置移民。二是工厂迁建，兴办了28个工业试点项目，初步安置移民2275人。三是城市基础设施建设，修建道路37条总长157.79km，桥梁6座总长802m，建水厂11座日供水11.51万t，建供电工程4处，还进行了邮电、通信等的试点建设工作。此外，还开展了教育培训移民试点工作，其间培养大、中专毕业生110名，对约2万人次进行了实用技术培训。

回顾历史可见，开发性移民方针的形成与三峡水库移民问题有相当密切的联系，20世纪70年代，在三峡工程移民问题的探讨上已初步形成开发性移民的指导思想。国务院确定的开发性移民方针为水库移民工作指明了正确方向，也为后期的移民政策制定奠定了基本原则，从而使水库移民安置规划理论和实践进入了一个新的时代。

6.2.2 规划设计实践创新

6.2.2.1 探索移民安置方式，开展移民安置规划试点

滥觞期的移民安置规划相对粗浅，基本上就是做了3件事：①估算移民补偿资金；②有个大致的安置思路（如就地后靠等）；③大致安排移民去向。经过30多年的移民实践，中国水电移民工作者逐渐认识到移民安置的艰巨性和复杂性，移民不仅是经济补偿问题，而且涉及生产生活、社会、文化、生态环境等方面，往往关系到水电工程的成败，这就要求移民安置规划做得翔实细致并且切合实际。为更好地摸索开发性移民经验，使三峡水库大规模移民顺利进行，国务院决定，从1985年开始在三峡库区开展移民规划试点工作。

三峡工程水库移民规划试点工作，从1985年开始至1992年共8年，取得的主要经验有4个方面。

（1）移民安置，做好6个"先行"。第一，规划先行。必须首先制定一个符合开发性移民的方针、政策，符合库区实际情况，充分体现和调动中央和地方、集体、个人积极性的规划，因此，规划要先行。第二，移民工程先行。为满足蓄水发电的要求以及移民工程必需的建设周期，移民工程有些可与工程同步，有些需要提前。第三，农村先行。从城镇搬迁和农村移民看，新开垦的土地有一个熟化期，因此，农村应该先行。第四，土地开发先行。从大农业安置农村移民看，土地开垦或改造中低产田要先行，这是大农业开发的根本。第五，城镇基础设施建设先行。从城镇搬迁看，为给搬迁和开发创造条件，"三通一

平"即通水、通电、通路和土地平整要先行。第六，人才培训先行。为适应开发性移民需要，必须培养经济技术等方面的人才，提高移民文化素质，因此，人才培训要先行。

(2) 三峡水库移民要早行动、早投入，力求加快进度。第一，在资金到位的情况下宜早不宜晚，因为移民拖的时间越长，受人口自然增长、机械增长等因素影响，移民数量会随之增多，会给移民安置增加难度，移民越早行动越主动，越晚越被动，所以要求在资金到位的情况下，宜早不宜晚。第二，移民进度要与工程进度相衔接，三峡工程效益巨大，能够早一天发挥效益，就能早一天发挥发电和防洪作用，对国民经济收入和人民生命财产安全产生巨大作用，反之，移民跟不上，万一发生洪水，工程不能拦洪，则将产生不堪设想的后果，因此，要求移民进度必须与工程进度相衔接，有计划、有步骤、有节奏地保证按时完成全部移民任务。

(3) 三峡水库农村移民应以农业为基础，以土地为根本，在环境容量允许的情况下尽可能就地后靠，就近安置，即应当在本村、本乡、本县（市、区）安置，本村、本乡、本县（市、区）安置不了的应当在本省内安置，本省内安置不了的，按照经济合理的原则外迁安置。实践证明：以开发农业为主，农民轻车熟路，家家户户都能干，而且把握大、风险小，如果能为每个农村移民开发一亩经济园（果、茶、桑等），半亩稳产高产粮田，农村移民的安置就有了可靠的保证，在农业开发的基础上，再根据当地资源条件和经济技术水平，因地制宜逐步发展二三产业，改善农村经济结构，进而实现产业结构和移民就业结构的调整，使移民安置得更好。

(4) 贯彻开发性移民方针，在资金使用上，宜采用合同制和资金周转使用、滚动增值的管理办法。签订合同的目的在于用法律形式明确与约束甲乙双方的权利和责任，滚动增值就是对于定期收回的资金不再上交国家，继续用于本企业或本县的移民安置和经济建设。如万县市化妆品厂，1985年投入试点经费30万元，安置移民30人，1986年还清贷款；1987年又投入移民试点经费54万元，安置移民55人，到1990年又全部收回，并继续周转使用，到1992年又安置移民54人；这样6年周转了3次，共安置移民139人。这既帮助了企业的发展，企业又为移民作出了贡献，对国家、企业都有利。

6.2.2.2 探索开展生产安置规划，提出生产安置人口计算方法

水电工程的水库蓄水后淹没掉库区原居民的生活居住房屋和生产资料土地，居住在淹没区的人民群众被迫搬迁，产生了水库移民。为了使移民能够恢复生计，就必须重新安排移民的生产生活出路，使移民能够获得稳定的收入和必需的物资，这就是生产安置。1980年以前，中国处于计划经济时期，处于人民公社时代，生产安置比较简单，基本是依靠行政命令指定安置区，移民通过在安置区的生产队参加集体劳动获得收入，分配口粮等生活物资。1980年以后，随着农村改革推行家庭联产承包责任制和分田到户，土地等生产资料的承包经营权分配到户，对生产安置提出了更高要求，同时随着经济社会发展水平的不断提高，移民对收入和生活水平的期望也在提高，原有的简单指定安置区的方式，很可能无法恢复原有的生产生活水平，移民不愿搬迁而影响工程建设，因此，探索新的科学的生产安置十分迫切，而恰在此时，国家提出了开发性移民方针，这在政策上为探索新的生产安置提供了依据。按照开发性移民方针，生产安置首要的是调查研究淹没区和安置区的自然资源、经济社会现状及发展前景。由于是以大农业安置为基础，土地资源的开发利用就

尤为重要，对土地资源的调查分析是关键，当地可用于发展二三产业的资源也是重要的安置容量。

通过对三峡工程移民的前期论证和隔河岩、五强溪、漫湾等水电工程的实践探索，总结出生产安置规划的一般做法：根据水库淹没指标调查成果，确定生产安置标准，计算生产安置人口，选择安置区，分析安置区环境容量，确定生产人口去向，配置生产资料，编制种植业、养殖业及二三产业规划，提出土地开发方案和措施等。确定生产安置标准、计算生产安置人口是做好生产安置规划的基础和前提。

生产安置标准包括人均占有基本生产资料标准，主要指人均耕园地和人均生产水平标准（即人均纯收入）。生产安置标准的拟定应符合库区实际情况及潜在发展条件，标准过高将导致移民外迁量过大，移民安置的范围分散，既不符合移民意愿，也不利于后期扶持。在具体确定各村组安置标准时，应视安置区情况而定。在城镇周围安置的可以考虑结合二三产业谋生手段，适当减少耕园地安置标准；在本村组安置的，标准应不高于原有人均标准；迁出本村组安置的移民，安置地土地宽裕的，可以适当提高安置标准。

生产安置人口，是因水库淹没失去了赖以生存的生产资料——土地，需要重新安排生产生活出路的农业人口，包括劳动力和供养人口。生产安置人口计算，一般以村民小组为基本单元，按淹没的耕园地占总耕园地的比重确定生产安置人口的数量。耕园地是指当地农民主要耕作的土地，一般主要包括水田、旱地、菜地、果园、茶园等，淹没耕地与总耕园地的计量标准应一致。生产安置人口的提出，可以较好地处理淹没区人口和生产资料如何匹配的问题。

6.2.2.3 引入环境容量理念，提出移民安置环境分析方法

1. 环境容量基本理论

环境容量的概念最早源于载畜量。本意是在一些畜牧业发达的国家，牧场牲畜过载，导致草场退化，牲畜减产，于是提出了单位面积上合适的饲养数量问题，即载畜量。1968年，日本学者西村肇、中田喜三郎和矢野雄幸正式提出了环境容量的概念，目的是建立污染物浓度与环境自净能力之间的平衡关系，以实现对污染物的总量控制。移民环境容量是在原有环境容量概念基础上的衍生。作为一个全新的概念，移民环境容量是在土地承载量和适度人口研究基础上派生出来的。移民安置规划中的环境容量指以大农业（土地资源）为主要约束条件，结合二三产业、渔业等，兼顾气候、交通、生活基础设施等因素，反映某一区域（即规划单元）内能够容纳的最大人口数量。移民环境容量研究的总体目标是把移民安置、区域经济建设、生态与环境的保护和治理结合起来，使社会、经济、生态系统向良性循环方向发展。

2. 引入环境容量概念的背景

在1980年三峡工程可行性论证中，水库移民问题引起社会广泛关注，焦点是百万移民，特别是农村移民的安置问题。库区有没有能力安置下这百万移民事关三峡工程的成败，这也引起国家的重视。1986年，三峡工程移民环境容量研究被列入"七五"国家重点科技攻关项目，由中国科学院主持组织所属有关科研所开展研究，四川省、湖北省有关部门和长江流域规划办公室参与，1988年提出的研究成果为三峡工程移民环境容量论证提供了依据。在以后的三峡工程移民安置规划中，又将环境容量分析方法引入，合理确定

库区土地等农业生产资源的承载力，保护库区生态环境，促进移民生产生活水平的恢复与提高，以及库区经济社会的可持续发展。

3. 环境容量理论在移民安置规划中的应用

移民安置规划将环境容量提出后，广泛应用于移民安置规划方案制订，以土地资源承载力为重点，约束移民安置方案。移民安置规划环境容量分析总体思路遵循确定库区环境容量分析单元、计算土地生产力、确定移民安置标准和环境容量计算4个步骤。

(1) 确定库区环境容量分析单元。在移民安置规划环境容量分析中，首先根据规划大纲有关规定，将农村移民安置规划淹没涉及区以村民小组为规划单元，其他安置区以行政村为规划单元，确定规划基本单元。

(2) 土地生产力计算。土地生产力指土地的生产能力（以原粮生产力计），包括原有土地生产力和规划土地生产力。三峡工程移民安置规划对于土地生产力的计算分为5个步骤：土地生产力量化处理、土地质量系数计算、确定标准耕地、计算标准耕地单位面积生产力和规划总生产力。库区不同的规划单元，其土地利用方式、利用程度及生产力水平均存在一定差异，要反映其生产力大小，直接用农作物产品产量难以汇总和进行比较。如果将各类农产品产量按一定比例折算成粮食产量则能够有效地解决这一问题。在此基础上，计算各类土地质量系数，以此来衡量各类土地单位面积与生产力大小的相对关系。土地质量系数，克服了农村移民人口迁移平衡计算和安置规划时，只考虑耕地面积这单一因素的不足，如取旱平地质量系数为 1.00，其他某一地类的平均单位面积原粮产量与标准值之比，则为该地类相应的质量系数。同时，将各类土地的面积乘以相应的土地质量系数便可换算成标准耕地面积，规划单元内现有土地总生产力与标准耕地面积之比，则为该单元的标准耕地单位面积生产力。在规划单元标准耕地单位面积生产力的基础上，计算规划总生产力。规划总生产力是指规划单元内在规划水平年的标准耕地总量乘以标准耕地单位面积生产力。规划单元内在规划水平年的标准耕地总量为现状标准耕地总量扣除淹没损失量和二次占地的损失量，并增加新开垦改造增加量。

(3) 确定安置标准。安置标准即安置1个农业人口所需要的基本土地资源量，包括人均耕地面积占有量和人均土地生产力占有量，前者反映了农用土地资源数量，后者反映了种植业生产水平。规划编制中根据当地的生产力水平和人均消费水平，确定其基本的安置标准。

(4) 环境容量计算。在三峡工程移民安置规划工作中，为便于进行定量分析，采用以下公式计算规划单元的土地资源环境容量。同时结合二三产业、渔业等其他条件，对土地资源环境容量进行修正。

$$LEC = \min(TP/PP，TH/PH) \qquad (6.2-1)$$

式中 LEC——土地资源环境容量，人；

TP——规划总生产力，指淹没线上或非淹没区的现有耕地粮食生产能力与土地资源潜力（以粮食产量计）之和，kg；

PP——人均生产力安置标准，kg/人；

TH——总耕园地面积，亩；

PH——人均耕园地安置标准，亩/人。

为了使规划容量留有余地，环境容量考虑了种植业和二三产业，对林业、畜牧业和渔业只进行了发展潜力分析，未作为移民安置容量。

4. 移民安置规划引入环境容量的意义

水电工程库区人地矛盾突出，生态环境脆弱。农村移民安置规划，通过环境容量分析，找出移民安置现实可利用和有效的资源承载容量，既保证移民安置能够有充足的生产资源，同时又促进资源、环境向良性循环发展，不仅保证了规划的科学性与准确性，同时又促进了库区可持续发展。同时必须指出，也只有在库区资源、环境可持续发展的前提下，农村移民才能实现搬得出、稳得住、逐步能致富的规划目标。

任何一个理论的发展都需要实践检验，移民安置环境容量理论也不例外。水电移民安置规划对环境容量的认识随着移民实践的深入而不断加深。随着中国经济社会的发展，对资源、环境有了更进一步的认识，资源与环境成为库区经济社会发展和移民安置的制约因素，如何使库区生态环境纳入良性循环轨道，为库区经济社会可持续发展提供保障成为水电工程移民安置环境容量必须要考虑的因素。因此，在移民实施过程中，坚持可持续发展的理念，为保护库区生态环境，改善移民群众生产生活质量，与时俱进，及时调整安置方案，多方式多渠道安置移民，从而充实和发展了开发性移民方针的内涵，提高了对移民安置环境容量的认识水平。

移民安置规划将环境容量分析引入，对中国水库移民理论的丰富和发展起到了重要的推动作用。自三峡工程开始，中国水利水电工程移民安置都引入了环境容量分析的概念，环境容量分析成为移民安置规划方案的基础和约束条件。在中国随后制定的相关行业规范中，都将环境容量分析作为农村移民安置规划的重要内容。

案例：三峡工程移民安置环境容量分析试点研究

1986年，在世界银行安排和加拿大政府的资助下，加拿大国际工程咨询总公司扬子江联合公司（CYJV）承担审编三峡工程可行性研究报告，同时成立以马丁·特伍特为组长的移民专题组，审编三峡水库移民可行性研究报告。这个专家组两次赴三峡库区实地考察，并邀请长江流域规划办公室移民专家赴他们公司所在地加拿大蒙特利尔合作审编工作。中加移民专题组在审编工作中始终把三峡库区移民环境容量作为重点问题，强调土地资源是移民环境容量的基本条件，为了深入了解库区可能利用的土地，先后派了10位专家来华以遥感技术解译卫片、航片，认真全面地复核了可能利用的土地面积。由于统计口径等方面的原因，起初统计数据有些差异，但通过对安置区实地调查与土地概查指标、遥感解译指标三方面的验证，共同确认了移民安置区有可垦荒山、草坡34940hm^2，规划利用19460hm^2，占可垦面积的55.7%。由于安置区可利用荒地足够，而且在规划中留有余地，中加双方专家对此都增强了信心。

1986年年底，CYJV提出最好在三峡库区选择一个乡进行移民试点规划。这个建议立即得到中方赞同，中加双方先后在北京和蒙特利尔商议，经过比较筛选，确定忠县洋渡镇为移民试点规划镇（乡），并赴洋渡镇实地考察，制订了移民试点规划工作大纲。1987年3月，长江流域规划办公室移民专家和CYJV专家组长马丁·特伍特等在四川省万县地区及忠县各专业部门配合下，聚集在洋渡镇开展移民试点规划。按共同制订的工作大纲要求对洋渡镇的社会经济、自然资源、移民心理状况，以及可能涉及后靠的其他4个乡进行了全面调查。洋渡镇移民试点规划报告于1989年年底完成，为洋渡镇移民后靠安置提供了可靠依据。由于这个规划报告引入了世界新的发展研究方法，使中国水库移民规划从传统规划向现代规划迈出了一大步，成为后来由国务院三峡地区经济开发办公室组织的三峡库区20个乡（镇）移民试点规划的典范，其突出的特点是以新的发展研究方法，全面详尽地辨识了洋渡镇的社会经济和自然资源情况，从定性到定量分析了洋渡镇的移民环境容量。

6.2.3 实施管理创新

6.2.3.1 明确移民安置实施责任主体

20世纪80年代初以前，国家和大多数省都未设置专门的移民安置实施管理部门，移民安置管理工作依靠"政治动员、行政命令"的方式开展，计划经济时代烙印的特征明显。1980年以后，中国开始大规模进行水电工程建设，由于水电建设移民工作的需要，国务院及地方政府陆续出台涉及移民实施管理的政策文件。1984年9月，国家计委等中央部门联合颁布了《基本建设项目投资包干责任制办法》（计基〔1984〕2008号），并在此基础上于1984年12月颁发了《关于征用土地费实行包干使用暂行办法》〔农（土）字〔1984〕30号〕，将水库移民安置实施的责任明确交由地方政府负责。在具体工作上，国务院有关部门应负责移民工作的宏观决策，制定法规规范，审定安置规划，对实施过程履行监督检查等职责；地方人民政府密切配合移民前期工作和安置规划的编制，并负责组织实施；有关专业项目和城市的迁建规划，必须由移民主管单位会同有关行业和地方共同负责编制。至此，基本形成"条块结合，以块为主，分级负责"的管理体制，地方政府被确定为移民安置实施的责任主体，更加注重发挥中央、地方和各方面在水库移民工作中的积极性。在此体制之下，该时期的初期，中国水电工程移民行业管理机构逐步建立，即凡是有水库移民任务的地方，各级政府普遍设立了移民管理机构，负责水库淹没范围内的移民实施与管理工作，但枢纽工程占地范围的移民安置由建设单位负责。国务院有关部门负责移民工作的宏观决策，制定法规，审定安置规划和投资概算，在实施过程中执行监督、检查、验收等职责；地方人民政府的职责是密切配合前期工作与负责实施。

6.2.3.2 探索"部省联合办电"的水电开发建设管理体制

1980年前，大型水电工程开发建设基本模式是"国家投资，国家开发"，大型水电工程基本上是由国家牵头统筹开展水电站的开发和管理工作，如刘家峡水电站、新安江水电站、葛洲坝水电站等。为缓解中国电力紧张局面，调动地方积极性，多渠道投资办电，国家改革了电力投资体制，实行"部省联合办电"，即国家（电力工业部代表国家）和省级人民政府共同投资兴建水电工程，由于工程建设采取省和国家合资兴建的形式，并以省为主负责组织建设，这就极大地调动了地方办电的积极性。被誉为"八五"计划期间中国水电建设的"五朵金花"，即云南漫湾水电站、湖北隔河岩水电站、广西岩滩水电站、湖南五强溪水电站和福建水口水电站，都是电力工业部和水电站所在省联合投资兴建的。

以湖北清江为例，该时期湖北省委、省政府作出"开发清江，振兴湖北经济"的战略决策。经国家批准，确定用20年时间，在清江自上而下建设3座大型水电站，即在巴东县兴建水布垭水电站、在长阳县兴建隔河岩水电站、在宜都市兴建高坝洲水电站，并作出"首战隔河岩，再战高坝洲，会战水布垭"的总体部署。1986年5月，国务院决定部省合资兴建隔河岩水电工程，湖北省为主负责组织建设，湖北清江水电开发公司作为项目业主组织实施，水库移民安置规划由长江流域规划办公室负责编制，移民工作由湖北省负责组织、长阳县等具体实施，清江开发公司配合移民安置工作。这种部省联合模式极大地调动了地方办电的积极性，湖北省从一开始就按改革的思路，对工程建设和管理进行了全方位的改革。1987年1月13日，湖北省政府成立湖北清江水电开发公司，承担清江流域开发任务。国家、地方联合投资打破了中国大型水电站依赖国家无偿投资的传统模式，调动了中央和地方双方的积极性。同时也给清江公司压上了控制投资、投产还贷、滚动发展的责任。清江水电开发总公司融业主、建管、营运三位一体，打破了大型水电工程长期沿用"行政指挥"的惯例，公司实行业主负责制、招标投标制和工程监理制，负责建设资金筹措、使用和偿还，特别是实行了清江公司既建设电站又管理电站的新体制，实现了由计划经济模式下的行政负责制向业主负责制转变。

案例：开发性移民方针造就"漫湾模式"

漫湾水电站装机容量150万kW，水库正常蓄水位994m时，水库水面面积23.9km^2，相应总库容9.2亿m^3，回水71.03km。建设征地主要征（占）用耕地6225亩，移民人口3513人，水库淹没补偿费用审定为1760万元，调整概算为4000万元。水电站于1985年4月审批，1986年5月开工建设，1995年6月主体工程竣工。

漫湾水电站建设时，移民安置依据的征地和移民安置法律法规主要是1982年的《国家建设征用土地条例》和1986年的《中华人民共和国土地管理法》等。这一时期国家虽未出台专门的法律和行政法规，但云南省仍制定了一些移民安置政策文件，作为水电工程移民安置的政策依据，云南省在移民安置实施管理上进行了创新，形成"漫湾模式"。

1. 探索出台区域移民管理配套政策

除《中华人民共和国土地管理法》等涉及移民安置工作的法律法规外，1984年陆续开始颁布的水利水电工程移民规范也成为漫湾水电站建设征地和移民安置的主要依据。作为计划经济时期云南省第一个大型水电项目，漫湾水电站移民安置工作开始在摸索中前进。云南省各级政府依据国家法律法规陆续针对漫湾水电站建设征地移民安置工作出台了很多政策文件。该时期移民安置的政策主要为针对漫湾水电站的行政指令或通知，没有关于水电建设全省统一的政策。这一时期，云南省各级地方政府针对漫湾水电站出台了较多的配套政策，主要包括漫湾水电站移民管理机构、征（占）用林地补偿标准、移民生产扶持有偿补助等，为推动漫湾水电站的移民安置实施发挥了较大作用。

2. 尝试以政府为主，实行投资包干的移民实施管理模式

1984年《基本建设项目投资包干责任制办法》（计基〔1984〕2008号）和《关于征用土地费实行包干使用暂行办法》[农（土）字〔1984〕30号]颁布。漫湾水电站移民安置主要依据这两个政策文件，不同于云南省之前的水电工程，在实施中开始实行移民安置由地方负责并进行投资包干的模式。

3. 移民安置实施管理创造"漫湾模式"

该时期相关管理政策法规还不完善，移民安置实施管理主要结合漫湾水电站的建设以解决具体问题进行管理。为加强领导，成立了由云南省、水利电力部领导为首的工程建设领导小组；为了确保工程顺利进行，成立漫湾水电站工程管理局，负责水电站具体的建设。云南省政府成立省支援漫湾建设办公室，包干所有征地移民工作，同时水电站涉及的州、县成立援漫办。漫湾电站从投资到筹备到建设，创造了当时全新的体制，被业界称为"漫湾模式"，是第一个实行部省合资办电的水电工程，打破了过去几十年来大型水电工程依赖国家投资的单一格局，充分调动了中央与地方双方的积极性，探索出地方政府包干负责征地、移民的新办法，广泛受到中央与社会认可，漫湾被誉为"八五"计划期间中国水电建设的"五朵金花"之一。

移民安置设计工作主要表现为"地方政府主导，设计单位配合"的管理模式。对移民安置规划设计成果不进行单独审查。在此阶段，移民安置规划篇章与工程设计报告一起逐级上报水利电力部进行审查；对于调查细则等成果只进行咨询，不开展审查。该时期移民安置规划的实施以"投资包干"为主，对项目的设计变更管理没有相关规定，也鲜有部门来管理实施项目的变更。

4. 及时处理安置中出现的问题，做好漫湾移民二次搬迁

漫湾水电站部分农村移民由于故土难离的因素，选择了后靠安置。由于后靠区域水源和土地相对缺乏、可开垦的荒地很少等问题，过度开垦耕地，严重影响了库区的生态平衡。同时由于库水位的升降，库周出现了不同程度的地质灾害，严重危及移民的生命财产安全。移民粮食不能自给，生产生活用水紧张，入学就医困难，部分移民房屋倒塌开裂不能居住。因此，在移民安置实施工作已完成的背景下，经充分论证，重新对库周后靠安置的242户882人实施二次搬迁安置，确保移民生产生活水平得到改善。这体现了移民工作尊重历史、实事求是、以人为本的工作理念，漫湾移民二次搬迁也为澜沧江流域移民搬迁安置提供了经验教训。

案例：开发性移民方针创造"隔河岩移民模式"

"隔河岩移民模式"的提出有其特定的历史背景。在湖北省委、省政府的坚强领导和大力扶持下，隔河岩水库移民工作进行了大胆的观念创新和探索实践，为后期兴建的三峡工程及其他大中型水电工程，特别是清江干流随后兴建的高坝洲、水布垭水利枢纽工程的水库移民工作，创造和积累了大量可借鉴的经验，故被称为"隔河岩移民模式"。隔河岩移民模式具有以下3个方面的主要特点。

一是实行"三结合"的移民工作管理体制。在湖北省清江水电工程移民领导小组的统一领导下，由省级管理部门、清江公司和长阳土家族自治县人民政府共同负责隔河岩工程移民工作。上级业务主管部门、业主、地方政府"三结合"的移民工作管理体制，为隔河岩工程移民工作的顺利开展提供了可靠保证。

二是率先提出实施"开发性移民方针"。1987年3月7日湖北省政府召开了隔河岩水电站库区移民座谈会，会后下发《隔河岩工程移民座谈会纪要》，纪要明确提出"搞开发性移民安置"，并指出"要先规划后移民，通过努力工作，把移民的生活安排同开辟生产

门路很好地结合起来,既使移民群众的生活有保障,又使库区逐步富裕起来,达到长治久安"。1987年7月17日,湖北省清江水电工程移民领导小组向省人民政府提交《关于清江隔河岩水电站库区移民工作的报告》,进一步明确开发性移民的指导思想。开发性移民,即把移民安置同安置区自然资源、人力资源开发有机地结合起来,为移民创造新的生产、生活条件的一种移民方式。开发性移民方针对于解决大规模非自愿性移民问题,促进库区和移民安置区经济发展,建立起与市场经济体制相适应的移民经济理论和移民模式,具有十分重要的实践意义和理论价值。

三是大胆开展开发性移民实践。隔河岩水库移民工作坚持从库区社会经济发展的现状出发,坚定"大分散、小集中"的移民搬迁安置思路,坚持"三为主"(指坚持移民安置形式以就地就近为主;安置门路以从事大农业为主;移民兴办的企业以"小、集、轻、矿"为主),实现"三同步"(指实行移民分批安置与工程进度同步;移民的生活安置与生产安置同步;移民的生产、生活与公益设施建设同步)。在以大农业安置为主的前提下,本着宜工则工、宜农则农、宜商则商的原则,多渠道、多形式安置移民,使隔河岩工程移民搬迁安置工作得以顺利进行,探索出一条称为"隔河岩移民模式"的良好经验。

案例:开发性移民方针在五强溪水电站移民实践的运用

五强溪水电站位于湖南省沅陵县境内的沅江干流上,水电站装机容量120万kW,是湖南省最大的水电站,也是移民最多的水电站。五强溪水电站于1986年4月开工建设,1994年11月下闸蓄水,1996年12月完工。水电站淹没影响范围涉及沅陵、泸溪和辰溪3县26个乡镇168个村,影响人口13万多人,淹没耕地5万多亩、房屋348万m^2、公路221km等。1986年,湖南省政府对五强溪水电站移民工作提出的基本方针是:"加强领导,各方支持,统一规划,综合开发。本县安置,就近后靠,合理补偿,经费包干"。1988年2月五强溪水电站移民安置规划完成,规划明确提出五强溪水电站实行开发性移民方针,即通过扶持帮助移民积极创业、开发生产、建设库区,解决和改善移民的生活、生产和安置区的发展。为贯彻开发性移民方针,主要采取了以下措施。

(1)先开发,后移民。在水库蓄水前,先期对规划确定的移民安置区进行生产开发,创造生产生活条件,然后再进行搬迁,使移民搬迁后生产生活立即就有着落,不再像以前的移民搬迁总要度过几年的困难期。沅陵县和泸溪县都是在水电站工程动工后就开始进行资源开发,特别是农村的山地开发行动较早,开发了大量的用材林、经济林,当水电站下闸蓄水、移民搬迁完成时,所开发的一些山地早已开始受益了。

(2)就近后靠,少量外迁。移民基本是就近后靠,即从淹没区搬迁到地势较高的库区周围,利用未淹没的剩余土地,通过新开发耕地、荒山林地、水面资源等来发展生产,在生产允许的条件下,少数移民通过投亲靠友、带资进厂等方式迁往库区之外。

(3)以种养为主,稳妥发展二三产业。农村移民的生产安置,主要通过田地、山地、水面的开发利用,如新开稻田、开发果园、茶园、用材林和药材林等,发展网箱养鱼、库汊养鱼、特种养殖等来安置移民。根据库区资源和条件,发展二三产业,扩大移民生产安置门路,积极兴办以本地原材料深加工为主的小型移民企业,如粮油、食品、木材、药材等加工厂,兴办商业、运输、服务等第三产业企业。

（4）适当分散，相对集中。为适应水库蓄水后耕地减少、资源分散的环境条件，农村移民的搬迁安置，主要采取适当分散方式，即根据资源条件，以十几户、几户甚至一户为点相对分离安置，同时，又考虑到有利于水、电、路工程建设的安排，在总体上合理布局。

（5）统一规划，适当安排。对城镇移民，国家补偿与自筹资金相结合。沅陵县和泸溪县城的搬迁和重建，都是在规划设计单位精心勘察，充分论证，并充分考虑到县城的综合社会功能和未来发展的基础上，提出完善的规划设计方案，并严格按照规划方案实施。

（6）因地制宜，合理开发，统一规划，分户管理。对移民生产开发，从库区自然资源分布特点出发，统一规划，分户管理，宜农则农，宜林则林，宜渔则渔。

6.3 移民安置发展期

该时期以三峡、二滩等工程为代表的众多大中型水电工程相继开工建设，中国水电迎来了建设高峰，水电移民数量剧增，安置任务十分繁重。该时期中国进入改革开放的重要时期，经济社会正在经历重大变革，水电移民安置任务涉及国民经济各个方面，面临着空前复杂的局面，水电移民实践创新进入全面发展的重要时期。以1991年国务院制定颁布的《大中型水利水电工程建设征地补偿和移民安置条例》（国务院令第74号）为标志，中国水电移民事业进入快速发展期，移民政策不断出台，技术标准规范不断制定，移民理论日趋丰富，以计算机技术和遥感技术为代表的新技术逐渐应用。这一时期是中国水电工程移民政策完善、理论形成和技术创新的重要阶段。全国移民工作呈现出既带有全国统一的痕迹，又呈现出较强的工程特色（三峡工程，地方特色；贵州省，流域特色；大渡河流域，呈现"百家争鸣、百家齐放"的全面发展时期）。这一时期代表性水电工程有长江三峡，雅砻江二滩，乌江洪家渡、彭水、构皮滩，大渡河瀑布沟，黄河李家峡，沅江三板溪，澜沧江大朝山、小湾等工程。

6.3.1 安置政策实践创新

6.3.1.1 移民安置政策逐步成熟，移民安置工作逐渐规范

1991年1月25日，国务院颁布了《大中型水利水电工程建设征地补偿和移民安置条例》（国务院令第74号），结束了水电移民没有专门法规的历史，水电移民翻开了新的一页。该条例包括总则、征地补偿、移民安置、罚则、附则，共5章27条，对移民安置方针、原则、补偿范围和标准、安置方式和目标、移民工作程序以及法律责任等首次作了全面、系统的规定，移民工作走上制度化、规范化的道路。随后，又相应制定了一系列水库移民工作的政策性文件，如国家计委制定并印发了《水电工程建设征地移民工作暂行管理办法》（计基础〔2002〕2623号），加上《中华人民共和国土地管理法》的两次修改和其他与移民安置补偿相关的法律法规不断出台，中国水库移民政策进入了不断发展并逐步走向成熟的时期。主要标志和特点如下。

（1）以法律形式明确了移民方针和原则。国务院令第74号明确规定，国家提倡和支持开发性移民，采取前期补偿、补助与后期生产扶持的办法，逐步使移民生活达到或超过

原有水平；坚持移民安置与库区建设、资源开发、水土保持、经济发展相结合的原则，合理利用库区资源，就地后靠安置，没有后靠安置条件的，可以采取开发荒地滩涂、调剂土地、外迁等形式安置。

(2) 规范工程建设征地行为，强化移民合法权益保护。1992年3月，国务院批转了《国家计委关于加强水库移民工作若干意见的通知》（国发〔1992〕20号）；1993年6月，国务院颁布了《长江三峡工程建设移民条例》（国务院令第126号）；1998年2月，电力工业部印发了《水库移民补偿经费管理办法（试行）》（电综〔1998〕90号）；1998年8月，全国人大颁布修订后的《中华人民共和国土地管理法》；1998年12月，国务院颁布了《中华人民共和国土地管理法实施条例》；1999年12月，国土资源部印发了《关于加强征地管理工作的通知》（国土资发〔1999〕480号）；2001年11月，国土资源部印发了《关于切实做好征地补偿安置工作的通知》（国土资发〔2001〕358号）；2002年8月，第九届全国人大常委会通过了《中华人民共和国农村土地承包法》（主席令第73号）、《中华人民共和国水法》（主席令第74号）；2002年11月，国家计委制定并印发了《水电工程建设征地移民工作暂行管理办法》（计基础〔2002〕2623号）；2004年8月，第十届全国人大常委会通过了修订后的《中华人民共和国土地管理法》（主席令第28号）；2004年10月，印发了《国务院关于深化改革严格土地管理的决定》（国发〔2004〕28号）；2004年11月，国土资源部印发了《关于完善征地补偿安置制度的指导意见》（国土资发〔2004〕238号）。这些法律法规和文件，进一步规范了水利水电工程建设征地行为，强调移民最少化原则，合理征用土地，妥善安置移民；要求切实维护移民的合法权益，尊重移民的知情权、参与权和监督权，保障失地农民和移民的基本生计，维护社会稳定。

(3) 提高和规范土地补偿补助标准。1998年8月，全国人大常委会对《中华人民共和国土地管理法》进行了修订，土地补偿费由过去该耕地被征用前三年平均年产值的3～4倍提高到6～10倍，安置补助费由过去该耕地被征用前三年平均年产值的2～4倍提高到4～6倍，综合补偿倍数为10～16倍。由于《中华人民共和国土地管理法》规定，水利水电工程征地标准由国务院另行规定，2001年11月，国土资源部、国家经贸委、水利部联合发布了《关于水利水电工程建设用地有关问题的通知》（国土资发〔2001〕355号），明确在移民安置条例未修订前，为了依法保护移民的权益，水利水电工程建设征地补偿补助按《中华人民共和国土地管理法》规定的标准执行。

(4) 提高和规范后期扶持标准，加大对中央直属水库移民遗留问题处理力度。1996年，《中共中央、国务院关于尽快解决农村贫困人口温饱问题的决定》（中发〔1996〕12号）提出"根据谁受益、谁承担的原则，适当提高库区建设基金和库区维护基金，专项用于解决移民的温饱问题"。同年3月2日，国家计委、财政部、电力工业部、水利部联合下发了《关于设立水电站和水库库区后期扶持基金的通知》（计建设〔1996〕526号），规定从1996年1月1日起，对1986—1995年投产的和1996年以前国家批准开工建设的大中型水电站、水库库区，按照每个移民250～400元、最高不超过每度电5厘钱的标准，在各水电站发电成本中提取库区移民后期扶持基金，由各省（自治区、直辖市）专项用于移民发展生产和解决遗留问题。至此，移民后期扶持形成了三项基金，即库区维护基金、库区建设基金和库区移民后期扶持基金，其中库区建设基金由中央管理并用于中央直属水库；其他两项基金由省级政府按规定提取和使用。2002年1月，国务院办公厅转发了水利部、财政部、国家计委、国家经贸委、国家电力公司《关于加快解决中央直属水库移民遗留问题若干意见》（国办发〔2002〕3号），决定从2002—2007年，按各省（自治区、直辖市）销售的全部电量每度不超过2厘钱的标准提取库区建设基金，用6年时间解决1985年底前投产的中央直属水库移民遗留问题。具体标准按照中央直属水库移民现状人口人均6年累计1250元核定，分省计提，统一上缴中央财政；地方配套资金按1∶1的比例安排，由省级政府负责筹集。为此，水利部向各省（自治区、直辖市）人民政府发出了《关于抓紧做好中央直属水库移民遗留问题处理规划工作的函》（水利部水函〔2002〕9号），并制定和印发了《中央直属水库移民遗留问题处理2002—2007年规划及总体规划工作大纲》，对遗留问题处理的原则、重点、目标、范围、内容等提出了明确要求。

（5）明确了移民前期工作的法律地位。国务院令第74号明确规定，按照经济合理的原则，编制水库淹没处理和移民安置规划，没有移民安置规划的，不得审批工程设计文件、办理征地手续，不得施工，从法律程序上明确了移民前期工作的重要地位。为了加强和规范移民前期工作，维护移民群众的切身利益，保障水利水电工程的顺利建设，1991年12月，能源部、水利部、水利水电规划设计总院印发了《关于加强水库淹没处理前期工作的通知》（水规规〔1991〕67号），要求高度重视前期工作，提高水库淹没处理和移民安置规划的深度、精度和设计水平，扭转"重工程、轻移民"和淹没处理前期工作的被动局面。

6.3.1.2 颁布电力行业第一部水电移民设计规范

1991年，国务院颁布了《大中型水利水电工程建设征地补偿和移民安置条例》（国务院令第74号），1992年3月25日，以"国发〔1992〕20号"批转了《国家计委关于加强水库移民工作若干意见的通知》。1994年年底，电力工业部以"电计〔1993〕567号"发出了《关于调整水电工程设计阶段的通知》，将原可行性研究、初步设计、技施设计3个阶段调整为预可行性研究、可行性研究（等同初步设计）、招标设计、施工详图4个阶段。

1996年，电力工业部以"电技〔1996〕807号"颁布了《水电工程水库淹没处理规划设计规范》（DL/T 5064—1996），替代《水利水电工程水库淹没处理设计规范》（SD 130—84）。这是水利、水电分别隶属水利、电力两个行业管理后，电力行业正式发布的第一部水电工程建设征地移民安置规划设计的技术标准。规范的重新修订顺应了移民前期工作和移民安置的迫切需要。与84规范相比，96规范更加科学合理、具体明确、方便执行，主要体现在以下几点。

（1）建设征地处理范围拟定更合理。与84规范相比，96规范在回水末端位置确定方面，将回水末端位置确定为不高于同频率天然水面线0.3m范围内；在风浪影响范围确定方面，明确规定应根据正常蓄水位时段出现的5～10年一遇风速进行计算。

（2）实物指标调查更详细。与84规范相比，96规范规定，调查内容作了进一步的分类细化，分为农村、集镇、城镇、专业项目4个部分；对不同阶段调查成果精度进行了规定，提出要做好调查前的技术准备工作，编制调查工作大纲。

（3）农村移民安置规划更具体。与84规范相比，96规范随着这一时期相关移民政策的颁布，对农村移民安置提出了更具体、更高的要求，具体表现如下：①在生产安置方面，生产安置人口应以其主要收入来源受淹没影响的程度为基础研究确定；生产安置人口宜计算到规划水平年自然增长的人口；拟定合理的移民安置规划目标值；贯彻开发性移民方针，以大农业安置为主，在有条件的地方应当积极发展乡镇企业和第三产业安置移民；注重移民环境容量的分析；对少数民族聚居区移民的安置应照顾其生产生活和风俗习惯。②在搬迁安置方面，搬迁人口宜计算到规划水平年自然增长的人口；移民安置区的选择，宜在本乡、本村内安置，在本乡、本村内安置不了的，应当在本县（市）内安置，本县（市）内安置不了的，应当在本省（自治区、直辖市）内安置；移民居民点的布设，应有利于生产、方便生活和节约用地，库区后靠移民新建的房屋，应布设在居民迁移线以上和浸没、滑坡、坍岸等地段以外的安全地区；居民点的用地规模，应根据原有用地面积参照国家和省（自治区、直辖市）有关规定合理确定；对移民居民点的供水、供电、交通和文化、教育、卫生等设施，原则上按照原有的水平和当地的具体条件，经济合理地配置。

（4）城（集）镇迁建与专业项目处理更专业。与84规范相比，96规范对城（集）镇迁建与专业项目处理原则及深度提出了更高的要求。在城（集）镇迁建方面，要求充分征求地方政府意见，并编制各阶段相应深度的规划成果。其中，可行性研究阶段需完成城（集）镇迁建总体规划；招标设计阶段需完成城（集）镇迁建建设规划及城镇迁建的详细规划。在专业项目处理方面，明确了专业项目处理按"原规模、原标准或恢复原功能"的"三原"原则开展规划设计，并提出专业项目复建设计深度应满足各行业规定的阶段深度要求，对不需复建或难以复建的专业项目，应给予合理补偿。

（5）补偿补助项目及补偿投资更细化。96规范对移民补偿补助项目划分更加细化，增加了基础设施补偿费、城镇迁建补偿费等项目，在城（集）镇迁建补偿费中计列了场地平整费，并首次对税费标准进行了规定。

6.3.2 规划设计实践创新

6.3.2.1 创新丰富移民安置规划理论方法，建立完善规划技术体系

以三峡工程为例，移民安置规划是在中国社会主义市场经济体制逐步建立和完善的历史背景下编制的，国内没有现成的经验可循。中央、地方各级人民政府和规划部门认真贯彻开发性移民方针，围绕妥善安置移民的目标，通过积极探索和努力，编制了指导三峡工程移民的规划蓝图。实践证明，三峡工程移民安置规划科学、合理，符合中国当时的国家政策和库区实际，符合当时经济社会发展的要求，满足了三峡水库分期蓄水的要求，保证了三峡工程初步设计确定的建设任务如期完成，满足了三峡工程竣工验收的需要，对三峡工程全面发挥防洪、发电、航运等综合效益起到了重要作用。以三峡工程移民安置规划为代表的移民安置规划实践，创新丰富了移民安置规划内涵，建立了完整的移民安置规划技术体系，引入环境容量概念，建立了移民安置环境容量理论及分析方法，借鉴资产评估理论和方法，核算工矿企业补偿投资。

1. 创新和丰富移民安置规划内涵

三峡工程移民安置规划坚持和执行"统一领导、分省（直辖市）负责、以县为基础"的移民管理体制，库区各级人民政府及其有关部门高度重视并积极参与，为三峡工程移民安置规划工作的顺利推进提供了组织保证。三峡工程移民安置规划以《长江三峡工程建设

移民条例》《长江三峡工程初步设计阶段水库淹没处理及移民安置规划大纲》和"移民经费切块包干使用，限额规划"等要求和政策作指导，统一标准和要求，提高了规划编制质量。三峡工程移民安置规划掌握了翔实的淹没实物指标、地形测绘、地质勘探等基础资料，编制规划的基础工作扎实。围绕规划工作目标和要求，规划编制单位集思广益，采取开放式设计，组织多部门、多学科专业人员参与规划编制，创新和丰富了移民安置规划内涵，使规划成果科学、合理并符合库区实际。

在三峡工程移民安置过程中，始终以环境容量分析来指导和完善移民安置规划。在论证和可行性研究阶段，将土地资源数量作为移民安置环境容量评价的主要因素；在初步设计阶段，将安置区的质量、地块高程、移民意愿等同时作为评价因素；在实施阶段，考虑社会快速发展对库区生态环境的要求，提出了增加外迁移民人数的方案。三峡工程移民安置规划，通过环境容量分析，找出移民安置现实可利用和有效的资源承载容量，既保证移民安置能够有充足的生产资源，同时又促进资源、环境向良性循环发展，不仅保证了规划的科学性与准确性，同时又促进了库区可持续发展。正是由于对环境容量认识水平的不断提高，制定的移民安置规划方案才能与时俱进，具备科学性、前瞻性和可操作性，才能保证移民安置规划的顺利实施。

资产评估方法的引入。三峡工程水库淹没涉及1599家工矿企业，包含了化工、建材、冶金、造纸、印刷、煤矿、火电、医药、机械、船舶制造、食品、纺织等行业，淹没房屋744万m^2以及大量的设备、设施，涉及职工31万人。受淹工业企业众多，各行业、各工厂的厂房、设备、设施等虽有一定的通用性，但更多的是差异性。如何准确地度量单体之间的差别、科学计算各工厂的淹没损失是移民安置规划需要解决的一个重要问题。针对工矿企业淹没处理的复杂性，规划中引入了资产评估方法。结合水库淹没处理特点，以原规模、原标准或恢复原功能为基本前提，计算企业在异地重建的重置价格。以重置成本法为基本估价方法，以资产的实物形态为基础，对企业的房屋、设施、设备、停产损失、实物形态流动资产搬迁费进行估算。资产评估方法的引入对受淹工矿企业的补偿投资计算进行了有益探索。

将可持续发展的理念融入开发性移民理论。以往的开发性移民主要强调在库区开发自然资源，拓展移民安置容量，实施就近后靠。三峡工程移民安置规划将可持续发展的理念融入开发性移民理论，强调经济、社会与环境的协调发展，强调在保护生态环境的前提下，综合考虑自然、经济、移民习俗等因素合理开发。其基本内涵包括生态系统的可持续性、移民与经济社会发展的整体协调性、移民个体发展的可持续性3个方面。其中生态系统的可持续性要求移民开发建设和移民安置应在生态系统的承载能力范围内；移民与经济社会发展的整体协调性要求移民与经济社会活动整体运动，物质文明和精神文明同步增长，城市和乡村统筹发展；移民个体发展的可持续性要求体现在"搬得出，安得稳，能致富"的目标体系中，既能使移民逐步实现经济富裕，又能促进移民自身的全面发展和文化进步。

通过长期的实践，三峡工程移民安置规划将环境容量分析方法、补偿投资资产评估办法、可持续发展的理念融入开发性移民理论，极大地丰富和发展了开发性移民理论内涵。

2. 建立完整的移民安置规划技术体系

三峡工程移民安置规划既关系到库区的长远发展,又关系到百万移民的切身利益,移民规划成果的质量关系到库区移民的成败,建立完整的移民安置规划技术标准体系是提高规划质量的技术保障。三峡工程移民安置规划技术标准体系以《长江三峡工程初步设计阶段水库淹没处理及移民安置规划大纲》为核心,包括了《长江三峡工程初步设计水库淹没实物指标调查大纲》《长江三峡工程初步设计水库淹没实物指标调查细则》《长江三峡工程初步设计水库淹没实物指标调查细则补充说明》,以及《农村移民安置规划工作细则》《城(集)镇迁建详细规划细则》《受淹工矿企业淹没处理规划及补偿投资核算细则》《专业项目复建规划工作细则》《环境保护规划工作细则》《水库淹没处理及移民安置补偿投资计算细则》等规范性文件;同时还有指导库底清理工作的《长江三峡水库库底建(构)筑物、林木及易漂浮物清理技术要求》《长江三峡水库库底卫生清理技术规范》《长江三峡水库库底固体废物清理技术规范》。这些技术文件构成了三峡工程移民安置规划的技术体系。

三峡工程移民安置规划技术标准体系对规划的指导思想及原则,淹没处理标准及建设征地范围,实物指标调查,淹没影响评价,移民安置环境容量分析,农村、城镇、集镇、工矿企业、专业项目、文物保护、库底清理、环境保护等各类专业规划,以及补偿标准等均作了系统的规定,为三峡工程移民安置规划提供了系统性和可操作性的技术标准,保证了移民安置规划的规范化和标准化,提高了规划的质量。

三峡工程移民安置规划技术标准体系的建立,丰富和深化了原有规程规范的内涵,为中国水库移民行业的发展起到了示范和推动作用,为中国水利水电行业规范的修订提供了借鉴。

6.3.2.2 "投资包干,限额规划"妥善处理了补偿和发展的关系

在移民安置规划编制及实施过程中,始终面临如何正确处理移民安置规划与区域经济发展规划,以及补偿与发展等关系问题。它涉及国家、地方政府、迁建单位和移民个人利益的分配,如果处理不好,既影响规划编制,又可能影响移民安置任务的顺利完成。

移民安置规划的目的是满足移民的生产生活需要,规划的内容和主体是受淹没影响的群体。区域经济发展规划立足于区域未来,具有长期性和战略性特点,是比移民系统更广泛的大系统。移民安置规划与区域经济发展规划是局部与整体的关系,两者既有区别,又有机联系,移民安置补偿为发展提供契机和动力,发展使补偿效益得以持续。正确处理两者关系的关键,是将移民安置规划与区域经济发展规划的分阶段规划有机结合起来,实现移民补偿投资为地方经济发展带来机遇,而地区经济的持续发展又为不断提高移民生活水平提供有力保障的双赢目标。

为了妥善处理补偿与发展的关系,三峡工程移民安置规划从技术标准上考虑了适当的发展。如城市建设用地面积标准均比现状 $50m^2/$ 人的状况有较大提高,公路、港口、码头、工厂、输变电等复建规划也结合地区发展,考虑了一定发展,而不是简单复原。在规划中,为解决地方政府以移民安置规划代替发展规划的倾向,创造性地提出"投资包干,限额规划"的思想,并在规划编制中坚决贯彻执行,理顺了移民安置规划与区域经济发展规划的关系,结束了地方各级政府与各部门无休止的争论,地方政府和设计单位的关系得到了妥善处理,各方关注焦点由争指标、争标准转移到规划方案的科学合理性,注意力聚

焦到最需要关注的方向。

三峡工程移民经费的"投资包干",不同于以往某些水库的"甩砣子"包干,它是以三峡工程可行性研究阶段移民安置规划为基础,在搜集了包括基础价格、典型设计等一系列基础资料,按相关专业的规程规范进行分析计算,以湖北省四县规划为参考,经科学测算和反复论证完成,经费总额既可以补偿淹没的损失,也考虑了库区的发展。国务院三峡工程建设委员会于1994年12月29日发出了《关于批准三峡工程水库移民补偿投资概算总额及切块包干方案的通知》,同意静态移民补偿投资总额为400亿元(1993年5月价格水平),同意将369.06亿元切块到两省包干使用,两省再将移民补偿投资切块包干到县。补偿投资切块包干到县后,地方政府从争投资中解脱出来,全心全意地按限额做好规划,优化规划方案,减少投资。实行"投资包干,限额规划"是中央关于做好三峡工程移民工作的重大举措,移民工作从此摆脱了补偿与发展难以界定的羁绊,为库区移民规划和实施的顺利进行奠定了基础。

6.3.2.3 创建"大分散、小集中"移民安置模式

根据国家移民政策和形势发展需要,坚持从实际出发,坚持因地制宜和实事求是的原则,结合移民安置工作实践,不断探索和创新移民管理体制、运行机制和移民安置模式,创造了适合地区特色的移民安置模式。

以贵州省为例,从人地矛盾突出、耕地后备资源匮乏的实际出发,认真贯彻开发性移民方针,积极探索符合社会主义市场经济条件下的水库移民规律,综合各种安置方式的利弊后,创建了"大分散、小集中"、长期补偿与城镇化相结合的移民安置模式。"大分散、小集中"就是在政府的引导下,移民根据自己的意愿因地制宜、宜散则散、宜聚则聚,自主选择安置地点,自行对接调剂土地,自行建(购)房的农村有土安置模式。移民户可多户选择1个安置点(即小集中),但众多的安置点要分散插迁到水、电、路等条件相对较好的地方进行安置(即大分散)。实践证明,这种模式符合贵州实际,安置效果较好,政府易于操作,移民乐于接受,做到政府行为与市场行为的有机结合,体现人随地走、家随土安的"普定模式""余庆模式",也可称为"贵州模式"。这种模式的安置点由移民自主选择,集中在一起的移民户也由移民自由组合,安置点选择范围扩大,移民有充分的选择余地;一般能结合小城镇建设在小城镇周围安置移民,移民既可务农,也易于经商或农商结合,可减轻移民安置工作的难度。

据对贵州省2001年以来开工建设的12座大中型水电站移民安置情况的调查,凡实行"大分散、小集中"移民安置方式的库区,都有以下共同特点:移民搬迁主动性强,均提前完成搬迁任务,为水电站提前下闸蓄水提供了条件。涉及乌江流域干流上的如引子渡、索风营、思林等水电站,都比规划确定的建设周期提前1~2年蓄水发电;土地落实情况较好,人均安置标准为1.1亩,虽比搬迁前略有下降,但均为旱涝保收的良田好土,总体质量有所提高。有的库区移民配置的土地数量还高于安置区人均耕地占有水平;移民住房标准普遍提高,人均住房面积比搬迁前增加38%,96%以上是砖混结构;大多数移民选择在集镇边、公路边和经济发展条件相对较好的村庄安置,交通条件、经商条件和教育、卫生条件普遍好于搬迁之前;移民总体思想稳定,社会安宁,上访或越级上访的比例低于其他库区。

6.3.2.4 跟随城镇化步伐，加大城镇化移民安置力度

移民城镇化安置是相对于农村移民安置而言的，是一种城乡联动模式，是将农业和第二产业、第三产业安置结合起来的城乡联动安置模式，是一些经济较发达地区农村水库移民安置中应用性较强的一种模式，本质上是一种"无土、少土"的安置。这种安置模式是将水库农村移民安置在城镇或集中在大村庄安置，形成一定人口规模，不调剂或调剂少量土地，移民不完全脱离土地，移民既可以进行农业生产，以保证自身基本生活需求，也可以依托小城镇的发展及其区位优势谋生，从事第二产业、第三产业活动，实现收入增长的需求，逐步由农业向第二产业、第三产业转移，实现城镇化转变的安置方式。这种安置方式大大降低了因单纯的土地安置或离土安置带来的风险。

城镇化安置降低了土地对移民安置的制约，也为移民的长远发展提供了保障，是移民搬迁安置与城镇化战略实施的重要结合点。移民的城镇化安置以实现移民群体的城镇化和移民安置区的城镇化为目标。移民安置区凭借移民搬迁安置聚集的资金、人力资源和政策支持推动城镇建设快速发展，又以土地分配和居住地安排为契机，为城镇合理功能定位及产业结构调整创造了机会，为城镇的进一步发展奠定了基础；而快速发展的城镇则为移民个体的发展提供了良好的平台和环境，有助于移民早日融入城镇社会，实现由农民向市民的转变。

移民城镇化安置主要有两种情况：①在县城或集镇建立移民小区、移民街等集中安置点；②依托城（集）镇整体迁建推进城镇化发展。一些集镇利用淹没重建的机会，完善基础设施和公共服务体系，充分发挥新集镇的辐射拉动作用，带动库区经济发展，改善库区人居环境，拓宽移民就业渠道。

移民城镇化安置的主要做法：①政府负责移民建房用地的配置，确保移民基本住房需求；②城镇化安置与其他安置方式综合实施，确保移民的基本生活来源；③通过加强移民培训，引导移民转移就业；④利用移民资金加快城镇建设。

移民城镇化安置的效果具体表现在：城镇建设水平明显提高；移民生产生活条件明显改善；移民逐步实现向市民的转变。移民城镇化安置实现了移民安置工作与城镇化建设的有机结合，在对移民进行妥善安置的同时实现了城镇化发展的目标。

案例：沅江五强溪水电站移民城镇化安置

沅江五强溪水电站移民14.5万人，移民安置任务重，库区周边后备资源有限，移民环境容量偏紧，移民安置难度大。五强溪水电站移民安置规划考虑到国家正在大力推动城镇化，结合当地社会经济发展情况，积极研究、探索城镇化安置移民，加大城镇化安置力度，城镇化安置主要对沅陵、泸溪两座县城进行安置，另外15座移民集镇也接收少部分农村移民。五强溪水电站搬迁安置农村人口62023人，规划建设集中安置点28个、安置移民5753人，分散安置34583人，进集镇安置17439人，外迁安置4248人。迁建集镇15个，人口规模18512人。

沅陵县城距五强溪水电站大坝73km，现状总人口4.89万人，现状建成区面积约3km^2，淹没区人口2.16万人，占总人口的44.17%。沅陵县城近期规划5万人，远期规

划 6 万人，规划用地规模 7km²。

泸溪县城距五强溪大坝 122km，现状总人口约 1.69 万人，现状建成区面积约 1.2km²，淹没区人口 1.30 万人，占总人口的 76.92%。泸溪县城近期规划人口 1.5 万人，远期规划人口 2.5 万人，规划用地规模为 3km²。沅江五强溪水电站城镇化安置移民，大力推动和加快了库区沅陵、泸溪两县城镇化进程。水电移民补偿资金为库区城镇特别是沅陵、泸溪两座县城建设注入了急需的建设资金；借助移民搬迁的有利时机，高标准规划，高质量建设，迅速改变了城镇面貌，沅陵县城主要街道红线宽度为 12~45m，建设了 1 座规模为 7000m³/d 的水厂，排水系统采用雨污分流制，污水通过污水管网输送到污水处理厂后排入沅江。泸溪主干道道路宽度为 16~30m，建设了 1 座 5000m³/d 的自来水厂，除局部地面高程太低处外，均采用雨污分流制系统。借助移民城镇化安置，库区迅速做大了城镇规模，有效地提高了城镇化率，移民生活水平、收入水平都有了显著提高。

6.3.2.5 建立实物指标公示确认制度

实物指标调查是水库淹没处理的主要成果和基础资料，是论证工程建设正常蓄水位方案选择的重要因素，也是移民安置规划、专项复建工程设计、编制水库补偿投资的重要依据，关系到移民的切身利益。由于实物指标变化或者移民对其提出异议，移民安置规划变更时有发生，对移民投资及实施进度都造成较大影响。因此，对实物指标调查要求越来越高，一是对调查的精度要求逐步提高，误差范围由原来的 ±5% 调整为 ±3%，耕地调查图纸比例从 1:10000 提高到 1:2000；二是对实物指标调查的程序要求越来越严，为体现移民的知情权和参与权，保护移民的合法权益，保证实物指标调查的公平、公正、公开，实物指标调查不仅有规划设计人员、业主代表、设计监理参加，也有地方乡镇村组干部参与，更重要的是实物指标调查要求每户移民户主都亲身参与、当面见证实物调查。为提高移民对实物指标调查成果的认可程度，防止实物指标错登、漏登，以及产权关系不清等，避免安置实施中产生异议和纠纷，自瀑布沟水电站开始，在实物指标调查工作程序上，推出了实物指标三榜公示复核和确认制度，即：第一榜公示—申请复核—复核，第二榜公示—申请复核—复核，第三榜公示等步骤。第一榜及第二榜公示后对实物指标有异议者，均可在 7 日内提出复核申请，由联合工作组进行复核，最终第三榜公示作为终结榜；实物指标调查汇总成果须经联合工作组各方签字盖章确认。实物指标调查公示确认制度已在全国水电工程移民中全面推广应用，得到了移民的广泛认可。

6.3.3 实施管理实践创新

6.3.3.1 建立流域公司为主体的开发体制，实现流域水能滚动开发

1990 年之前，中国大型水电工程建设体制基本遵循"国家投资，政府组织"的建设体制。这一时期大型水电工程是靠国家出钱，组建工程指挥部，指定设计、施工和设备制造单位，进行大会战，水电站建成后交由电力部门管理。这种以行政机制为内核的建设管理体制，造成投资、建设、经营三脱节，导致工程建设普遍患有"投资无底洞，工程马拉松"的顽疾。20 世纪 80 年代后期，为了缓解电力紧张局面，调动各方积极性，多渠道筹措建设资金，加快水电工程建设，国家初步放开水电建设权限，实行国家和地方联合投资，即"部省

联合办电"模式。进入 90 年代，随着国家基本建设领域改革开放的进一步推进，水电开发权限进一步放开，地方政府可以组建水电开发公司，实行建设业主企业化、建设投资多元化，这一建设体制在单一水电建设试行成功后，进一步向流域整体开发方向发展，组建流域开发公司，即一个公司开发一个流域。流域水能开发公司承担本流域的水电开发建设及电站建成后的生产经营管理；按照"流域、梯级、滚动、综合"的开发方针，推行水电流域梯级滚动综合开发；由省级人民政府和能源部双重领导，以地方为主组建和进行行政管理，能源部实施行业管理。流域水电开发公司实现了"滚动开发、自我发展"的良性发展目标。这种机制有利于调动各方面开发水电的积极性；有利于节约投资、加强管理、加快开发进度；有利于统筹规划流域水电移民安置，充分利用本流域的环境容量安置好移民；有利于统筹考虑接入系统和外送规划；有利于实现梯级最优开发和发挥梯级水电站的综合效益，优化流域梯级调度，实现流域效益最大化。这一时期比较有代表性的流域水电开发公司有乌江水电开发公司、湖北清江公司、华能澜沧江公司、国电大渡河公司等。

案例：乌江水电开发公司

1989 年国务院批准《乌江干流规划报告》，确定充分发挥乌江资源整体优势，突出重点，优先发展水电，大力发展综合运输，以能源、交通、原材料为开发龙头，形成全流域综合开发的指导思想，建立流域综合开发科学体系。1990 年 4 月 20 日，经国务院同意，能源部、国家计委下发《关于成立乌江水电开发公司的批复》，决定成立乌江水电开发公司。1992 年，经国务院同意，乌江水电开发公司作为流域水能开发公司正式注册成立，承担乌江流域水电开发建设及电站建成后的生产经营管理；确立"流域、梯级、滚动、综合"的开发方针，推行水电流域梯级滚动综合开发；由贵州省人民政府和能源部双重领导，以贵州省为主组建和进行行政管理，能源部实施行业管理。

按照"流域、梯级、滚动、综合"的开发方针，以当时已建成的乌江渡水电站和东风水电站作为母体电站，以母体电站的收益和部分折旧作为新项目的资本金进行滚动开发。随着洪家渡、索风营水电站的逐步投产，形成了"滚雪球效应"，之后，同时开发建设构皮滩、思林、沙沱水电站并相继顺利投产。乌江公司成功探索出了一条"滚动开发、自我发展"的路子。乌江开发成功摸索了"流域、梯级、滚动、综合"开发机制，这种机制有利于调动各方面开发水能的积极性，实现流域效益最大化。

（1）流域。乌江干流 77% 的河段在贵州，由单一公司开发和运营，有利于对整个流域通盘考虑，能最大限度地筹划并有效利用水资源，最大限度地提高装机容量和发电量并节约投资和降低成本，统筹考虑发电、防洪和环境保护等问题。反之，一个流域的若干梯级电站被不同的公司所分割开发，不仅不能站在全流域和全局的角度进行统筹安排，还容易造成各自为政，在项目报批、报建过程中增加交易成本的局面，最终影响和制约水电开发速度和整体开发效益。

（2）梯级。一条河流上各水电站存在着天然的水力联系，梯级开发需要确定上下游河段的开发时序，合理科学的开发顺序，可以提前安排各梯级水电站的前期工作、资金筹集等，通过上一梯级水库对径流、洪水进行合理调度，为下一梯级的施工导流和安全度汛创造良好的条件，从而降低工程投资，加快建设速度，缩短建设周期，有利于加快整个流域的水电开发。在流域水电站运行中，流域开发公司通过梯级优化调度，可大大增加梯级各水电站发电量，有效改善整个河流的电能质量，以整条河流的整体经济最优进行运行，实现整条河流的梯级优化。

（3）滚动。根据世界经济发达国家电力建设的实践，尽早开发水力资源，优先发展水电，是电力建设的一个成功经验。但水电的建设周期长、投资大，国家的再投入有限，不能满足加快水电建设的需要，资金缺乏成为制约加快水电开发的关键因素。由于水电运行成本低，国家投资兴建的一批老水电站经济效益较好，将老水电站的收益用于新水电站的开发，形成了水电滚动开发的思路。乌江公司成立之初，国家将1983年已建成的乌江渡水电站和在建的东风水电站，交由乌江公司建设和管理，作为乌江公司开发建设和经营乌江干流贵州境内河段电厂的初始资本，再滚动开发乌江干流河段上的另外5座水电站。在乌江水电开发过程中，将一个项目投产后的收益直接用于下一个项目的开发，以此类推，实现了梯级水电站持续有效发展的良性循环，形成了"资金滚动累积、人才滚动培养、项目滚动建设"的乌江水电滚动发展模式。

（4）综合。除了水电之外，乌江公司根据贵州区域能源优势，谋求产业协同、综合发展，围绕贵州能源优势，以水为主、水火互济、煤电联营、上下延伸，发展一批涵盖煤炭、电力、原材料等领域的综合性开发项目，逐步向具有可持续发展能力和市场竞争力的一流能源企业的目标迈进。

6.3.3.2 建立职责分明的移民安置管理体制

移民安置管理工作从依靠"政治动员、行政命令"方式逐步转变为依靠管理制度加以规范指导，移民管理体系不断丰富和完善，权责分工更加清晰。20世纪80年代以前，国家和各省都未设置专门的移民安置实施管理部门，移民安置管理工作依靠"政治动员、行政命令"的方式开展，计划经济时代的特征明显；1984年颁布的《关于征用土地费实行包干使用暂行办法》[农（土）字〔1984〕30号]，1991年国务院颁布的《大中型水利水电工程建设征地补偿和移民安置条例》（国务院令第74号），将移民安置实施工作责任交给地方政府负责。《长江三峡工程建设移民条例》（国务院令第126号）规定三峡工程移民实行"中央统一领导、分省负责、县为基础"的移民管理体制，国务院三峡工程建设委员会成立了移民开发局，统一管理三峡工程的移民工作。湖北省、四川省（后由重庆市）负责本省的移民安置工作，根据需要设立三峡工程移民开发管理机构。库区和移民安置区所在的市、县及乡镇，建立专门的移民开发管理工作机构。实践证明这一体制明确了中央和地方在移民工作中的职责，较好地处理了中央和地方在移民工作中的关系，极大地调动了地方各级政府搞好移民工作的积极性，强化了地方政府的工作责任感，为做好移民工作提供了有力的组织保证。

2002年12月，为了加强对水电工程建设征地和移民安置工作的管理，明确各级地方政府、移民机构、项目法人、设计单位和监理单位等有关部门和单位的责任和义务，确保水电工程建设征地移民安置工作的顺利进行，促进水电工程建设的健康发展，保护移民的合法权益，国家计委制定并印发了《水电工程建设征地移民工作暂行管理办法》（计基础〔2002〕2623号）。该通知明确提出国家对水电工程建设征地移民工作实行"政府负责、投资包干、业主参与、综合监理"的管理体制，实行省级人民政府全面负责，以县为基础、分级负责的管理方式，国务院投资主管部门负责全国大中型水电工程建设征地移民工作的宏观管理，省级人民政府按照建设征地移民安置任务和移民补偿投资包干协议的要求，组织省级有关部门和地方人民政府具体实施。该通知还对移民机构的设立、移民综合监理和移民安置验收等问题作出了明确规定，使移民工作管理逐步走上了制度化、规范化的轨道，为移民的稳妥安置提供了制度保证和组织保证。以此为契机，各省完善了专门的移民管理机构，出台文件规范移民管理工作程序。如贵州省移民办公室和四川省大型水电工程移民办公室出台了一系列的管理文件，涵盖移民安置管理办法、管理制度、移民安置设计变更工作、年度计划工作、安置验收、资金管理等各个方面，用以指导具体的移民安置管理工作，从约束性的管理制度到指导性的工作规范，移民安置管理工作更加规范化。随着各项管理办法的完善，保障了移民工作顺利推进。

6.3.3.3　建立完善的移民资金监管体系

国家为加强移民资金管理和监督，提高移民资金的使用效益，促进移民搬迁安置，保障库区经济社会和谐健康发展，建立了一套完善的资金监管体系，以保证移民资金安全有效使用。

移民管理机构加强移民资金监督的主要措施有：坚持移民资金与任务"双包干"原则，严格实行专款专用；实行乡镇（街道）移民会计委派制度；完善审计监察机构，充实监管干部队伍；移民管理机构的财会、内审人员一律执行持证上岗制度；坚持移民资金一个渠道拨付、一本账核算、一支笔审批的管理制度，严格控制违规资金的发生；强化对审计稽查发现问题的整改；强化专项监督检查，明确移民资金安全运行。

在资金监督方面，移民资金监督网络是为加强对移民资金和移民工程质量的管理，及时对移民工程质量和资金管理使用情况进行检查监督，预防和控制违法违纪行为的发生，对在移民资金和移民工程质量等方面已发生的案件进行查处，专门成立由相关部门组成的一个组织体系。移民资金监督网络的组成机构包括监察局、移民局、审计局、法院、检察院、建设银行、建设委员会、土地房屋管理局、财政专员办、文化局、环保局，各组成机构相互联系，纵横交错形成一个全方位、多层次的监督体系。在移民资金监管工作实践中，逐步探索和积累了一系列有效的资金监管经验，归纳起来主要有以下几方面：①建立健全监督网络，是加强移民资金监管的有效工作机制；②完善制度，是加强移民资金监管的根本保障；③查处违纪违法案件，是加强移民资金监管的重要手段；④加强审计监督，是加强移民资金监管的有效途径；⑤注重预防，是加强移民资金监管的治本之策。实践证明，完善的资金监管体系，保证了移民搬迁任务全面按期完成，促进了库区经济发展，积累了水库移民资金管理经验。这个体系具有十分重要的作用和意义。

6.3.3.4　三峡库区移民工程率先运用"四制"强化实施管理

农村移民安置、城（集）镇迁建、工矿企业迁建、专业项目复建是一个十分庞杂的系统工程，单项工程是这一系统工程的基本单元，只有加强项目管理，保证每一个单项工程的质量、进度和资金得到有效控制，才能保证移民工作顺利进行。

三峡库区移民工程项目复建过程中，坚持全面推行项目法人（业主）负责制、工程招投标制、工程监理制、合同管理制等项目管理"四制"，同时实行工程竣工验收制和责任追究制，建立"政府监督，项目法人负责，社会监理，企业保证"的移民工程质量保障体系。

1. 项目管理"四制"在三峡移民工程中的应用

(1) 项目法人(业主)负责制。移民工程项目实行项目法人负责制,项目法人按定任务、定时间、定质量、定移民安置的"四定原则"落实工作措施,按照阶段性投资流程和年度计划,有序推进移民工程项目实施进度。严格按立项审批、规划用地许可、勘察、监理、设计、委托质量监督、施工许可、综合竣工验收、工程档案等组织程序,组织实施移民工程项目的建设及全过程管理,按照合同约定完成移民工程项目规定的建设内容,接受移民管理部门和政府有关部门的监督、管理、检查和审计,定期向移民管理部门报送财务报表和统计资料,承担项目的法律、民事和行政责任。

(2) 工程招投标制。三峡移民工程项目管理规定,凡工程投资在30万元及以上和房屋建筑面积在800m^{2}及以上的移民工程项目,必须进行公开招投标。有特殊技术工程、救灾抢险工程的也应按有关规定经批准后实行邀请招标,严禁议标。与移民工程项目建设有关的重要设备、材料及半成品等物资的采购,一般也应进行公开招标。按照《中华人民共和国招标投标法》规定,招标投标活动必须进入有形建筑市场交易,坚持公开、公平、公正原则,由项目法人组织或委托招标代理机构组织招标,并自觉接受招标管理机构监督。

(3) 工程监理制。移民监理管理就是对移民安置的建设质量、工程进度和投资效益进行监控,分为综合监理和单项监理。综合监理是依据国务院三峡工程建设委员会有关移民工作的各项方针政策、规章制度、移民安置规划和移民搬迁年度计划,对移民迁建和安置的总体进度、质量、投资情况和对当地国民经济的影响,从总体上进行监督控制和评价分析,及时向各级移民管理部门提出意见,供决策时参考,在国务院三峡工程建设委员会办公室的指导下,以区(县)为单位,由省级移民部门委托具有相应资质的社会监理单位承担。单项监理就是依据移民工程施工设计、施工任务和委托合同书,对移民建设工程项目的进度、质量和资金,进行现场监督控制,发现问题,提出解决问题的意见和建议。

(4) 合同管理制。项目业主按《中华人民共和国合同法》的有关规定,对移民工程的勘察、设计、监理、施工和重要设备材料采购等建设活动依法订立合同,各类合同内容都要明确相应工作的质量要求、履约担保、违约处罚条款,以及违约要承担的相应法律责任。有关行政管理部门加大对合同的签订原则、具备相应资质和履行合同能力、工期、质量和合同价款等内容是否符合国家有关规定的审查力度,加强对移民工程各类合同的备案管理。

2. 强化三峡移民工程实施管理

三峡移民工程的实践证明,完善的项目管理机制和不折不扣的执行力,强化了三峡移民工程实施管理,为移民工程实现"质量控制、进度控制、资金控制"目标提供了基础保障。

(1) 实现移民任务按时完成。强化移民工程质量安全的综合管理、监督检查职能和责任意识,把移民工程质量管理责任目标和任务纳入全市移民工作总体目标考核中。各区县、乡镇和项目业主按照总体目标考核,制订本地区、本项目的移民工程质量管理工作目标任务,分解责任,细化措施,认真组织实施责任制;坚持移民工程质量管理责任制实行分级考核的原则,把贯彻执行移民工程质量管理责任制情况的考核结果,作为干部使用的重要依据;始终坚持移民部门综合管理、相关部门各负其责、项目业主具体实施的移民工程质量管理责任制,形成了移民工程质量安全管理的良好氛围,为按时完成移民任务、满足长江三峡工程按期蓄水的需要提供了有力的制度保障。

(2)实现移民工程项目的质量安全。牢固树立"百年大计,质量第一"的思想,牢固树立"质量责任重如泰山"的责任感,切实把移民工程质量安全摆在移民工作的首位,正确处理好移民搬迁进度、移民补偿投资效益、移民工程建设组织程序与工程质量的关系。在移民工程建设中,狠抓工程建设"四制"的落实,移民工程从未发生重大质量安全事故,也未出现重大质量问题,确保了移民工程项目的质量安全。以重庆市为例,据统计,1998年重庆库区移民工程新开工项目地质勘察率为86%,施工图设计率为97%,投资在50万元以上项目的施工监理率为59%,施工招投标率为70%,竣工验收合格率为92.2%。通过安全质量大检查,移民工程项目管理逐步得到规范和完善,移民工程项目的勘察、设计、监理、施工招投标、竣工验收等指标明显提高。2006年度移民工程综合监理报告反映,重庆库区移民工程新开工项目开展地质勘察率达100%,施工图设计率达100%,投资在50万元以下项目的施工监理率达96%,投资在50万元以上项目的施工监理率达100%,投资在30万元以上项目施工招投标率达100%,其中公开招投标率达90.4%,邀请招投标率达96%,竣工验收合格率达100%。

(3)实现了切块包干经费不突破。1994年11月,国务院三峡工程建设委员会批准的概算总额为400亿元(均为1993年5月末价格水平),同时批准了将移民补偿资金按照淹没实物数量切块给四川省(现为重庆市)、湖北省包干使用的"切块包干"方案。在移民安置过程中,无论是基础设施建设项目还是搬迁建房项目,都严格按照1991年10月至1992年6月,长江委会同四川、湖北两省及库区各级政府调查的三峡水库淹没实物指标,准确核定补偿金额,并通过严格执行项目管理制度,确保移民补偿资金不突破"切块包干"的经费额度。

长江三峡工程开工建设以来,投资控制和建设资金管理使用情况良好,成为中国专项建设资金使用效益最好的工程之一。

6.3.3.5 创建移民工程返包建设模式

移民安置区因经济社会的恢复建设、移民生产生活的需要,需要建设大量的移民工程设施,移民工程主要有城(集)镇和居民点的基础设施,交通、电力、电信、广播电视、水利等专业设施迁建或复建,以及防护工程等。移民工程具有涉及专业门类多、投资大、工期紧、任务重等特点。移民工程项目涉及各行各业,各种利益关系错综复杂,每一个项目都要按照基本建设管理程序进行,开工前要做规划设计、报批报审等的前期工作,开工后还要做大量的协调和管理工作,因此,移民安置客观上需要一个合理的工作周期。地方政府缺乏较大工程项目的管理经验和管理人才,施工力量薄弱,施工管理不到位,少数工程存在转包现象,都会对工程项目的进度、资金、质量、安全造成影响。因此,工程进度滞后及投资超概算是库区移民工程实施中普遍存在的突出问题,有的移民工程还存在质量方面的问题,导致移民不能如期进点建房,移民安置区水、电、路、通信等基础设施不能按期完成,安置点不具备安置的条件,影响了移民搬迁安置的进度,造成移民工作往往滞后于枢纽工程建设，对水利水电工程的顺利建成带来了一定的影响。为了加快移民工程进度，让移民安置跟上枢纽工程的步伐，不影响枢纽工程按计划蓄水发电发挥效益，积极探索和实践科学合理的移民工程项目管理模式，以适应新时期水库移民工作的形势和需要，是非常必要的。经过长期实践探索，贵州省提出了移民工程返包建设模式。

移民工程返包建设模式是贵州省在移民工程项目管理模式上的一种探索和创新。针对移民工程实施中的问题，贵州省移民主管部门经过深入调研、广泛征求意见和商榷，探索了将库区重要、重大移民工程项目返包给电站业主承建的管理模式，在实践中取得了较好的效果，得到了贵州省政府的认可，作为移民工程管理的一项基本模式在库区推广实施。这种模式概括起来就是"地方政府管民生，电站业主管工程"的协作机制，即移民工作中，地方政府及有关部门要按照"属地管理、县为基础"的原则，把主要工作放在移民的生产和搬迁安置上，把主要精力放在解决移民的民生问题上，集中精力做好移民搬迁安置工作，维护好库区的社会稳定。而电站业主则充分发挥其在工程管理方面的技术优势和经验优势，承担起移民工程中的重大、重要关键项目的建设任务，以确保项目的投资、进度、质量及安全得到有效控制，确保这些项目的实施满足水电站建设进度的要求。工程建设中涉及的征地、拆迁等事宜，地方政府负责做好协调服务等工作，尽力提供良好的施工环境，促进项目顺利实施。

工程返包模式充分发挥了地方政府和电站业主各自的优势，避开了各自的不足，取长补短，扬长避短，符合新形势下移民工作的需要，达到"双赢"的目的。其好处：一是避免了长期以来在项目投资概算确定上的扯皮现象。由于项目由电站业主承担，项目投资也由电站业主负责包干，在项目审查时地方政府和电站业主都不再为投资问题争论不休，只要按照条例的规定确定好项目的标准和规模即可，减少了协调难度，加快了前期工作的进度。二是有利于电站业主合理安排电站建设工期。重要的移民工程由电站业主实施后，电站业主在安排建设工期时将会把这些项目的完成工期作为控制工期来考虑，避免了目前许多库区移民工程进度滞后于水电站建设进度的状况，也减轻了地方政府的压力和负担，同时也避免了一些项目由于投资不足委托不出去的问题。三是有利于地方政府腾出更多的时间和精力来抓好移民的搬迁安置，把移民工作做深、做细，确保移民搬迁安置的进度和质量。实行这种模式后，回归了地方政府和移民部门的职能本位，把精力集中在抓好移民工作上。

6.4 移民安置完善期

2006年3月29日，国务院第130次常务会议讨论通过了全面修订后的《大中型水利水电工程建设征地补偿和移民安置条例》（国务院令第471号），自2006年9月1日起正式施行。以国务院令第471号颁布为标志，中国水电移民进入一个新的历史时期，这一时期是中国大型水电站建设的高峰期，金沙江下游是这一时期建设的重点地区，代表性工程主要有金沙江下游的向家坝、溪洛渡、白鹤滩、乌东德水电站，大渡河安谷、深溪沟、龙头石、大岗山、泸定、黄金坪、长河坝、猴子岩、金川、双江口水电站，乌江干流上的银盘、沙沱水电站，黄河干流上的黄丰、积石峡水电站，沅江干流上的白市、挂治水电站，澜沧江流域的大华桥、黄登、功果桥、糯扎渡水电站等。这一时期水电开发建设环境发生了较大变化，法制不断健全，利益多元化，地方经济发展需求和移民诉求增多，移民工作面临的形势更加复杂。由于面临大量移民任务和空前复杂局面，从中央到地方都高度重视移民工作，及时完善、出台了一系列的法规和规程规范，结合安置实践，不断总结经验、创新理论，是中国移民安置工作逐渐走向成熟化、制度化、规范化，移民安置规划理论与方法不断深化的重要时期。与此同时，水电水利规划设计总院作为水电工程移民行业高端咨询机构和行业技术主管机构，牵头组织水电工程建设征地移民安置规划设计系列规范的编制出版，加强了对水电移民规划设计的技术指导，强化了对规划设计成果的全过程技术咨询、审查和质量管理。

6.4.1 安置政策实践创新

6.4.1.1 移民安置政策成熟完善，移民安置工作规范有序

2006年5月17日，国务院印发了《国务院关于完善大中型水库移民后期扶持政策的意见》（国发〔2006〕17号）；2006年7月7日，国务院以国务院令第471号颁布了《大中型水利水电工程建设征地补偿和移民安置条例》，这两项政策法规的颁布实施，标志着中国水利水电移民政策在新的历史条件下的成熟和完善，影响深远，具有划时代的意义。随着《水电工程建设征地移民安置规划设计规范》（DL/T 5064—2007）为代表的"1+7"系列规范（包括范围界定、实物指标调查、农村移民安置规划、城镇迁建规划、专业项目处理、水库库底清理、补偿费用概估算）的颁布实施，以及以《四川省人民政府关于贯彻国务院水库移民政策的意见》（川府发〔2006〕24号）为代表的省级配套的移民政策陆续出台，中国移民安置政策逐步细化完善，基本上覆盖实物指标调查、移民安置规划大纲、移民安置规划报告编制、实施监督、竣工验收、后期扶持等所有工作，已经形成了较为系统的政策体系，进一步规范了移民安置工作程序，对移民安置工作的指导作用更加显著。中国水库移民工作由此进入了一个全新的历史时期。这一时期强调移民安置应当遵循"以人为本，保障移民的合法权益，满足移民生存与发展的需求"，坚持开发性移民方针，采取前期补偿补助和后期扶持相结合的办法，使移民生活达到或者超过原有水平；移民安置工作实行"政府领导、分级负责、县为基础、项目法人参与"的管理体制，强化了县级实施主体、责任主体、工作主体的地位，强化了项目业主全过程参与的责任，从而明确了地方政府、项目法人、设计单位、移民行政管理机构各自的职责和工作程序要求，进一步规范了移民安置工作程序，强化了移民安置规划的法律地位。规定未编制规划或者规划未经审核的，不得批准项目开工建设，不得为其办理用地等有关手续。移民安置未经验收或者验收不合格的，不得对工程进行阶段性验收和竣工验收。明确移民安置大纲和规划由项目业主负责编制，移民安置规划大纲由省级人民政府审批，移民安置规划由国家或省级移民管理部门审核，从而保证了移民安置各项政策的落实和移民安置规划设计的质量；提高并统一了补偿补助标准，规定大中型水利水电工程建设征收耕地的，土地补偿费和安置补助费之和为该耕地被征收前三年平均年产值的16倍；按照16倍的标准补偿补助，仍不能使移民保持原有生活水平的，经项目审批或者核准部门同意，可以进一步提高标准。2017年国务院修订并颁布了《大中型水利水电工程建设征地补偿和移民安置条例》（国务院令第679号），明确水电工程征收土地补偿标准实现与铁路等国家重大基础设施项目同等政策；适当扩大对移民财产的补偿补助范围，包括远迁移民线上零星树木、房屋等的补偿，

贫困移民建房补助等，使补偿项目更符合实际、更趋合理；提高移民对安置工作的参与程度，要求移民安置规划大纲和规划报告编制过程中充分征求移民意见，必要时召开听证会，更加强化移民知情权、参与权、选择权和监督权；加强对移民安置工作的监督管理，实行监督评估制度、稽查审计制度、责任追究制度等。

6.4.1.2 执行后期扶持政策，创新后期扶持机制

2006年5月17日，国务院印发了《国务院关于完善大中型水库移民后期扶持政策的意见》（国发〔2006〕17号），对后期扶持资金来源与使用、扶持方式、管理模式等方面都有所革新，随着后期扶持实施和水利水电项目移民安置实施工作经验的累积，后期扶持政策不断深入完善，更加适应当前移民安置及社会发展的需要。2006年6月20日，根据《国务院关于同意建立全国水库移民后期扶持政策部际联席会议制度的批复》，建立了由国家发展和改革委员会牵头，多部委及国务院三峡工程建设委员会办公室、国务院南水北调工程建设委员会办公室、国家电网公司、中国南方电网有限责任公司和中国长江三峡工程开发总公司为成员的全国水库移民后期扶持政策部际联席会议。政策发展形成了以下特点。

1. 后期扶持资金整合，资金管理逐步规范

后期扶持资金从1981年最初提出库区维护资金，到1986年提出的库区建设基金，再到1996年提出的库区后期扶持基金，名称不同，资金来源也不相同，库区维护资金从电力工业部直属水电站发电成本中提取，库区建设基金从水电站的电费和库区经营的其他收入中提取，库区后期扶持基金计入水电站发电成本。

（1）完善水库后期扶持资金。根据《国务院关于完善大中型水库移民后期扶持政策的意见》（国发〔2006〕17号）的相关规定，原库区建设基金并入完善后的水库移民后期扶持资金，水库后期扶持资金作为政府性基金纳入中央财政预算管理，水库移民后期扶持资金由国家统一筹措，主要从提高省级电网公司在本省（自治区、直辖市）区域内全部销售电量（扣除农业生产用电）的电价中筹措。对纳入扶持范围的移民每人每年补助600元，纳入扶持范围的移民扶持20年，后期扶持资金能够直接发放给移民个人的应尽量发放到移民个人，用于移民生产生活补助；也可以实行项目扶持，用于解决移民村群众生产生活中存在的突出问题，还可以采取两者结合的方式。

（2）整合为库区基金。根据《国务院关于完善大中型水库移民后期扶持政策的意见》（国发〔2006〕17号）的相关规定，2007年4月17日，财政部印发了《大中型水库库区基金征收使用管理暂行办法》（财综〔2007〕26号），将此前的各类后期扶持资金进行重新整合调整，将原有的库区维护基金、库区后期扶持基金及经营性大中型水库承担的移民后期扶持资金进行整合，建立大中型水库库区基金（简称库区基金），由省级统筹使用，主要用于以下方面：①支持实施库区及移民安置区基础设施建设和经济发展规划；②支持库区防护工程和移民生产、生活设施维护；③解决水库移民的其他遗留问题。库区基金从有发电收入的大中型水库发电收入中筹集，根据水库实际上网销售电量，按不高于8厘/（kW·h）的标准征收。库区基金征收的标准较以往有较大的提高。

2. 扶持方式变化，顺应移民及库区发展

2006年之前，后期扶持资金均用于解决水库遗留问题以及完善基础设施建设，用于

扶持项目建设，并未涉及直接补偿发放至个人的规定。库区维护基金用于解决水电站在正式投产后运行、使用过程中出现的问题；库区建设基金在开发性移民方针的基础上，仍以解决库区建设、帮助移民生产发展为主；库区后期扶持基金用于扶持库区移民发展生产和解决遗留问题；2002年《国务院办公厅转发水利部等部门〈关于加快解决中央直属水库移民遗留问题若干意见〉的通知》（国办发〔2002〕3号）更是明确规定了移民扶持资金不能发放或补助给个人，仅用于解决移民所需的基础设施和生产扶持项目。2006年，基于瀑布沟水电站项目后期扶持政策创新试点的成功经验，"国发〔2006〕17号"和国务院令第471号中均对后期扶持方式作出调整，增加了直发直补扶持方式，并强调能够直接发放给移民个人的应尽量发放到移民个人，使移民直接受益。

3. 管理模式深化，责任落实更加具体

管理模式上，库区维护基金阶段，并未对后期扶持管理机制体制作出明确要求，按照"谁主管、谁负责，谁受益、谁承担"的原则处理水库移民遗留问题。发展至1996年，《关于设立水电站和水库库区后期扶持基金的通知》（计建设〔1996〕526号）规定了库区移民生活的安置和生产的扶持由有关省级人民政府负责。2002年，"国办发〔2002〕3号"明确了移民安置所在地的地方政府为本区域内移民遗留问题的工作责任主体。现行政策在前期政策的基础上，进一步深化后期扶持管理模式，实行属地管理，省级人民政府负总责，地方各级人民政府分级负责本行政区内的移民工作，实行一级抓一级，逐级落实责任。

4. 规划深度加深，强调规划重要性

关于后期扶持规划问题，直至1996年，政策才提出应对后期扶持做统一规划，但对规划内容及深度并未作深入规定。2002年，后期扶持政策中提出各级政府要制定出切实可行的规划，明确了规划深度应具体到村，扶持项目的受益要落实到户。2006年，政策进一步深入，规定要以水库移民村为基本单元，编制库区和移民安置区基础设施建设和经济发展规划，并作为国家安排扶持资金和项目的前提与依据，规划应具体到项目，规划深度要求提高。现行的"国发〔2006〕17号"中，明确了移民后期扶持要实行规划先行，审定的规划作为国家安排扶持资金和项目的前提与依据。

5. 安置效果增强，帮助移民自主致富

2006年之前的后期扶持政策中涉及的均为项目扶持，没有直发直补兑现方式，而且项目扶持往往跟其他行业部门，如水利、电力、交通部门，整合资金做项目，冲淡了移民后期扶持政策的实施效果。2006年之后，移民可自主选择采用直补方式、项目扶持方式或是二者结合的方式，扶持效益更加直接、明显，扶持力度加大。

6.4.1.3　规范进一步完善，形成全生命周期的技术标准体系

为贯彻执行国务院《大中型水利水电工程建设征地补偿和移民安置条例》（国务院令第471号），适应水电工程项目核准和水电工程建设需要，以及水电工程建设征地移民安置规划设计工作需要，水电水利规划设计总院组织对96规范进行了修订。2003—2007年，组织编制了07规范，对在水电工程建设征地移民安置规划设计的总体设计原则、程序、内容和深度等进行修订，形成了一个主规范加七个子规范的水电工程移民安置规划设计系列技术标准；从2011年开始，对实施阶段的移民安置综合设计、综合监理、独立评估、专项验收等技术工作编制相应规范，2017年，根据国家能源局安排，对全生命周期的技术标准进行了系统研究，提出了更加完整的水电工程移民安置技术标准体系。07规范与96规范相比主要有以下方面的创新。

（1）进一步明确了移民安置规划设计的任务，提高了移民安置规划的技术要求。较96规范增加了移民安置总体规划（规划大纲）、移民后期扶持措施、水土保持和环境保护设计、实施组织设计等内容，并将有关设计深度和组织程序的内容分解于各章进行具体规定。07规范共16章和2个附录，较96规范增加了5章，分别是社会经济调查、移民安置总体规划、农村移民安置规划、城市集镇处理、环境保护与水土保持、实施组织设计。

（2）调整了各阶段的规划内容和设计深度。按照《大中型水利水电工程建设征地补偿和移民安置条例》（国务院令第471号）关于移民安置规划和移民工作管理体制的规定，将规划设计中原招标设计、施工详图阶段调整为移民安置实施阶段，对预可行性研究、可行性研究及移民安置实施等阶段的主要内容和规划设计深度进行了调整。

（3）进一步明确了水库淹没区和枢纽工程建设区界定的技术要求。补充了水库影响区、扩迁人口相应补偿实物指标和特殊项目的补偿实物指标调查技术规定，按照《大中型水利水电工程建设征地补偿和移民安置条例》（国务院令第471号）要求，对建设征地实物指标调查提出了比较具体的成果确认和组织程序方面的要求。

（4）增加了移民安置总体规划和移民安置规划大纲的编制要求，规定了移民安置规划大纲必须履行报批程序，移民安置规划大纲审批前必须完成征地范围实物指标调查、公示和明确移民安置去向，以及落实农村移民生产安置方式等，做好与《大中型水利水电工程建设征地补偿和移民安置条例》（国务院令第471号）规定的移民安置规划大纲和移民安置规划报批程序相一致。

（5）为统一规范农村移民安置规划和城市集镇迁建规划等内容，更加详细地规定了农村移民安置规划中涉及的移民人口计算、环境容量分析、规划目标及安置标准拟定、移民安置方案确定、生产安置规划设计、搬迁安置规划设计和生活水平预测，以及城市集镇迁建新址选择、总体规划、迁建规划设计等的技术要求。

（6）加深了移民安置规划涉及的农村移民安置、城市集镇处理、专业项目处理的规划设计深度。如农村移民安置规划要求以安置点为单元落实生产安置资源，以户为单元落实搬迁方案；各移民安置工程项目要求达到水电工程可行性研究阶段（等同其他行业的初步设计）的设计深度，并对有关设计内容和采用的技术标准给予了补充与明确。

（7）增加了企业处理规划设计的有关规定。要求对需要迁建的企业事业单位应按原规模、原标准或者恢复原有生产能力或办事能力的原则，拟订迁建补偿方案。没有条件迁建的企业和国家政策规定不允许迁建的企业事业单位，应进行补偿评估，提出合理补偿方案。

（8）按照《大中型水利水电工程建设征地补偿和移民安置条例》（国务院令第471号）和近年来国家有关移民的补偿法规、政策和《水电工程设计概算编制办法及计算标准》，对项目划分、费用构成和补偿标准进行了补充完善。

07规范强调运用系统规划的理念整体谋划移民安置：一是编制移民安置总体规划总揽移民安置，总体规划结合安置区经济社会发展规划，依托当地自然资源、基础设施和主导产业等，整体谋划移民安置方案，移民安置融于地方发展之中；二是专项设施总体发展，专业项目复建的交通、水利、电力、通信等基础设施结合行业规划和行业标准，与地方现已形成的基础设施连成网络，形成整体，总体发展；三是公共设施统筹，结合现有公共设施布局，统筹配置安置区公共设施，方便移民生产生活。

2013年之后，一些配套的征地移民技术标准陆续出台，2017年按照覆盖工程建设全生命周期的理念，提出了水电行业技术标准体系。移民专业分别在通用及基础标准以及规划及设计、建造调试及验收、运行维护、退役4个阶段设置了完整的标准体系，截至2022年，27项标准中已颁布实施19项，为水电工程建设征地和移民安置规划设计工作提供了坚实的技术保障。

6.4.1.4 提出"先移民后建设"水电开发方针

随着近年来水电开发的加速推进，移民安置与工程建设进度不匹配的矛盾不断加剧，若不及时有效扭转，势必引发更深层次的社会问题。从2007年9月国家有关部委提出可提前开展移民安置工作，到2008年部分项目试行"先移民后建设"政策，可以说是"先移民后建设"政策雏形至试点实践的阶段。随着"先移民后建设"试点工作的逐步铺开，到"先移民后建设"政策国家层面的明确提出，经历了正视问题、提出措施、工作试点到政策提出的过程。2012年2月27日，《国家发展改革委关于做好水电工程先移民后建设有关工作的通知》（发改能源〔2012〕293号）正式提出"先移民后建设"的水电开发方针，该方针是为解决工程建设与移民安置之间的突出矛盾而提出的，"先移民后建设"政策对水利水电开发健康有序推进具有重要意义。

"先移民后建设"是顺应新时期移民工作发展的必然要求。在水电开发加速推进的历史进程中，广大移民弃小家顾大家，对国家水资源开发战略实施作出了重大贡献，但在移民安置过程中，"重工程、轻移民""水赶人"现象仍时有发生，移民利益受损，造成移民不满和诉求增加，上访事件时有发生，且其中大部分是由于移民政策完善与社会快速发展不相匹配、移民安置仓促进行而引发的。"先移民后建设"是顺应新时期移民工作发展的历史必然。"先移民后建设"更加注重移民合法权益的保护，切实保护移民合法权益引导移民积极踊跃搬迁安置，创造和谐的企地关系是顺利推进工程建设的前提。"先移民后建设"提出把做好移民工作放在优先位置，将为打破"重工程、轻移民"固有观念，营造一种"心系移民、行为移民"的工作氛围，促使相关各方更加重视移民工作，更加注重移民合法权益的保护，营造出一种多赢局面，从而在优先做好移民工作的前提下，更好更快地推动工程建设。

"先移民后建设"方针应贯穿水电工程建设始终，而不是针对某阶段、某范围、某项目的特定政策。应理解为从工程筹建启动移民搬迁开始贯穿至工程建设完成的全过程。优先安排枢纽工程建设区和围堰水位淹没区移民安置工作是"统筹协调好工程建设进度和移民工作进度"要求下作出的一种平衡，水库淹没影响区"先移民后建设"工作仍然需要有预见性地统筹谋划。总体来看，就是放眼整个建设征地区范围，根据移民项目的重要性、急迫性和制约性分析确定可能制约水电站关键节点目标实现的重点范围和难点项目。在工程核准前优先启动搬迁建设，充分利用移民规划报告审批和核准之间的时间段完成移民搬迁安置工作和移民工程建设，更好地完成"移民搬迁安置应始终超前工程建设"这个中心任务，为水电站按期发电奠定坚实基础。

6.4.2 规划设计实践创新

6.4.2.1 创立以"逐年货币补偿"为代表的移民安置新方式

逐年货币补偿最早是在20世纪90年代在部分中小型电站开始研究、探索实施的，2004年2月24日，《广西壮族自治区人民政府关于加强全区新建中小型水利水电工程移民工作的通知》（桂政法〔2004〕8号）中明确"有条件的地方，要按照多数移民群众的共同意愿，对水利水电工程建设征地和水库淹没土地实行长期补偿的政策"，这是省级政府层面首次提出长期补偿安置政策指导意见。

出台省级系列政策并大范围推广逐年货币补偿安置方式比较典型的省份是云南省。云南省是中国水电移民大省，近年在水电移民安置方式上进行了许多探索和创新，创立了"立足长效补偿机制、实行多种安置并举"的新模式。近年来，随着国家"西电东送"和云南省"兴水强滇"战略的深入实施，全省水利水电工程建设迅猛发展，特别是"十二五"期间，云南省迎来了大型水电站建设的高峰期。由于云南地处云贵高原，山高坡陡谷深，土地资源十分紧张，大型水电站建设带来的淹没损失，进一步加剧了人地矛盾，而且移民人口众多，移民安置任务艰巨，安置难度巨大，移民矛盾纠纷和相关涉法涉诉问题日益凸显，给库区和安置区社会稳定以及水利水电工程建设的顺利推进带来了新的挑战。创新移民安置方式就显得尤为重要和紧迫，云南省在总结移民工作经验的基础上，出台了《关于印发云南省金沙江中游水电开发移民安置补偿补助意见的通知》（云政办发〔2007〕159号），从安置政策上创新了移民安置方式。该意见明确提出金沙江中游水电开发移民补偿补助安置的主要方法是"立足长效补偿机制、实行六种安置并举、建立产业发展资金、享受统一后期扶持"。该意见的主要创新在于建立长效补偿机制，多种安置方式并举。多种安置方式分别是：城市（县城）安置、城乡结合安置、农业生产安置、分散安置、货币安置和就业安置，移民可以根据自身条件自愿自主选择安置方式。多种安置方式并举的措施，将移民安置从传统的大农业安置、有土安置的单一安置方式上解放出来，既适应了当前市场经济、人们自主择业的潮流，又化解了人多地少资源紧张的矛盾。逐年货币补偿安置，根据"淹多少、补多少"的原则，以被淹法定承包耕地前三年的谷物平均产量为基础，依据所对应年份省粮食主管部门公布的粮食交易价格确定耕地平均亩产值，按照《大中型水利水电工程建设征地补偿和移民安置条例》（国务院令第471号）规定的土地补偿补助标准，以货币形式对移民实行逐年补偿。

类似云南省的"长效补偿机制"，四川省提出了"逐年货币补偿"安置方式。四川省在毛尔盖水电站试行逐年货币补偿安置方式，促进了相关政策在省内民族地区进一步推广。实施逐年货币补偿安置方式后，有效缓解了水电工程大面积征地后土地资源缺乏、以有土方式安置移民难度大的现实问题；淹地不淹房移民无须搬迁，淹房不淹地和淹地又淹房移民同样无需规划生产用地，只需要找到合适的安置点，大大减轻了移民安置任务，改变了移民外迁的命运，使其原有的社会关系网络保持完整；可打破以土定搬迁的原则，使搬迁安置更有灵活性，移民可选择交通、经济、居住环境等条件更为优越的地方进行安置，可以缓解有土安置压力，解决移民长远生计问题，降低移民远迁的社会风险，降低移民安置实施难度。

对养老保险安置，东部经济发达地区和重庆等地，积极探讨试点提出了养老保险安置方式。大中型水电站基本处在高山峡谷地带，农村移民多，耕园地资源匮乏，移民安置环境容量严重不足，传统的大农业安置方式受到越来越多的客观条件制约。加之城镇化不断加快，农村青壮年劳动力外出务工经商已成为普遍现象，农村越来越呈现空心化、老龄化的现象，因此，非农业安置已经成为农村移民生产安置的一种趋势，探索科学合理的非农业安置方式，是破解当前移民安置难的重要途径。农村移民养老保险安置方式，对中老年移民，以缴纳养老保险费的方式进行安置，能有效减少移民安置对耕园地资源的依赖，缓解库区土地容量不足的矛盾，降低移民生产安置难度，同时也能让中老年移民在晚年不再依赖土地而生活，真正实现老有所养、老有所依。选择养老保险安置，中老年移民摆脱对土地的依赖，居民点不再受耕作半径的限制，移民搬迁安置不再受到库区地形地质条件的羁绊，迁居范围更大，选择面更宽，经济条件好的移民甚至可以到城镇居住，生活条件得到进一步改善，养老保险安置对农村移民具有一定的积极意义。大中型水电移民养老保障政策还有待进一步研究和落实，有待与国家的社会保障体系进一步衔接，移民养老保险金的发放标准宜实施动态调整机制，以适应不断变动的物价和日益提高的生活标准。

6.4.2.2 建立听取移民意愿机制

《大中型水利水电工程建设征地补偿和移民安置条例》（国务院令第471号）要求"编制移民安置规划大纲应当广泛听取移民和移民安置区居民的意见；必要时，应当采取听证的方式。编制移民安置规划应当广泛听取移民和移民安置区居民的意见；必要时，应当采取听证的方式。编制水库移民后期扶持规划应当广泛听取移民的意见；必要时，应当采取听证的方式"。《水电工程建设征地移民安置规划设计规范》（DL/T 5064—2007）也有相应规定："编制移民安置规划应当广泛听取移民和移民安置区居民的意见，必要时，应当采取听证的方式"。上述条文都规定在移民安置规划和移民后期扶持规划编制过程中应充分听取移民意愿。建立听取移民意愿机制，尊重移民的知情权和参与权，保障移民的合法权益，体现了移民安置"以人为本"的思想，是水电移民的一大进步。以往的安置规划没有广泛听取移民的意见或听取意见不全面、不到位，可能难以保障移民和移民安置区居民的合法权益，也影响移民安置规划的顺利实施。一是可能会出现移民对移民安置方式和去向、补偿标准和资金兑付方式，以及移民安置区的生产生活条件等不满意、不认可，甚至出现拒绝搬迁的现象，造成移民安置规划难以实施，影响工程建设的顺利进行和区域社会稳定。二是可能会造成移民安置区居民不配合移民安置工作，不接受移民迁入，甚至驱赶移民的现象。所以，在编制移民安置规划大纲和安置规划时，广泛听取移民和移民安置区居民的意见十分必要。后期扶持工作直接关系到移民的切身利益，水库移民后期扶持规划在确定后期扶持方式和扶持项目时，应充分尊重移民意愿，重点解决移民群众最关心、最直接、最迫切的问题，使移民直接受益。过去一些地方在组织编制水库移民后期扶持规划时，移民群众参与不够，造成规划与实际情况脱节，影响了后期扶持效果。

听取移民意愿的方式和形式可以灵活多样，以召开移民座谈会和问卷调查相结合的方式效果比较好。当移民和移民安置区居民与规划编制单位和有关地方人民政府在对移民安置方式和去向、补偿标准和资金兑付方式，以及移民安置区的生产生活条件等问题存在严重分歧时,应采取听证的方式。具体听证程序按照《中华人民共和国行政许可法》第四十八条的规定执行:"(一)行政机关应当于举行听证的七日前将举行听证的时间、地点通知申请人、利害关系人,必要时予以公告;(二)听证应当公开举行;(三)行政机关应当指定审查该行政许可申请的工作人员以外的人员为听证主持人,申请人、利害关系人认为主持人与该行政许可事项有直接利害关系的,有权申请回避;(四)举行听证时,审查该行政许可申请的工作人员应当提供审查意见的证据、理由,申请人、利害关系人可以提出证据,并进行申辩和质证;(五)听证应当制作笔录,听证笔录应当交听证参加人确认无误后签字或者盖章"。

6.4.2.3 统筹规划流域梯级电站移民安置

随着水电工程建设向中国西部、高海拔、少数民族聚居区域延伸,流域化、多电站开发模式的推广,移民工作出现了一些问题,如上下游项目政策、标准不衔接,引起上下游、左右岸攀比,造成移民工作被动。要做好流域水电工程移民安置工作,必须顺应水电开发形势,调整工作思路,提前介入统筹规划、合理利用流域内有限的资源,开展流域(河段)移民安置规划,促进地方经济社会发展,促进移民安稳致富。

流域(河段)移民安置规划是指在流域(河段)水电项目前期规划中,应结合区域资源现状、社会经济发展规划和各类专项规划,统筹安置移民,统一布局移民项目,合理确定移民工程建设标准和时序,并对流域(河段)内各项目的移民安置政策、标准进行协调,实现移民总体规划、政策相互衔接,资源统筹利用、产业统一布局、项目集中打造。

以往同流域(河段)梯级电站由于建设次序先后的差异,移民安置规划基本都是各电站单独完成、单独审批,基本没有考虑同流域(河段)的移民安置统筹规划。已开发河段往往在实施阶段,整个河段移民安置规划不成系统,城(集)镇、安置点零散分布,不成体系;建设标准参差不齐,建设项目没有系统规划造成重复浪费;补偿补助标准各不一样,没有衔接;特色产业没有统一规划,缺乏整体协调性和品牌营造,整个河段各梯级没有结合流域特点充分体现水电开发带动促进地方特色产业、居住环境、文化发展的作用。因此,流域(河段)移民安置规划对尚待开发或正在开展前期工作的流域(河段)尤为重要。其初衷是要从整体上描绘全流域或河段移民安置的总体蓝图,目的在于统筹规划,避免重复浪费,加强衔接,促进地方经济社会可持续发展。具体做法主要包括以下方面。

(1)统筹全流域(河段)移民安置总体规划。在流域(河段)规划阶段,应根据初步拟订的流域梯级布置方案,在综合考虑全流域(河段)土地资源情况、区域环境和特点、产业结构和后备资源的基础上,提出适合该河段或各梯级电站的移民安置方式,通过合理性分析,初拟流域移民安置方案,应统筹考虑全流域的移民安置点的建设规模、位置,尽量采取集中打造,与地方社会经济发展、加快城(集)镇建设和城镇化进程相结合。

(2)统一布局全流域(河段)移民工程项目和建设标准。基于流域各梯级布置方案,确定整个流域需新建或复建的各项移民工程。对各项移民工程,以现状为基础,综合考虑行业规划、地方经济发展等因素,统一建设标准。如交通工程的建设标准应结合整个河段梯级电站对外交通要求、区域交通发展规划、新农村建设要求和地方社会经济发展需求等因素，综合考虑产业布局、居民点、城（集）镇等区位需求，确定交通工程建设等级、优化选线等，既可控制投资成本，又缩短了设计周期；对居民点、城（集）镇的建设，应结合区域现状情况和城乡总体规划、城镇体系规划，同时考虑未来发展，统一用水、用电、对外交通等基础设施配置标准；对输电线路、通信线路等工程，以现状情况为基础，结合行业发展规划，统筹确定建设标准和规划走线。

（3）协调全流域（河段）移民安置政策、标准。对于同流域（河段）的各项移民安置政策、标准，应根据各行政区的经济发展情况、区域位置和条件、农业发展情况、物价水平等因素，紧邻的上下游梯级、同一梯级左右岸间应统一移民安置政策和标准，特别是处于同一开发时间段的紧邻梯级要注重标准的同步性，对整个河段的补偿补助标准应协调基本保持一致。

（4）集中打造全流域（河段）特色产业。充分利用水电站形成的水景观资源，以及区域特色农业资源、山水自然景观、地方传统文化、民族民俗风情等，结合区域产业规划和区域旅游规划，对流域特色资源和产业进行统筹规划、统一打造，发展特色农业和乡村旅游，走农旅融合、文旅融合的发展路子，大力发展一三产业，实现移民增收致富。

案例：大渡河流域长河坝、黄金坪水电站统筹移民安置规划

长河坝、黄金坪水电站是大渡河水电基地干流水电规划"3库22级"的第10级和第11级水电站，由大唐国际发电股份有限公司作为项目业主负责开发。以长河坝、黄金坪水电站为代表的流域梯级电站在开展移民安置规划时，充分考虑了梯级电站之间社会、经济、文化等因素的有效衔接，并在广泛征求地方政府、移民、接安地居民等各方意见的基础上，统筹规划了两座电站的搬迁安置、生产安置方案和补偿补助标准。移民征地的耕地亩产值在衔接时，考虑到"同库同策"原则，采取"就高不就低"取高标准，部分项目采取加权平均法测算一个统一标准，个别项目采用分乡镇不同标准。对于同一乡镇的土地征收位于不同库区的情况，耕地统一年产值的确定需根据流域上下游和相邻电站补偿标准进行协调，长河坝、黄金坪水电站征地同时涉及康定市孔玉乡，在两座水电站协商基础上，耕地统一年产值确定采用库区内最高标准。姑咱安置点统筹规划安置了长河坝、黄金坪水电站移民共计208户761人，移民用水、用电、就医、上学等均可依托姑咱镇完善的市政管网和公共服务设施解决。

6.4.2.4 创新改进农村移民安置规划

随着经济社会发展水平的提高，特别是近年国家开展新农村建设和美丽乡村建设，农村的建设水平大幅提高，农民对居住环境和配套设施的要求也越来越高，早期的"不统一规划，不统一进行基础设施建设"的插花式分散安置已很难适应当今农村发展的新趋势。但是，这种安置模式是符合中国西南地区传统的居住习惯的，"大分散"能很好地适应中国西南地区山多地少土地金贵的自然环境，"小集中"就是以家族姻亲血缘关系形成的农村小聚落，能形成融洽的邻里关系，满足邻里交往需要，形成和谐稳定的小社会；所以，这种模式在中国西南地区十分有生命力，如何将这种模式发扬光大，适应新农村建设要求，成为农村移民主要的安置形式，就要从规划设计上进行创新，变"不统一规划，不统一进行基础设施建设"为"统一规划,统一建设",以村为基本单元将新农村建设(或美丽乡村建设)和移民安置结合起来,按照"产村一体"的理念,编制一个高标准、高起点、高水平的村庄规划,用以指导移民安置村的近远期建设,从规划上将移民安置融进安置村,移民安置在乡村建设和产业发展中同步展开,在村域的产业规划中落实移民的生产,在村域的乡村建设中落实移民的居住,实现移民安置和美丽乡村建设同步开展,移民和原居民同时受益,全村整体提升,共同建设宜居宜业宜游的新农村。这种创新改进的农村移民安置规划,在三峡工程后续规划工作中进行了实践运用,如重庆市巴南区木洞镇庙垭村和湖北省宜昌市夷陵区许家冲村等就按照这种理念进行了规划建设,取得较好效果。

(1) 规划指导思想。在大力推进城镇化的背景下,遵循"产村一体、低碳节能、生态环保、有机绿色、安全适用、美丽和谐"的理念,结合当地资源禀赋和区位条件,坚持生产、生活、生态"三生"融合,"产、村、人、文"四位一体,以产业规模化特色化发展和环境持续改善为主线,以发展经济、服务农民、保护环境为宗旨,以市场为导向,以产业结构调整为切入点,以行政村为单元,在水电站库区农村区域综合实施农村生活污染防治、生态农业和生态农业园建设、民俗文化村建设、农村居民点对外交通、农村社区建设、农村宅基地整理等多项扶持措施,遵循"整合资金,统筹规划,分步实施"的原则,推进"生产发展、生活宽裕、乡风文明、村容整洁、管理民主"的水电站库区移民新村和美丽乡村建设。

(2) 规划建设目标。按照乡村振兴战略"产业兴旺、生态宜居、乡风文明、治理有效、生活富裕"的总要求,结合水电站库区实际,围绕移民"搬得出、稳得住、能致富"和区域经济社会协调发展的总目标,将移民安稳致富和生态环境建设结合起来,着力改善移民生产生活条件,突出农村人居环境整治,努力建设"环境优美、设施完善、产业发展、风格鲜明"的具有水电站库区特色的移民新村和美丽乡村。

(3) 规划具体内容。通过环境容量分析,以村为单位选择合适的安置区,根据环境容量和安置标准规划进点人数和户数,开展村域产业规划和村庄建设规划,在此基础上,再开展移民安置规划,落实移民的生产生活,拟订移民安置的建设项目。

1) 产业规划上坚持"产村一体,农业为基",根据村庄资源禀赋和产业优势,发展培育移民新村主导支柱产业,把发展经济和村庄建设融为一体、同步开展。重视市场培育,探索"农户+基地+合作社(公司)"等新型农村经济运行模式,按照"一村一品"的思路,明确村庄主导产业。充分发掘农业潜力,通过农业结构调整和品种改良,发展精品特色农业和设施农业;推动农业产业化,提高农产品精深加工,实施农产品品牌化战略;努力将水电站库区生态环境优势转化为经济发展优势,以水电站库区良好的生态环境、域内重点景区为依托,按照"农旅融合、文旅融合"的理念,搭建农村旅游网络,努力发展乡村休闲游,打造旅游品牌;发展与旅游相配套的住宿餐饮服务业,开拓具有地方特色的农产品消费市场。

2) 村庄建设规划主要侧重在村域的基础设施完善和公共服务设施配套。基础设施完善上主要是改善供水供电和道路交通条件、环卫设施等。为保障全村(包括移民)的供水供电保证率和供水供电质量,一般依托集镇或中心村,建设水厂和变电站,采取向周边农村村寨、居民点、小聚落等连片供水供电,形成统一的供水供电管网,这样做不仅提高了供水供电保证率和质量，还减少了建设投资，节约了维护检修成本。结合库区等级公路复建工程和库周交通复建，提升和改善村域内部交通和对外交通，改善移民和原居民出行交通条件。结合村庄环境卫生整治，配套环卫设施。公共服务设施配套主要是配建文体卫生服务设施，如配建幼儿园、文化室、图书室、文化广场、健身广场、卫生室等。

3）移民安置规划主要是落实移民的生产资料和生活设施，拟订移民安置的建设项目。在环境容量分析和产业规划的基础上，结合移民生产安置标准、措施规划、移民生产资料和生产设施等。在土地利用规划、乡村建设规划特别是村庄布点的基础上，结合移民人均建设地标准、农村宅基地标准等规划移民房屋等生活居住设施；结合移民基础设施规划标准，在乡村建设规划的基础上，规划移民安置相配套的水、电、路等基础设施和公共服务设施。

规划编制完成之后，根据规划具体内容，编制规划项目库（或项目清单），按移民投资类、政府主导类和政府引导类进行分类。凡属移民安置规划内的项目均划为移民投资类，其投资列入水电站移民征地补偿投资；移民安置规划外的属于基础设施和公共服务设施等公益性项目均划为政府主导类；属于村发展需要，是美丽乡村建设的主要内容，应由政府主导整合其他涉农资金进行建设；产业类的项目可以由政府引导社会资本按市场规律，并按"谁投资、谁受益"的原则进行投资建设。

6.4.3 实施管理实践创新

6.4.3.1 水电开发建设多元化，移民实施管理制度化

1. 流域水电开发权由政府向项目法人转变，水电开发建设多元化

清江、乌江、澜沧江、大渡河等流域的水电开发自1980年以来已由国家统一开发、部省联合开发逐步转变为以项目法人负责开发为主的市场化开发。

一种模式是单一项目法人（流域开发公司）开发一个流域的水电资源，如湖北清江公司开发清江流域水电，乌江水电开发公司开发乌江流域水电，华能澜沧江公司专门负责开发建设澜沧江流域水电，2000年之后这些公司都经过了改制，改造为股份制公司。

另一种模式则是水电开发多元化，一个流域内国有、民营、股份制公司并存，大渡河流域就是这种模式的典型代表。2006年，四川省政府出台相关政策鼓励水电开发主体多元化，鼓励有实力的企业承担水电开发的业主角色。随着水电多元开发政策的深化，华能、华电、大唐、民营等发电集团相继承担了大渡河干流水电开发任务，流域水电开发进入多开发主体、多融资模式的多元化发展时期。

21世纪后，随着流域开发公司的成立，逐步开启了项目业主科学管控各水电站的时代。水电站开发以项目公司全权负责为主，流域公司负责总体规划、综合协调、宏观指导和资金筹措。如国电大渡河公司为开发大岗山、猴子岩水电站，分别组建了国电大渡河大岗山水电开发有限公司和国电大渡河猴子岩水电建设有限公司两个项目公司。

2. 项目法人积极参与移民安置

流域公司组建的水电项目公司作为项目法人积极参与移民安置工作。项目公司驻地一般设在水电站现场，在地理上处于移民安置的现场，在日常工作中频繁接触移民干部和移民群众，项目法人积极参与移民安置工作，能充分发挥其身处移民工作第一线的优势，发

现问题反馈快、决策快、处理快。项目法人积极参与移民安置有利于专业管理和协调,从内部管理体制、内部工作机制及外部协调机制三方面进行了探索与实践。

(1) 内部管理体制。实行"项目主体、分级负责"的总分模式,如部分流域公司本部设立移民部门负责公司系统征地移民专业统筹协调、计划管理和检查考核等工作;项目公司作为工作主体和责任主体,设立征地移民处(部)具体负责本项目的建设征地与移民安置工作。

(2) 内部工作机制。按照"总分"管理模式,征地移民工作实行"项目主体、分级负责"的工作机制。项目公司作为征地移民工作的责任主体、工作主体,全面负责移民安置规划设计、实施管理、建设征地和移民安置阶段验收工作;流域公司移民部门作为专业管理部门,主要负责计划管控、统筹协调、指导服务和检查考核工作,具体牵头组织对接省(部)级层面的统筹协调工作。

(3) 外部协调机制。建立分级协调沟通机制,流域公司本部统筹省委、省政府及相关厅(局)、国家有关部委及各司(局)的协调工作,项目公司根据业务工作需要和流域公司安排参与配合。项目公司负责市(州)、县(区)及以下地方党委政府和相关部门的协调工作,流域公司相关部门给予指导。流域公司领导按片区协调分工,对片区项目公司的企地协调工作进行指导和督促,并重点对口片区地方党政主要领导和分管领导的协调工作。此外,还与各县(区)建立了四方(业主、地方、设计、监理)协调会机制,主要解决日常工作中存在的问题。

3. 强化省级移民管理机构领导

省级移民管理机构是领导管理本省移民工作的责任主体,理顺省级移民管理机制,是做好移民工作的前提和基础。充分发挥省级移民管理机构的作用,在国家统一法规政策指导下,结合省情,制定一系列的适合本地实际的管理办法,贯彻落实"分级管理、分级负责"体制,使移民安置管理制度更加健全和规范,移民管理体系不断丰富和完善,权责分工更加清晰。

以四川省为例,四川省是水电大省,也是移民大省,移民任务繁重,管理好本省移民工作,实现移民搬得出、稳得住、能致富,库区经济繁荣、社会稳定,是促进四川省水电开发的关键。四川省移民管理机构在实践中总结移民管理的经验,出台了一系列的管理办法,如《关于加强中型水电站移民安置规划和移民安置实施规划设计管理的通知》(川移发〔2007〕74号)、《四川省大中型水利水电工程移民工作管理办法(试行)》(川办函〔2014〕27号),以及2016年颁布的《四川省大中型水利水电工程移民工作条例》等,移民安置管理办法、管理制度逐步完善起来,移民安置管理工作更加规范化,进一步明确了四川省移民管理机制,即移民工作实行政府领导、分级负责、县为主体、项目法人和移民群众参与,规划设计单位技术负责,监督评估单位跟踪监评的管理机制,明确了各级政府、项目业主、设计单位和监督评估单位等参与各责任主体的职责和责任,使移民工作在各责任主体有序运转,提高了工作效率,也明确了责任,有力地促进了移民工作。此外,四川省移民管理机构在移民安置设计变更工作、年度计划工作、安置验收、资金管理等方面出台了较为系统的管理规范,用以指导具体的移民安置管理工作,从约束性的管理制度到指导性的工作规范,现阶段移民安置管理工作已经形成完善的管理体系,形成了具有地方特色的四川省移民管理机制。

6.4.3.2 建立移民综合设计制度

水电工程建设征地移民安置工作涉及面广,融社会、经济及技术等多专业于一体。在开发金沙江下游水电资源,开展移民安置工作中,四川省和云南省以及业主单位,十分重视移民综合设计工作,已逐渐将这项工作视为保证水电工程顺利建设和移民安置工程顺利实施的重要举措,而水电规划设计单位也把这项工作视为水利水电工程建设中重要的技术服务环节,是水库移民专业工作的进一步延伸和创新。

移民综合设计工作既要协调地方政府、项目业主、行业主管部门和施工单位的关系,兼顾各方利益,为移民安置规划的实施创造良好的外部环境,同时还要协调各相关专业根据移民安置实施的需要开展现场服务工作,以满足项目进度和质量要求。移民综合设计的主要职责是:主体设计单位受地方政府或移民管理机构或项目业主委托,在移民安置实施现场派驻设计代表,对移民安置实施工作进行全过程的技术支持,参与移民安置政策、方案的研究和制订,对移民工程设计变更提出规划符合性意见,编制移民安置实施总体计划、阶段蓄水移民安置实施方案专题报告、设计工作报告等,以保证经批准的移民安置规划得到有效实施。

6.4.3.3 完善移民安置监督评估机制

移民安置监督评估,指具有相应资质的移民安置监督评估单位,受签订移民安置协议的地方人民政府和项目法人共同委托,按照监督评估合同对移民搬迁进度、移民安置质量、移民资金的拨付和使用情况以及移民生活水平的恢复情况进行监督评估的活动。

从20世纪90年代初开始,中国不断探索和完善对水利水电工程移民安置实行有效的社会监督管理,借鉴了世界银行和亚洲开发银行贷款项目中的移民监测评估和水利水电工程建设中的监理制度,在二滩、棉花滩、小浪底、三峡、万家寨、江垭等大中型水利水电工程中试行了移民监理和监测评估制度,取得了良好的效果。1998年,电力工业部印发了《水电工程水库移民监理规定》;2002年,国家计委印发的《水电工程建设征地移民工作暂行管理办法》(计基础〔2002〕2623号),将移民综合监理纳入水电工程建设征地移民工作管理体制,与此同时,水利工程也正式建立了移民监理制度。目前,大型水利水电工程移民安置工作普遍推行了移民监理制度,这项制度已成为移民安置工作监督管理的有效手段。《大中型水利水电工程建设征地补偿和移民安置条例》(国务院令第679号)在总结经验的基础上,提出建立移民安置监督评估制度,对移民安置实行全过程监督评估。

移民安置监督评估单位对移民搬迁进度、移民安置质量、移民资金的拨付和使用情况以及移民生活水平的恢复情况进行监督评估,并将监督评估的情况及时向地方人民政府和项目法人报告。移民安置监督评估单位开展监督评估活动,应依据国家有关法律法规和标准、批准的移民安置规划和下达的移民安置年度计划,对移民安置实施全过程监督评估。地方移民主管部门和移民乡镇政府应积极配合监督评估单位开展工作,及时提供相关资料,配合现场调研。移民安置监督评估单位将监督评估的情况以年度报告、阶段性报告和总报告等形式向地方人民政府和项目法人报告;发现问题,及时向地方人民政府和项目法人报告。

6.4.3.4 创建主体设计单位技术负责制

建设征地移民安置是大型水电工程建设成败的关键,是一项内容庞杂、涉及面广、周期长、政策性强、社会影响大的系统工程。参建方众多，不仅涉及项目法人、设计单位、监理单位、施工单位，而且涉及地方各级政府部门及相关各专业单位，而其中设计单位中又包含主体设计单位和单项设计单位。在众多参与工程移民安置工程的单位中，主体设计单位从始至终为移民安置提供强有力的技术支撑，贯穿了从项目立项到组织实施的全过程，在移民安置过程中的作用和地位无可替代。实践表明，在大中型水利水电工程建设征地移民安置工作中，应充分发挥主体设计单位的技术支撑作用，统筹协调移民规划设计，做到全库区政策把握一致、安置标准一致、规划设计标准一致、单项工程与总体规划一致，把全库区的移民安置统一在一个政策尺度上、移民工程统一在一个建设标准上，避免出现政策尺度偏差和建设标准不同，引起库区不必要的矛盾，维护库区和谐稳定，保障移民工程规划设计顺利开展和移民安置规划顺利实施。

6.4.3.5 建立严格的设计咨询审查制度

移民安置规划是一个多学科、跨行业、多专业交叉的综合性规划，涉及农业农村、城乡建设、交通工程、电力通信、水利水电、文物保护及自然资源等行业，除移民安置规划主报告外，还有支撑移民安置规划的诸多专业、专项规划，共同构成移民安置规划体系，对众多规划设计成果进行审查，是保证规划成果质量的一项重要环节。为此，水电总院总结近年来的规划设计管理经验，形成了设计咨询评审过程管理体系，厘清和规范了设计咨询评审活动，用过程管理来实现对水电工程建设征地移民安置规划设计审查活动的全程管控，确保审查产品质量符合国家相关法律法规及规程规范要求，满足政府主管部门及项目法人对建设征地移民安置规划设计管理的需要。

开展设计咨询评审过程管理、严格审查规划设计，一是使规划设计成果更加符合移民政策；二是统一了移民安置规划政策执行的尺度，维护库区稳定，如乌东德、白鹤滩水电站涉及云南、四川两省，水电总院在移民安置规划评审中十分注重统一移民安置规划政策，做到两省平衡；三是通过规划设计审查，很好地宣讲了移民政策；四是促进了规划设计技术人员之间的业务交流。开展设计咨询评审过程管理不仅提高了移民安置规划设计成果质量，还提高了全行业规划设计人员的政策水平和规划水平，促进了行业技术交流，推动了移民规划理论的发展。

6.4.3.6 建立移民规划与管理信息系统

水电移民是一项复杂的系统工程，它涉及范围广，规模大，考虑因素多，技术复杂，移民工程规划管理决策的难度和复杂性可想而知，只有采用现代化的规划管理手段才能提高管理水平，降低管理成本，保证工程建设的顺利进行。所以建立一个高性能的移民规划与管理信息系统，为水电移民工程的分析决策提供科学的支撑，保证工程管理决策部门能及时掌握、分析、模拟工程的建设情况，及时调整建设计划和采取各种调控措施，确保为移民安置工程的规划、实施和管理决策提供高效、科学、可靠的支持。随着信息技术的高速发展，利用大数据、GIS等技术对水电移民实施动态管理成为可能。

移民规划与管理信息系统不但改变了传统的水库移民规划管理的工作方法，而且为移民专业人员和管理人员提供了一个科学、高效的工具。移民信息系统实现了多种先进技术与移民专业应用的有效集成，为移民工作提供了高效的辅助平台，提高了移民规划管理决策的科学性和准确性，具有广阔的发展前景。随着应用的深入，今后的工作是使系统的功能在移民工程管理和辅助决策等方面进一步完善，拓展在移民工程实施阶段的管理决策应用和进一步深化移民规划应用，完善移民工程管理、决策功能的开发，形成一个通用的移民信息系统平台，进一步提高移民信息化管理水平，从而提高移民工作能力和工作效率，使移民工作紧跟时代的发展步伐。

案例：长江设计公司开发水利水电工程建设征地移民安置信息系统

近年，长江设计公司为提高水利水电移民安置规划设计和实施管理的效率，利用计算机等信息技术、GIS、二三维一体化、大数据等信息技术，开发了水利水电工程建设征地移民安置信息系统。该系统包括移民信息采集系统、移民规划设计平台、移民管理信息系统和移民规划设计知识管理系统等4个子系统。该系统首先在乌东德水电站移民实物调查和移民安置规划设计与实施管理中进行了应用，取得较好的效果。

（1）移民信息采集系统。移民信息采集工作效率和成果质量，综合运用地理信息、遥感、全球定位、计算机等信息技术，自主开发建设了一套符合规范、技术先进、实用高效、可持续发展的专业工具软件。为各类工程建设征地信息采集前期准备、现场采集、报告编制提供全过程辅助，为移民调查、成果管理和利用提供全方位解决方案。

（2）移民规划设计平台。为提高科学规划和精细化设计水平，实现多专业协同，自主开发了国内首个针对移民安置规划设计业务的专业应用系统。基于GIS、二三维一体化等信息技术，构建标准统一的规划设计生产平台、管理平台和信息服务平台，兼有规划设计产品总装、方案演示，并能为安置实施管理服务的业务信息系统提供支持。

（3）移民管理信息系统。该系统是利用遥感、地理信息系统、数据库技术、三维显示和分析技术等，建立先进实用的水电移民数据库及其应用系统，为水电移民安置工程的规划实施和管理决策提供高效、科学、可靠的支持。其主要功能有：数据资源的管理维护；收集、存储和分析具有地理位置特征的信息，增加各种数据的直观性、可比性和兼容性；查询统计决策分析功能；在移民安置实施过程中，对工程的资金、进度、质量进行计划、控制和管理，提高实施管理的科学性。

（4）移民规划设计知识管理系统。该系统主要针对征地移民规划设计工作中涉及的各种知识，利用信息技术手段整合显性知识，促进隐性知识的转化，建立动态的知识体系，并通过共建共享，提高知识的延续性和利用率。系统已积累了国内外、各级政府和有关部门的政策法规、技术标准千余项，技术报告范例、项目技术经济指标、参考文献、图片和视频等数千项。该系统自2014年投入使用以来，在规划设计单位提升业务水平与移民管理机构提高工作效率方面取得了良好效果，并于2016年3月取得《计算机软件著作权登记证书》。

6.4.3.7 建立重大基础设施项目总承包或代建制度

水电站库区复建的移民基础设施工程量大面广，时间紧，任务重，建设难度大，库区地方政府往往在基础设施建设、管理水平、施工力量上难以胜任这项工作，导致库区基础设施工程复建进度推进缓慢，制约了移民搬迁安置进度，也拖延了枢纽工程下闸蓄水的时间，影响了整个水电站的工程进度，因此，帮助库区加快基础设施工程复建至关重要。贵州、湖南继续推行项目业主返包建设库区移民安置的重要基础设施项目，如沅江白市、托口水电站库区的9个移民集镇基础设施和绝大部分的等级公路桥梁等专项工程均由项目业主五凌公司返包建设。项目业主返包建设模式存在一定的局限性，项目业主的施工能力和管理水平毕竟有限，且主要精力用在抓枢纽工程建设上，对于像金沙江下游的巨型水电站，淹没损失大，库区基础设施工程众多，项目业主在主抓枢纽工程建设的同时，还要返包建设库区基础设施，就显得力不从心。为了帮助库区加快基础设施工程复建进度，加强库区基础设施施工能力和管理水平，引入外部建设力量就十分必要，因此，金沙江下游的向家坝、溪洛渡水电站率先提出了重大基础设施项目总承包和代建制度，这也是国家近年来大力推行的建设模式。对城（集）镇、农村居民点、专业项目等重大基础设施迁复建的移民工程类项目，实施责任单位按照国家有关规定，通过法定方式选择有资质的施工和监理单位进行项目建设，或委托具有相应资质、社会责任强的国有企业代建或者总承包，确保移民工程建设进度、建设质量，有效控制投资，为推进移民搬迁安置创造条件。

《国家发展改革委关于做好水电工程先移民后建设有关工作的通知》（发改能源〔2012〕293号）等政策的出台，进一步明确了项目业主、设计单位参与移民工程代建的合法性，进一步促进了移民工程由政府代建为主向项目业主代建、设计单位代建为主的转变，流域水电移民工程代建也逐步引入有实力的国有企业承担，该模式在很大程度上保证了资金的充裕性，保障了工程的质量和进度。瀑布沟、大岗山、猴子岩等水电站在不同程度上采用了移民工程由设计单位代建的模式，该模式具有资源、技术和过程控制等优势。同时，地方政府也将移民工程的工作主体、实施主体和责任主体职责转移给了项目代建单位。在项目实施过程中，通过建立质量保证体系、发挥专业技术特长以及优化设计方案，能够有效地协调各方关系，保证工程建设质量和进度。瀑布沟汉源新县城项目业主代建和大岗山得妥集镇主体设计单位代建模式取得了很好的效果，有较好的借鉴和推广价值，为邻近的泸定、黄金坪、长河坝等水电站移民工程代建提供了有益的参考。

6.4.3.8 建立移民安置社会稳定风险评估机制

水电工程投资较大，建设期长，对当地的经济社会发展有较好的促进和拉动作用。但水电工程建设也给当地带来了巨大的淹没损失，对当地经济社会的影响和冲击较大，容易引发当地社会稳定风险，这种社会稳定风险在类似的水电工程中曾经发生且影响较大。在开发金沙江下游水电资源，开展移民安置工作中，四川省和云南省十分重视移民安置区的社会稳定风险。两省通过开展移民安置社会稳定风险评估的研究，认真总结水电工程建设征地补偿和移民安置实践经验，深入分析水电工程建设在涉及群众切身利益的征地补偿和移民安置环节需要重视解决的问题，切实把移民条例关于"以人为本，保障移民合法权益"的原则，和贯彻中共中央办公厅、国务院办公厅《关于建立健全重大决策社会稳定风险评估机制的指导意见（试行）》（中办发〔2012〕2号）文件的精神，落实到水利水电工程项目研究决策的过程中，并进一步完善移民管理机构在健全维护库区社会和谐稳定的工作机制，推动移民安置政策更加适应经济生活和社会稳定形势变化的需要，更好地促进水利水电工程建设事业的发展。为此，四川省出台了《四川省大中型水利水电工程建设征地补偿和移民安置社会稳定风险评估办法（试行）》（川办函〔2013〕191号，2013年10月

15日）等文件；云南省移民开发局、云南省维护稳定办公室出台了《关于进一步推动云南省大中型水利水电工程建设征地补偿和移民安置重大事项社会稳定风险评估工作的通知》（云移局〔2011〕49号）等文件。

风险评估是一种基于数据资料、运行经验、直观认识、分析论证的科学方法，通过采取定性定量的分析研究，对风险因素进行识别、分析、判断，为风险管理的决策提供科学依据，进而达到规避风险、减少风险、控制风险的目的。移民安置社会稳定风险评估主要是指在水利水电工程建设项目的决策和规划过程中，对移民安置环节所存在社会稳定风险因素的识别、风险损失程度的判断、风险发生可能性的估计，以及提出防范对策与措施而进行的一项工作。

移民安置工作是一项涉及经济、政治、社会、文化、生态、工程技术等方面的系统工程，事关移民群众的切身利益，矛盾纠纷易发多发，如果处理不好，就有可能引发移民群体性事件，工程建设就无法顺利推进。目前，中国水电开发事业正进入新一轮高速发展期，涉及移民安置的人口数量多，移民搬迁和安置的难度越来越大，各种矛盾可能越来越尖锐，做好移民安置工作，维护移民区和移民安置区社会稳定，已成为大中型水电工程建设的必要条件和重要目标。开展社会稳定风险评估，就是从制度上、措施上强化有关地方政府和单位的移民安置及维护稳定的工作责任，切实维护移民合法权益，从源头上预防和化解可能出现的不稳定因素，做到主动把握库区社会稳定形势，排查矛盾纠纷和评估稳定风险，实现库区矛盾化解由事后调处向事前预防、末端维稳向前端把控，由"救火"式被动处置向"防火"式主动化解、由治标向治本的转变，增强维稳工作的前瞻性和主动性，促进库区的和谐稳定、长治久安。

移民工作政策性强，移民的利益诉求高度一致，库区、移民安置区的矛盾纠纷和移民群众上访背后反映的大多是因利益诉求引发的人民内部矛盾，社会稳定风险也大多由群众合法权益受损而引发。通过开展社会稳定风险评估工作，把"以人为本"的原则贯彻始终，正确把握和妥善解决移民群众最关心、最直接、最现实的利益问题，在水电工程建设移民安置方案的论证、规划、设计等过程中，充分听取移民群众意见，依法保障移民群众的知情权、表达权、参与权和监督权，维护好、实现好和发展好移民群众的根本利益，不断增强移民群众对移民安置规划等事项的认知度和认同感，就能够确保安置工作有序和谐推进。

6.4.3.9　建立了危机管控机制维护库区稳定

移民安置规划的制定都是特定经济社会、政策环境和移民理论的产物，移民安置成功与否，实践是最好的检验，移民接受并从中受益就是好政策和好规划；反之，移民不接受，无法从中受益，就会引起社会矛盾，引发群体性社会事件，影响社会稳定。所以，建立危机管控机制十分必要。危机管控机制的核心就是及时发现，妥善处置，即一旦出现有影响社会稳定、引发群体性社会事件的苗头，移民主管部门只要高度重视，及时研究问题、调整政策、提出解决问题的有效方案，都能将移民问题及时处理，移民矛盾及时化解，群体性事件及时平息，危机得到有效管控。及时处理溪洛渡水电站枢纽工程建设区永善县外迁集中安置移民返迁问题就是这样的一起典型案例，危机管控机制发挥了较好作用。

案例：永善县外迁集中安置移民返迁问题处理

成都院于2003年1月启动了枢纽工程建设区（云南部分）移民安置实施规划设计工作，按照有关各方协商确定的外迁集中安置为主、县内分散后靠安置为辅的移民安置思路，于同年6月编制完成《溪洛渡水电站封闭管理区云南省永善县移民安置实施规划设计报告（送审稿）》。该报告确定的移民安置方案为"移民安置任务4636人中，外迁4500人至普洱市（原思茅地区）孟连傣族拉祜族佤族自治县安置，其中首批移民2100人安置在勐马安置区，第二批移民2400人安置在娜允镇安置区，剩余移民在永善县内自行安置"。

在移民搬迁安置实施过程中，移民受故土难离观念的影响，加之枢纽工程建设期就业机会较多，导致枢纽工程建设区大部分移民不愿迁往孟连傣族拉祜族佤族自治县安置，仅不足2000人按照原规划选择到孟连傣族拉祜族佤族自治县勐马安置点进行安置，其余移民均采用其他安置方式在永善县内进行安置。移民在孟连傣族拉祜族佤族自治县安置后，因搬迁距离较远，且移民区与安置区自然、社会、经济条件和文化背景差异较大，加之，移民普遍文化程度偏低，适应新环境的能力较差，难以融入当地生产、生活，返迁诉求强烈。

为妥善处理移民群体的社会稳定风险问题，云南省移民开发局经征求有关各方意见，于2009年4月出台《关于印发〈金沙江溪洛渡水电站（云南部分）施工区移民安置调整方案〉的通知》（云移局〔2009〕42号）、《关于对〈金沙江溪洛渡水电站施工区（云南部分）移民安置调整方案〉部分内容说明的通知》（云移金〔2009〕18号）两个文件，允许原外迁孟连傣族拉祜族佤族自治县的移民在自愿选择的前提下，可返迁回永善县重新安置，成都院再次对枢纽工程建设区实施规划设计报告进行修编，枢纽工程建设区移民安置最终方案调整为：外迁孟连傣族拉祜族佤族自治县勐马居民点集中安置336人、县内城镇集中安置1440人、分散安置2641人。

《关于印发〈金沙江溪洛渡水电站（云南部分）施工区移民安置调整方案〉的通知》（云移局〔2009〕42号）允许原外迁孟连傣族拉祜族佤族自治县农业集中安置移民在自愿选择的前提下返迁回永善县，按照云南省"16118"政策（立足一个长效补偿机制、实行六种安置方式并举、建立一项库区发展资金、享受统一后期扶持政策、采取八条移民安置措施）进行重新安置。同时，为妥善处理枢纽工程建设区移民安置遗留问题，维护社会稳定，对枢纽工程建设区（云南部分）移民计发了部分国家现行移民安置政策体制外的补偿补助项目费用。在该文件出台后，因枢纽工程建设区两岸移民在安置过程中执行政策存在差异，对四川部分移民安置工作造成了一定影响，四川部分已妥善安置的移民强烈要求"同库同策"。

为妥善解决枢纽工程建设区两岸移民执行政策存在差异的问题，维护枢纽工程建设区移民总体稳定，确保"同库同策、两省平衡"。2009年8月26日，国家能源局在北京召开了移民工作协调会议，形成《国家能源局关于印发溪洛渡水电站移民工作协调会议纪要的通知》（国能新能〔2009〕306号）。会议认为"溪洛渡水电站枢纽工程建设区移民远距离外迁安置是特定历史阶段的产物，应按照特事特办的原则予以解决""由水规总院牵头会同三峡总公司和云南省移民开发局对施工区外迁孟连傣族拉祜族佤族自治县移民所支付资金进行清理、核算，并将等额的资金补偿给四川省，由四川省统筹用于溪洛渡水电站四川移民的安置工作，并确保移民稳定和库区社会和谐"。

《国家能源局关于印发溪洛渡水电站移民工作协调会议纪要的通知》（国能新能〔2009〕306号）主要目的是解决溪洛渡水电站枢纽工程建设区（云南部分）移民安置政策调整对四川已妥善安置移民产生影响的问题，文中提出的"同库同策、两省平衡"是指政策层面的平衡；需等额补偿给四川省，由四川省统筹用于溪洛渡水电站四川移民安置工作的资金应为枢纽工程建设区（云南部分）移民安置过程中，因两省执行政策差异云南省多支付的有关费用。

通过对溪洛渡水电站枢纽工程建设区永善县外迁集中安置移民返迁问题的处理，一是化解了枢纽工程建设区（云南部分）移民在孟连傣族拉祜族佤族自治县安置后，因难以融入当地生产、生活而产生强烈的返迁诉求，取得了处理类似问题的经验；二是形成了"同库同策、两省平衡"的跨省界河水电站移民安置的新理念，维护了库区移民的和谐稳定。

6.4.3.10 建立库区移民发展基金

建立库区移民发展基金主要为改善移民生活水平和库区基础设施条件，资金来源可以直接从水电站电力销售价格中按比例提取移民发展基金作为一种效益共享机制，它的范围、期限、标准、具体措施和预期目标都是政府、业主和移民等多方商讨的结果。目前，金沙江溪洛渡、向家坝水电站已在这方面进行探索。2012年11月28日，国家能源局新能源和可再生能源司、金沙江下游水电移民工作协调领导小组办公室在溪洛渡召开协调办第六次会议，形成会议纪要，纪要指出"库区后续产业发展关系到移民的长远生计和库区的可持续发展，各方均应高度重视。国家有关部委已将促进地方经济社会发展和移民脱贫致富作为部分电站的开发任务之一，对水电建设提出了新要求，协调办将组织水规总院、水电顾问集团等有关方面适时启动相关研究工作，从加强移民培训和产业支撑等方面着手分析研究。同时，充分尊重地方和基层的首创精神，积极鼓励地方的探索和创新，支持地方政府通过整合各类资源，利用各种政策，发挥各方力量，因地制宜、实事求是地谋划库区产业发展，真正实现移民'搬得出、稳得住、能致富'和区域经济社会协调发展的目标"。

2014年2月21日，国家能源局在成都召开协调办第八次会议，形成会议纪要，纪要指出"为更好地支持两电站移民生活保障、生产发展和库区后续发展，根据水电工程特点和金沙江下游水电开发实际情况，探索创新水电开发利益共享机制非常必要。为引导溪洛渡、向家坝两座水电站移民后续发展试点工作，经国家发展和改革委员会和能源局协调，三峡集团从发电收益中安排部分资金，用于支持移民生产生活改善和后续发展。经讨论，会议明确该项资金主要用于涉及移民个人利益的能力建设、贫困救助、产业扶持、环境保护和生态建设等方面，会议要求三峡集团要商两省发展和改革委员会、能源局、移民局提出资金分配、使用及管理办法，并编制规划，尽快付诸实施"。建立库区移民发展基金这种效益共享机制可操作性强，效果也比较明显，各级地方政府、移民、安置区居民等受益方都很支持这种方式。

6.4.3.11 水电开发利益共享的实践

2016年1月，国家发展和改革委员会委托水电水利规划设计总院研究起草水电开发利益共享文件。在历经3年，多易其稿，2次全国范围征求意见的基础上，国家发展和改革委员会联合国家能源局、财政部、人力资源社会保障部、自然资源部、宗教事务局于2019年3月8日发布了《关于做好水电开发利益共享工作的指导意见》（发改能源规〔2019〕439号）（简称《指导意见》），标志着水电开发利益共享工作的实践拉开了序幕。随后在水电工程建设征地移民安置技术标准的制修定中，在移民安置规划大纲、移民安置规划、重大设计变更的编制和技术审查中全面落实文件精神，认真研究在具体项目中的落实。

1. 指导意见精神

《指导意见》起草依据的文件主要有3个：一是《中共中央关于进一步推进四川云南甘肃青海省藏区经济社会发展和长治久安的意见》要求"研究水电开发群众共享利益机制，完善和落实大中型水电工程建设移民安置和补偿政策"；二是《中共中央 国务院关于打赢脱贫攻坚战的决定》（中发〔2015〕34号，2015年11月29日）要求"科学合理有序开发贫困地区水电、煤炭、油气等资源，调整完善资源开发收益分配政策。探索水电利益共享机制，将从发电中提取的资金优先用于水库移民和库区后续发展""探索资产收益扶贫。……贫困地区水电、矿产等资源开发，赋予土地被占用的村集体股权，让贫困人口分享资源开发收益""大力扶持贫困地区农村水电开发。……增加贫困地区年度发电指标。提高贫困地区水电工程留成电量比例"；三是《中华人民共和国国民经济和社会发展第十三个五年规划纲要》提出"对在贫困地区开发水电、矿产资源占用集体土地的，试行给原住居民集体股权方式进行补偿。完善资源开发收益分享机制，使贫困地区更多分享开发收益"。

《指导意见》明确坚持以习近平新时代中国特色社会主义思想为指导，明确了政府引导、市场调节，统筹协调、倾斜移民，利益共享、多方共赢，创新探索、稳步推进4个方面的基本原则。《指导意见》还明确提出"构筑水电开发共建、共享、共赢的新局面，增强库区发展动力，维护库区社会和谐稳定，人民安居乐业，稳步推进共同富裕"的总体目标。

《指导意见》的主要内容共包括8个方面：一是完善移民补偿补助政策，二是尊重当地民风民俗和宗教文化，三是提升移民村镇宜居品质，四是创新库区工程建设体制机制，五是拓宽移民资产收益渠道，六是推进库区产业发展升级，七是强化能力建设和就业促进工作，八是加快库区能源产业扶持政策落地。主要内容覆盖了地方政府、移民群体、项目业主等主要利益相关方。同时《指导意见》提出了加大政策支持力度、细化落实改革任务、强化跟踪评估指导等3个方面的保障措施，以确保政策措施能够执行落地，稳妥推进水电移民利益共享机制改革。

总的来说，《指导意见》从完善政策、提升标准、探索创新3个方面提出了要求。完善政策方面提出必要时可适当增列搬迁安置激励措施补助、统筹平衡农村居民点的宅基地，对库区移民工程建设资金分摊原则、工程验收方式进行了明确，对库区产业发展的支持、能源产业扶持、就业培训等方面也给出了要求。提升标准方面提出需衔接《镇规划标准》《美丽乡村建设指南》，妥善解决好移民村庄集镇新址选址、建设用地、安全饮水、用电、通信、交通、就医、就学等基础条件，提升乡村建设标准，改善农村宜居品质，并明确对农村移民村庄集镇的风貌建设予以补助。探索创新方面提出应尊重当地民风民俗，征收涉及民风民俗设施及宗教活动设施、场所的应予以补偿，提出创新老年农业移民安置思路，并提出在总结各地试点经验基础上，探索资产收益扶持扶贫长效机制。

2. 技术标准规定

根据《指导意见》的要求，水电总院在组织《水电工程建设征地移民安置规划设计规范》（NB/T 10876—2021）、《水电工程农村移民安置规划设计规范》（NB/T 10804—2021）、《水电工程移民专业项目规划设计规范》（NB/T 10801—2021）、《水电工程建设征地移民安置补偿费用概（估）算编制规范》（NB/T 10877—2021）、《水电工程建设征地企业处理规划设计规范》（NB/T 10605—2021）等技术标准的制修订中进行了贯彻落实。

（1）《水电工程建设征地移民安置规划设计规范》（NB/T 10876—2021）。《水电工程建设征地移民安置规划设计规范》（NB/T 10876—2021）中响应《指导意见》的条款有：第6.4.3条规定居民点的规模等级、基础设施与公共服务设施的配置标准应根据国家和行业的有关规定，以及农村移民安置方案确定的搬迁安置人口数量分析确定；第6.4.6条规定农村宅基地可通过重新安排或一次性补偿方式进行处理；第8.3.3条规定安置区供水工程应兼顾安置地居民用水需求；第8.3.6条规定规划复建、改建或新增的电力工程，结合电网现状和移民搬迁安置方案，适当兼顾安置地居民用电需求。

（2）《水电工程农村移民安置规划设计规范》（NB/T 10804—2021）。《指导意见》提出根据需要配置卫生站、集贸市场以及村委会办公、文化活动、社区服务等场所，全面提升移民生活品质。《水电工程农村移民安置规划设计规范》（NB/T 10804—2021）在第6.3.3条规定："居民点公共服务设施规划应符合表6.3.3的规定。"

（3）《水电工程移民专业项目规划设计规范》（NB/T 10801—2021）。《水电工程移民专业项目规划设计规范》（NB/T 10801—2021）响应《指导意见》的要求更加具体。如在第4.3.5条规定："供水工程的设计用水人口数可在移民安置规划水平年基础上考虑设计年限5～10年的人口增长"。在第4.3.6条规定："安置区供水工程应兼顾安置地居民用水需求。水源工程、水源点至水厂的输水主干线和水厂可适当扩大规模，其扩大部分应进行论证，不应超过移民生产生活用水总量的30%"。在第6.2.1条规定："户均用电负荷标准取值范围宜为4～6kW/户，人均居民生活用电量标准取值范围宜为400～800kW·h/（人·a）"。在第6.3.3条规定："移民安置区电力工程应兼顾安置地居民用电需求，输配电设施可适当扩大规模，其扩大部分应进行论证，不应超过移民生产生活用电总量的10%"。

（4）《水电工程建设征地移民安置补偿费用概（估）算编制规范》（NB/T 10877—2021）。该规范进一步明确了费用项目及计算方法。如第3.2.6条规定："居民点新址建设项目划分应包括新址场地准备、场平工程、基础设施建设、公共服务设施补助和环水保工程……。公共服务设施补助应包括公共服务设施的扩容或新建项目"。第3.2.8条规定："其他项目划分应主要包括生产安置措施补助、建房困难户补助、新址房屋超深基础补助、农村宅基地处理费用、移民安置激励措施补助、风貌建设补助和其他"。第8.2.10条规定："风貌建设补助费用应以县为单位，按不超过迁入居民点、迁建城镇的移民住房和行政机关及企事业单位办公用房补偿费用总额的10%计算"。

3. 实践案例

（1）乌东德水电站。乌东德水电站装机容量1020万kW，正常蓄水位975m，于2015年12月核准，2020年1月开始蓄水、2021年6月12台机组全部发电。建设征地涉及生产安置人口3.36万人，其中四川省1.30万人，云南省2.06万人；搬迁安置人口3.39万人，其中四川省 1.37 万人，云南省 2.02 万人；涉及攀枝花市局部城区的处理，搬迁集镇 2 座，新建居民点 26 个，复建公路 337km、电力线路 169km；补偿费用合计 238.18 亿元，其中四川省 98.13 亿元，云南省 136.93 亿元，其他 3.12 亿元。

乌东德水电站移民安置补偿费用计列了风貌建设补助费 9891.85 万元、移民搬迁激励措施补助费 9353.40 万元、幼儿园补助费 2447.82 万元、农贸市场补助费 1175.04 万元、超深基础补助费 30330.69 万元等费用，共计 53198.8 万元，约占补偿费用（不考虑独立费）的 4.7%。

（2）白鹤滩水电站。白鹤滩水电站装机容量 1600 万 kW，正常蓄水位 825m，于 2017 年 7 月核准，2021 年 4 月蓄水，2022 年 16 台机组全部发电。建设征地涉及生产安置人口 10.74 万人，其中四川省 4.71 万人，云南省 6.03 万人；搬迁安置人口 10.81 万人，其中四川省 5.25 万人，云南省 5.56 万人；涉及县城 1 座，为巧家县；迁建集镇 8 座，新建居民点 40 个；复建公路 223km、电力线路 457km；补偿费用合计 763.98 亿元，其中四川省 389.73 亿元，云南省 371.77 亿元，其他 2.48 亿元。

白鹤滩水电站移民安置补偿费用计列了风貌建设补助费 76668.20 万元、移民搬迁激励措施补助费 31314.00 万元、幼儿园补助费 11083.97 万元、农贸市场补助费 6314.84 万元、超深基础补助费 33757.68 万元等，共计约 159138.69 万元，约占补偿费用（不考虑独立费）的 2.6%。

（3）如美水电站。如美水电站装机容量 260 万 kW，正常蓄水位 2895m，移民安置规划于 2022 年审定，项目于 2023 年核准。建设征地涉及生产安置人口 2275 人，搬迁安置人口 3114 人，迁建集镇 1 座，新建农村居民点 4 个，复建公路 82km，电力线路 92km；补偿费用合计 59.82 亿元。

如美水电站移民安置补偿费用计列了风貌建设补助费 3494 万元、宅基地处理费用 156 万元、幼儿园补助费 541 万元及农贸市场补助费 292 万元等，合计 4483 万元，约占补偿费用（不考虑独立费）的 1.1%。因西藏自治区没有政策规定，没有计列搬迁激励措施补助费；集镇和居民点没有坐落在填方或软基上，故没有计列超深基础补助费。

（4）波罗水电站。波罗水电站装机容量 96 万 kW，正常蓄水位 2989m，移民规划于 2024 年审定，项目计划于 2024 年核准。建设征地涉及生产安置人口 1030 人，其中四川省 948 人，西藏自治区 82 人；搬迁安置人口 921 人，其中四川省 691 人，西藏自治区 230 人；迁建集镇 1 座，规划居民点 1 个，复建公路 46.5km、电力线路 44.8km；补偿费用合计 56.15 亿元，其中四川省 45.08 亿元，西藏自治区 11.07 亿元。

波罗水电站移民安置补偿费用计列了风貌建设补助费 960 万元、宅基地处理费用 31.6 万元、超深基础补助 1508 万元、幼儿园补助费 215.5 万元及农贸市场补助费 74.5 万元等，合计约 2789.6 万元，约占补偿费用（不考虑独立费）的 0.7%。因西藏自治区没有政策规定，没有计列搬迁激励措施补助费。

（5）其他。根据《指导意见》的精神，在国家重大工程移民安置规划技术评审中首次提出在搬迁集镇和农村居民点可以合理配置安置点民族特色标志性入口，每个安置点民族特色标志性入口暂按照 15 万元计列。

2019 年以来，在常规水电站、抽水蓄能电站移民安置规划的技术评审中，对供水、供电、交通等移民专项工程在"三原"原则的基础上,考虑适当兼顾安置区当地居民的要求进行规划。如在供水方面,确定供水规模时适当兼顾安置区当地居民,兼顾的供水量不超过移民需求的30%;在供电方面,兼顾的供电量不超过移民需求的10%;在交通工程方面,等级公路的明线段按原标准复建,隧道、桥梁提高一个等级建设等,为地方的下一步升级改造预留了空间。可以说,《指导意见》的成功应用实践,为近年来水电工程的移民安稳融合、实现共同富裕提供了很好的保障。

4. 下一步探索

除了上述已纳入移民安置规划的利益共享实践,根据《指导意见》中"根据各电站项目自身经济可承受能力和建设目标,因地制宜施行利益共享措施,稳步推进"的精神,建议可在以下4个方面开展进一步探索。

(1) 项目法人根据各电站的实际情况,在移民安置补偿费用之外提出支持措施,促进地方经济发展和移民共同富裕。根据相关方面的资料,在金沙江下游4个电站移民安置实施过程中,三峡集团探索移民发展专项支持措施,与四川、云南两省协商,在移民安置补偿费用外统筹安排部分资金,由地方政府统筹用于与移民搬迁安置密切相关的生产生活基础设施改善,以及解决现行移民政策不能完全覆盖而又必须解决的困难和问题。

华能澜沧江公司在履行经济责任的同时,抗鼎社会责任,在移民规划资金外统筹安排部分资金,进一步提升移民搬迁安置区和库区的交通、水利、社区发展等生产生活基础设施建设,增加了移民安置区和库区群众收入,享受到水电开发带来的效益,促进了库区和谐稳定。

国投雅砻江公司在基地建设过程中,通过工程建设,极大改善电站所在地交通、电力、供水、通信等基础设施条件,促进地方相关产业发展;在沿江少数民族聚居区增加部分资金(移民安置规划投资之外),用于解决与移民和当地群众密切相关的生产生活基础设施的改善,践行"开发一批电站,带动一方经济,保护流域环境,致富库区百姓"。

国能大渡河公司成立了四川省国能大渡河爱心帮扶基金会,主要在大渡河沿岸"三州两市"开展教育、文化、卫生、扶贫济困、抢险救灾、脱贫攻坚、乡村振兴等公益事业。截至2023年年末,累计开展帮扶项目358项,资助优秀贫困学生2300余名,累计援建22所爱心医院和26所希望小学,帮助解决大渡河流域沿岸人民群众尤其是移民群众就医难、上学难、乡村集体经济发展等急难问题,取得了良好的社会效益。

(2) 部分解决逐年货币补偿后续资金来源。严格来说,逐年货币补偿不属于利益共享范畴,但后续不足资金要求项目业主解决,又带有分享水电开发收益的意味。逐年货币补偿最大的问题是长期与工程项目和地方政府捆绑,无退出机制,近期正在研究提出建立退出机制。例如移民户口转为城镇居民,且就业有稳定收入的移民应退出;例如实施被失地农民基本养老保险,提高基本养老保险标准,到达领取年龄的移民应退出。

(3) 在生产安置的基础上,进一步增加产业支撑,让移民能选择就业、自主就业,增加移民收入;并在国家重大工程的移民安置规划中进行考虑,但需要进一步得到国家的批复。

(4) 在房屋补偿的基础上,再按 $25m^2$ 或 $30m^2$ 的砖混结构房屋标准增列住房保障费用,让移民居住条件、居住环境更上一层楼。目前一些项目提出了相关要求,但尚未纳入移民安置规划。

第 7 章
未来展望

截至 2021 年年底，中国已建、在建常规水电装机规模占全国技术可开发装机容量的 57.1%，与发达国家水能资源开发程度相比，仍有较大发展空间。尤其是西南诸河，已建、在建常规水电装机规模占流域技术可开发装机容量仅为 15.7%，未来开发潜力大。在碳达峰碳中和发展背景下，抽水蓄能电站建设进入高速发展期。近年来随着国家水电移民安置政策日益完善，移民权益意识日益加强，以及国家乡村振兴战略实施和进入高质量发展阶段，对移民安置工作提出了新要求，未来移民安置工作任务仍较为艰巨，但使命光荣。在新形势、新要求下，水电工程建设征地移民安置工作既面临新挑战，也将有新的发展机遇。

7.1 研究探索新形势下的水电移民工作管理机制

水电工程建设征地移民工作管理机制是做好移民安置规划和安置工作的基本保障。为了加强水电工程建设征地和移民安置工作的管理，2002 年 11 月，根据《大中型水利水电工程建设征地补偿和移民安置条例》（国务院令第 74 号）精神，国家计委以《水电工程建设征地移民工作暂行管理办法》（计基础〔2002〕2623 号）提出了"国家对水电工程建设征地移民工作实行政府负责、投资包干、业主参与、综合监理的管理体制"，理顺了各级政府、移民机构、项目法人、设计单位和监理单位等相关方职责，推进了水电工程建设征地移民工作。此后，随着经济社会不断发展，水电工程移民诉求不断增多，为切实维护移民权益，国务院在 2006 年以"国务院令第 471 号"修订了《大中型水利水电工程建设征地补偿和移民安置条例》，调整移民工作管理体制为"政府领导、分级负责、县为基础、项目法人参与"。

十多年来，中国水电建设快速发展，水电移民实际工作中有关各方对各级政府移民工作的职责、工作程序和机制等存在不同的理解，存在相互推诿扯皮现象，造成水电移民工作推进困难，进而影响水电工程顺利建设。同时，近年来部分地区强烈要求加强移民后续发展帮扶，促进地方经济社会发展。为适应新时期移民工作的新要求，建立良好的移民工作环境，解决移民工作中遇到的实际问题，推进水电工程顺利建设，有必要认真梳理和总结近年来水电工程移民工作管理经验，根据水电站建设特点和移民工作实际，研究探索新形势下的水电移民管理和工作机制。建议重点从组织分工、前期工作管理、实施管理、设计变更管理、后期扶持管理、监督管理等方面进行研究，探索在中央统筹、省级人民政府负总责的基础上建立政府领导、分级负责、县为基础、项目法人参与的管理体制，以及目标统一、责任落实，规划主导、设计先行，分类管理、资金管控，信息公开、监督到位，分工协作、实施有序的工作机制。

7.2 以问题为导向开展移民安置政策深化研究

党的十八大以来，党中央、国务院出台了《中共中央关于制定国民经济和社会发展第十三个五年规划的建议》《中共中央 国务院关于打赢脱贫攻坚的决定》等重要文件，提出了精准扶贫、资产收益扶持、利益共享等系列政策，树立了创新、协调、绿色、开放、共享的新发展理念；党的十九大以来，以习近平新时代中国特色社会主义思想为指导，党中央、国务院明确发展必须更加重视全面与共享，更加重视质量和效益，必须坚持以人民为中心，不断增强人民的获得感、幸福感、安全感，不断推进全体人民共同富裕。在水能资源开发中必须贯彻落实党中央、国务院重要文件精神，积极顺应新常态下的工作要求，进一步研究优化水电移民安置、利益共享、促进区域经济发展等政策。

随着全国未开发水电项目向高山峡谷、江河上游、民族地区和界河区域的挺进，受区域地域条件、社会经济发展、民族宗教等因素影响，现有的补偿补助体系及安置方式需要根据新条件予以完善。根据近年来提出的巩固拓展脱贫攻坚成果同乡村振兴有效衔接、促进民族地区经济社会发展的要求，为顺利推进移民安置工作和水电工程健康发展，有必要对民族地区和偏远地区水电移民安置政策进行深层次的研究。针对移民安置后，如何充分利用库区劳动力和库周土地、交通、旅游、基础设施等资源，解决多余劳动力的就业等一系列移民后续发展问题，应本着从移民群众根本利益出发、解决移民后顾之忧、统筹整合各类资金渠道的原则，就移民后续发展规划的编制组织形式、后续发展的种类及适用条件、后续发展需要研究的内容及深度要求、资金解决渠道、审批程序等一系列问题进行探讨研究，制定完善移民后续发展规划设计及工作管理办法。

以解决实际问题为导向，跟踪《大中型水利水电工程建设征地补偿和移民安置条例》和集体土地房屋征收有关管理办法等法律、法规的制修订进程，衔接国土、宅基地、集体土地三权分置制度，研究移民房屋、宅基地等补偿补助政策，衔接水利及交通工程，开展水电工程与铁路等基础设施项目相关税费、征地社保政策并轨研究。完善国有土地收回方面的具体补偿政策规定，明晰移民条例和《国有土地上房屋征收与补偿条例》（国务院令第590号）适用范围及补偿政策。细化水电工程建设征地移民安置设计变更管理办法、建设征地移民安置补偿费用动态管理及概算调整管理办法，明确设计变更种类及变更程序、补偿费用概算动态管理内容及工作模式、概算调整启动条件及概算调整程序及办法等内容。

7.3 建立完善全生命周期技术标准体系

根据《国家能源局综合司关于委托开展水电行业技术标准体系课题研究的函》（国能综科技〔2015〕57号）的要求，需做好水电工程建设征地移民安置技术标准体系的顶层设计工作，建立生命全周期技术标准体系，满足全过程技术管理要求。2017年，印发了《水电行业技术标准体系表（2017年版）》，其中水电工程建设征地移民安置专业分别在通用及基础、规划及设计、建造调试及验收、运行维护、退役各阶段共设置技术标准28项。2021年，根据国家能源主管部门及科技标准主管部门要求，结合新形势提出了标准体系修订草案，水电工程建设征地移民安置技术标准建议调整为27项。截至2022年，27项标准中已颁布实施19项，正在制定或计划立项8项。

下一步计划重点从以下方面完善水电工程建设征地移民安置技术标准工作。

（1）将按照覆盖工程建设全生命周期、适应未来新型能源体系规划发展、积极主动解决移民安置实际问题等理念进一步细化和研究技术标准体系。

（2）根据2021年中共中央、国务院印发的《国家标准化发展纲要》开展可再生能源标准绿色发展标准以及公共设施建设、城市更新等城乡建设标准的相关研究，按照可再生能源标准化管理中心的总体安排，做好可再生能源标准体系及标准研究工作。

（3）加快已立项技术标准制修订工作，并加快翻译进度，把中国在建设征地范围、实物指标调查、规划设计等方面具有优势的技术标准大力向国际推广，积极寻找机会开展国内外征地移民技术政策对标及国际交流工作。

7.4 推动移民专业信息平台建设与运用工作

推动移民专业信息平台建设，高效开展数据归纳、分析和运用工作。确立录入基础数据信息指标，通过与国家主管部门、地方移民管理机构、电站项目业主及设计单位等数据库潜在客户群体的积极沟通，了解用户群特征和数据需求，明确现有数据的类型和种类，在数据库专业编程人员协助下提出数据格式的处理、转换和具体操作流程，初步建立数据输入操作标准，规范项目数据的录入方式；以核心数据源层级分类搭建思路为指导，结合数据特征分析研究成果，归纳提出基本数据单元；针对客户群体需求，探讨基本数据单元的各种组合方式，指导专业数据库人员开展基本单位的运算合理性验算工作；协助专业计算机人员初步建立以基本单位为核心数据源的层级分类数据模型，要求模型考虑与其他专业、其他单位数据平台的对接，并且能够为不同客户群体提供独立的、开放的、分级自由共享的数据服务方式，同时注重与服务方式对应的安全保障措施体系的建设和不断完善工作。融合触屏、人机对话、扫描识别等先进的计算机操作形式，建立人性化的数据应用平台。数据库随机实现不同数据信息查询、调用、运算、输出和云平台分享等功能，同时建立不同客户群体的操作行为后台记录，通过统计分析完善数据库的操作合理性。建立大数据信息深挖掘模块，分析探讨模块间的叠加、重叠、合并、相交、相斥等组合镶嵌关系，研究大数据信息挖掘处理的方向和更深远的用途。

重视信息新技术在移民安置规划设计及安置过程中的应用。根据《建筑业信息化发展纲要》《关于推进建筑信息模型应用的指导意见》精神，推行BIM技术在水电移民工程项目中的应用；利用遥感技术、地理信息系统技术、全球定位系统3S技术完善实物指标调查、工程地形测绘、安置点选址、工程方案比选等技术手段；通过全景可视化展现移民安置前后情况及移民安置效果。

7.5 加强行业和国际交流合作拓展未来市场

（1）建立相关各方共同协作的技术服务平台。以中国水力发电工程学会水库专业委员会为交流枢纽，并为地方政府和项目法人服务；以国家水能风能研究中心（国家能源水电工程技术研发中心）为引擎，组织设计单位、科研机构承担国家主管部门、地方行业主管部门政策研究工作；推动水库专业在水电工程行业实行全过程服务；以能源行业水库移民分标准委员会、水电水利规划设计总院承担日常管理工作的全方位、多层次水电工程水库经济专业技术平台，积极引导国家能源主管部门、省级管理部门、项目法人、设计单位、科研机构投入到水库经济专业技术平台和科技标准的建设工作。

（2）加强规划设计单位与国内大专院校、科研机构的交流与合作。移民安置规划设计单位及实施单位往往在实际工作中经验较为丰富，但理论提升能力较为薄弱，目前中国具备开展移民专业及理论研究的国内大专院校及科研机构呈现健康发展的态势，而该部分机构往往在专业理论知识方面具有一定的优势。为充分发挥各自优势，进一步提高移民专业理论水平，有必要积极推行有关单位与国内大专院校、科研机构的交流与合作。

（3）加强与国土、林业、城建等行业之间的交流与合作。中华人民共和国成立70多年来，国家进行了大规模的经济建设，同时也产生了大量的工程性移民和生态性移民，这些移民涉及水库、公路、铁路、机场、城建、矿山、自然保护区、自然迁移等各个方面。由于不同类型工程自有的特点决定了该类工程的移民工作呈现不同的特性，不同工程间移民政策的相互过滤性采纳，往往会解决本工程解决不到的问题，并达到意想不到的效果。随着市场化的发展，以及国家征地政策的完善与统一，为做好水电工程建设征地移民安置工作，拓展其他行业移民工作市场，拓宽水电移民工作者视野，更有必要对各领域移民安置政策、移民安置工作实施等方面的成果经验及失败教训做进一步的沟通交流与分析总结。

（4）加强与世界银行、亚洲开发银行等多边银行，以及国际组织间的技术交流。随着"一带一路"倡议的持续推进，中国对外合作建设项目将不断增加。为适应未来水电工程移民安置发展趋势，以及国外市场拓展的要求，需重视与其他国家和国际组织之间的合作研究，尊重各个国家的政治体制和法律制度，以及宗教、生活习俗。同样，要勇于推广中国比较成熟的移民安置工作成功经验，为人类命运共同体共同发展作出贡献。

在中国共产党坚强领导下，中国水电事业和水电移民工作取得举世瞩目的辉煌成就，中国水电移民安置积累了很多宝贵的经验，在新时代水电移民工作面对人民日益增长的美好生活需要和不平衡不充分发展之间的矛盾，仍然有诸多难题需要与时俱进不断破解。习近平总书记在建党百年的讲话中指出"中国共产党根基在人民、血脉在人民、力量在人民"；并强调"新的征程上，我们必须紧紧依靠人民创造历史，坚持全心全意为人民服务的根本宗旨，站稳人民立场，贯彻党的群众路线，尊重人民首创精神，践行以人民为中心的发展思想，发展全过程人民民主，维护社会公平正义，着力解决发展不平衡不充分问题和人民群众急难愁盼问题，推动人的全面发展、全体人民共同富裕取得更为明显的实质性进展！"

展望未来，中国水电必将在推进实现"双碳"目标中继续担当重任，移民工作也将继续坚持人民至上和新发展理念，高举中国特色社会主义伟大旗帜，全面贯彻新时代中国特色社会主义思想，弘扬伟大建党精神，自信自强、守正创新、踔厉奋发、勇毅前行，奋力推动水电移民事业实现新跨越，为全面建成社会主义现代化强国、实现第二个百年奋斗目标，以中国式现代化全面推进中华民族伟大复兴而努力奋斗！

参 考 文 献

[1] 长江水利委员会长江勘测规划设计研究院，建设与管理局. 长江志·卷五·治理开发（下）：第二篇 水库移民与库区建设 [M]. 北京：中国大百科全书出版社，2005.
[2] 齐美苗，杨荣华. 长江设计院移民规划设计工作实践与回顾 [J]. 人民长江，2013，44（2）：1-4，8.
[3] 童禅福. 国家特别行动：新安江大移民——迟到五十年的报告 [M]. 北京：人民文学出版社，2009.
[4] 李鹏. 众志绘宏图：李鹏三峡日记 [M]. 北京：中国三峡出版社，2003.
[5] 长江水利委员会. 三峡工程移民研究 [M]. 武汉：湖北科学技术出版社，1997.
[6] 傅秀堂. 水库移民工程 [M]. 北京：中国水利水电出版社，2005.
[7] 湖北水电移民编纂委员会. 湖北水电移民 [M]. 武汉：长江出版社，2013.
[8] 重庆三峡移民志编纂委员会. 重庆三峡移民志 [M]. 北京：中国三峡出版社，2008.
[9] 欧通胜，陈彦，刘焕永，等. 水利水电工程"先移民后工程"政策践行初探 [M] //水利水电工程建设征地移民安置论文集. 北京：中国水利水电出版社，2017.
[10] 郭万侦，邓益，余琳，等. 关于流域（河段）移民安置规划的思考 [J]. 水力发电学报，2013，32（15）：1-5.
[11] 李文军，李镇旗. 乡村振兴战略下的水库移民安置规划探讨 [J]. 人民长江，2019，50（9）：228-232.
[12] 张穹，矫勇，周英. 大中型水利水电工程建设征地补偿和移民安置条例释义 [M]. 北京：中国水利水电出版社，2007.
[13] 鄂竟平，章建华，矫勇，等. 中国大坝70年 [M]. 北京：中国三峡出版社，2021.
[14] 水电水利规划设计总院. 中国可再生能源发展报告2021 [M]. 北京：中国水利水电出版社，2021.
[15] 水电水利规划设计总院. 水电建设促进地方经济社会发展政策研究报告 [R]. 2008.
[16] 国家水能风能研究中心，中国电建集团贵阳勘测设计研究院有限公司. 水电工程移民管理体制机制再研究报告 [R]. 2015.
[17] 水电水利规划设计总院. 改革开放四十年水电建设成就与展望 [R]. 2018.

附表

附表1　主要政策清单

序号	发 布 部 门	文 件 名 称
一	国家级	
1	政务院	《国家建设征用土地办法》（1953年颁布）
2	国务院	《国家建设征用土地办法》（1958年颁布）
3	财政部、电力工业部	《关于从水电站发电成本中提取库区维护基金的通知》（电财字〔81〕第56号）（1981年颁布）
4	国务院	《国家建设征用土地条例》（1982年颁布）
5	全国人民代表大会常务委员会	《中华人民共和国土地管理法》（1986年颁布、1988年修正、1998年修订、2004年修正、2019年修正）
6	国务院办公厅	《关于抓紧处理水库移民问题报告的通知》（国办发〔1986〕56号）
7	国务院	《大中型水利水电工程建设征地补偿和移民安置条例》（国务院令第74号）（1991年颁布）
8	国务院	《国家计委关于加强水库移民工作的若干意见》（国发〔1992〕20号）
9	国务院	《长江三峡工程建设移民条例》（1993年6月，国务院以第126号令发布；2001年2月，国务院以第299号令进行修订；2011年1月，国务院以第588号令再次修订）
10	国家计划委员会、财政部、电力工业部、水利部	《关于设立水电站和水库库区后期扶持基金的通知》（计建设〔1996〕526号）
11	电力工业部	《水库移民补偿经费管理办法（试行）》（电综〔1998〕90号）
12	电力工业部	《水电工程水库移民监理规定》（电综〔1998〕第251号）
13	国土资源部	《关于加强征地管理工作的通知》（国土资发〔1999〕480号）
14	国土资源部	《关于切实做好征地补偿安置工作的通知》（国土资发〔2001〕358号）
15	国务院办公厅	《关于加快解决中央直属水库移民遗留问题若干意见》（国办发〔2002〕3号）
16	国土资源部	《关于切实维护被征地农民合法权益的通知》（国土资发〔2002〕225号）
17	国家计划委员会	《水电工程建设征地移民工作暂行管理办法》（计基础〔2002〕2623号）

续表

序号	发 布 部 门	文 件 名 称
18	财政部	《库区建设基金征收使用管理办法》（财企〔2003〕57号）
19	国家计划委员会	《关于核定中央直属水库库区建设基金标准有关问题的通知》（计价格〔2003〕102号）
20	水利部	《中央直属水库移民遗留问题处理规划实施管理办法》（水移〔2003〕113号）
21	财政部	《关于库区建设基金使用管理有关问题的通知》（财企〔2003〕291号）
22	国务院	《国务院关于深化改革严格土地管理的决定》（国发〔2004〕28号）
23	国土资源部	《关于完善征地补偿安置制度的指导意见》（国土资发〔2004〕238号）
24	国土资源部	《关于开展制订征地统一年产值标准和征地区片综合地价工作的通知》（国土资发〔2005〕144号）
25	国务院	《关于完善大中型水库移民后期扶持政策的意见》（国发〔2006〕17号）
26	国务院	《大中型水利水电工程建设征地补偿和移民安置条例》（国务院令第471号）（2006年颁布）
27	财政部	《大中型水库移民后期扶持基金征收使用管理暂行办法》（财综〔2006〕29号）
28	财政部	《大中型水库库区基金征收使用管理暂行办法》（财综〔2007〕26号）
29	国家发展和改革委员会	《新建大中型水库农村移民后期扶持人口核定登记暂行办法》（发改农经〔2007〕3718号）
30	水利部	《大中型水利水电工程移民安置前期工作管理暂行办法》（水规计〔2010〕33号）
31	水利部办公厅	《关于印发大中型水利水电工程移民安置验收管理暂行办法的通知》（水移〔2012〕77号）
32	国家发展和改革委员会	《国家发展改革委关于做好水电工程先移民后建设有关工作的通知》（发改能源〔2012〕293号）
33	财政部	《大中型水库移民后期扶持结余资金使用管理暂行办法的通知》（财企〔2012〕315号）
34	水利部	《水利部关于加强大中型水利工程移民安置管理工作的指导意见》（水移〔2014〕114号）
35	国土资源部、国家发展和改革委员会、水利部、国家能源局联合	《关于加大用地政策支持力度促进大中型水利水电工程建设的意见》（国土资规〔2016〕1号）

续表

序号	发 布 部 门	文 件 名 称
36	国务院	《大中型水利水电工程建设征地补偿和移民安置条例》(国务院令第679号)(2017年颁布)
37	水利部	《关于印发加强水库移民工作监督管理指导意见的通知》(水移民〔2019〕365号)
38	国家发展和改革委员会、国家能源局、财政部、人力资源和社会保障部、自然资源部和国家宗教事务局联合	《关于做好水电开发利益共享工作的指导意见》(发改能源规〔2019〕439号)
二	青海	
1	青海省人民政府	《青海省人民政府关于印发青海省大中型水利水电工程建设征地补偿和移民安置管理暂行办法》(青政〔2007〕23号)
2	青海省人民政府办公厅	《青海省人民政府办公厅关于印发青海省大中型水库后期扶持政策实施工作方案的通知》(青政办〔2007〕35号)
3	青海省人民政府	《青海省黄河上游大中型水电站工程建设征地补偿暂行标准的通知》(青政办〔2007〕46号)
4	青海省移民安置局	《青海省水电工程移民退养安置逐年补偿安置社会保障安置方式的意见》(青移安〔2011〕53号)
三	四川	
1	四川省扶贫和移民工作局	《四川省扶贫和移民工作局关于印发〈四川省大中型水利水电工程建设征地移民安置前期工作管理办法(试行)〉的通知》(川扶贫移民发〔2012〕381号)
2	四川省人民代表大会常务委员会	《四川省大中型水利水电工程移民工作条例》(2016年)
3	四川省人民政府	《四川省〈大中型水利水电工程建设征地补偿和移民安置条例〉实施办法》(四川省人民政府令第268号)(2013年颁布)
4	四川省财政厅	《四川省财政厅关于印发〈四川省大中型水库移民后期扶持项目资金管理办法〉的通知》(川财企〔2013〕10号)
5	四川省扶贫和移民工作局	《四川省扶贫和移民工作局关于印发〈四川省大中型水利水电工程建设征地移民安置前期工作管理办法(试行)〉的通知》(川扶贫移民发〔2012〕381号)
6	四川省扶贫和移民工作局	《四川省扶贫和移民工作局四川省财政厅关于印发〈四川省大中型水利水电工程移民后期扶持工作管理暂行办法〉的通知》(川扶贫移民发〔2012〕399号)
7	四川省人民政府办公厅	《四川省人民政府办公厅关于印发〈四川省大中型水利水电工程建设征地补偿和移民安置社会稳定风险评估办法(试行)〉的通知》(川办函〔2013〕191号)

续表

序号	发 布 部 门	文 件 名 称
8	四川省扶贫和移民工作局	《四川省扶贫和移民工作局 四川省发展和改革委员会关于调整全省大中型水利水电工程移民养老保障安置政策有关问题的通知》(川扶贫移民发〔2013〕439号)
9	四川省人民政府办公厅	《四川省人民政府办公厅转发省扶贫移民局〈四川省大中型水利水电工程移民工作管理办法(试行)〉的通知》(川办函〔2014〕27号)
10	四川省扶贫和移民工作局	《四川省扶贫和移民工作局关于印发〈四川省大型水利水电工程移民安置实施阶段设计和监督评估委托工作规范〉等五个工作规范的通知》(川扶贫移民发〔2014〕316号)
11	四川省扶贫和移民工作局	《关于修订移民安置验收和考核办法的通知》(川扶贫移民发〔2015〕206号)
12	四川省扶贫和移民工作局	《四川省扶贫和移民工作局关于印发〈四川省大中型水利水电工程建设征地实物调查工作实施细则(试行)〉的通知》(川扶贫移民发〔2015〕227号)
13	四川省人民代表大会常务委员会	《四川省大中型水利水电工程移民工作条例》(四川省第十二届人民代表大会常务委员会公告第70号,2016年7月23日)
14	四川省财政厅	《四川省大中型水库移民后期扶持资金管理办法》(川财农〔2019〕151号)
15	四川省人民政府办公厅	《四川省人民政府办公厅关于印发〈四川省大中型水利水电工程建设征地范围内禁止新增建设项目和迁入人口通告管理办法〉的通知》(川办发〔2020〕11号)
四	云南	
1	云南省人民政府	《云南省大中型水利水电工程建设移民安置管理办法》(云政发〔2005〕81号)
2	云南省人民政府办公厅	《云南省人民政府办公厅关于印发云南省完善大中型水库移民后期扶持政策实施方案及相关暂行办法的通知》(云政办发〔2007〕8号)
3	云南省人民政府办公厅	《关于印发向家坝水电站云南库区农业移民安置实施意见的通知》(云政办发〔2007〕157号)
4	云南省人民政府办公厅	《关于印发云南金沙江中游水电开发移民安置补偿补助意见的通知》(云政办发〔2007〕159号)
5	云南省人民政府	《云南省人民政府关于进一步做好大中型水电工程移民工作的意见》(云政发〔2015〕12号)
6	云南省移民开发局	《关于贯彻执行〈云南省移民开发局关于进一步规范全省大中型水利水电工程建设征地补偿和移民安置相关工作意见〉的通知》(云移局〔2007〕159号)

续表

序号	发布部门	文件名称
7	云南省人民政府	《云南省人民政府关于贯彻落实国务院大中型水利水电工程建设征地补偿和移民安置条例的实施意见》（云政发〔2008〕24号）
8	云南省移民开发局	《关于印发〈云南省大中型水利水电工程建设征地移民人口界定办法（试行）〉的通知》（云移局〔2008〕27号）
9	云南省移民开发局	《关于贯彻执行〈云南金沙江中游水电开发移民安置补偿补助意见〉有关问题的通知》（云移局〔2008〕54号）
10	云南省移民开发局	《关于印发〈云南省怒江中下游水电开发移民安置指导意见〉的通知》（云移局〔2008〕94号）
11	云南省移民工作领导小组办公室	《关于云南省大中型水电工程建设征地移民建房困难补助标准的通知》（云移领办〔2008〕19号）
12	云南省移民开发局	《云南省移民开发局关于调整金沙江中游农村移民建房困难户补助政策的通知》（云移发〔2013〕122号）
13	云南省人民政府	《云南省人民政府关于进一步做好大中型水电工程移民工作的意见》（云政发〔2015〕12号）
14	云南省移民开发局	《云南省移民开发局关于印发〈金沙江中游水电站水库蓄水新增滑坡塌岸影响区处理工作机制〉的通知》（云移发〔2015〕69号）
15	云南省移民开发局	《云南省移民开发局关于印发解读〈云南省人民政府关于进一步做好大中型水电工程移民工作的意见〉的通知》（云移发〔2015〕100号）
16	云南省移民开发局	《云南省移民开发局关于印发〈云南省大型水电工程移民安置综合设计工作绩效考核办法〉的通知》（云移发〔2016〕90号）
17	云南省移民开发局	《云南省移民开发局关于印发〈云南省大中型水利枢纽和水电工程移民统计管理办法〉的通知》（云移发〔2016〕102号）
18	云南省移民开发局	《云南省移民开发局关于印发〈云南省大中型水利水电工程移民资金内部审计管理办法〉〈云南省大中型水利水电工程移民工作稽查管理办法〉的通知》（云移发〔2016〕107号）
19	云南省移民开发局	《云南省移民开发局关于印发〈云南省大中型水利水电工程建设征地移民安置实施阶段设计变更管理办法〉的通知》（云移发〔2016〕112号）
20	云南省移民开发局	《云南省移民开发局云南省水利厅关于进一步加强大中型水利工程移民安置管理工作的通知》（云移发〔2016〕211号）
21	云南省移民开发局	《云南省移民开发局关于印发云南省大中型水利水电工程移民工作管理办法的通知》（云移发〔2017〕147号）
22	云南省移民开发局	《云南省移民开发局关于进一步做好大中型水利水电工程建设征地补偿和移民安置社会稳定（信访）风险评估工作的通知》（云移发〔2016〕127号）

续表

序号	发 布 部 门	文 件 名 称
23	云南省移民开发局	《云南省移民开发局关于印发〈云南省大中型水利水电工程建设征地移民安置验收管理办法〉的通知》（云移发〔2016〕137号）
24	云南省移民开发局	《云南省移民开发局关于进一步做好金沙江中游水电移民补偿补助相关工作的通知》（云移发〔2016〕183号）
25	云南省移民开发局	《云南省移民开发局关于印发云南省大中型水利水电工程移民工作管理办法解读的通知》（云移发〔2017〕183号）
26	云南省移民开发局	《云南省移民开发局关于印发云南省大中型水利水电工程移民资金管理办法的通知》（云移发〔2017〕150号）
五	贵州	
1	贵州省大中型水电工程移民开发领导小组办公室	《贵州省大中型水电工程水库移民安置实施管理试行办法》（黔移发〔2001〕006号）
2	贵州省人民政府	《关于印发贵州省大中型水电工程移民资金审计办法的通知》（黔府移发〔2002〕53号）
3	贵州省人民政府	《贵州省大中型水电工程移民机构工作经费会计核算办法》（黔移办发〔2005〕9号）
4	贵州省财政厅、贵州省大中型水电工程移民开发领导小组办公室	《贵州省大中型水库移民后期扶持资金使用管理暂行办法》（黔财企〔2007〕19号）
5	贵州省人民政府	《贵州省人民政府关于进一步加强移民工作的意见》（黔府发〔2010〕12号）
6	贵州省移民局	《贵州省大中型水利水电工程移民安置验收管理暂行办法》（黔移发〔2011〕39号）
7	贵州省移民局	《贵州省大中型水利水电工程移民规划实施稽查暂行办法》（黔移发〔2011〕40号）
8	贵州省移民局	《贵州省大中型水利水电工程移民安置监督评估管理暂行办法》（黔移发〔2011〕41号）
9	贵州省移民局	《贵州省大中型水库移民后期扶持人口动态管理暂行办法》（黔移发〔2011〕47号）
10	贵州省人民政府办公厅	《关于贵州省水库移民后期扶持项目管理办法的通知》（黔府办发〔2011〕72号）
11	贵州省移民局	《关于设立大中型水库移民后期扶持政策实施固定监测点的通知》（黔移发〔2012〕7号）
12	贵州省人力资源和社会保障厅	《关于做好扶贫生态移民工程就业和社会保障工作的通知》（黔人社厅通〔2013〕309号）

续表

序号	发布部门	文件名称
六	重庆	
1	重庆市人民政府	《关于切实做好三峡库区农村移民安置土地调整工作的通知》（渝府发〔1998〕48号）
2	重庆市人民政府办公厅	《关于加强三峡库区移民迁建规划区土地管理有关问题的通知》（渝办〔1999〕173号）
3	重庆市人民政府	《关于进一步做好对口支持三峡工程库区移民工作的通知》（渝府发〔1999〕60号）
4	重庆市人民政府	《重庆市三峡库区移民资金管理办法》（渝府令〔2000〕70号）
5	重庆市人民政府	《重庆市三峡库区农村移民安置管理办法》（渝府发〔2001〕7号）
6	重庆市人民政府	《重庆市大中型水利水电工程建设征地和移民安置暂行规定》（渝府发〔2001〕28号）
7	重庆市人民政府	《重庆市三峡工程库区移民后期扶持基金管理办法》（渝府发〔2004〕30号）
8	重庆市人民政府	《重庆市人民政府贯彻国务院三峡工程建设委员会关于三峡工程移民后期扶持工作的意见的通知》（渝府发〔2004〕38号）
9	重庆市人民政府	《关于调整征地补偿安置标准做好征地补偿安置工作的通知》（渝府发〔2005〕67号）
10	重庆市人民政府	《重庆市大中型水库移民后期扶持政策实施方案》（渝府发〔2006〕97号）
11	重庆市人民政府	《贯彻大中型水利水电工程建设征地补偿和移民安置条例》（渝府发〔2007〕64号）
12	重庆市人民政府办公厅	《关于印发三峡工程重庆库区解决移民遗留问题暂行办法的通知》（渝办〔2008〕23号）
13	重庆市人民政府办公厅	《重庆市大中型水库移民后期扶持规划实施管理暂行办法的通知》（渝办发〔2008〕332号）
14	重庆市人民政府	《重庆市人民政府关于贯彻〈大中型水利水电工程建设征地补偿和移民安置条例〉有关问题的补充通知》（渝府发〔2008〕128号）
15	重庆市移民局	《关于重庆市三峡库区淹没农转非移民参加基本养老保险办理时间的通知》（渝移发〔2010〕45号）
16	重庆市人民政府办公厅	《关于进一步规范征地补偿安置工作的通知》（渝办发〔2011〕228号）
17	重庆市水利局	《重庆市大中型水库移民后期扶持项目竣工验收管理暂行办法》（渝水移〔2012〕35号）

续表

序号	发 布 部 门	文 件 名 称
18	重庆市人民政府	《关于进一步调整征地补偿安置标准有关事项的通知》（渝府发〔2013〕58号）
19	重庆市人民政府办公厅	《关于进一步调整大中型水利水电工程建设征地补偿安置标准有关事项的通知》（渝府办发〔2014〕81号）
20	重庆市水利局	《关于在建大中型水利水电工程征地补偿安置标准调整有关事宜的通知》（渝水移〔2014〕21号）
21	重庆市人民政府办公厅	《重庆市征地补偿安置争议协调裁决办法》（渝府办发〔2016〕98号）
七	浙江	
1	浙江省人民政府	《浙江省人民政府关于完善大中型水库移民后期扶持政策的实施意见》（浙政发〔2007〕1号）
2	浙江省人民政府	《浙江省大中型水库移民安置设计变更管理办法》（浙民移〔2020〕113号）
八	湖北	
1	湖北省人民政府办公厅	《湖北省人民政府办公厅关于清江水电工程移民工作管理体制有关问题的通知》（鄂政办发〔1997〕11号）
2	湖北省人民政府办公厅	《湖北省人民政府办公厅转发湖北省移民局关于湖北省清江流域水电工程移民资金管理暂行办法的通知》（鄂政办发〔1997〕119号）
3	湖北省人民政府办公厅	《湖北省人民政府办公厅转发湖北省移民局关于清江水布垭水利枢纽工程库区移民安置实施管理办法的通知》（鄂政办发〔2001〕98号）
4	湖北省移民局	《省移民局、省发展改革委、省财政厅、省扶贫办关于切实做好大中型水库贫困移民脱贫工作的指导意见》（鄂移〔2016〕60号）
九	湖南	
1	湖南省人民政府	《湖南省人民政府关于调整湖南省征地补偿标准的通知》（湘政发〔2012〕46号）
2	湖南省人民政府	《关于进一步加强大中型水库移民安置工作的意见》（湘政发〔2015〕47号）
3	湖南省人民政府办公厅	《湖南省大中型水库移民安置工作管理办法》（湘政办发〔2014〕88号）
十	广西	
1	广西壮族自治区政府	《广西壮族自治区人民政府关于加强水库移民工作的通知》（桂政发〔2002〕16号）

续表

序号	发 布 部 门	文 件 名 称
2	广西壮族自治区人民政府	《广西壮族自治区大中型水库移民后期扶持方式确定办法》（桂政发〔2006〕33号）
3	广西壮族自治区财政厅、发展改革委、监察厅、审计厅、水库移民工作管理局联合	《关于进一步加强水库移民资金管理的通知》（桂财农〔2011〕313号）
4	广西壮族自治区水库移民工作管理局	《自治区水库移民工作管理局关于加强全区水库移民补偿资金使用管理工作的通知》（桂移发〔2012〕28号）
十一	广东	
1	广东省人民政府	《广东省人民政府印发广东省水库移民后期扶持政策实施方案的通知》（粤府〔2016〕115号）
2	广东省人民政府办公厅	《广东省关于加强征收农村集体土地留用地安置管理工作的意见》（粤府办〔2016〕30号）
3	广东省水利厅	《关于印发〈广东省水利厅 广东省发展改革委 广东省财政厅关于大中型水库移民后期扶持项目的管理办法〉的通知》（粤水规范字〔2019〕2号）
4	广东省水利厅	《关于印发〈广东省水库移民工作监督检查实施细则（试行）〉的通知》（粤水移民〔2020〕15号）
5	广东省水利厅	《广东省水利厅关于印发〈广东省珠江三角洲水资源配置工程建设征地补偿和移民安置管理办法〉的通知》（粤水规范字〔2020〕1号）
十二	福建	
1	福建省移民开发局	《福建省移民开发局关于印发福建省水利水电工程移民建房困难户认定及基本用房复建补助办法的通知》（闽政移安置〔2017〕5号）
2	福建省人民政府	《福建省人民政府关于印发大中型水库移民后期扶持政策实施方案的通知》（闽政〔2006〕5号）
3	福建省人民政府	《福建省人民政府关于印发〈福建省耕地占用税实施办法〉的通知》（闽政〔2008〕17号）
4	福建省人民政府	《福建省人民政府水电站库区移民开发局关于进一步做好水利水电工程建设征地实物公示和通告工作的通知》（闽政移文〔2010〕33号）
5	福建省人民政府	《福建省人民政府关于全面实行征地区片综合地价的通知》（闽政〔2017〕2号）
6	福建省自然资源厅、福建省农业农村厅联合	《福建省自然资源厅 福建省农业农村厅关于加强和改进永久基本农田保护工作有关问题的通知》（闽自然资发〔2019〕169号）
7	福建省财政厅	《福建省财政厅 国家税务总局 福建省税务局关于明确耕地占用税我省适用税额等有关问题的通知》（闽财税〔2019〕24号）

附表 2 主要大事件清单

序号	事件名称	所属工程	发生时间	主 要 内 容
1	中央人民政府政务院颁布《中央人民政府政务院关于国家建设征用土地办法》		1953年12月5日	该办法提出"国家建设征用土地的基本原则是：既应根据国家建设的确实需要，保证国家所必需的土地，又应照顾当地人民的切身利益，必须对土地被征用者的生产和生活有妥善的安置。"
2	组建第一支水库移民专业技术队伍		1953—1955年	燃料工业部水电建设总局勘测处经济调查科于1953年组织相关人员到北京，于1954—1955年到南京大学开展为期一年的专业培训。培训课程包括地质、水文、气象、测量和社会经济调查等。这批人学成后，分配到各大行政区域的设计院，成为我国水利水电工程建设从事征地移民业的第一支正规队伍。这是中华人民共和国成立初期第一批水库移民技术人员，是当时水库移民规划设计的主要技术力量，也是第二阶段移民安置规划设计工作的核心力量
3	长江流域规划办公室成立经济调查队		1956—1957年	长江流域规划办公室成立3个经济调查队，调查流域规划阶段各开发方案水库区的淹没指标，1956年成立水库专业组，由长江流域规划办公室总工程师何之泰、李镇南直接领导，聘请国内知名经济学家作指导。1957年聘请苏联专家米德维捷娃来长江流域规划办公室长期指导水库移民工作
4	首次开展大型水电站实物指标调查工作	新安江水电站	1954年	上海水力发电勘测设计局（现华东院的前身）在地方政府的配合下开展新安江水电站实物调查。这是第一个开展实物指标调查的大型水电工程
5	第一个水电移民整体搬迁县城——淳安县城	新安江水电站	1958年2月至1960年6月	新安江水电站淹没淳安、遂安两座县城。1957年9月，制定了淳安新县城——排岭的建设方案；1958年10月，国务院批准撤销遂安县建制，并入淳安县。淳安新县城规划5000人，实际安置7359人，人口比原规划增加近50%，建筑面积却没有增加。县城于1958年2月21日破土动工，1958年10月1日，淳安县委、县人大常委会和其他行政事业机关单位陆续迁入新城。至1960年6月，逐渐建成住宅、学校和办公用房共222栋，建筑面积约6万 m^2

续表

序号	事件名称	所属工程	发生时间	主 要 内 容
6	国务院颁布《国家建设征用土地办法》		1958年1月6日	办法提出"国家建设征用土地,既应该根据国家建设的实际需要,保证国家建设所必需的土地,又应该照顾当地人民的切身利益,必须对被征用土地者的生产和生活有妥善的安置。如果对被征用土地者一时无法安置,应该等待安置妥善后再行征用,或者另行择地征用"。与1953年《国家建设征用土地办法》相比,明确了取得农民集体土地所有权为"征用",取得国有、公有土地所有权为"拨用",补偿办法也有所不同,对征用的审批权限也做了变动
7	中共中央发出《关于坚决纠正平调错误,彻底退赔的规定》		1961年6月19日	规定要求在"一平二调"中受害最严重的水利水电工程移民群众得到比较合理的补偿
8	水利电力部编制《水利水电工程水库淹没处理设计规范》		1962—1964年	水利电力部水电建设总局组织编制《水利水电工程水库淹没处理设计规范》,并形成《水利水电工程水库淹没处理设计规范(研究班定稿)》。该规范作为内部文件,是移民工作的重要依据
9	国务院批转水利电力部《关于认真制定水库移民安置规划,争取及早完成安置任务的意见》		1964年4月30日	意见明确要求安置移民应该从生产出发,妥善安置,保证移民有一定数量的住房,扶持移民恢复和发展生产,对移民生产生活方面的困难应适当给予补助
10	财政部、电力工业部联合发文《关于从水电站发电成本中提取库区维护基金的通知》(〔81〕电财字56号)		1981年6月19日	库区维护基金是按照水电站的厂供电量(即发电量减厂用电量)每度1厘钱计提,列入发电成本的维护基金。库区维护基金主要用于:由于水库运行而造成的库区移民的生产、生活的困难补助;水库防护工程的维护;库区移民的人畜饮水、提水灌溉工程和交通设施的维护
11	国务院颁布《国家建设征用土地条例》		1982年5月14日	该条例规定了征用土地必须履行的法定程序,用地单位支付的各项补偿费,安置补助费及补偿、补助标准,因征地产生的农业剩余劳动力的安置办法和途径,以及被征地单位土地补偿费和安置补助费兴建生产生活设施所需建设物资的解决办法等。首次提出大中型水利水电工程建设的移民安置办法,由国家水利电力部门会同国家土地管理机关,参照本条例另行制定
12	首次提出"开发性移民"	三峡工程	1984年9月	国务院三峡工程筹备领导小组第二次会议,时任国务院总理李鹏提出:"鉴于过去多年的移民经验,提出一个设想,就是把安置性移民改为开发性移民。"这是中央首次提出"开发性移民"

续表

序号	事件名称	所属工程	发生时间	主 要 内 容
13	国家计划委员会等部门联合颁布《关于征用土地费实行包干使用暂行办法》[农（土）字〔1984〕30号]		1984年12月	办法明确水库移民安置实施的责任主体为地方政府。办法规定：县、市人民政府统一收取的征地费，必须按规定用途，妥善安排，合理使用。土地管理机关做好征地、拆迁和安置工作，对拟征用的土地进行勘查、登记，具体承办搬迁、安置等项工作，保证建设用地。县、市人民政府可将征地费的一部分，资助被安置农民，鼓励他们自谋职业。用地单位按照协议规定交付征地费。征地费用包干使用，建设银行和上级土地管理机关检查、监督
14	水利电力部颁布《水利水电工程淹没处理设计规范（试行）》（SD 130—84）		1984年12月31日	该规范是第一部水利水电工程征地移民规划设计专用规范。该规范规定：移民安置是水库淹没处理工作的核心，必须认真制定切实可行的移民安置规划，妥善安排移民的生产和生活，做到不降低移民原来正常年景的实际经济收入水平，并能逐步有所改善，补偿标准要严格执行《国家建设征用土地条例》
15	财政部发出《关于增提库区建设基金的通知》（财工字〔1986〕151号）		1986年	中央财经领导小组召开会议，专题研究水库移民问题，决定从1986年1月1日起，中央直属水库水电站电费收入中按每千瓦提取4厘钱，设立库区建设基金，集中用于这些水库的移民遗留问题处理。财政部据此发出《关于增提库区建设基金的通知》（财工字〔1986〕151号）
16	全国人民代表大会颁布《中华人民共和国土地管理法》		1986年6月25日	颁布第一部土地管理和征收法律——《中华人民共和国土地管理法》
17	国务院办公厅批准并转发水利电力部《关于抓紧处理水库移民问题报告的通知》（国办发〔1986〕56号）		1986年7月29日	通知指出"有关部门和地方人民政府要以认真负责的态度抓紧解决遗留问题，同时做好新建工程的移民安置工作，要把水库移民安置工作同库区开发建设结合起来，切实加强领导，分级负责，全面规划，积极妥善地处理好水库移民问题"。通知要求从1986年起，新建、扩建和续建水库工程的移民经费与工程概算一并审定，并在基建投资中安排包干使用。同时明确了此前建成的水库移民遗留问题处理费用的筹资渠道
18	水利电力部颁布《水利水电工程淹没实物指标调查细则》和《水库库底清理办法》		1986年12月	水利电力部颁布试行《水利水电工程淹没实物指标调查细则》和《水库库底清理办法》

续表

序号	事件名称	所属工程	发生时间	主要内容
19	国务院令第74号颁布《大中型水利水电工程建设征地补偿和移民安置条例》		1991年1月25日	这是第一部移民专用法规。《大中型水利水电工程建设征地补偿和移民安置条例》(国务院令第74号)包括总则、征地补偿、移民安置、罚则、附则,共五章二十七条,对移民安置方针、原则、补偿范围和标准、安置方式和目标、移民工作程序以及法律责任等首次作了全面、系统的规定,从此结束了我国水库移民工作无章可循、无法可依的历史,移民工作开始走上制度化、规范化、法制化的道路
20	能源部、水利部印发《关于加强水库淹没处理前期工作的通知》(水规规〔1991〕67号)		1991年12月	文件要求高度重视前期工作,提高水库淹没处理和移民安置规划的深度、精度和设计水平,扭转"重工程、轻移民"以及淹没处理前期工作的被动局面
21	国务院批转《国家计委关于加强水库移民工作的若干意见》(国发〔1992〕20号)		1992年3月25日	意见要求:一要提出对移民工作重要性的认识;二要加强移民前期工作,为项目决策提供科学依据;三要切实做好移民安置规划
22	国务院令第126号颁布《长江三峡工程建设移民条例》		1993年8月19日	为了做好三峡工程建设移民工作,维护移民合法权益,保障三峡工程建设,促进三峡库区经济和社会发展,制定本条例。条例共分七章64条
23	二滩电站移民监测评估	二滩水电站	1990年	二滩水电项目是世界银行贷款项目,在移民安置上,二滩水电站按照世界银行贷款项目管理要求,根据世界银行《非自愿移民》(业务导则OD4.30)对监测评估的内容、工作方法和程序,推行了移民安置监测评估。由于在水口、小浪底、二滩等工程中引入了这种监督机制,移民安置取得成功,是移民综合监理和独立评估的雏形
24	第一个开展移民综合监理的工程	三峡工程	1990年	考虑到三峡百万移民安置的艰难复杂,1993年长江水利委员会提出借鉴工程监理,在实施移民工程单项监理的同时,还要实行移民综合监理的构想。1994年国务院三峡工程建设委员会原移民开发局在总结国内外移民管理经验教训基础上,采纳了长江委的建议。长江委长江水利水电开发总公司于1995年6月成立了移民工程监理部,专门从事三峡工程移民综合监理工作。其后小浪底、万家寨相继开展移民综合监理工作,1998年电力工业部印发《水电工程水库移民监理规定》

续表

序号	事件名称	所属工程	发生时间	主要内容
25	首次采用地类地形图	龙滩水电站	1993 年	龙滩水电站位于红水河上游，总装机容量 630 万 kW。水库正常蓄水位 375m，淹没贵州、广西两省（自治区）的 10 个县，工程建设征地涉及土地面积 56.53 万亩，林地 21.87 万亩。需要安置移民 8.05 万人。为查清土地类别和权属，龙滩水电站施测了库区和枢纽工程建设区的 1∶2000 地类地形图
26	国家计划委员会、财政部、电力部、水利部联合下发《关于设立水电站和水库库区后期扶持基金的通知》（计建设〔1996〕526 号）		1996 年 3 月 2 日	通知规定从 1996 年 1 月 1 日起，对 1986—1995 年投产和 1996 年以前国家批准开工建设的大中型水电站、水库库区，按照规定标准，在各水电站发电成本中提取库区移民后期扶持基金，由各省、市、区专项用于移民发展生产和解决遗留问题
27	电力工业部发布《水电工程水库淹没处理规划设计规范》（DL/T 5064—1996）		1996 年 11 月 28 日	该规范在 84 规范的基础上，进一步深化细化了移民规划设计工作：建设征地处理范围拟定更合理；实物指标调查更详细；农村移民安置规划更具体；城（集）镇迁建与专业项目处理更专业；补偿补助项目及投资更细化
28	乡镇企业安置移民探索	铜街子水电站	1980 年	铜街子水电站探索创办乡镇企业进行移民安置。根据当地自然资源及社会经济状况，制定了兴办乡镇企业安置 2920 人方案，兴办漆包线厂、玻璃容器厂、化肥厂、砂轮厂、焊条厂、粉末冶金厂、烧碱厂、化工厂等集体所有制乡镇企业，对探索开发性移民，创新移民安置理念，开拓移民安置方式具有积极的现实意义。后受市场变化影响，乡镇企业纷纷倒闭，移民失业生活陷入困境，其后通过重新安置逐步解决了这些问题
29	出省外迁移民安置探索	新安江水电站、三峡工程	20 世纪 60 年代、2000—2005 年	新安江水电站共动迁浙江、安徽两地移民约 30.6 万人，其中后靠安置 7.9 万人（淳安县 4.3 万人，歙县 3.6 万人），远迁安置 22.7 万人。浙江省远迁安置包括省内县外安置约 10 万人，出省至江西安置 13 万人。 三峡工程共外迁安置移民 19.62 万人，其中政府组织 15.30 万人，自主外迁 4.32 万人。政府组织的分别安置到上海、江苏、浙江、安徽、福建、江西、山东、湖北、湖南、广东、重庆、四川等 12 个省（直辖市）254 个县（市、区）4846 个移民安置点

续表

序号	事件名称	所属工程	发生时间	主要内容
30	洪家渡"4·26"事件	洪家渡水电站	2001年4月26日	2001年4月26日，洪家渡电站施工区内曾家寨14户移民以补偿标准过低为由拒绝搬迁，在多次上门做工作并下发搬迁通告但无效的情况下，织金县政府于4月26日依法实施搬迁。4月27日起，织金、黔西两县近1000名移民聚集于洪家渡施工区阻挡施工。贵州省委书记、省长要求对事件妥善处理，并亲临现场指导工作。毕节地区抽调上千名干部深入村寨农户做了大量工作，5月9日恢复了工程施工。其后，贵州省完成省级移民管理体制改革
31	国家计划委员会印发《水电工程建设征地移民工作暂行管理办法》（计基础〔2002〕2623号）		2002年12月	该办法是第一个明确水电移民管理体制和工作机制的文件。通知提出国家对水电工程建设征地移民工作实行"政府负责、投资包干、业主参与、综合监理"的管理体制，实行省级人民政府全面负责，以县为基础、分级负责的管理方式，国务院投资主管部门负责全国大中型水电工程建设征地移民工作的宏观管理，省级人民政府按照建设征地移民安置任务和移民补偿投资包干协议的要求，组织省级有关部门和地方人民政府具体实施
32	滩坑水电站群体事件	滩坑水电站	2003年7月20日	2003年7月20日，因规划方案未达个人预期，滩坑水电站少数人挑动一些群众冲击施工现场，阻碍施工。事件发生后，浙江省委主要领导听取了相关情况汇报，研究了滩坑水电站群体性事件发生的原因，指出解决方案：一是对症下药，弄清楚群众的诉求是什么，不能给出无关痛痒的意见糊弄群众；二是要相信群众、依靠群众，做好群众的思想政治工作，发挥党组织的作用，派威信高的干部进村入户，把群众关心的问题解释清楚并处理好。据此，各级政府开展了大量工作，解决了移民群众的合法诉求，推进了工程建设
33	漫湾"8·17"事件	漫湾水电站	2003年8月17日	漫湾水电站移民主要以就近后靠方式进行安置，因库周土地资源不足、交通条件差、水源枯竭等原因，移民生产生活困难、发展后劲不足。2003年8月17日，库区移民约2000人到漫湾电厂上访，要求解决生产生活困难等问题。云南省人民政府高度重视，组织有关单位开展漫湾水电站移民二次搬迁论证工作，经分析论证，漫湾水电站需二次搬迁恢复生产生活人口为2033人，投资7799.92万元。该方案实施后从根本上解决了移民生产生活困难和可持续发展的问题

续表

序号	事件名称	所属工程	发生时间	主 要 内 容
34	溪洛渡云南移民返迁	溪洛渡水电站	2004—2009 年	溪洛渡水电站枢纽工程建设区（云南部分）移民安置规划外迁 4500 人至孟连傣族拉祜族佤族自治县安置，实施中移民故土难离，加之建设期就业机会多，导致大部分移民不愿迁往孟连傣族拉祜族佤族自治县，仅 2100 人实施了外迁安置。外迁移民在孟连傣族拉祜族佤族自治县安置后难以融入当地生产、生活，返迁诉求强烈。2008 年 3 月 28 日发生群体性聚集事件。为妥善处理此问题，云南省对规划方案进行调整，允许原外迁孟连傣族拉祜族佤族自治县的移民返迁回永善县重新安置，最终县内安置 4081 人。 通过对该问题的妥善处理，要求规划中一是必须重视移民外迁的社会融合问题，二是注意"同库同策、两省平衡"。同时，需要建立省际协调机制
35	瀑布沟"10·27"事件	瀑布沟水电站	2004 年 10 月 27 日	瀑布沟水电站移民 10 万人。2004 年 3 月 30 日正式开工后，于 2004 年 5 月公布了移民安置补偿标准。移民认为淹没补偿标准偏低，开始集体上访。9 月开始，建设工地和汉源县县城相继发生移民聚集，部分移民冲击电站施工现场，破坏施工设施，冲击县政府和武警驻地。 瀑布沟事件引起了党中央、国务院的高度重视，中央主要领导作出一系列重要指示，并派时任国务院常务副秘书长组成中央工作组协助四川省处理该事件，局面得到控制并逐步平息。其后，四川省组织开展移民安置政策研究及移民安置规划调整和概算调整工作，2005 年实施新的移民政策，2005 年 10 月瀑布沟全面复工。 瀑布沟事件对水电移民影响深远。一是各级政府和电站建设单位更加重视水电移民安置工作；二是促进了水利水电工程移民安置政策和移民后期扶持政策出台；三是促进了技术标准修订，加深了水电移民前期工作的深度；四是更加重视移民的知情权和参与权，明确了实物指标三榜公示复核等规定
36	国务院印发《国务院关于完善大中型水库移民后期扶持政策的意见》（国发〔2006〕17 号）		2006 年 5 月 17 日	国务院印发《国务院关于完善大中型水库移民后期扶持政策的意见》（国发〔2006〕17 号）。2006 年 6 月 20 日，《国务院关于同意建立全国水库移民后期扶持政策部际联席会议制度的批复》建立以国家发展和改革委员会牵头，多部委及国务院三峡工程建设委员会办公室、国务院南水北调工程建设委员会办公室、国家电网、南方电网和中国长江三峡集团有限公司为成员的全国水库移民后期扶持政策部际联席会议。意见对后期扶持方式作出调整，增加了直发直补的扶持方式

续表

序号	事件名称	所属工程	发生时间	主 要 内 容
37	国务院颁布《大中型水利水电工程建设征地补偿和移民安置条例》（国务院令第471号）		2006年7月7日	为了做好大中型水利水电工程建设征地补偿和移民安置工作，维护移民合法权益，保障工程建设的顺利进行，根据《中华人民共和国土地管理法》和《中华人民共和国水法》，在国务院令第74号的基础上重新修订条例。条例共分八章63条，一是明确了16倍的土地补偿标准；二是明确了停建通告发布、实物指标公示、听取和征求意见的要求和流程；三是明确要求编制移民安置规划大纲和移民安置规划
38	国家发展和改革委员会发布《水电工程建设征地移民安置规划设计规范》（DL/T 5064—2007）等"1+7"系列规范		2007年7月20日	国家发展和改革委员会发布《水电工程建设征地移民安置规划设计规范》（DL/T 5064—2007）主规范，以及7个子规范，初步形成了技术标准体系，要求与枢纽工程同步同深度开展设计工作，增加了枢纽工程建设区范围处理
39	长期补偿移民安置探索	岩滩水电站	2009年11月	岩滩水电站移民采取就地后靠安置，但遗留问题较多。为处理好遗留问题，2009年11月国家发展和改革委员会批复了《红水河岩滩水电站水库移民遗留问题处理规划设计报告》，长期补偿是其采取的主要处理措施之一，即对后靠及县内安置的生产安置人口实行口粮补助，实行"同库同价"，按季发放，每三年调整一次口粮补助标准。长期补偿较好地处理了移民遗留问题，保障了移民基本生活
40	先移民后建设实践探索	羊曲水电站	2010年6月	2010年6月，羊曲水电站项目建设单位未经批准即开工建设，被原青海省环境保护厅查处，工程停工。截至停工时已完成移民搬迁安置任务62.41%，工程累计完成投资超过49%。 依据《国家发展改革委办公厅关于同意青海黄河羊曲水电站开展前期工作的复函》（发改办能源〔2009〕489号），青海省移民安置局在羊曲水电站试行"先移民，后建设"的水电开发方针，移民安置仍按照批准的规划继续实施。 羊曲水电站建设促进了《国家发展改革委关于做好水电工程先移民后建设有关工作的通知》（发改能源〔2012〕293号）的出台
41	完善停建通知前置条件		2007年	水电水利规划设计总院为贯彻执行移民条例，协调处理好水电枢纽工程建设与移民安置、水土保持之间的关系，明确工程建设征地范围和移民安置规划工作界限条件，提出在可行性研究阶段先开展工程项目的正常蓄水位选择、施工总布置规划和坝址坝型选择3个专题研究，经技术审查后，作为向省政府申请封库令（或停建令）的必要条件

续表

序号	事件名称	所属工程	发生时间	主要内容
42	国务院批复实施《三峡后续工作规划》	三峡工程	2011年6月15日	《三峡后续工作规划》是全国唯一一个针对库区和移民的后续工作规划。开展三峡后续工作，一是为了促进库区经济社会又好又快发展，加快库区全面小康社会建设；二是为了构建和完善生态环境保护体系，使国家战略性淡水资源库得到有效保护；三是为了对有关地质灾害进行更有效的治理，确保库区人民群众生命财产的安全；四是为了妥善处理好三峡工程蓄水运行给长江中下游河势带来的有关影响，进一步兴利抑弊；五是为了加强综合管理优化调度，提高三峡工程的效益和保障长期稳定安全运行；六是为了进一步拓展和发挥工程的综合效益，提升三峡工程服务国家经济社会发展的能力。国务院于2011年批准了《三峡后续工作规划》
43	国务院颁布修订后的《大中型水利水电工程建设征地补偿和移民安置条例》（国务院令第679号）		2017年4月14日	国务院对《大中型水利水电工程建设征地补偿和移民安置条例》进行了修订，主要内容为"大中型水利水电工程建设征收土地的土地补偿费和安置补助费，实行与铁路等基础设施项目用地同等补偿标准，按照被征收土地所在省、自治区、直辖市规定的标准执行。"
44	国家发展和改革委员会发布《关于做好水电开发利益共享工作的指导意见》（发改能源规〔2019〕439号）		2019年3月8日	该指导意见要求，坚持水电开发促进地方经济社会发展和移民脱贫致富方针，充分发挥水电资源优势，进一步强化生态环境保护，加强体制机制创新，完善水电开发征地补偿安置政策、推进库区经济社会发展、健全收益分配制度、发挥流域水电综合效益，建立健全移民、地方、企业共享水电开发利益的长效机制，构筑水电开发共建、共享、共赢的新局面。 水电开发利益共享工作的主要内容有八个方面：一是完善移民补偿补助；二是尊重当地民风民俗和宗教文化；三是提升移民村镇宜居品质；四是创新库区工程建设体制机制；五是拓宽移民资产收益渠道；六是推进库区产业发展升级；七是强化能力建设和就业促进工作；八是加快库区能源产业扶持政策落地

附表3 突出贡献和重要影响人物清单

序号	姓名	出生时间	主要贡献	时任职务
1	范与力	1926年7月	新中国第一代水库移民专业技术带头人	电力工业部成都勘测设计研究院移民专业负责人
2	焦成斌	1930年3月	四川省移民办公室第一任主任;主持三峡工程移民外迁四川安置实施工作。推行了"库区移民对口支援"和"宜农则农、宜工则工、宜商则商"的办法,顺利外迁移民11万多人,做到了"搬得出、安得稳、逐步能致富"。对移民资金的使用实行了包干制,建立了严格的监管制度,保证资金使用效益,防止了挪用、乱用和贪污腐败现象的产生	四川省移民办公室主任
3	曾念	1930年	第一届至第四届水库专业委员会主任委员;指导水口、二滩等大型水电工程移民补偿投资概算调整工作,以及水口水电站移民独立评估工作,参与当时全国主要水电工程移民安置审查和政策制定工作。组织专家参与起草国发〔1992〕20号文件,组织专家开展国务院令第74号制定研究并向国务院报告,推动移民综合监理落地并和福建省政府商定开展第一个移民综合监理项目在棉花滩水电站试点	国家开发银行副局长 水库专业委员会主任委员
4	刘兰桂	1930年	第一届至第三届水库专业委员会副主任委员;参与《水电工程水库淹没处理规划设计规范》(DL/T 5064—1996)的制定,主持1990年全国大型水利水电工程水库淹没处理规划设计的审查工作	水电水利规划设计总院移民专业负责人
5	张根林	1930年	第一届水库专业委员会常务秘书;负责编制水利水电工程水库淹没处理规划设计的专业技术标准及管理;主持1990年全国大型水利水电工程水库淹没处理规划设计的审查和验收工作	水利水电规划设计总院移民专业负责人
6	董述春	1930年	第六届水库专业委员会主任委员,第二届至第四届水库专业委员会秘书长;参与当时全国主要水电工程移民安置审查和政策制定工作	国家开发银行主任 水库专业委员会主任委员

续表

序号	姓名	出生时间	主要贡献	时任职务
7	白雪亮	1930 年	负责水利水电工程投资宏观管理，指导水口、二滩等水电工程移民概算调整，指导水口水电站移民独立评估工作；参与水口、岩滩、二滩、五强溪、鲁布革等水电站移民安置的决策工作	国家开发银行处长
8	林仙	1930 年	第一届至第三届水库专业委员会副主任委员；主要参与三峡工程移民安置工作	三峡移民工程咨询中心主任
9	唐登清	1930 年 5 月	从事水库移民工作 42 年，长江三峡工程移民安置规划设计技术负责人。1991 年起享受国务院政府特殊津贴待遇，1996 年 10 月国务院三峡工程建设委员会授予移民工作突出贡献荣誉奖。撰写了《三峡工程移民技术研究概论》《三峡移民研究》《开发性移民理论与实践》等多篇论文	长江勘测规划设计研究院副总工程师
10	陈星明	1932 年 7 月	参与《水电工程水库淹没处理规划设计规范》（DL/T 5064—1996）制定	江西省水利设计院移民专业负责人
11	赵人骧	1932 年 9 月	第一届至第四届水库专业委员会副主任委员，主持移民条例的编制和修订	水利部移民办公室主任
12	戴泽沛	1933 年 8 月	参与《水电工程水库淹没处理规划设计规范》（DL/T 5064—1996）的编制，参与 1990 年全国大型水电工程水库淹没处理规划报告的审查	水电水利规划设计总院教授
13	赵建国	1935 年	主持黄河上游青海省龙羊峡、李家峡等大型水电工程移民安置实施工作	青海省政府支援龙羊峡水电工程建设办公室副主任
14	唐章锦	1935 年 3 月	国务院三峡工程建设委员会移民开发局首任局长；系统总结了三峡工程移民试点工作的成功经验和好做法，为党中央、国务院制定"开发性移民"方针提供了实践依据；在移民安置补偿、《三峡工程建设移民安置条例》制定、移民资金宏观管理和移民安置规划设计，以及对口支援库区等方面，建章立制，使三峡工程建设和移民搬迁的管理工作逐步走上规范化、制度化的轨道	国务院三峡工程建设委员会移民开发局局长
15	莫国汉	1936 年	第一个水库移民专业成长起来的设计院副总工程师；领导并主持编制国内首次满足世界银行贷款要求的水口水电站移民安置规划（改革开放后国内第一个移民安置规划）、独立评估工作；主持编制水口水电站移民安置实施规划及概算调整报告；主持第一个移民综合监理项目（棉花滩水电站）；参与起草《水利水电工程水库淹没处理设计规范》（SD 130—84）、国发〔1992〕20 号文件，参与《水电工程水库淹没处理规划设计规范》（DL/T 5064—1996）的制定	电力工业部华东勘测设计研究院移民专业负责人

续表

序号	姓名	出生时间	主要贡献	时任职务
16	李杰富	1936年4月	昆明勘测设计研究院20世纪80—90年代水库移民专业主要负责人，参与《水电工程水库淹没处理规划设计规范》（DL/T 5064—1996）的制定；主持以礼河、天生桥一级、鲁布革、漫湾等水电站移民安置规划设计工作，参与移民安置从重补偿补助到重移民安置转变的政策研究	电力部昆明勘测设计研究院移民专业负责人
17	陈自然	1936年7月	中南勘测设计研究院第一任水库环保专业副总工程师，曾任中国发电工程学会水库经济专业委员会副主任委员、湖南省水库经济专业委员会副主任委员，湖南省国土学理事；主持多项技术标准编制和相关移民安置政策研究	电力部中南勘测设计研究院副总工程师
18	汪小莲	1938年1月	长江三峡工程移民安置规划设计主持人之一；主持清江隔河岩、高坝洲等大型水利水电工程征地移民安置规划设计；参与全国大型水库库底清理及移民安置验收办法的制定，参与三峡水库库底清理及库区移民工程验收办法制定。曾任全国水库经济专业委员会委员、长江水利委员会科技委员、三峡价差指数评审专家、国土资源部三峡库区地灾处理专家	长江勘测规划设计研究院库区处总工程师
19	石子真	1938年7月	主持或参与陕西省黄河三门峡水库、汉江安康水电站、石泉水库、白龙江宝珠寺水电站、引汉济渭等大中型水利水电工程移民安置前期和实施管理工作	陕西省移民办公室副主任
20	陈宗义	1939年	成都勘测设计研究院第一任水库室主任，主持了二滩、铜街子水电站移民安置规划前期工作，主持了宝珠寺和二滩工程移民安置实施工作	电力部成都勘测设计研究院移民专业负责人
21	牟守中	1939年12月	主持甘肃省黄河大峡水电站、白龙江宝珠寺水电站等项目的移民安置前期及实施管理工作	甘肃省移民办公室主任
22	傅秀堂	1940年4月	主持长江三峡工程移民安置规划设计工作，为长江三峡工程论证412名专家之一，国务院政府特殊津贴获得者。提出的"移民安置与生态和环境保护可以耦合相容""环境容量是个变量""开发性移民初探""试论移民补偿与发展""三峡水库移民与长江经济带的发展"等关键技术和理论，对推动我国水库移民立论、立位、立法、立规起到显著作用	长江水利委员会（长江委、长江流域规划办公室）副主任

续表

序号	姓名	出生时间	主 要 贡 献	时 任 职 务
23	姚少华	1940年5月	主持汉江安康水电站、石泉水库等大中型水利水电工程移民安置前期及实施管理工作，参与水库移民技术标准的编制工作	陕西省移民办公室主任
24	王孝悌	1942年1月	主持黄河上游青海省拉西瓦、公伯峡等大型水电工程移民安置实施工作	青海省政府支援黄河上游水电工程建设办公室主任
25	袁镇宇	1944年3月	牵头组建贵州省水电工程移民安置领导小组办公室，组织洪家渡移民事件后续问题处理，理顺全省移民政策、管理体系	贵州省移民办公室主任
26	艾宪芳	1945年	主持宝珠寺及二滩水电站移民安置实施工作，协调解决四川省众多移民安置疑难问题	四川省移民办公室副主任
27	陈贵阳	1945年	贵州省移民政策主要起草、实施、组织和参与者，参与多项水利水电移民技术标准的审查	贵州省移民局副总工程师
28	李如成	1946年	参与洪家渡移民安置规划和实施工作，以及移民群体事件处理，主持龙滩贵州部分移民综合监理工作	电力工业部贵阳勘测设计研究院副总工程师
29	陈联德	1946年2月	参与小江水电站移民遗留问题处理，协助长江水利委员会设计院编写三峡工程移民规划；参与制定三峡工程移民搬迁安置政策体系；负责编写《三峡移民700问》《当今世界殊》等三峡工程移民著作，与四川大学历史系编著《巴蜀移民史》等	重庆市移民局副局长
30	李连栋	1948年11月	主持河南省水库移民安置工作，组织制定河南省水库移民资金、财务等管理办法，主持河南省南水北调丹江口库区移民安置前期工作和试点移民安置工作	河南省移民办公室主任
31	宋原生	1950年6月	曾任中国人民政协第十二届全国委员会委员。从事基本建设、国土规划、区域规划工作，组织制定三峡工程移民安置规划设计咨询、移民综合监理管理办法等	国务院三峡工程建设委员会移民开发局副局长
32	李亚平	1951年2月	主持2004—2005年瀑布沟移民政策和概算调整工作，推动了国发〔2006〕17号文件和国务院令第471号的出台	四川省发展和改革委员会副主任
33	曾凡亮	1952年3月	主持大化、岩滩、乐滩、长洲、桥巩等大型水利水电工程移民安置规划设计工作，担任乐滩水库移民综合监理、岩滩水电站水库移民遗留问题处理监督评估主要负责人，主持岩滩水电站水库移民遗留问题处理规划设计报告编制	广西电力设计研究院副总工程师

续表

序号	姓名	出生时间	主要贡献	时任职务
34	汪元良	1953年1月	主持湖北省境内水电水利工程移民安置的实施工作，组织制定三峡工程移民以"县为基础"、项目招投标等管理办法，推动秭归县移民安置任务顺利完成，制定湖北省三峡工程移民安置有关管理办法	湖北省移民局局长
35	王祝安	1954年1月	主持并参与黄河上游、白龙江、金沙江中游多座水电工程移民安置规划工作，负责西北院水库移民专业的技术管理，参与国内水电工程水库移民专业技术标准的研究和编制	中国电建集团西北勘测设计研究院副总工程师
36	吉智勇	1954年	参与乌江洪家渡、构皮滩、思林、沙沱、索风营等水电工程移民前期规划、实施和遗留问题处理，洪家渡、构皮滩等移民群体事件处理	中国华电集团贵州乌江水电开发有限责任公司移民环保部主任
37	杨德菊	1954年11月	参与湖北省三峡工程移民搬迁安置工作，参与编制湖北省三峡工程移民安置实施管理办法等文件，解决三峡工程坝区移民安置环境容量不足、社会稳定等突出问题	湖北省移民局副局长
38	欧会书	1955年3月	组织编制重庆市三峡工程移民规划、计划财务、对口支援及经济合作等管理制度，参与组织重庆市三峡工程移民安置实施工作，解决实施中出现的诸如超深基础处理、移民外迁矛盾化解等重大事宜	重庆市移民局副局长
39	胥树茂	1955年4月	中南勘测设计研究院第一任水库环保工程处处长，主持五强溪、三板溪等水电工程移民安置规划设计工作；参与水库淹没处理规划设计等多项技术标准编制和相关移民安置政策研究	中国水电顾问集团中南勘测设计研究院副院长、中国水电顾问集团副总经理
40	彭承波	1955年7月	主持实施南水北调中线工程湖北省丹江口库区移民搬迁安置工作，完成三峡工程湖北省移民竣工验收工作，组织编制和完善湖北省移民安置实施管理办法等文件	湖北省移民局局长
41	唐继锦	1955年8月	主持广西壮族自治区多项大中型水利水电工程移民安置实施工作	广西壮族自治区移民局副局长
42	杨贵平	1956年	针对云南省资源匮乏的实际，探索研究提出云南省"16118"移民安置政策，主导推进金沙江中游梯级移民政策落实	华电金沙江中游公司副总经理
43	刘天增	1956年6月	第四届至第六届水库专业委员会副主任委员	国土资源部耕地保护司司长
44	程念高	1956年9月	第五届水库专业委员会主任委员	中国华电集团公司党组副书记、总经理

续表

序号	姓名	出生时间	主要贡献	时任职务
45	翁庆华	1956年12月	全程参加水口水电站移民安置规划、实施和三次概算调整,参加组织实施水口移民后评估。参加棉花滩移民安置概算两次调整工作。负责福建省大中型移民安置规划审查和实施工作。参与起草和审定省内水电移民有关技术标准	福建省移民局处长
46	黄凯	1957年	第五届至第七届水库专业委员会副主任委员;参与移民条例的编制和修订,参加全国移民后期扶持政策制定	水利部移民开发局副局长
47	张一军	1957年4月	负责2007年版水电工程移民规范体系的制定,参与计基础〔2002〕2623号文件等多项移民政策的制定,推动了移民安置技术标准化的建设,完成国内众多水电工程移民安置规划大纲和移民安置规划的审查,协调和处理全国移民安置的重大问题	水电水利规划设计总院副总工程师
48	蔡频	1957年4月	参与2007年版水电工程移民规范体系的制定,参与计基础〔2002〕2623号文件等多项移民政策的制定,完成国内众多水电工程移民安置规划大纲和移民安置规划的审查,协调和处理全国移民工程重大技术问题	水电水利规划设计总院副总工程师
49	刘青平	1957年5月	主持黄河上游青海省公伯峡、积石峡、直岗拉卡等大型水电工程移民安置实施工作,主持李家峡移民二次搬迁及龙羊峡移民遗留问题处理	青海省政府支援黄河上游水电工程建设办公室主任
50	王树山	1957年6月	主持河南省南水北调中线总干渠、丹江口水库移民安置实施工作,组织编制河南省南水北调丹江口库区移民安置实施、移民新村建设工程质量和施工安全等管理办法,揭出"飞行检查"等管理工作方法	河南省南水北调办公室、河南省移民办公室主任,河南省南水北调丹江口库区移民安置指挥部副指挥长兼办公室主任
51	晏志勇	1958年7月	水库专业委员会第六届主任委员,主持计基础〔2002〕2623号文件等移民政策的研究和制定工作,主持2007版水电工程移民规范体系的制定,主持瀑布沟、向家坝、溪洛渡、锦屏等全国大型水电工程移民安置规划审查工作。水电工程移民综合监理制度建立的推动者	中国电建集团董事长
52	唐传利	1959年	主持移民条例的编制和修订,主持全国移民后期扶持政策制定	水利部移民司司长
53	王应政	1959年	主持完善贵州省工程和生态移民政策法规和组织管理体系,著有《中国水利水电工程移民问题研究》	贵州省生态和水库移民局局长

续表

序号	姓名	出生时间	主要贡献	时任职务
54	蔡伟	1959年1月	参与研究和制定全国后期扶持政策。指导福建省30多座大、中型水电站移民政策研究和制定，并指导具体实施。建立和完善福建省移民安置和后期扶持的政策体系和管理体系	福建省移民局局长
55	施国庆	1959年1月	主要开展水库移民理论研究，先后提出水库移民生产生活水平综合评价理论和方法（1990年）、水库移民经济评价和社会评价（1990年）、水库移民分享工程效益理论和方法（1995年）等一批理论研究成果，著有《水库移民系统规划理论与应用》《移民权益保护与政府责任》等多部专著和多篇学术论文；创建世界上第一个非自愿移民专门研究机构——水库移民经济研究中心	水库移民经济研究中心主任
56	李勇信	1959年3月	参与金沙江干流水电站移民安置前期决策工作，主持金沙江干流水电站移民安置实施工作；组织开展流域移民安置政策和管理办法的制定，理顺金沙江中下游移民管理体制，推行"三级协调"和省市督查督办机制，被誉为移民"贴心人"和政府做好移民工作的"智多星"	云南省移民开发局副局长
57	杨北伟	1959年9月	主持湖南省移民安置政策的制定，组织多项水库移民安置实施和验收，主持编写《移民安置工作概要》等培训教材	湖南省水库移民开发管理局副局长、一级巡视员
58	张文彪	1960年12月	参与金沙江下游移民安置前期决策工作，主持溪洛渡、向家坝四川省部分移民安置实施工作	四川省扶贫移民开发局副局长
59	史立山	1961年11月	2005—2014年期间全国大型水电工程移民安置规划的审批决策和移民政策制定工作，协调和决策瀑布沟、溪洛渡、向家坝等工程移民安置重大问题	国家能源局新能源和可再生能源司副司长
60	李明传	1962年1月	担任水电水利规划设计总院第一任水库部主任，参与移民政策的制定以及宝珠寺、二滩水电站移民安置概算调整决策等工作	国家发展和改革委员会农经司副司长
61	庄伟	1962年8月	主持澜沧江流域大型水电工程移民安置实施工作，推动景洪、苗尾、功果桥、里底等水电站的移民竣工验收，主持澜沧江移民安置重大问题处理	云南省搬迁安置办公室副主任

续表

序号	姓名	出生时间	主要贡献	时任职务
62	陈伟	1962年8月	长期从事水利水电工程建设征地移民规划设计、设计审查咨询及研究工作。参与移民条例修订和水利部不同时期征地移民政策的制定,主持编制《水利水电工程征地移民设计规范》等技术标准,先后主持完成小浪底、江垭、万家寨、百色、尼尔基、紫坪铺、皂市、南水北调中线丹江口水库大坝加高、亭子口、大藤峡等国家大型水利工程各阶段移民安置规划的技术审查工作。从政策、技术等方面积极探索新形势下水库移民安置工作思路和工作方法,组织水利水电工程移民政策技术管理论坛	水利水电规划设计总院党委书记
63	王奎	1962年9月	主持向家坝、龙滩、五强溪、三板溪等移民安置规划设计工作,主持向家坝、溪洛渡、鲁地拉、阿海、观音岩、龙开口等大型水电工程移民安置规划审查,参加国务院令第471号、计基础〔2002〕2623号文件等移民政策制定,参与多项国家和省级移民政策课题研究,主编移民安置规划设计、城镇迁建、专业项目处理、企业处理等规范,主持移民安置技术通则、补偿费用概(估)算、工程退役项目用地等规划审查,主编《中国水电工程移民关键技术》专著	水电水利规划设计总院副总工程师,能源行业规划水库环保标准委员会水库分标准委员会秘书长
64	王小平	1962年11月	参与主持河南省南水北调丹江口库区移民安置实施工作,组织编制河南省南水北调丹江口库区移民安置建设项目管理办法、河南省《南水北调工程征地移民档案管理办法》实施细则等	河南省南水北调办公室副主任,河南省南水北调丹江口库区移民安置指挥部办公室副主任
65	鲜恩伟	1962年11月	主导推动澜沧江流域梯级电站移民安置工作;牵头协调完成龙开口、功果桥、里底、苗尾、景洪水电站移民竣工验收;参与澜沧江流域逐年补偿安置等研究,参与多项水电工程移民安置规划审查	华能澜沧江水电股份有限公司征地移民部主任
66	杨存龙	1962年12月	负责拉西瓦水电站移民安置前期、实施及竣工验收工作,负责积石峡、羊曲水电站征地移民安置前期及实施工作	黄河上游水电开发有限公司副总经理
67	翁小康	1963年1月	主持浙江滩坑、金沙江白鹤滩等水电工程移民安置规划设计工作,负责云南小湾、溪洛渡(云南部分)、向家坝(云南部分)移民综合监理工作,参与水电工程移民安置补偿费用概算编制规范制定	中国电建集团华东勘测设计研究院市场总监

续表

序号	姓名	出生时间	主要贡献	时任职务
68	李红远	1963年1月	主持小湾、糯扎渡以及金沙江中游梯级移民安置规划设计工作，主持实物指标调查、综合设计等规范制定，参与多项国家和省级的相关移民安置政策研究	中国电建集团昆明勘测设计研究院副总工程师
69	王显刚	1963年3月	主持重庆市三峡工程移民安置及外迁安置的实施工作，组织制定三峡工程移民以"县为基础"等方面管理办法，保护县域生态环境方面作用显著	重庆市移民局局长
70	尹忠武	1963年3月	长江三峡工程移民安置规划设计主持人之一，三峡后续工作规划主要负责人；主持南水北调中线工程移民安置规划设计；主持皂市、构皮滩、水布垭等大型水利水电工程征地移民安置规划设计。在移民安置环境容量、移民安置补偿投资特点分析、补偿投资动态管理静态控制、移民后续发展帮扶等方面提出理论及技术研究成果，出版《国家行动 人民力量：南水北调大移民纪实》《水库移民工程》《水利水电移民安置规划》等专著7部。水利水电工程建设征地移民安置规划设计规范（1+4）主要编著者，水电工程移民安置技术标准主要审查者。获水利部"5151"人才称号	长江设计集团有限公司副总工程师
71	王春云	1963年5月	长期从事水利水电工程移民安置工作和移民政策研究，参与多项水电工程移民安置规范审查，主持二滩水电站移民安置实施工作，参与紫坪铺水利枢纽、瀑布沟水电站移民安置实施工作及瀑布沟事件的处置	国能大渡河流域水电开发有限公司副总经理
72	郭万侦	1963年6月	主持瀑布沟、大岗山、猴子岩等移民安置规划设计工作，主持垣曲、抚宁、庄河、蛟河等抽水蓄能电站移民安置规划大纲和移民安置规划审查，主持白鹤滩、乌东德、双江口等移民安置规划和规划调整审查，参与瀑布沟事件处理；主持移民安置技术通则、补偿费用概（估）算、水库库底清理、移民安置验收等规范制定，主持移民安置规划设计、专业项目处理、综合设计等规范审查；参加国务院令第471号、计基础〔2002〕2623号文件等多项全国移民政策制定；主持水电中长期发展移民和环保政策、可再生能源发展与国土空间规划协同等多项课题研究；编撰《中国水电移民实践经验》《中国水利水电工程移民安置新思路》《中国西部水库移民研究》等专著，组织水利水电工程移民政策技术管理论坛	水电水利规划设计总院首席专家、副总工程师，水力发电学会水库专业委员会第八届、第九届秘书长

续表

序号	姓名	出生时间	主要贡献	时任职务
73	陶卫国	1963年7月	主要参与二滩、锦屏、官地水电站移民安置规划设计和实施工作	雅砻江流域水电开发有限公司总经济师
74	赵社义	1963年8月	主持并参与黄河上游李家峡、公伯峡等多座水电工程移民安置规划工作,负责西北勘测设计研究院水库移民专业的技术管理,参与国内水电工程水库移民专业技术标准的研究和编制	中国电建集团西北勘测设计研究院副总工程师
75	潘尚兴	1963年10月	主持水利水电移民安置规划设计规范体系的制定,参与移民政策的研究和制定,主持龙滩、三板溪水电站的移民安置规划设计工作,负责南水北调工程、尼尔基、紫坪铺和亭子口等全国大型水利工程移民安置规划审查,主持多项水利水电工程移民安置监督评估工作,组织水利水电工程移民政策技术管理论坛	水利水电规划设计总院副总工程师
76	向伟益	1963年11月	参与大渡河流域、雅砻江流域大型水电工程移民安置前期决策工作,主持瀑布沟、锦屏一级、锦屏二级等大型水电工程移民安置实施工作,参与瀑布沟事件处理	四川省扶贫移民开发局副局长
77	彭程	1963年12月	水库专业委员会第八届、第九届主任委员,主持瀑布沟2014年移民安置补偿费用概算调整工作,主持乌东德、白鹤滩移民安置规划大纲和移民安置规划审查	水电水利规划设计总院院长
78	齐美苗	1963年12月	长江三峡工程移民安置规划设计主要负责人之一,参与负责南水北调中线工程,负责亭子口、乌东德、构皮滩、彭水、小南海水电站等大型水利水电工程征地移民安置规划设计以及三峡后续发展规划。《水利水电工程建设征地移民安置规划设计规范》主要编著者	长江设计集团有限公司移民院院长
79	赵迪华	1964年6月	组织协调完成碗米坡、托口水电站移民搬迁工作,参与完成三板溪、挂治、白市、托口、东坪、株溪口等工程移民竣工验收工作,组织率先在托口、白市水电站开展长期实物补偿	国家电投五凌电力有限公司总经理助理兼工程管理部主任
80	刘映泉	1964年11月	主持溪洛渡水电站移民安置规划设计工作,参与编制水电工程建设征地移民安置农村移民安置规范,水电工程建设征地处理范围界定规范	中国电建集团成都勘测设计研究院副总工程师
81	阮利民	1965年1月	参加重庆市三峡工程移民安置工作,组织三峡工程建设整体竣工验收工作,组织编制《三峡水库管理办法》等管理文件	重庆市移民局副局长,国务院三峡工程建设委员会办公室水库管理司司长
82	杜勇	1965年1月	主持大藤峡水利枢纽、南宁抽水蓄能电站移民安置实施工作,负责广西壮族自治区大中型水利水电工程移民安置实施工作	广西壮族自治区水库和扶贫易地安置中心副主任

续表

序号	姓名	出生时间	主要贡献	时任职务
83	倪剑	1965年1月	主持乌江引子渡、索风营、沙沱等工程规划、实施和遗留问题处理工作；主持北盘江光照、董箐和乌江沙沱工程移民综合监理，雅砻江官地、锦屏一级水电站移民独立评估，白鹤滩水电站移民规划设计监理工作；参加行业和贵州省多项课题研究和专著编纂，参与多项移民安置技术标准的制定、审查	中国电建集团贵阳勘测设计研究院副总工程师
84	李相甫	1965年3月	参与《湖南省大中型水库移民条例》及条例释义的起草和修订工作，主持湖南省移民后期扶持规划、基础设施建设和经济发展规划、稽查办法、水库移民安置"1＋1、2、11"等管理体制机制修订工作	湖南省库区移民事务中心搬迁安置部部长
85	王斌	1965年5月	第七届水库专业委员会主任委员，主持和参与全国2008—2012年水电工程移民安置规划大纲和移民安置规划审查，主持"水电工程建设促进地方经济发展研究"课题，水利水电工程移民政策技术管理论坛发起者	中国电建集团总经理
86	汤越强	1965年7月	参与贵州省移民政策起草和组织实施	贵州省生态和水库移民局总工程师/副局长
87	龚和平	1965年7月	参与西电东送、西气东输、南水北调、京珠高速、宝兰铁路等重大基础设施的前期论证、投资决策、过程检查、中期评估、竣工验收等工作；主持或作为主设参与浙江温州珊溪水利枢纽工程、滩坑水电站等35个水利水电工程移民安置规划、实施规划和调概报告的编制，主导水口水电站移民独立评估；参与2007版移民标准制订、主编移民概算规范；作为世界银行专家参加小浪底、二滩、托克托电厂等38个项目的审查、检查；作为亚洲开发银行专家参加凌津滩、棉花滩等12个项目的审查、检查；作为咨询公司专家参与30余个大型水利水电工程决策评估；担任国土资源部"中国征地移民工作指南与监测体系建设"课题组组长；参与起草发改能源〔2012〕293号文件、国土资规〔2016〕1号文件、发改能源规〔2019〕439号文件并主持有关课题研究以提供支撑；2011年以来，组织、主持大型水电工程建设征地移民安置规划设计咨询评审审查；2020年以来组织、主持水电工程建设征地移民安置技术标准审查；著有《水电工程建设征地移民安置补偿费用概算基础》，参编《水电工程移民长效补偿研究》，主编《中国水电移民实践经验》，参编《大中型水利水电工程建设征地补偿和移民安置条例释义》，主编《水电水利工程征地补偿安置政策解读》《2012水电移民政策技术管理论坛论文集》等	水电水利规划设计总院副院长

续表

序号	姓名	出生时间	主要贡献	时任职务
88	刘经喜	1965年12月	参与金沙江干流水电站移民安置前期决策工作，主持金沙江干流水电站移民安置实施工作，探索建立移民搬迁安置目标责任等工作机制；解决移民收口收尾遗留问题，开展梨园、龙开口、观音岩等工程的移民竣工验收；主导金沙江逐年补偿政策研究及实践，并参与云南省多项政策的研究制定	云南省搬迁安置办公室副主任
89	王雪平	1965年12月	长期从事水库移民安置和规划工作，参与湖南省移民安置和后期扶持政策的制定，组织移民后期扶持规划、移民安置规划的编制，主持水库移民安置规划审查，组织水库移民安置实施和验收，参与编写移民安置工作概要等培训教材	湖南省库区移民事务中心规划事务部部长
90	宋云河	1966年5月	组织完成大朝山、小湾、景洪等水电站移民安置实施规划，探索了实施规划编制以主体设计单位全面负责和以实施主体县级为主、主体设计单位技术把关的多种工作模式；探索研究多渠道、多形式移民安置方式，组织完成多项政策性指导文件	云南省移民开发局副局长
91	谭文	1967年1月	参与移民条例的编制和修订，参加南水北调移民安置规划设计及实施	水利部移民司副司长
92	袁侃夫	1967年7月	长期从事水库移民安置工作，主持和参与湖南省移民安置和后期扶持政策的制定，主持和组织移民后期扶持规划、移民安置规划的编制，主持水库移民安置规划审查，组织水库移民安置实施和验收，参与编写移民安置工作概要等培训教材	湖南省水利厅副厅长（湖南省水库移民开发管理局副局长、湖南省库区移民事务中心主任）
93	徐粤	1968年	参与"16118"移民安置政策研究和制定，积极推进逐年补偿在金沙江中游梯级水电站的实施，参与全国移民政策研究、技术标准的审查	华电金沙江中游公司副总工程师
94	刘焕永	1968年1月	主持锦屏一级水电站移民安置规划设计工作，参与大渡河流域长河坝、黄金坪、猴子岩水电站和金沙江溪洛渡水电站移民安置规划设计工作，参与编制水电工程建设征地移民安置农村移民安置规范、水电工程建设征地处理范围界定规范	中国电建集团成都勘测设计研究院城乡发展工程分公司总经理
95	梁武湖	1968年7月	主要参与了2004—2005年瀑布沟移民政策和概算调整工作，推动了国发〔2006〕17号文件和国务院令第471号的出台	四川省发展和改革委员会副主任/四川省能源局局长

续表

序号	姓名	出生时间	主要贡献	时任职务
96	姚玉琴	1968年8月	主持编写《水工设计手册》征地移民篇章，参加三峡工程和南水北调中线工程的移民规划设计工作，主持编写《水利水电工程建设征地移民实物调查规范》和《水利工程设计概（估）算编制规定》等移民规范，主持南水北调中线工程、向阳水库等大中型水利水电工程移民安置规划审查，获得南水北调工程征迁工作先进个人	水利水电规划设计总院移民处副处长
97	刘冬顺	1968年11月	移民条例修订（国务院令第471号）和后期扶持政策（国发〔2006〕17号）的主要起草者	水利部移民开发局副局长
98	刘卓颖	1969年1月	参与《水利水电工程建设征地移民安置规划设计规范》及其他相关技术标准编制，参与全国多座大中型水利水电工程移民安置规划的审查、咨询，负责重大水利工程移民安置监督检查和稽查、水库移民后期扶持人口核定、组织注册土木工程师考试命题和阅卷等工作	江河水利水电咨询中心总经济师
99	钟广宇	1969年3月	主持龙滩、托口、托巴、向家坝等水电项目移民安置规划设计工作；主持企业处理、城镇迁建、专业项目处理等多项技术标准编制和相关移民安置政策研究	中国电建集团中南勘测设计研究院副总经理
100	朱兆才	1969年4月	负责金沙江中游水电规划和澜沧江流域水电站的移民安置规划设计工作，牵头开展澜沧江流域多项研究工作，主持了小湾、糯扎渡、景洪等工程移民安置实施规划，糯扎渡水电站、白鹤滩水电站移民安置综合监理，参与了实物指标调查规范等多项技术标准编制，以及国家和省级的相关移民安置政策研究	中国电建集团昆明勘测设计研究院副总工程师

注：1. 主要贡献是指在水电工程建设征地移民安置政策和技术标准研制，以及移民安置规划设计、咨询评审等活动中有突出表现的行为。

2. 时任职务是指在主要贡献期间的最高职务。

3. 突出贡献和重要影响任务清单人员以1970年前人员为主。

附表 4 中青年骨干力量人物清单

序号	姓名	出生年月	主要贡献	时任职务
1	王宝恩	1970年4月	南水北调移民政策、规划及实施的主要制定者和推动者	国务院南水北调办公室征地移民司司长
2	熊敏峰	1975年6月	2007年以来，负责全国大型水电站移民安置规划的审批决策和政策制定工作，协调和决策金沙江中下游电站及瀑布沟电站移民安置重大问题	国家能源局新能源和可再生能源司副司长
3	黄谨	1970年12月	主持黔中水利枢纽、大花水、沙沱等项目移民安置规划设计工作，主持猴子岩、两河口等项目移民综合监理工作，参与水电工程移民体制机制研究、中国水电移民经验等重大课题研究，以及移民安置综合监理、独立评估、实物指标调查和水库库底清理等规范的制定或审查工作	水电水利规划设计总院水库经济部主任
4	张江平	1971年5月	主持龙头石等工程移民安置规划设计工作，主要参与瀑布沟、大岗山、泸定等工程移民安置规划设计工作，参与后期扶持、水电建设促进地方经济发展等课题和政策研究，参加征地范围、实物指标等规划的制定，参加2012—2022年全国大中型水电工程咨询审查、验收等工作	水电水利规划设计总院水库经济部副主任
5	彭幼平	1979年1月	参加水电工程移民体制机制、中国水电移民实践经验、水电开发利益共享、水电开发促进地方经济社会发展等课题和政策研究；参与移民安置规划综合设计、验收规程等规范制定；主要参加金沙江下游4个水电站移民安置规划调整、金沙江上游移民安置规划审查等工作	水电水利规划设计总院水库经济部副主任
6	李湘峰	1980年7月	参加水电工程移民体制机制、金沙江上游移民政策、可再生能源国土空间规划等课题和政策研究；参与2007年版移民规范和2017年移民技术标准体系研究，参与2020年版技术通则、移民安置规划设计、建设征地处理范围、实物指标调查、移民安置概（估）算等规范制定，主要参加瀑布沟移民调概、金沙江下游4个水电站和金沙江中游移民安置规划调整等审查工作	水电水利规划设计总院水库经济部处长
7	徐静	1978年12月	参加水电开发利益共享机制、水利水电工程征地移民政策改革思路、水电建设促地方经济社会发展政策、可再生能源国土空间规划等课题和政策研究；参与2007年版建设征地处理范围和农村移民规范，以及2020年版移民安置规划设计规范和农村移民、建设征地处理范围等规范的制定；参加瀑布沟、龙头石、大岗山等大中型水电工程移民安置规划设计工作，以及乌东德、白鹤滩等项目的审查工作	水电水利规划设计总院正高级工程师

续表

序号	姓名	出生年月	主要贡献	时任职务
8	李彦强	1982年9月	参加三峡、南水北调中线、巴基斯坦卡洛特水电站、引江补汉等大型水利工程移民安置规划设计工作；参与或主持审查引大济岷、滇中引水二期骨干、嫩江尼尔基、广西大藤峡等移民安置规划咨询、审查和验收工作；参与水利水电工程项目建议书编制规程、水利水电工程建设征地移民安置规划大纲编制导则等规范制定；参与编写《南水北调中线丹江口水库移民规划设计与创新》《国家行动 人民力量：南水北调大移民纪实》《水库移民工作管理》等专著	水利水电规划设计总院正高级工程师
9	涂澜涛	1979年7月	参加南水北调后续移民重大问题、三峡工程移民后续问题、大中型水利水电工程移民安置条例编修等课题和政策研究；参加水利行业移民安置规划设计等规范制定；参编《调水工程系列丛书》《湖北水电移民》等专著；主持完成引江济汉工程、汉江兴隆水利枢纽、新集水电站、碾盘山水电站等大中型水利水电工程移民安置规划设计工作	水利水电规划设计总院正高级工程师
10	刘祖雄	1972年2月	中国水力发电工程学会水库专业委员会副主任委员，长期从事金沙江下游移民安置工作，参与向家坝、溪洛渡水电站移民工作前期研究，牵头完成白鹤滩、乌东德水电站移民安置规划工作，推动金沙江下游4个水电站移民投资收口	三峡集团移民工作办公室党委书记
11	康建民	1972年	主持和参与大华桥、苏洼龙、旬阳、琅琊山、文登等大中型水电工程的建设征地移民规划设计，主持长河坝、泸定等大型水电工程的移民综合监理，主持和参与综合监理、独立评估等规范的制定	中国电建集团北京勘测设计研究院副总经理
12	李重庆	1981年11月	主持和参与旬阳、大华桥、丰宁、易县等大型水电工程移民规划设计，参与独立评估、后评价导则等规范的制定，参与《中国水电工程移民关键技术丛书》编撰	中国电建集团北京勘测设计研究院城乡发展工程公司总经理
13	卞炳乾	1970年3月	主持或参与了浙江珊溪、滩坑、云南龙开口、苗尾、金沙江白鹤滩等大型水利水电工程的建设征地移民规划设计；参与编制2007年版水电工程移民安置补偿费用概算编制规范、2013年版水电工程建设征地移民安置综合监理规范；主持了2022年版水电工程建地补偿和移民安置补偿费用概（估）算编制规范的修订工作	中国电建集团华东勘测设计研究院副总工程师
14	仇庆松	1971年2月	参与2007年版水电工程移民规范体系的编制；主持和参与龙开口、苗尾、白鹤滩等大中型水电工程移民安置规划设计，参与向家坝、溪洛渡、小湾等大型水电工程的移民综合监理工作	中国电建集团华东勘测设计研究院移民工程院院长
15	韩晓劲	1978年11月	主持和参与浙江滩坑、金沙江龙开口、澜沧江苗尾、金沙江白鹤滩等大型水电工程移民安置规划设计；主持和参与向家坝、溪洛渡、双江口、小湾等大型水电工程的移民综合监理；参与补偿费用概（估）算、综合监理等规范制定；推动移民安置信息化、数字化发展，并应用于雄安新区建设、高铁建设等领域	中国电建集团华东勘测设计研究院移民工程院院长

续表

序号	姓名	出生年月	主要贡献	时任职务
16	冯启林	1981年10月	参与水库移民信息平台、水电工程移民安置独立评估指标体系研究、以乡村振兴为契机加快水库移民融合发展等课题研究；参与2017年版移民标准体系研究及移民安置概（估）算、实施技术导则、抽水蓄能电站移民安置规划设计等规范编制工作；组织团队研发建设项目征迁工作的智慧征迁平台；主持龙开口、仙居抽水蓄能电站等移民安置规划设计，主持向家坝水电站（云南部分）、双江口水电站、鲁地拉水电站、糯扎渡水电站等项目的移民监督评估工作	中国电建集团华东勘测设计研究院城乡建筑工程院党委书记
17	刘昊	1979年3月	主持向家坝、龙盘等水电站和重庆、湖南、湖北、广东等省（直辖市）抽水蓄能项目移民安置规划设计，主持溪洛渡等项目移民综合监理工作；负责企业处理、城镇迁建、专业项目处理等规范制定，参与湖南、云南等省相关移民安置政策研究	中国电建集团中南勘测设计研究院副总工程师
18	魏鹏	1980年12月	主持托巴、托口、洪江等水电站和湖南、河南等省抽水蓄能项目移民安置规划设计工作；参与企业处理、城镇迁建等规范制定，参与湖南、云南等省相关移民政策研究	中国电建集团中南勘测设计研究院移民工程院副院长
19	段小芳	1984年2月	负责和参与向家坝、拉哇等水电站以及湖北、广州、重庆等省（直辖市）抽水蓄能电站项目移民安置规划设计工作；负责企业处理、专业项目处理等规范制定，参加技术通则、补偿费用概（估）算编制等规范制定	中国电建集团中南勘测设计研究院移民工程院副总工程师
20	王頔	1984年12月	负责奔子栏水电站移民安置规划设计工作，负责托巴水电站等项目城镇迁建、居民点规划设计工作，负责城镇迁建等规范制定	中国电建集团中南勘测设计研究院移民工程院副总工程师
21	辛乾龙	1972年1月	主持并参与黄河上游积石峡、金沙江中游鲁地拉、澜沧江功果桥、大渡河金川、尼洋河多布等多座水电工程移民安置规划设计或监督评估工作，负责西北勘测设计研究院有限公司水库移民专业的技术管理，参与国内水电工程水库移民专业政策研究和技术标准编制，参与中国水电移民专业技术走出去研究和推广工作	中国电建集团西北勘测设计研究院副总工程师
22	马福全	1972年11月	主持乌金峡、鲁地拉、乌弄龙、里底、功果桥等水电站移民安置规划设计工作，参与黄河流域上游水电规划，参与龙开口、大华桥、托巴、白鹤滩等工程移民综合监理和独立评估工作，参与云南省移民安置政策研究	中国电建集团西北勘测设计研究院水利与城乡发展工程院副院长
23	王雪双	1974年2月	主持积石峡、大河家、炳灵、大峡、小峡等水电站移民安置规划设计，牵头策划并组织完成西北勘测设计研究院水电工程移民信息化集成平台研发与建设，推动青海省多个重点水电工程移民安置实施及验收工作，参与青海省、甘肃省的移民安置政策研究	中国电建集团西北勘测设计研究院水利与城乡发展工程院副院长

续表

序号	姓名	出生年月	主要贡献	时任职务
24	王传明	1979年10月	主持金川、巴塘、引汉济渭二期等工程移民安置规划设计工作，参与白鹤滩、乌东德等水电站移民安置规划设计和监督评估工作，参与移民安置规划大纲和移民安置规划编制规程制定，参加四川、陕西和甘肃等省移民政策研究	中国电建集团西北勘测设计研究院水利与城乡发展工程院副院长
25	张道	1980年6月	主持汉江蜀河、黄河河口和黑山峡等水电项目前期规划设计工作，参与黄河积石峡、黄丰、大河家，汉江蜀河等水电站的移民安置技施设计工作，牵头多个水电工程征地移民信息化项目研发工作；参与水库库底清理、补偿费用概（估）算等规范制定；参与《中国水电工程移民关键技术丛书》编撰	中国电建集团西北勘测设计研究院水利与城乡发展工程院副总工程师
26	李明	1975年7月	参与瀑布沟、双江口、泸定、硬梁包、大岗山、毛尔盖等工程移民安置规划设计工作；主持或参与阿坝州黑水县毛尔盖水电站农村移民安置方式创新、水电工程移民安置实施保障对策等课题研究	中国电建集团成都勘测设计研究院副总经理
27	席景华	1979年11月	参与锦屏一级、官地等水电站移民安置规划设计工作，主持向家坝四川库区、羊曲等工程移民综合监理工作，参与建设征地处理范围、农村移民、实施技术导则等规范的制定	中国电建集团成都勘测设计研究院城乡发展工程分公司总经理
28	黄爱平	1971年10月	主持、负责或参与溪洛渡、两河口、双江口、猴子岩、长河坝、黄金坪、毛儿盖等工程移民安置规划设计工作；参与建设征地处理范围、农村移民等规范的制定	中国电建集团成都勘测设计研究院城乡发展工程分公司副总经理
29	杨洲	1980年11月	主持、负责或参与瀑布沟、大岗山、老鹰岩、泸定、长河坝、岗托、叶巴滩等工程移民安置规划设计工作；参与建设征地处理范围、农村移民等规范的制定；参加四川省移民政策研究	中国电建集团成都勘测设计研究院城乡发展工程分公司副总经理
30	赵灿章	1975年8月	主持观音岩、阿海、金安桥、梨园等工程移民安置规划设计工作；参与《中国水电工程移民关键技术丛书》编撰，参与实物指标调查、综合设计等规范制定	中国电建集团昆明勘测设计研究院移民工程院支部书记、副院长
31	肖银松	1975年11月	主持古水水电站移民安置规划设计工作；参与阿海等金沙江中游水电站移民安置规划设计工作；参与综合设计、阶段蓄水实施方案、国有资产境外投资移民规划等规范制定；参与云南省移民安置政策研究	中国电建集团昆明勘测设计研究院移民工程院副院长
32	唐良霁	1979年9月	主持威远江、凤凰谷等水电站移民安置规划设计；参与澜沧江和金沙江流域规划制定工作；负责小湾、景洪、糯扎渡等水电站移民安置规划设计工作；参与实物指标、综合设计、阶段性蓄水实施方案等规范制定；参与《大国重器 糯扎渡水电站·征地移民创新技术》《云南省水电工程移民安置方式实践与创新》等著作的编撰	中国电建集团昆明勘测设计研究院移民工程院专业总工程师

续表

序号	姓名	出生年月	主要贡献	时任职务
33	吴旭鹏	1974年11月	主持马马崖一级、昌波、巴玉水电站和马岭水利枢纽工程等移民安置规划设计工作；参与思林、董箐、沙沱等水电站移民安置规划设计工作；主持马岭水利枢纽工程、阿岗水库、董箐水电站等工程移民安置监督评估工作；参与移民安置技术通则等规范制定；参与贵州省移民安置政策研究	中国电建集团贵阳勘测设计研究院交通与城乡发展工程院支部书记、副院长
34	严云才	1979年12月	主持如美、龙溪口等水电站移民安置规划设计工作；参与思林、沙沱等水电站移民安置规划设计工作；主持龙塘水库工程移民安置监督评估工作，参与白鹤滩水电站移民安置独立评估工作，参与移民安置技术通则等规范制定；参与贵州省移民安置政策研究	中国电建集团贵阳勘测设计研究院交通与城乡发展工程院副院长
35	吕涛	1976年1月	主持旭龙水电站移民安置规划设计工作；参与南水北调中线、乌东德、滇中引水、扎拉等项目的移民安置规划设计；参与《水利水电工程建设征地移民安置规划设计规范》的制定	长江勘测规划设计研究有限责任公司工程移民院院长
36	林彤	1969年12月	主持金沙、银江等水电站移民安置规划设计工作；主持小南海水电站移民前期规划论证；参与重庆市进一步调整征地补偿安置标准政策研究；参与《水利水电工程建设征地移民安置规划设计规范》的制定	长江勘测规划设计研究有限责任公司工程移民院副院长
37	江进辉	1980年11月	参与金沙江乌东德、金沙、银江等水电站移民安置规划设计和综合设计工作；开展企事业单位、重要矿产资源压覆处理、淹没影响城市功能恢复、移民后期扶持与高质量发展等课题和政策研究；参与《水电工程可行性研究报告编制规程》等规范审查	长江勘测规划设计研究有限责任公司工程移民院总工程师
38	李迅春	1978年3月	承担犍为、桥巩、岩滩扩建、老挝南塔河、南宁抽水蓄能电站等广西壮族自治区内外、国外水利水电、航电工程的移民安置规划设计工作；担任犍为、平班、桥巩、大丫口、岩滩扩建、绿仙龙等水利水电工程移民专业的主设人，参加水电工程智慧移民系统等课题研究以及《电力工程建设征地移民安置声像资料采集技术导则》编制工作	中国能建集团广西电力设计研究院有限公司移民工程部主任
39	郭飞	1980年3月	主要参与泾河东庄水利枢纽、引黄入冀补淀、山东东平湖滞洪区防洪规划等大型水利水电工程移民安置设计工作；参加《水库移民工作监督检查办法（试行）》（水移民〔2019〕400号）、《水库移民工作监督检查办法（试行）问题清单（2021年版）》（办移民〔2021〕176号）编制，以及水利工程农村移民、规划大纲编制和实物调查等规范制定	黄河水利委员会勘测规划设计研究院环境院移民中心主任
40	李敬茹	1982年11月	参与黄河古贤水利枢纽、南水北调丹江口库区外迁移民（河南省）实施规划、兰州水源地建设工程等大型水利水电工程移民安置规划设计工作；参与《水库移民工作管理》教材、《调水工程系列丛书》编写；参加水利部水利水电工程建设征地补偿有关问题及对策、防洪调度临时淹没补偿机制和政策等课题研究；参与黄河水利委员会水利工程前期项目工作大纲编制管理规定、水库移民工作监督检查办法（试行）等编制工作	黄河水利委员会勘测规划设计研究院环境院移民中心副主任

续表

序号	姓名	出生年月	主要贡献	时任职务
41	肖衍华	1979年10月	主持广东省抽水蓄能电站选点规划，广东省惠蓄、安徽省桐城、福建省云霄、甘肃省玉门、广东省云浮水源山、广东省惠州中洞等抽水蓄能电站移民安置规划工作；参加四川省凉山彝族自治州米市水库、海南省天角潭水库、重庆市藻渡水库、大藤峡水利枢纽工程、云南省滇中引水二期工程等大中型水利水电工程移民安置规划设计评审工作；参加抽水蓄能电站移民安置规划设计规范制定	广东省水利电力勘测设计研究院有限公司移民所副所长
42	杨世康	1983年6月	主持丰满水电站重建、重庆云阳盖下坝、云南龙江等水电工程移民安置规划设计；参与水利移民规划设计规范的制定	中水东北勘测设计研究有限责任公司环境与移民处副处长
43	王秋儒	1985年9月	参与南水北调东线、白龙江引水、烟台老岚水库、广西长塘水利枢纽等水利水电工程移民安置规划设计工作；参加移民条例修订、水库移民稳定与中长期发展战略等专题研究；参加水利行业移民安置规划设计、实物调查、农村移民安置、大纲编制导则、验收及监督评估规程等规范的制定；参加全国水利干部培训教材编制；参加"十四五"水库移民安置扶持实施方案编制	中水北方勘测设计研究院城乡发展与环境工程院移民专业总工程师

注：1. 时任职务是指在主要贡献期间的最高职务。
2. 中青年骨干以1970年（含1970年）之后人员为主。

附表5 主 要 案 例 清 单

序号	案例名称	所在章节	所属工程	主要内容
1	"三线建设"背景下的龚嘴水电站开发	4.1	龚嘴水电站	龚嘴水电站开发建设的背景、开发管理模式、建设进展情况及发挥的作用
2	计划经济时期的葛洲坝水电站开发	4.1	葛洲坝水电站	葛洲坝水电站开发建设的背景、开发管理模式、建设进展情况及发挥的作用
3	大渡河龚嘴水电站移民安置工作实施管理	4.1	龚嘴水电站	龚嘴水电站移民安置工作组织机构、管理模式及安置进展情况
4	葛洲坝水电站移民安置工作实施管理	4.1	葛洲坝水电站	葛洲坝水电站移民安置工作组织机构、管理模式及安置进展情况
5	移民安置滥觞期湖南省移民管理机构情况及职责分工	4.1		移民安置滥觞期湖南省移民管理机构成立的背景、组织机构、工作职责及历史沿革
6	移民安置滥觞期贵州省移民管理机构情况及职责分工	4.1		移民安置滥觞期贵州省移民管理机构成立的背景、组织机构、工作职责及历史沿革
7	清江流域水电开发管理模式	4.2		清江流域水电开发管理模式、建设进展情况
8	铜街子水电站移民安置实施管理职责	4.2	铜街子水电站	铜街子水电站安置工作组织机构、管理模式及安置进展情况
9	四川省移民办公室的成立	4.3		四川省移民管理机构成立的背景、主要工作职责
10	移民安置发展期重庆市移民局主要职责	4.3		重庆市移民局负责三峡工程重庆库区移民搬迁安置工作,包括计划、资金、后期扶持、信访维稳、宣传、移民资金及工程质量监督检查、审计等
11	移民安置发展期湖北省移民开发局主要职责	4.3		湖北省移民开发局贯彻执行国家和湖北省关于水利水电工程移民的政策法规和措施,提出有关建议和意见,负责水利水电工程移民安置工作的管理和监督
12	沅江流域湖南省移民安置实施管理职责	4.3		1995年9月,湖南省移民工作领导小组办公室改设为湖南省移民开发局,是从事移民工作协调、移民区开发管理与综合服务的机构,也是湖南省移民工作领导小组的办事机构

续表

序号	案例名称	所在章节	所属工程	主要内容
13	三峡工程移民咨询管理	4.3	三峡工程	三峡工程咨询评估由国务院三峡建设委员会移民局或者省、市移民局以及国务院有关部门的管理机构负责组织,必要时授权省级人民政府有关主管部门组织咨询,或者委托有关单位主持咨询。三峡移民工程咨询中心作为国务院三峡建设委员会移民局的直属事业单位,主要负责三峡库区有关移民安置规划成果的评估、评审
14	隔河岩、高坝洲、水布垭等水电站移民规划、设计、咨询、审查	4.3		隔河岩、高坝洲、水布垭等水电站移民规划设计由长江水利委员会(长江设计院)承担,审查由水电水利规划设计总院承担
15	三峡工程移民综合监理主要内容	4.3	三峡工程	按照《关于进一步加强三峡工程水库移民综合监理》工作的通知,三峡工程移民综合监理工作的基本任务是对移民工作(工程)质量、进度、实物及投资完成量、生态与环境保护等方面进行监督检查,定期地作出实事求是的评价,找出存在的问题,分析原因并提出处理建议
16	国电大渡河公司开发管理模式	4.4		征地移民管理体制实行"项目主体、分级负责"的总分模式,国电大渡河流域水电开发有限公司本部设立移民环保部负责公司系统征地移民专业统筹协调、计划管理和检查考核工作;项目公司作为工作主体和责任主体,设立征地移民处具体负责项目的建设征地与移民安置工作
17	四川大唐国际甘孜水电开发有限公司移民部管理模式	4.4		四川大唐国际甘孜水电开发有限公司成立了移民部。主要工作内容为:在公司总经理、分管副总经理的领导下,组织开展建设征地和移民安置(规划、实施)工作,并做好公司内部相关协调工作
18	华电乌江公司开发管理模式	4.4		国家将1983年已经建成的乌江渡水电站和在建的东风水电站交由乌江公司建设和管理,作为乌江公司开发建设和经营乌江干流贵州境内河段水电站的初始资本,以母体电站的收益和部分折旧作为新项目的资本进行滚动开发
19	移民安置完善期移民工程建设管理模式	4.4		移民安置完善期移民工程建设管理四种模式的具体做法及优缺点,即"政府委托电站开发业主","政府委托设计单位承担",省移民局与地方政府的包干协议,"移民个人房屋由移民自建,基础设施、专业项目可实行代建"

续表

序号	案例名称	所在章节	所属工程	主要内容
20	金沙江下游移民安置工作协调机制	4.4		国家能源局成立的金沙江下游水电移民工作协调领导小组及办公室的机制、职责及发挥的作用
21	金沙江下游移民工程实施管理模式	4.4		金沙江下游梯级电站工程施行的城（集）镇及居民点总承包；实行重大移民项目代建制；引进专业项目管理公司参与移民项目的建设管理工作的实施管理模式及发挥的作用
22	项目业主（五凌电力有限公司）代建移民工程	4.4		五凌电力有限公司作为项目业主，在大中型水电移民工作中采用的管理模式及主要部门职责
23	黄登水电站实施管理模式	4.4	黄登水电站	黄登水电站规划设计、移民安置实施、资金管理等方面的工作组织、相关各方的工作职责等
24	瀑布沟水电站强化主体设计单位技术责任，发挥技术归口作用	4.4	瀑布沟水电站	瀑布沟水电站主体设计单位牵头移民实施阶段各项移民工程的规划设计工作背景，工作模式及发挥的重要作用
25	瀑布沟水电站设计变更管理经验	4.4	瀑布沟水电站	瀑布沟水电站设计变更管理的原则、变更分类、工作流程等
26	溪洛渡水电站移民安置规划设计管理	4.4	溪洛渡水电站	溪洛渡水电站采取的主体设计单位负责整个电站移民安置规划设计工作的技术归口的管理模式
27	向家坝水电站移民安置规划设计管理	4.4	向家坝水电站	向家坝水电站采取的主体设计单位负责整个电站移民安置规划设计工作的技术归口的管理模式
28	乌东德水电站移民安置综合设代工作方法	4.4	乌东德水电站	乌东德水电站综合设代采取的移民安置验收参与制、综合设计（设代）成果分类表达制、移民安置实施联席会议制、专家组顾问咨询制的工作方法
29	《湖南省大中型水库移民安置规划设计技术评审工作管理办法》出台	4.4		《湖南省大中型水库移民安置规划设计技术评审工作管理办法》的出台背景及主要规定
30	糯扎渡水电站移民安置规划设计审查、咨询与变更管理	4.4	糯扎渡水电站	糯扎渡水电站移民安置规划设计审查、咨询与变更管理中有关各方的工作职责
31	安谷水电站移民综合监理创新监理服务理念	4.4	安谷水电站	介绍了安谷水电站移民综合监理创新监理服务的理念，包括塑造权威平台、主动作为，敢于担当、靠前监理，提前介入、综合协调，高效畅通、勇于探索，积极创新等的工作理念

续表

序号	案例名称	所在章节	所属工程	主要内容
32	沙沱水电站移民监理实施	4.4	沙沱水电站	沙沱水电站在移民实施过程中引进了移民监理机制，有效保障了移民实施工作的顺利进行，提高了移民安置质量和效果
33	刘家峡水电站移民安置实施遗留问题处理	5.1	刘家峡水电站	刘家峡水电站移民安置实施遗留问题处理采取的措施
34	三峡工程促进库区基础设施大跨越	5.1	三峡工程	三峡工程建设促进库区交通、供电、供水、广电通信等基础设施提升发挥的作用
35	汉源县城复建，推进城市建设步伐	5.1	瀑布沟水电站	瀑布沟水电站建设对促进汉源县城城市功能完善、配套设施发挥的作用
36	三峡工程促进地方经济持续健康发展	5.1	三峡工程	三峡工程建设对促进地方经济发展、提高移民收入及就业创业能力等方面采取的措施及发挥的作用
37	向家坝水电站建设大幅改善库区教育、医疗条件	5.1	向家坝水电站	向家坝水电站建设前后库区教育、医疗条件的发展变化情况
38	向家坝水电站移民安置提升移民生产生活水平	5.1	向家坝水电站	对比了三峡工程建设前后移民生产生活水平发展变化情况
39	三峡工程移民安置区生态环境不断改善	5.1	三峡工程	对比了三峡工程移民安置区生产环境发展变化情况
40	托口水电站建设和移民迁建工程增加地方财税收入	5.1	托口水电站	托口水电站建设和移民迁建工程对地方财税收入增加及GDP增长发挥的作用
41	葛洲坝工程移民安置实践经验	6.1	葛洲坝水利枢纽	葛洲坝工程移民安置在组织发动、库区开发建设等方面的主要实践经验
42	新安江水电移民安置实践	6.1	新安江水电站	新安江水电移民安置的方针、任务、政策方面的具体实践
43	乌江渡库区完善规划加大投资，集中处理移民遗留问题	6.2	乌江渡水电站	乌江渡库区集中处理移民遗留问题的主要做法
44	三峡工程移民安置环境容量分析试点研究	6.2	三峡工程	三峡工程移民试点期间开展三峡工程移民安置环境容量试点研究的情况
45	开发性移民方针造就"漫湾模式"	6.2	漫湾水电站	漫湾水电站移民安置主要经验以及二次搬迁的主要做法
46	开发性移民方针创造"隔河岩移民模式"	6.2	隔河岩水电站	隔河岩水电站移民安置模式的3个主要特点及经验
47	开发性移民方针在五强溪水电站移民实践的运用	6.2	五强溪水电站	五强溪水电站实行开发性移民方针的主要措施
48	沅江五强溪水电站移民城镇化安置	6.3	五强溪水电站	五强溪水电站移民城镇化安置的主要做法和成效

续表

序号	案例名称	所在章节	所属工程	主要内容
49	乌江水电开发公司	6.3		乌江水电开发公司的成立及其实施滚动开发的管理经验
50	大渡河流域长河坝、黄金坪水电站统筹移民安置规划	6.4		大渡河流域长河坝和黄金坪水电站统筹规划移民搬迁安置、生产安置方案和补偿补助标准
51	长江设计公司开发水利水电工程建设征地移民安置信息系统	6.4		长江设计公司开发的水利水电工程建设征地移民安置信息系统的主要创新和实践应用情况
52	永善县外迁集中安置移民返迁问题处理	6.4	溪洛渡水电站	溪洛渡水电站永善县外迁集中安置移民返迁问题的处理情况

《中国水电移民安置实践与管理创新丛书》编辑出版人员名单

总责任编辑：王　丽
副总责任编辑：黄会明　刘向杰　冯红春
项目组成员：邹　静　张　晓　石金龙　郭子君　李丽辉
　　　　　　王海琴

《综合卷》

责任编辑：邹　静
审稿编辑：邹　静　方　平　孙春亮　冯红春　李丽艳
封面设计：芦　博
责任校对：梁晓静　黄　梅
责任印制：崔志强　焦　岩
排　　版：吴建军　孙　静　郭会东　丁英玲